莫旗达斡尔族
语言使用现状与发展趋势
The Status Quo and Evolutionary Tide of Language Use of Daur Nationality in Moqi

丁石庆　主编

Edited by
Ding Shiqing

作者　丁石庆　刘宏宇　雷　蕾　谭　清　井兰柱
　　　梁　婕　白艳飞　王秀娟　陈华琴　李智勇
　　　李素秋　李少虹　李　敬　孔　艳

商务印书馆
2009年·北京

图书在版编目(CIP)数据

莫旗达斡尔族语言使用状况与发展趋势/丁石庆主编.
—北京:商务印书馆,2009
（新时期中国少数民族语言使用情况研究丛书）
ISBN 978-7-100-06065-3

Ⅰ.莫… Ⅱ.丁… Ⅲ.达斡尔语—研究—莫力达瓦达斡尔族自治旗 Ⅳ.H222

中国版本图书馆 CIP 数据核字(2008)第 150353 号

所有权利保留。
未经许可,不得以任何方式使用。

MÒQÍ DÁWÒĚRZÚ YǓYÁN SHǏYÒNG XIÀNZHUÀNG YǓ FĀZHǍN QŪSHÌ
莫旗达斡尔族语言使用现状与发展趋势
丁石庆 主编

商务印书馆出版
（北京王府井大街36号 邮政编码100710）
商务印书馆发行
北京市白帆印务有限公司印刷
ISBN 978-7-100-06065-3

2009 年 6 月第 1 版	开本 787×1092 1/16
2009 年 6 月北京第 1 次印刷	印张 19¼ 插页 2

定价:45.00元

一．调查组成员与莫旗哈达阳镇部分政府工作人员合影留念

二．调查组成员与莫旗达斡尔中学部分教师合影留念

三．调查组成员与阿尔拉镇中心校部分教师和学生合影留念

四．课题组成员在腾克镇开座谈会

五．调查组在阿尔拉镇中心校学生中进行调查

六．丁石庆教授在提古拉村与82岁的达斡尔族老人鄂金山谈话

序

读了《莫旗达斡尔族语言使用现状与发展趋势》一书的送审稿,感觉很好,觉得有新意,有价值。该成果是中央民族大学"985工程"新时期中国少数民族语言使用情况研究丛书之一。读后思考了一下,觉得有以下几点值得向读者推荐。

一 该书选题好,有较强的理论意义和应用价值。

我们知道,达斡尔族是分布在我国北方的一个古老的、人口较少的民族,在历史上经历了长期的社会变迁、分布迁徙、民族交融,处于人口多的民族或强势民族的包围之中。像这样一个民族的语言,它是怎样在漫长的历史岁月中顽强地走了过来,保存了下来,是怎样在多语社会的环境中经过奋争而保持其独立的地位。特别是在近几十年现代化进程加快的形势下,它的功能、地位是否发生新的变化,有没有因为社会流通的加速、民族共性的增长,出现衰退甚至濒危?这些都是摆在语言学家面前的一个现实的、亟待回答的问题。能否科学地认识新时期少数民族语言的现状及其演变规律,关系到能否根据新的国情制定新的对策和措施,与民族的发展繁荣、民族团结、社会和谐密切相关。它既是语言问题,又是民族问题;既是理论问题,又是应用问题。

由丁石庆教授主编的《莫旗达斡尔族语言使用现状与发展趋势》一书,对我国莫旗达斡尔族的语言使用情况及其演变趋势进行了全面、深入地调查研究,是记录、梳理、论述小民族语言国情的一本专著。莫旗是我国达斡尔族语言文化保持相对较好的地区,也是达斡尔语的标准方言——布特哈方言的主要分布区域。该方言区的语言情况代表了我国达斡尔语的基本现状和发展趋势。选择这一地区作为代表点进行深入调查研究,能够从整体上把握达斡尔族语言的使用现状及发展趋势。

二 调查设计合理,内容丰富、系统,抓住了达斡尔族语言生活中的核心要素。

对一个民族的语言生活应当如何下手剖析,应当怎样从纷繁的现象中提取出起关键作用的核心要素,这是做好语言国情调查的关键。过去这方面的工作做得很少,可资参考的经验不多。因而,要做好语言国情调查,只能靠大家在实践中摸索前进。

该书从语言保持、语言兼用、语言转用等角度,通过语言能力、语言观、文化观等的调查,探索达斡尔族的语言活力,揭示制约达斡尔族语言使用现状的成因,特别是着力研究了城市化对语言使用的影响。而且对达斡尔语语言功能的发展趋势、语言结构的演化趋势等进行了分析,并做了可能的预测。在调查点的分布上,他们从不同的角度做了不同的分类。如:按居住格局的不同,分为聚居、杂居、散居等不同类型;在城区和农区的类型差异中,确定农区是重点;根据不同职业人群分别对农民、教师、公务员、学生等进行了抽样调查;还把语言使用区分为母语单语、双语、多语、转用等不同类型进行调查。为了把握达斡尔语的语言接触特点,调查方案中还设有对周边的鄂温克、汉、朝鲜、蒙古等村落语言特点的专题调查。

三 调查结论是有价值的,能为认识我国新时期少数民族语言生活的现状及演变,提供一份鲜活的、有代表性的参考意见。

该书在大量调查材料的基础上,提出了几个有价值的认识。如书中认为,从总体上看,聚居区的达斡尔族还稳定地使用自己的母语,达斡尔语仍在达斡尔族生活中具有重要的作用,并分析了制约达斡尔语稳定使用的因素。书中还预计,这种局面在短时间内不会改变。这些结论,对于认识我国小民族语言的语言活力,以及新时期小民族语言的走向,是很有价值的,而且对濒危语言的研究也能提供有用的参考。

书中还指出,由于现代化进程的加快,兼用汉语的双语人将大幅度增长,尤其是青少年的双语人数量将不断增多。而且认为,随着双语人的扩大,势必使达斡尔语的本体结构也发生变化。作者认为,这种变化是现代化进程的需要,是不可避免的,也是达斡尔族社会发展进步的表现。这些认识,符合客观实际,很有价值。

该书通过具体调查材料显示,当前在一些达斡尔族中不同程度地存在母语功能衰退和语言转用,而且在城市区和散居区表现较为突出。这个问题的明确提出,有助于人们去思考怎样对待现代化进程中小民族语言的发展,以及应当采取什么措施去解决出现的新问题。

四 该成果的取得是课题组精心实施的结果。

该书内容如此丰富,大部分材料都是课题组在田野调查第一线亲自采摘后又经过多次修改加工而成。担任这一课题负责人和该书主编的丁石庆教授是达斡尔族,他熟悉自己民族的母语,多年从事语言学教学,并长期做达斡尔语调查研究。20多年来,他勤以语言田野调查,积累了大量的达斡尔语材料。2006年,他又带10名研究生赴调查点进行全面系统调查,在过去调查的基础上补充了新语料、提炼了新观点。没有强烈的使命感和责任感,没有对该课题的浓厚兴趣,是不可能完成任务的。

为了做好新时期的民族语文工作,我们需要深入进行语言国情调查。我国语言种类繁多,特点复杂,而且情况不断在变化,因而语言国情调查应是一项长期的、艰巨的任务。我希望,我国的语言国情调查能受到更多的重视,能有更多、更好的成果问世。

是为序。

戴庆厦
2008年3月9日

目 录

第一章 绪论 ··· 1
  第一节 选题缘由、研究思路及关注焦点 ································· 1
  第二节 莫旗简介 ·· 4
  第三节 莫旗达斡尔族语言调查概述 ······································ 11

第二章 莫旗达斡尔族聚居区语言使用状况 ··································· 15
  第一节 哈力村语言使用状况 ··· 15
  第二节 特莫呼珠村语言使用状况 ··· 28
  第三节 腾克村语言使用状况 ··· 39
  第四节 怪勒村语言使用状况 ··· 47
  第五节 提古拉村语言使用状况 ·· 55
  第六节 宜和德村语言使用状况 ·· 63

第三章 莫旗达斡尔族散杂居区语言使用状况 ································ 75
  第一节 宜斯坎村语言使用状况 ·· 75
  第二节 哈达阳村语言使用状况 ·· 89
  第三节 西瓦尔图村语言使用状况 ··· 99
  第四节 杜克塔尔村语言使用状况 ··· 108
  第五节 额尔根浅村语言使用状况 ··· 114
  第六节 尼尔基镇语言使用状况 ·· 126

第四章 莫旗中小学校达斡尔族语言使用状况 ································ 139
  第一节 莫旗中小学校达斡尔族教师语言使用状况 ··················· 139
  第二节 莫旗达斡尔族中学生语言使用状况 ····························· 149
  第三节 莫旗达斡尔族中学生英语学习动机调查分析 ················· 160

第五章 莫旗达斡尔族语言现状及成因分析 ··································· 170
  第一节 莫旗达斡尔族的语言结构特点 ··································· 170

第二节 莫旗达斡尔族语言使用类型 …………………………………… 179
   第三节 莫旗达斡尔族语言场域 ………………………………………… 184
   第四节 莫旗达斡尔族语言文字观 ……………………………………… 191
   第五节 莫旗达斡尔族语言能力测试 …………………………………… 197
   第六节 制约莫旗达斡尔族语言现状的相关因素 ……………………… 204

第六章 莫旗达斡尔族语言发展趋势 …………………………………………… 222
   第一节 莫旗达斡尔族语言结构的演化趋势 …………………………… 222
   第二节 莫旗达斡尔族语言功能发展趋势 ……………………………… 227
   第三节 城市化对莫旗达斡尔族语言发展的影响 ……………………… 229

附录 ……………………………………………………………………………… 234
   附录一 访谈录 …………………………………………………………… 234
   附录二 词汇测试简表 …………………………………………………… 262
   附录三 调查问卷 ………………………………………………………… 280
   附录四 莫力达瓦达斡尔族自治旗自治条例 …………………………… 288
   附录五 莫力达瓦达斡尔族自治旗民族教育条例 ……………………… 295

参考文献 ………………………………………………………………………… 298

后记 ……………………………………………………………………………… 299

Contents

Chapter 1 Introduction ·· 3
   Section 1 A brief account for the program, research train of thinking and concerning
           focus ··· 3
   Section 2 Brief introduction of Moqi ·· 6
   Section 3 Brief introduction of language survey ·· 13

Chapter 2 The Status Quo of language use in Moqi regions where Daur
             nationality live in compact communities ··································· 17
   Section 1 The Status Quo of language use in Hali village ·································· 17
   Section 2 The Status Quo of language use in Temohuzhu village ····················· 30
   Section 3 The Status Quo of language use in Tengke village ···························· 41
   Section 4 The Status Quo of language use in Guaile village ····························· 49
   Section 5 The Status Quo of language use in Tigula village ····························· 57
   Section 6 The Status Quo of language use in Yihede village ···························· 65

Chapter 3 The Status Quo of language use in Moqi regions where Daur
             nationality live scattered ·· 77
   Section 1 The Status Quo of language use in Yisikan village ···························· 77
   Section 2 The Status Quo of language use in Hadayang village ······················· 91
   Section 3 The Status Quo of language use in Xiwaertu village ······················· 101
   Section 4 The Status Quo of language use in Duketaer village ······················· 110
   Section 5 The Status Quo of language use in E'ergenqian village ·················· 116
   Section 6 The Status Quo of language use in Nierji town ······························ 128

Chapter 4 The Status Quo of language use in schools of Moqi ····················· 141
   Section 1 The Status Quo of language use among teachers in schools of Moqi ······ 141
   Section 2 The Status Quo of language use among middle school students of Moqi
            ·· 151

Section 3　Survey and analysis of learning motive of Daur middle school students in Moqi ········ 162

Chapter 5　The status quo and causes of language use among Daur nationality in Moqi ········ 172
Section 1　Character of language structure of Daur nationality in Moqi ········ 172
Section 2　Types of language use of Daur nationality in Moqi ········ 181
Section 3　Register of Daur nationality in Moqi ········ 186
Section 4　Views on spoken and written languages of Daur nationality in Moqi ······ 193
Section 5　Test on linguistic competence of Daur nationality in Moqi ········ 199
Section 6　Factors of restricting the status quo of language use among Daur nationality in Moqi ········ 206

Chapter 6　The evolutionary tide of language of Daur nationality in Moqi ······ 224
Section 1　The evolutionary tide of language structure of Daur nationality in Moqi ········ 224
Section 2　The evolutionary tide of language function of Daur nationality in Moqi ········ 229
Section 3　The influence of citilization on language evolution of Daur nationality in Moqi ········ 231

Appendices ········ 236
One　Interviews ········ 236
Two　Test forms of words ········ 264
Three　Questionnaires ········ 282
Four　Regulations on the exercise of autonomy of Moqi ········ 290
Five　Regulations of national education of Moqi ········ 297

References ········ 300

Postscript ········ 301

第一章 绪论

第一节 选题缘由、研究思路及关注焦点

一 立项缘由及研究意义

本项目为中央民族大学"985工程"中国少数民族语言文化教育与边疆史地研究创新基地的语言国情调查研究系列的子课题之一。以"新时期人口较少民族语言使用现状及发展趋势—莫旗达斡尔族个案研究"为题立项,对全国达斡尔族唯一一个民族自治地方—内蒙古自治区莫力达瓦达斡尔族自治旗的达斡尔族(以下均简称为"莫旗")为重点进行具体调查分析,旨在对新时期人口较少民族的达斡尔族的语言使用现状进行具体实地考察分析。立项理由及研究意义如下:

1. 从宏观的角度来说,语言作为文化的一个重要组成部分,具有独特的文化价值和生存功能空间。每一个民族都将自己的语言视为民族的重要标志和交流民族感情的纽带;每一个语言中又都凝聚着一个民族的历史记忆和知识、经验以及智慧。从这个角度来说,对一个民族语言的研究就是对该民族的历史和文化的研究。

2. 对中国境内的少数民族语言进行田野调查研究,在某种程度上属语言国情的调查研究,它对中国政府相关部门了解和摸清我国少数民族地区的语言、文化及教育发展中的实际现实问题,帮助少数民族完成现代化社会转型时期的诸多问题,都具有十分重要的社会意义。而且对解决中国少数民族地区少数民族的语言保持、语言教育,进而对少数民族的文化保持等,也都具有重要的现实意义。

3. 从语言学学科角度来说,对某个少数民族进行微观的个案研究,能够大大开阔我们学科的研究视野,可发现和弥补我们以往研究中所没有的实证材料,同时也可以检验许多学科的新理论、新方法,甚至某些新假设,从而避免我们学科研究中普遍存在的理论与实际的脱节现象。

4. 达斡尔族是我国北方人口较少的少数民族之一。这样一个只有13万人口的民族虽历经历史磨难,但至今仍基本保留着传统文化特点,尤其是在全民操用达斡尔-汉双语或多语的

同时,还保持着自己显著的母语特点,这在目前世界范围内也属较为典型的语言保持与文化保持的个案。达斡尔族语言保持典型个案的深入研究对世界范围内那些具有语言濒危迹象或弱势族群的语言保持也具有启发和借鉴。

5. 莫旗是我国达斡尔族唯一的一个自治地方,相对于其他地区的达斡尔族来说,莫旗达斡尔族的语言和文化保持相对较好。莫旗也是达斡尔语的标准方言——布特哈方言的主要分布区域,基本代表了我国达斡尔语的基本现状和发展趋势。另外,莫旗作为一个民族的行政区域,具有相对的封闭性,适宜进行较深度的实际调查研究,也有可能搞深搞透。

二 研究思路及主要关注焦点

本次调研主要是对达斡尔族的自治地方的达斡尔族进行实地田野调查。莫旗是一个以种植农业作物为主的自治旗,除了少量达斡尔人分布于旗政府所在地尼尔基镇外,旗内大部分达斡尔族主要分布于腾克、阿尔拉、库如奇等几个乡镇的达斡尔族聚居村落,以及西瓦尔图、哈达阳、杜拉尔、汉古尔河等几个与其他兄弟民族杂居的乡镇散杂居村落。大体上可分为城市区和农村区两类,城市区主要以尼尔基镇为代表。农村区则以腾克、阿尔拉等几个达斡尔族较为集中的乡镇村落为代表。由于不同的居住格局、不同的民族接触关系等因素可能会影响语言的使用,我们将调查重点定在较为聚居的达斡尔族村落,并辅之几个散杂居村落。对占主体的农民人群的调查,基本上可反映莫旗达斡尔族语言使用的总体情况。此外,考虑到职业因素对语言使用的影响,我们还对莫旗的几个中小学校的达斡尔族教师和学生进行了专题调查,增加了不同类型的样本。限于时间、人力、精力等关系,我们主要将此次调研的重点集中在语言使用现状和语言发展趋势这两个问题上。在具体调查过程中,我们特别关注以下几点:

1. 莫旗达斡尔族个体语言使用背景,包括个体母语、汉语、双语等语言文字使用能力及特征,并关注制约个体语言使用差异的主要因素。

2. 达斡尔族母语环境和双语环境问题。母语环境主要包括家庭母语环境和社区母语环境。对母语环境进行调查,我们首先开展家庭环境中的母语使用的调查。其中涉及母语的习得途径、母语能力、家庭成员间母语使用情况等层面的内容。双语环境主要指达斡尔语和汉语使用的情况,主要对汉语的习得途径、使用能力等进行了具体的调查。此外,就达斡尔族达汉双语综合使用能力也进行了调查。

3. 达斡尔族母语单语人及母语转用者的主要分布及其特点。根据以往的调查材料,莫旗的单语人,包括母语单语人和已经发生语言转用的单语人。前者更多地保留了达斡尔族的传统文化特点,使用的语言也较为纯正地道,是调查达斡尔语的绝佳人选。他们为何至今仍仅使用单语,他们的语言生活情形如何,语言使用上有哪些特点,以及制约他们使用单语的各种制约因素是什么等,是我们对这类人群进行专题调查时所关注的主要问题。而后者则主要使用汉语。与前者相比,这部分人群在数量上、分布范围上都要比前者更多更广。调研中我们更关注的是:他们为何失去母语,原因有哪些,他们的主要分布范围和语言使用上的特点是什么,以及作为出生和生活在莫旗这样一个民族自治地方主体民族的一分子,对自己的民族语言的态度如何等。

4. 达斡尔族的语言文字观。语言态度和文字态度是两个层面上的问题。前者主要研究莫旗达斡尔族对自己的母语、汉语及对达汉双语现象等的主观认识和态度。以往的研究成果表明:一个民族,一个民族中的某一部落,甚至某个民族的某个家庭成员对自己的语言态度,对该民族的语言的传承、发展具有至关重要的影响和作用。莫旗作为达斡尔族的一个自治地方,达斡尔族的传统文化得以保持至今,达斡尔人的母语保持具有一个良好的状态,固然和国家民族政策和有关法律条例保障有直接关系,但我们也不难看出,和达斡尔族的每一个个体对自己的母语,对自己的母语在现代化进程中的作用的认识和态度有关。与此相关的是关于达斡尔族的文字问题。对此,学界似乎一致认为达斡尔人未曾有过文字,或者说达斡尔族是一个只有语言而没有文字的民族。实际上,历史上,达斡尔族曾在清代中期后使用过在满文字母基础上形成的文字——"达呼尔文"。它也是达斡尔族精通满语文,曾经形成了普遍的达满双语现象的历史见证。清朝中期,达斡尔族文人墨客曾利用兼通满语文的便利条件,一方面从满语中翻译了大量的适于达斡尔族民间传播的各类文学作品,另一方面则直接用满语文著书立说,创作文艺作品。清朝后期,在满文的基础之上改进的"达呼尔文",作为音写词汇、编纂辞书、记录民间传说故事、续写族谱等工具,为后人留下了不少的民族文化遗产。对这段文字历史的知晓和认同程度,对现代达斡尔语是否需要沿袭以往的文字形式,抑或创制一种新的文字,以及使用哪种文字形式也是我们此次调查的问题之一。

5. 达斡尔族的文化观。达斡尔族一直生活在多元文化的环境和氛围中,尤其是自清代以后更是生活在临近满汉族的嫩江流域,加上所具有的多元经济生产生活方式,以及与外民族的历史交流和文化往来较为频繁,造就了达斡尔族较为开放的文化观念。他们积极向外民族学习,汲取兄弟民族的优秀文化因子,整合各种文化的积极成分,从而形成了具有复合型特点的达斡尔族文化。这种文化对语言的使用、对民族文化的导向及发展具有一定的制约作用。但它到底对莫旗达斡尔族的语言使用及语言发展产生了哪些影响,也是我们的一个重要观察点。

此外,我们还考察了莫旗达斡尔族与邻近的兄弟民族的语言接触与民族关系。为此,我们选择了腾克乡的一个汉族村和朝鲜族村,并对杂居于莫旗境内的两个鄂温克民族乡——杜拉尔鄂温克民族乡的杜克塔尔村的达斡尔族与鄂温克族村民,以及巴彦鄂温克民族乡的萨玛街村的鄂温克族村民进行了调查。最后,我们还对莫旗民族政策落实情况进行了附带调查,以考察莫旗作为少数民族自治地方的政治社会环境及国家的民族政策到位情况。

第二节 莫旗简介

一 达斡尔族概述

达斡尔族是我国北方人口较少的一个古老民族。现今主要分布在内蒙古自治区莫力达瓦达斡尔族自治旗、鄂温克族自治旗、布特哈旗、阿荣旗及黑龙江省齐齐哈尔市、梅里斯达斡尔族区、富拉尔基区、龙江县、富裕县、嫩江县、爱辉县；部分居住在新疆维吾尔自治区塔城市、霍城县、乌鲁木齐市等地。总人口数为132394人（2000年）。达斡尔族使用达斡尔语，属阿尔泰语系蒙古语族。清代在达斡尔族文人及民间曾使用过一种在满文字母基础之上音写达斡尔语的文字，有学者称作"清代达呼尔文"（恩和巴图1992；丁石庆2002）。主要使用汉文，少数人兼用满文、蒙古文和哈萨克文。

17世纪前，达斡尔族分布于外兴安岭以南精奇里江（今俄罗斯境内吉雅河）河谷与东起牛满江（今俄罗斯境内布列亚河），西至石勒喀河的黑龙江北岸河谷地带。17世纪中叶由于沙俄殖民者入侵黑龙江流域，江北达斡尔、鄂伦春、鄂温克等族人民受到野蛮的掠夺与屠杀。由于皇太极急于入关建立朝廷，无暇顾及北部边境战事，实行了南迁臣民的政策，达斡尔等民族被迫南迁。达斡尔族最初迁居于嫩江流域，后来，由于清政府征调驻防东北及西北边境城镇之官兵，一部分达斡尔人陆续徙居呼伦贝尔、爱辉，以至远徙新疆伊犁，从而形成了达斡尔族目前这种人口分布格局。

目前，学界对达斡尔族的来源问题，尚无定论。其中就以往和近期的研究成果来说，有契丹说、蒙古说、东胡说、北室韦说、落俎室韦说等。其中契丹说影响较大，也为多数人赞同。近年来也有部分学者对达斡尔族的族源问题提出了各种不同的观点，其中有些还对达斡尔族源于契丹的观点予以质疑，如刘金明先生认为："达斡尔族是以落俎室韦为主体，吸收部分索伦部通古斯人的先民以及黑水靺鞨后裔女真的某些成分，至明末清初最终形成的。"[①]朱学渊先生的观点令人耳目一新。他不但提出和论证了所谓"大宛"、"大夏"、"塞种"、"吐火罗"等这些过去一直被学术界认为和"达斡尔"没有任何关系的古代西域民族的古称是"达斡尔"的别称，还在达斡尔族与契丹的关系上有了新的解释。作者一方面认为契丹与达斡尔族之间确实存在一

---

① 参见刘金明：关于达斡尔族源于契丹说的质疑，载《黑龙江民族丛刊》1990年第4期；刘金明：也谈达斡尔族族源，载《黑龙江民族丛刊》1994年第2期。

定的历史关系,但认为二者均是源自"东胡"的两支平行的"流"。① 近期的一些DNA实验成果也支持这些新观点。②

二　莫旗简介

莫力达瓦达斡尔族自治旗(以下简称"莫旗")因境内库如奇乡的莫力达瓦山而得名。"莫力达瓦"为达斡尔语,直译为"马岭"。

莫旗建于1958年。是内蒙古自治区境内的三个少数民族自治旗之一,也是全国达斡尔族唯一的县级民族区域自治地方。它位于内蒙古自治区呼伦贝尔市东部,大兴安岭东麓中段、嫩江西畔。全境南北长203.2公里,东西宽125公里,北与鄂伦春自治旗接壤,西、南与阿荣旗、黑龙江省甘南县为邻,东与黑龙江省讷河市、嫩江县隔江相望,面积1.1943万平方公里。旗内自然资源丰富,河流纵横,有嫩江、诺敏河等42条江河,江河里盛产鳌花、鲤、白、草根等鱼类。嫩江是旗内最大的河流,宽约300～500米,深达5米左右。嫩江达斡尔语称为"nawenmure"(纳文莫如),发源于大兴安岭伊勒呼里山南麓,向南流入松花江,流经旗境206公里,流域面积4760平方公里。诺敏河是旗内的第二条大河,发源于大兴安岭东南麓鄂伦春自治旗境内托河附近,全长152公里,流域面积3470平方公里。莫旗境内各条河流上、中游大多都经过峡谷地带,水流落差较大,具有丰富的水力资源。南部有较大的平原和水草丰美的天然牧场,盛产玉米、高粱、小麦、大豆、水稻等,也为牧业生产提供了优越的自然环境。北部是资源丰富的山区,丛生着柞、桦、榆等十多种树木和黄芪、赤芍等百余种野生药材。森林中栖息着熊、猞猁、狐狸、灰鼠、狍子以及水獭等多种野兽。莫旗境内地下蕴藏着丰富的砂金、云母、铁、煤、萤石等矿产。

莫旗属大陆型季风气候,地处大兴安岭低山陵与松嫩平原的过渡地带,中南部乡镇地势较为平坦,北部乡镇以坡耕地居多,全旗土地总面积1545万亩,其中耕地430万亩,林地342万亩,草业460万亩,地表水资源占呼伦贝尔市的60%,占自治区的40%,是国家商品粮基地之一,是一个典型的农业大旗。此外,莫旗还是适于从事和发展牧、林、渔、副业等多种生产的绝佳之地。

莫旗素有"大豆之乡"、"曲棍球之乡"、"歌舞之乡"的美誉。

---

① 朱学渊:西域族国名与东北亚族名之关联,载《满语研究》2002年第1期。另外,达斡尔族语言学家、内蒙古大学教授恩和巴图先生近年来也致力于达斡尔族源问题的研究,并也支持像朱先生等的研究成果。

② 许月、张雷、张全超、崔银秋、周慧、朱泓:《古代契丹与现代达斡尔遗传关系分析》《吉林大学学报》(理学版)2006年第6期认为:"对23个契丹人骨样本线粒第一高可变区(164bp)进行了扩增和测序,得到22个不同序列。构建了契丹、达斡尔人及对比人群的系统发育树,结果别名,起到与外蒙的遗传关系最近,与达斡尔的遗传关系也较近;契丹与达斡尔的系列在突变位点和突变率上存在较大差异。别名虽然契丹与达斡尔之间存在较近的亲缘关系,但达斡尔不一定是契丹的直接后裔。"另外,许月的博士论文《辽代契丹人群分析遗传学研究》也通过对辽代契丹样本的线粒体DNA高可变一区序列所进行的分析研究结果认为,在现代人群中,尚未找到契丹族的直接后裔,并认为达斡尔可能不是契丹的后裔。

目前,莫旗政府正在积极实施并大力推行城镇化建设计划。以建设尼尔基民族生态旅游城市和环湖民俗生态风光旅游区为目标,尼尔基、红彦、西瓦尔图、汉古尔河、阿尔拉等小城镇化建设的步伐大大加快。推进城镇化,是国家和政府在新的历史时期从国民经济全局的高度,从调整城乡关系入手,为了从根本上解决农村发展中的深层次矛盾而做出的重大战略决策。至2006年6月,全旗共有11个镇6个乡,主要包括尼尔基镇、红彦镇、哈达阳镇、汉古尔河镇、阿尔拉镇、西瓦尔图镇、宝山镇、塔温敖宝镇、奎勒河镇、腾克镇、登特科镇;卧罗河乡、坤密尔堤乡、库如奇乡、额尔河乡,还有两个鄂温克族民族乡,即巴彦鄂温克民族乡和杜拉尔鄂温克民族乡。莫旗乡镇合并完成后,莫旗原有的17个乡镇减少为现在的10个(8个镇,2个民族乡),撤并比例为41.17%。分别为:阿尔拉镇,由原库如奇乡、阿尔拉镇合并组建,镇政府驻地原阿尔拉镇政府所在地;西瓦尔图镇,由原坤密尔堤乡、西瓦尔图镇合并组建,镇政府驻地原西瓦尔图镇政府所在地;塔温敖宝镇,由原卧罗河乡、塔温敖宝镇合并组建,镇政府驻地原塔温敖宝镇政府所在地;哈达阳镇,由原额尔和乡、哈达阳镇合并组建,镇政府驻地原哈达阳镇政府所在地;尼尔基镇,由原登特科镇、汉古尔河镇、尼尔基镇合并组建,镇政府驻地原尼尔基镇政府所在地;巴彦鄂温克民族乡,由原奎勒河镇、巴彦鄂温克民族乡合并组建,乡政府驻地原奎勒河镇政府所在地;以及原腾克镇、红彦镇、宝山镇、杜拉尔鄂温克民族乡。根据乡镇所处中心位置、区域经济发展辐射度、人口数量、交通状况等实际情况,设四个中心镇,分别为尼尔基镇、红彦镇、塔温敖宝镇、宝山镇。此次的乡镇合并是莫旗城市化进程中的一个重大事件,对达斡尔族各方面的发展都具有十分重要的影响。关注达斡尔族城市化进程中的语言使用现状及语言发展趋势也是我们作为语言学工作者的不可推辞的义务和使命。

三 莫旗达斡尔族概述

莫旗境内的达斡尔族是从17世纪30年代初,逐渐从黑龙江上、中游北岸和精奇里江迁入该地区定居的。根据《莫力达瓦达斡尔族自治旗概况》的记载,达斡尔族迁入莫旗境内的时间大致分为四个时期:第一个时期为17世纪30年代,达斡尔族敖拉氏的始祖呼力日肯前来此地建立了宜斯坎、登特科等村屯。第二个时期为17世纪50年代至60年代,达斡尔族苏都如氏、鄂嫩氏、莫日登氏等陆续南迁至嫩江流域和诺敏河两岸定居。第三个时期是中华民国初年,原居住于嫩江以东地区的敖拉氏、鄂嫩氏、莫日登氏等以及由精奇里江下游东岸徙居于讷莫日河流域的郭布勒氏、德都勒氏的某些人家陆续迁入该旗。第四个时期是伪满洲国时期,原留居于嫩江以东地区的达斡尔族先后迁入莫旗定居。[①]

[①] 莫力达瓦达斡尔族自治旗概况编写组:《莫力达瓦达斡尔族自治旗概况》,7页,内蒙古人民出版社,1986年。

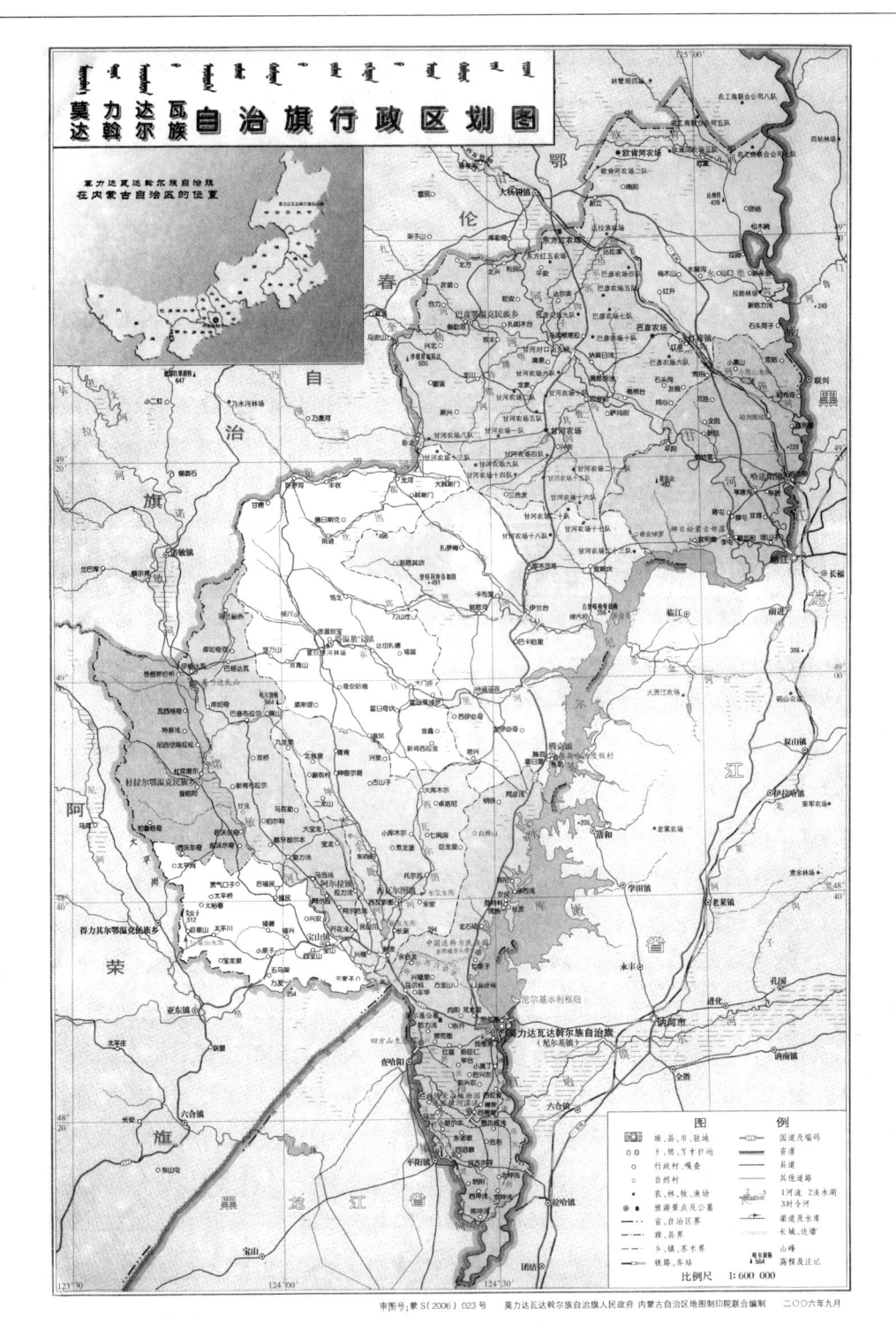

图 1-1 莫旗合并乡镇新地图

现今莫旗古为东胡之地,汉属匈奴左地,后汉为鲜卑东部,唐隶黑水府管辖,五代系契丹领地,辽为宗道临潢府泰州属地,元朝由开元路管制,明属奴尔干都司扶余卫,清代称此地区为布特哈地区。布特哈源自满语 batgan,系"狩猎"、"打牲"之义。据史料记载,康熙初年,清廷在嫩江中游西岸齐齐哈尔屯设置"布特哈打牲处",置总管等官管理。康熙二十八年(1689年)在今莫旗尼尔基镇后宜卧奇设置布特哈总管衙门。后组建布特哈八旗,由布特哈总管衙门管理八旗事务。从有关文献记载来看,清初,清中期布特哈总管衙门辖地较广。布特哈总管衙门"大抵有分兵,无分土,而布特哈专辖牲丁,其牲丁所至之地,皆布特哈总管应巡查之地。故外兴安岭鄂博,向归布特哈巡查,而逊河等处鄂伦春,亦归管辖。故布特哈旧日所辖之地最广,与各城本无一定之界"。① 布特哈地区达斡尔等族老百姓,平时以渔猎、牧农为生,岁贡貂皮等珍贵动物皮张,战时效命战场。同治三年(1864年),黑龙江将军特普钦派员复勘黑龙江各城边界,定四至,当时划定布特哈边界为:"以总管衙门驻地,东至内兴安岭三百里许,与黑龙江城搭界;西至内兴安岭阿伦河源六百二十五里许,与呼伦贝尔搭界;南至宁年站一百三十五里许,与齐齐哈尔省城搭界;北至内兴安岭多布普尔河源六百七十里许,与呼伦贝尔搭界。"② 自此,布特哈总管衙门所辖之地有了较为明确的界定。光绪三十二年(1906年),撤销布特哈副都统衙门,以嫩江为界分设东、西布特哈总管衙门。西布特哈总管衙门管辖今莫旗、鄂伦春自治旗、阿荣旗、扎兰屯市、黑龙江省甘南县等地区。余地为东布特哈总管衙门统辖。

雍正九年(1731年),清廷在达斡尔、鄂温克等族官兵组成的3个扎兰,5个阿巴的基础上组建了布特哈八旗,由布特哈总管衙门统辖布特哈八旗各项事务,总管衙门归黑龙江将军管辖。从此,这里成了达斡尔、鄂温克等族的世居地,他们是布特哈地区的最早开发者和建设者。康熙二十四年(1685年),清政府将吴三桂等"三藩之乱"的俘、降将士及家属884户自云南拨至黑龙江,安置于驿路各站。今布特哈地区的老汉族村屯,就是由当时在布特哈、墨尔根境内各站的站丁、家属及其后代建立起来的。他们是布特哈地区最早的汉族居民。但由于当时迁入布特哈地区的汉族人口比例数量较少,加上后来又有些人迁回原籍或其他地方,因此,布特哈地区自清初以来一直是达斡尔、鄂温克等族聚居之地。甚至到清光绪末年之前,莫旗地区人口的绝大多数仍为上述两个民族的成员,只有极少数的鄂伦春、汉、满等其他民族成员。清末,由于清廷实行开禁招垦与"移民实边"的政策,大批汉民才逐渐迁入西布特哈地区。至民国初年,汉族人口超过总人口一半以上,此后,汉族人口逐年增加。

布特哈地区各民族之间的接触和交往在很早以前就开始了。尤其是达斡尔族与鄂温克、鄂伦春这三个民族的关系可谓源远流长。早在17世纪之前,这几个民族在黑龙江流域及精奇里江沿岸等广大地区就毗邻而居或杂居,交往较其他一些民族甚为频繁,关系十分密切,并形成了许多共同的文化特征,以至于曾在历史上被概称为"索伦部"。索伦部诸族的往来关系最早表现在经济方面的互通有无。如当时就具有很高的文化水平并已经成为当地先进民族的达

---

①② 《黑龙江舆图说》凡例。

斡尔族,用在农耕生产活动中自销所余的农产品换取主要从事狩猎生产活动的鄂温克、鄂伦春等民族的猎产品。此外,这几个民族还用猎获的产品换取邻近蒙古等游牧民族的牲畜,用貂皮等珍贵皮货到内地换取满、汉族的铁器或纺织品。这种经济上的广泛联系既打破了他们各自的自给自足的自然经济生活,又从客观上推动了各族内部的社会发展。索伦部各族在历史上建立的嫡亲联姻关系,加强了彼此间的文化联系。这几个民族均实行族外婚制,各族内部规定同一哈拉的男女间不得联姻,同一莫昆内部更严禁通婚。甚至在这几个民族之间的有些哈拉、莫昆之间也不得通婚。因此,索伦部诸族也彼此视为具有某种血缘关系的"亲戚民族"。几个世纪以来,布特哈境内的各民族在长期的接触与交往中彼此结下了深厚的友谊。新中国建立后,在中国共产党的领导和党的民族政策的光辉照耀下,各族人民平等相处,同舟共济,进一步发扬了民族团结的共同传统,民族之间的友好情谊日益巩固。

综上所述,从黑龙江上、中游地区南迁至莫旗境内的达斡尔族,还有同时期迁入莫旗境内的鄂温克族,在这块土地上生活了370余年。达斡尔族、鄂温克族和比他们约晚一个世纪逐渐迁入莫旗的汉族等其他民族,共同开发和建设了这个地区。

至2001年,莫旗总人口为298865人。男性人口154908人,女性人口143957人。在人口总量中,居住在农村的人口240131人,居住在城镇的人口58734人,分别占总人口的80.35%和19.65%。全旗共有17个民族,主体民族达斡尔族人口为28310人,约占总人口的9.47%;汉族为238534人,其他少数民族为32021人,各占总人口的79.81%和10.71%(另据最新统计资料,2007年1月,全旗总人口为32269人。因为调查期间莫旗政府还不能提供新的合并后的乡镇民族人口分布数据,另外,也考虑到调查期间基本人口分布格局还没有大的变动,因此,还沿用以往的乡镇村落划分区域进行调查,下列四普时的人口分布表和2007年1月的人口统计数据可作为参照数据)。

表1-1 莫力达瓦达斡尔族自治旗各民族人口统计表(四普标准时)[①]

地区别	总人口数	汉族	达斡尔族	达族比例	满族	蒙古族	鄂温克族	朝鲜族	鄂伦春族
尼尔基镇	36334	25855	5422	15%	3069	845	803	141	11
红彦镇	12749	10661	1066	8.4%	677	230	92	11	
哈达阳镇	6172	2736	2675	43.3%	206	82	387	17	33
汉古尔河镇	17710	15744	266	1.5%	771	254	322	350	
阿尔拉镇	5867	1209	3848	65.6%	182	127	490		5
西瓦尔图镇	15731	12785	1489	9.5%	959	229	200	29	
宝山镇	14335	13124	33	0.2%	842	324	6		
兴仁乡	8665	7396	174		858	109	25	66	
坤密尔堤乡	8245	7249	55		859	68		10	

---

① 统计数据根据以下有关文献整理而成:莫力达瓦达斡尔自治旗史志编撰委员会:莫力达瓦达斡尔自治旗志,内蒙古人民出版社,1998年,第175—177页。另外,原表中统计回族总人口数为241人,约占莫旗总人口比例为0.9%;锡伯族总人口数为105人,约占莫旗总人口比例为0.03%;其他民族人口总数为91人,约占莫旗总人口比例为0.003%等。

卧罗河乡	6617	6241	14		199	146		8	
库如奇乡	5678	3849	1365	24%	212	103	139	5	
腾克乡	9141	4671	3694	40.4%	136	115	408	107	1
扎如木台乡	14477	12961	354		180	263	180	15	8
乌尔科乡	10206	8187	30		1832	122	1	16	2
博荣乡	8922	7611	268		791	91	40	109	1
兴隆乡	5089	3842	105		975	142	17	3	
塔温敖宝乡	15410	13242	468		1150	531	9	8	
额尔和乡	9503	7835	782	8.2%	299	115	347	49	70
太平乡	6611	6198	18		242	119	3	4	1
登特科乡	14798	13180	379		984	212	41		
巴彦乡	13099	8609	2659	20.3%	522	403	867	1	26
杜拉尔乡	6657	4731	94	1.4%	287	121	526	17	15
甘河农场	11151	10112	69		618	308	9	4	3
巴彦农场	6003	5353	129		255	242	11		
总计	269170	213381	25456		17605	5301	4923	970	126
总百分比	100%	79%	9.5%	9.5%	6.5%	2%	1.8%	0.3%	0.05%

表 1-2 莫力达瓦达斡尔族自治旗各民族人口统计表(2007 年 1 月)①

地区别	总人口数	汉族	达斡尔族	达族比例	满族	蒙古族	鄂温克族	朝鲜族	鄂伦春族
尼尔基镇	85947	63836	8951	10.40%	8748	2055	1520	494	76
红彦镇	15778	13395	1276	8.10%	710	278	104	6	
宝山镇	22005	20555	109	0.50%	827	455	23	7	8
哈达阳镇	6170	2545	2782	45.10%	217	95	445	24	58
阿尔拉镇	7752	3284	3550	45.80%	235	170	498		11
汉古尔河镇	17565	15563	310	1.80%	741	296	342	308	1
西瓦尔图镇	18915	15072	1587	8.40%	1630	359	237	14	3
登特科乡	18967	17280	433	2.30%	863	294	62	1	
腾克乡	14746	9366	4362	29.60%	207	165	487	139	18
奎勒河	16069	14245	522	3.2%	685	337	216	13	12
塔温敖宝乡	19994	17537	543	2.70%	1148	741	12	10	
巴彦乡	16382	11387	2783	17%	632	521	1023	1	19
坤密尔堤乡	9477	8744	62	0.7%	538	113	1	18	
额尔和乡	12200	9924	1080	8.90%	398	184	431	63	110
杜拉尔乡	7855	5886	971	12.40%	268	135	571		4
库如奇乡	5566	3490	1501	27%	213	145	207	4	4
卧罗河乡	7729	7299	43	0.6%	182	175	3	12	
甘河农场	12480	11342	98	0.8%	606	376	19	13	3
巴彦农场	7027	6159	151	2.10%	275	417	19	4	2

① 根据莫力达瓦达斡尔族自治旗公安局 2007 年 1 月报表。

欧肯农场	3613	2925	20	0.6%	109	543	1	7	
东方红农场	3032	2800	25	0.8%	92	92	15		
总计	329269	262634	31159		19324	7946	6236	1138	329
总百分比	100%	79.80%	9.50%						

第三节 莫旗达斡尔族语言调查概述

(一)调查取点与调查取样

本课题的调查按以下思路取点与取样:

1.按居住格局类型对典型的乡镇村落进行调查,以了解在不同居住格局下的达斡尔族语言使用上的差异和特点,并就相关论题进行初步分析。

2.对不同职业人群进行调查。调查内容包括:占达斡尔族人口较多的农民人群的语言使用现状;在城市化进程中城市达斡尔人的语言使用现状;达斡尔族中小学教师和学生的语言使用现状等。

3.对达斡尔族居住区周边语言环境的调查。此次重点对莫旗下属的两个鄂温克族乡的个别村落、一个达斡尔族与鄂温克杂居的村屯、一个汉族村、一个朝鲜族村进行了考察。

4.对特殊的被调查对象进行随访或专访。

5.抽取不同年龄段人群中具有代表性的个体进行语言能力测试。

(二)调查方法

调查中主要采用了实地感受、问卷调查、调查随访与重点专访、语言能力测试,以及召开小型专题座谈会等方法。对调查材料的分析则采用了数据统计分析、参数对比、依据文献佐证等方法进行了具体实录和分析论证。具体如下:

1.实地田野调查。主要通过调查问卷中大部分封闭的问题获取一手材料。另外,经过调查随访和重点回访,以及座谈会等方式获取相关材料。

2.问卷中所涉及的诸如民族关系、民族工作、文化观念等具有开放性特点的问题,主要通过深度访谈的方法获取。

3.语言测试一般由懂得达斡尔语的人专门进行,在测试过程中由测试员根据场景设定某些话语进行交流,以测试被试者的对话能力。

4.根据调查问卷的情况确定重点专访的调查对象和具体访谈内容。

(三)调查问卷设计

本次调查共分问卷、访谈、语言测试三个部分。调查问卷共由七部分内容组成,分别是:被调查对象的基本情况;母语保持情况;双语能力;样本所在点的语言接触及语言转用情况;语言态度;文字态度;样本所在点的民族关系、民族政策落实等情况。访谈部分分随访与专访两部分。

(四)调查点及调查样本基本情况综述

1. 调查点情况简介

在黑龙江北岸居住时期,达斡尔族就以氏族部落群居,南迁至嫩江流域以后,达斡尔族仍基本保持这种居住格局。莫旗境内某些达斡尔族典型的聚居村落至今仍保持这种传统居住格局。根据莫旗达斡尔族居住情况我们按照聚居区、杂居区和散居区进行了分别调查。其中,确定为聚居区的乡镇村落为腾克镇的腾克村、怪勒村、提古拉、特莫呼珠等村落;阿尔拉镇的哈力村;额尔和乡的宜和德村等。这些村落都为达斡尔族聚居村落,但又有各自的特点。其中最为古老,且交通不甚发达、受外界影响较少的有腾克镇的特莫呼珠村。另外,额尔和乡的宜和德村也是一个特例。该乡汉族比例较高,从整个额尔和乡达斡尔族人口比例来看,达斡尔族人口比例仅占8.9%强,而且其他少数民族也较少。但该乡的达斡尔族基本聚居在宜和德村,村内几乎没有外民族。与其他几个乡镇的达斡尔族聚居村落不同的是,该村被周边汉族村所包围,隔江与铁路及公路交通非常发达的黑龙江省嫩江县相邻,周边环境较为开放。在杂居区的乡镇村落中,我们确定了西瓦尔图镇西瓦尔图村、哈达阳镇哈达阳村、腾克镇的宜斯坎村、杜拉尔鄂温克民族乡的杜克塔尔村等为调查点。其中,西瓦尔图镇和哈达阳镇的达斡尔族主要与汉族杂居,这两个村都位于较为发达的交通要道,尤其是哈达阳村分布于铁道线附近,与黑龙江省嫩江县相邻,是最为典型的杂居村落。而后两个乡镇的达斡尔族主要与鄂温克族杂居,都位于交通较为闭塞、较为偏僻的大山深处,与其他杂居村落又有许多不同。莫旗政府所在地尼尔基镇是典型的杂居城镇,同时也是城市化的典型代表。我们将尼尔基镇作为典型的城市化语言点进行了调查。汉古尔河镇额尔根浅村是典型的达斡尔族散居村落。从人口数据上来看,达斡尔族在整个乡镇的比例仅占1.8%,类似的村落在莫旗还有一些,如兴仁、扎如木台、博荣、塔温敖包等乡镇的达斡尔族散居村落,这些村落主要以汉族移民人口为主,达斡尔族人口比例较小。因同质性较强,我们仅重点调查了额尔根浅这一典型的散居村落。

在此需要指出的是,莫旗境内各族历史上形成的居住格局因近来的政府乡镇合并等政府行为而发生变化,行政区划新的分割,对以往的居住格局尤其是单一民族构成的乡镇村落可能会产生更大的影响,这将进一步影响达斡尔族的语言使用和语言发展趋势。我们今后将对此予以特别关注。

2. 调查样本数量及分布情况

此次调研主要在以下乡镇村落进行,由于各种原因,各调查点的样本数量、取样比例不尽一致,但基本上可反映整体情况。

表 1-3 莫旗乡镇村落达斡尔语言调查情况表①

居住类型	原属乡镇	调查点	居住区	问卷数量	总人口数量	达族所占比例	问卷所占比例
聚居区	阿尔拉镇	哈力村	农村区	122	353	95.2%	35%
	腾克镇	腾克村		85	503	86%	17%
		怪勒村		77	563	95%	13.7%
		特莫呼珠村		96	436	98%	22%
		提古拉村		28	521	85%	5.4%
	额尔和乡	宜和德村		102	800	98%	13%
散居区	汉古尔河镇	额尔根浅村		34	98	11%	35%
杂居区	腾克镇	伊斯坎村		37	334	79.3%	10.2%
	西瓦尔图镇	西瓦尔图村		47	359	16.6%	13.1%
	哈达阳镇	哈达阳村		68	742	31%	9.2%
	杜拉尔乡	杜克塔尔村		29	94	10.1%	30.8%
	尼尔基镇	尼尔基镇	城市区	143	8951	10.3%	1.5%
总计	8	11	2	868			

以上达斡尔族聚居的乡镇村落，达斡尔族人口的比例在90%左右，有些接近100%。

我们在对莫旗几个中小学的调查中，对这些学校的达斡尔族师生进行了母语能力的考察。以下是这些调查样本的情况。

表 1-4 莫旗中小学教师与学生达斡尔语调查情况表

阿尔拉镇、腾克镇、尼尔基镇三所学校	教师	中学生	小学生
	48	111	21
总计	180		

为了了解达斡尔族乡镇村落的周边语言与人文环境，此次调查过程中，我们还对几个与达斡尔族毗邻或与达斡尔族杂居的鄂温克、汉、朝鲜等民族的达斡尔语使用情况进行了调查，其具体调查样本数量如下：

表 1-5 莫旗乡镇其他民族村落达斡尔语调查情况表

乡镇	民族	村落	问卷数量	总人口数量
巴彦乡	鄂温克族	萨玛街村	42	
杜拉尔乡	鄂温克族	杜克塔尔村	38	
腾克镇	鄂温克族	伊斯坎村	34	
	汉族	后霍日里村	15	
	朝鲜族	沿宾村	6	
总计	3	5	93	

---

① 表中数据为当时调查时从村委会获得的具体数据。

我们在调查点采取随机抽样法发放问卷,并多数为调查员监督填表。回收有效问卷1141份,分属10个乡镇的15个村屯,三个学校和一个城区。另外,各调查员在问卷填写过程中进行了随访,对个别具有代表性的样本进行了专访。

3. 语言测试情况简介

我们在莫旗进行达斡尔语使用情况调查的同时,对不同居住区的不同年龄段的达斡尔人分别进行了达斡尔语言能力的测试。语言测试分2000余词汇调查大纲和695个词汇测试表两部分进行。前者主要针对莫旗达斡尔族聚居村落的40岁以上的达斡尔族母语人(包括双语人)进行记音调查,目的是从母语能力较为稳定的不同年龄段的人群中收集达斡尔语布特哈方言的语言描写材料,为进一步研究布特哈方言的特点及与达斡尔语其他方言的主要差异提供语料,同时也从中观察不同年龄段的人对这些词汇的熟悉程度。另一个目的是测试词汇大纲中的词汇的频度分布,由此确定对40岁以下人群测试的词汇数量,从其中筛选出695个词语作为词汇测试表,再对10岁以上30岁以下的人群进行测试,根据此表的调查情况收集青少年语言能力及莫旗达斡尔语发展趋势的主要依据。关于莫旗达斡尔族语言能力测试情况可见本书有关章节专题介绍。

此外,我们根据调查问卷的特例和个案情况确定了某些需要重点回访的调查对象和调查内容,具体涉及两个乡三个村的多个个体(包括部分兼用达斡尔语的其他民族人员)。在调查后期,走访了莫旗某些人士,并就某些话题进行了专访和交流。有关访谈录的具体内容可参看本书附录部分。

第二章　莫旗达斡尔族聚居区语言使用状况

第一节　哈力村语言使用状况

一　前言

　　莫旗是全国达斡尔族比较集中的地区之一,而阿尔拉镇则是莫旗达斡尔族最为聚居的乡镇之一。至2005年,全镇共有13个行政村,18个自然村,其中达斡尔族聚居的自然村共10个,全镇总人口为7619人。其中达斡尔族为3491人,汉族为3219人,其他民族909人。达斡尔族占全镇人口的45.8%。

　　哈力村是阿尔拉镇的一个典型的达斡尔族聚居村落,位于莫旗西部,诺敏河东岸。1923年原居住于黑龙江省讷谟尔河畔的达斡尔族村屯—原名为哈力村的达斡尔族村民迁至现在的哈力村建村,并沿袭原来的村名哈力。建村至今80余年。建村初期只有郭姓达斡尔族10多户50多口人。20世纪50年代末至今,该村陆续迁入及自然增长的人口总体上保持在80户左右300余人的规模。目前哈力村共有村民353人,其中达斡尔族333人,占全村人口的94.33%;鄂温克族14人,占3.97%;其他诸如蒙古族、汉族、朝鲜族等6人,占1.7%。从实地调查和统计数据来看,哈力村达斡尔族的母语保持状态较好,同时作为达斡尔族聚居村落之一,该村达斡尔族村民的达斡尔语—汉语双语使用情况也很有特点。我们对该村进行了重点调查,期望为调查研究达斡尔族其他居住区的语言状况提供对比参照材料。

二　调查的实施及样本的情况

（一）调查的实施

　　本次调查所有数据均来自第一手的田野调查。主要使用问卷和访谈的方法。大部分问卷为调查员通过访谈亲自填写,小部分问卷由文化素质较高的被调查者自填。

调查问卷分为两类,一类是调查达斡尔族语言使用功能的问卷,主要是封闭的结构化的内容,另有少量非结构的内容作为补充。一类是主要测试达斡尔族语言能力的问卷。另外,我们还对部分有代表性的样本进行了重点访谈。

(二)样本的选取

本次调查采取随机抽样法,共发放问卷 132 份,回收问卷 127 份,其中有效问卷 122 份。

(三)样本的基本情况分析

1. 样本的性别年龄构成情况

性别:122 人回答了本题,其中男性 61 人,女性 61 人,各占 50%;性别比例均衡。

年龄:116 人回答了本题,11-40 岁之间的样本占总数的 88%,可以看出此次调查的主体是青、壮年人。60 岁以上样本数为零,这是因为由于生活、医疗水平等方面的限制,达斡尔族在某些村屯中"人均寿命不长,年龄超过 55 岁的仅占 5.44%,尚不足全国老龄人口的 1/2(且年龄段差 5 岁)。个别村屯没有超过 70 岁的老人"[①]。

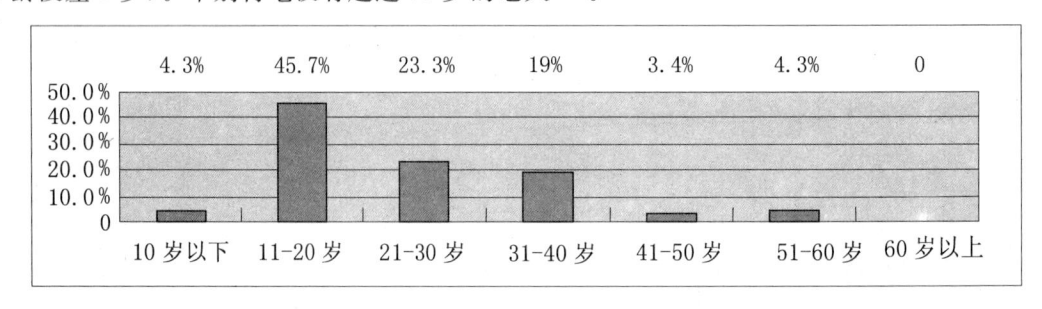

年龄段	10 岁以下	11-20 岁	21-30 岁	31-40 岁	41-50 岁	51-60 岁	60 岁以上
比例	4.3%	45.7%	23.3%	19%	3.4%	4.3%	0

图 2-1 样本年龄分布

2. 样本的职业与文化程度情况

职业:共 116 人回答了本题。其中农民为 60 人,占样本总数的 51.7%,学生为 52 人,占样本总数的 44.8%,职业成分相对单一。其余为:教师 1 人,公务员 2 人,其他 1 人。

文化程度:共 119 人回答了本题。其中小学程度 40 人,占样本总数的 33.6%,初中程度 64 人,占样本总数的 53.8%。其余为:高中 10 人,高中以上 3 人,文盲 2 人。总体文化程度较低。

3. 居住情况

答本题的 122 人中,本地居民 111 人,占样本总数的 91%,外来户 11 人,占样本总数的 9%。

本次抽样男女性比例各占样本总数的一半;年龄段从 10 岁以上到 60 岁以下都有所覆盖,其中 11-20 岁的人数最多,占样本总数的 47%;职业中农民和学生占了样本的绝大多数;文化程度以小学和初中为主;另外 91% 的人为出生在哈力村的达斡尔族本地居民。

[①] 莫旗达斡尔协会经济研究会编:《正视现实,转变观念,摆脱贫困,奔向小康——莫旗达斡尔族村屯生产生活现状调查报告》,内部打印稿,2005 年。

三 样本的统计与分析

根据调查数据,我们将哈力村达斡尔人的语言使用类型划分为母语单语型、双语型和语言转用型三种类型。以下主要通过数据来分析这三种类型的达斡尔族语言使用上的不同特点。

(一)母语单语型及其特点

1. 母语单语型人群的比例

通过调查看出,认为周围达斡尔族人口中单语人较少或很少的人占样本总数的61%,表明即使在达斡尔族聚居的哈力村,母语单语人也不是普遍现象,这再次证明达斡尔族是一个全民性双语民族。

2. 母语单语人的年龄构成

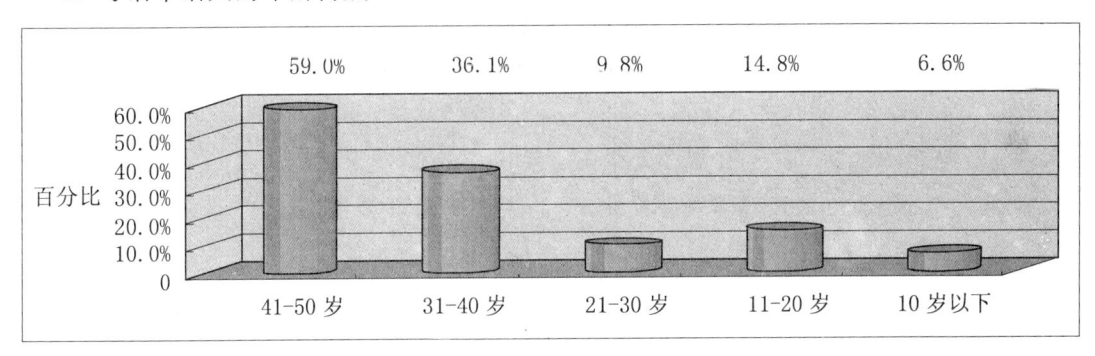

图 2-2 单语人年龄情况①

3. 单语形成的原因

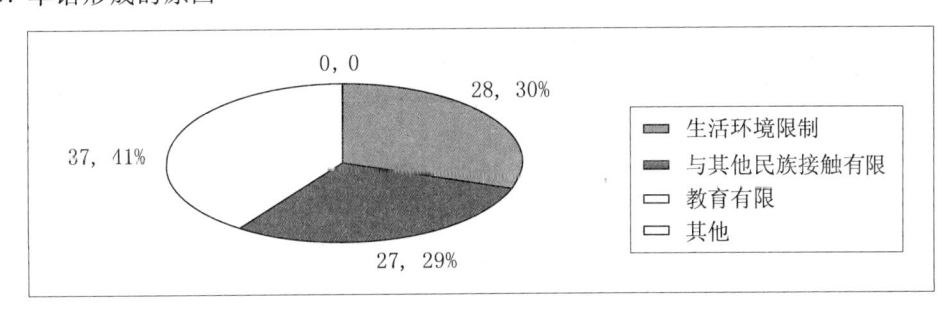

图 2-3 单语形成的原因

可以看出,达斡尔人单语形成的原因可以归纳为两方面,一是哈力村较为封闭的环境,使得从小在这里生长生活的人很少接触外界,彼此间只能使用母语;二是教育方面的原因,在聚居区,达斡尔族接触汉语等外民族的语言往往是通过学校教育,没有受过学校教育的人,使用

---

① 此项为复选题,百分比之和大于100%,回答此题的人数为61人。

单语的几率较大。

数据显示,20 世纪 60 年代及以后出生的达斡尔人中母语单语人的数量大大减少,说明随着社会的发展,哈力村的人文环境和语言环境已经发生了一定的变化。

4. 对母语单语人的态度

表 2-1　对母语单语人的态度　　　　　单位:人(%)

对待单语人的态度	真正的达族人 14 (23%)	继承达族传统 35 (57.4%)	符合达族传统习惯 12(19.6%)		
与双语人的差别	没区别 21(28.4%)	观念不同 19(25.7%)	接受信息不同 20(27%)	就业上学不同 13 (17.6%)	其他 1(1.4%)
对双语的认同	非常愿意 23 (38.3%)	愿意 24 (40%)	会比不会好 6 (10%)	不愿意 2 (3.3%)	无所谓 5 (8.3%)

调查表明,认为母语单语人是真正继承达斡尔族传统文化的人占了样本总数的 57%。这反映了达斡尔族的多数人将本民族语视为传统文化的重要组成部分,认为母语中积累了具有本民族特色的知识和经验,蕴涵着丰富而宝贵的文化信息。

占样本总数 72% 的人认为单语人和双语人在信息获得、上学、就业等方面有差别,另有 26% 的人承认单语人与双语人在观念上存在差异。

对双语持肯定态度的人占样本总数的 89%,说明随着社会发展,越来越多的人认识到双语在未来社会中的优势,对双语的认同可视为达斡尔族能成为全民性双语族群的一个重要的心理因素。

(二)达-汉双语型及其特点

达斡尔族的双语使用具有历史长、范围广、程度高等特点。哈力村的达斡尔族双语使用情况调查材料更证实了这一点。

1. 双语人的母语保持情况

哈力村是达斡尔族聚居村落,母语环境保持较好,母语的社会功能较强,达斡尔族在各种场合、各种人群中都可以熟练操用达斡尔语进行交流。

表 2-2　达斡尔语的习得及掌握情况　　　　　单位:人(%)

习得时间	学前 120 (99.2%)	小学阶段 1 (0.8%)	中学阶段 0	工作后 0	其他 0
掌握途径①	长辈传授 101 (83.5%)	交际中 28 (23.1%)	学校 2 (1.7%)	其他 0	
掌握程度	非常精通 46 (38.7%)	比较熟练 57 (47.9%)	一般 14 (11.8%)	不太好 2 (1.7%)	能听不会说 0

表 2-2 显示,在所抽取的样本中 100% 的人都会达斡尔语,其中有 99.2% 的人的母语为

---

① 本题为复选题,故所得数据百分比之和大于 100%;回答此题的人数为 121 人。

自然习得,掌握途径多为长辈传授;样本中达斡尔语的掌握程度普遍较高,86.6%的人为熟练使用者。

表2-3　家庭语言的使用情况　　　　　　　　　　　　　　　　　　　单位:人(%)

类别	祖父辈	父辈	配偶	兄弟姐妹	儿辈
达族	86(100%)	166(96.5%)	40(97.6%)	56(100%)	60(100%)
其他民族	0	6(3.5%)	1(2.4%)	0	0

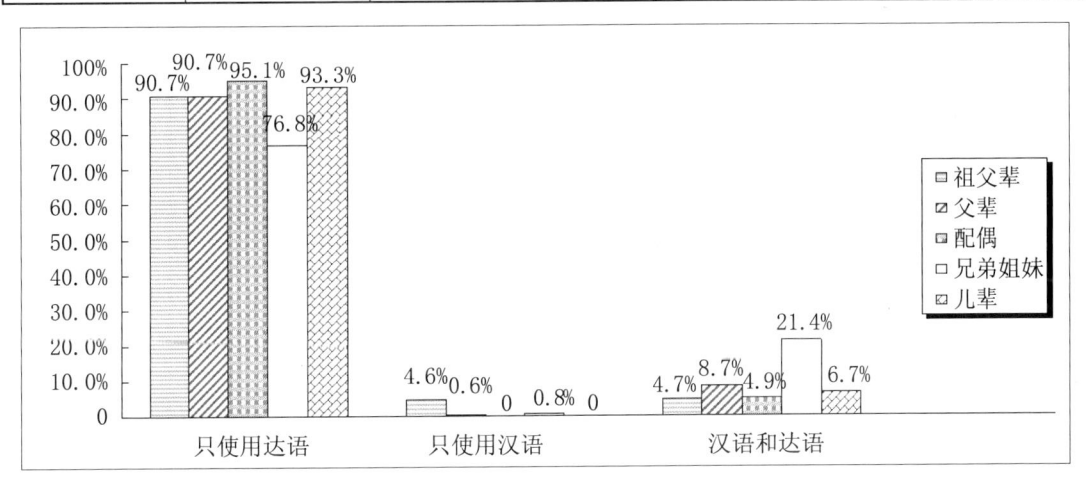

图2-4　家庭语言的使用情况

从图2-4可以看出,哈力村的达斡尔族家庭成员的民族构成情况比较单一,基本属于达斡尔族单一民族家庭。达斡尔语作为家庭内部语言具有绝对优势,在各个年龄层次,除平辈之间外,达语单语使用率均在90%以上,这表明在哈力村,达语作为家庭语言的地位十分巩固。这里需要说明的是,图中的祖父辈包括:祖父母、外祖父母;父辈包括:父母、岳父母。

表2-4　达斡尔语的使用范围和使用动机　　　　　　　　　　　　　单位:人(%)

使用达语动机①	适合生活交际 32(28.1%)	对母语有感情 64(56.1%)	周围人的影响 66(57.9%)	为了保持达语 51(44.7%)	不会其他语言 20(17.5%)
接触达语途径②	日常谈话 116(96.7%)	广播 5(4.2%)	电视 6(5%)	电影 8(6.7%)	故事 30(25%)

其他 8(6.7%)

从数据可以看出,对母语的感情因素是使用达斡尔语的主要动机,共有56.1%的人选择了这一项,而周围环境是使用达斡尔语主要因素,57.9%的人选择了这一项。另外,因不会其他语言而使用达斡尔语的比例高达17.5%,这也是达斡尔族聚居区语言使用上的重要特点之一。

---

① 本项为复选题,回答此题的人数为114人,百分比之和大于100%。
② 本项为复选题,回答此题的人数为120人,百分比之和大于100%。

日常生活交际是达斡尔族接触达斡尔语的主要途径,靠口耳相传的民间故事传承母语的人越来越少(30人,占25%)。通过广播、电视等媒体接触达斡尔语的机会更少。达斡尔语解说的电视节目只有莫旗电视台每周日下午的新闻栏目,时间很短,而且不是卫星电视节目,收视率很低,莫旗境内的大部分乡镇村落很难看到。通过访谈等方式我们进一步了解到,我国迄今为止只有一部达斡尔语的电影《傲蕾·一兰》,而且还是在20世纪六七十年代拍摄的。

表2-5 达斡尔语在其他社会场景中的使用情况　　　　单位:人(%)

	只使用达语	大多使用达语	经常使用达语	较少使用达语	偶尔使用达语
在家里	41(34.5%)	54(45.4%)	19(16%)	2(1.7%)	3(2.5%)
在村里	37(31.9%)	47(40.5%)	26(22.4%)	2(1.7%)	4(3.4%)
在工作单位	13(19.7%)	18(27.3%)	10(15.2%)	14(21.2%)	13(19.7%)
在集市上	18(15.7%)	35(30.4%)	16(13.9%)	20(17%)	26(23%)
举行民族活动时	43(37.4%)	37(32.2%)	19(16.5%)	11(10%)	5(4.3%)
和人说心里话时	43(40.2%)	34(31.8%)	13(12.1%)	6(5.6%)	11(10.3%)
平时聊天时	44(37.6%)	47(40.2%)	13(11.1%)	8(6.8%)	5(4.3%)
干活或工作时	44(40.7%)	32(29.6%)	17(15.7%)	8(7.4%)	7(5.6%)
见面打招呼时	48(40.3%)	39(32.8%)	14(11.8%)	8(6.7%)	10(8.4%)

通过上表可以看出,随着交际场所的开放性不断增强,达斡尔语的使用频率不断降低,但就是在开放性最强的集市上,达斡尔语的使用频率在"经常"以上的仍然达到了60%,这说明在聚居村落的哈力村,达斡尔语仍然是主要的社会交际用语。

在表中包括的一些社会交际情境中,达斡尔语的使用频率没有明显的变化,达斡尔语的场合使用频率在"经常"以上的都达到了84%以上,这说明在哈力村,达语作为主要的社会交际用语,被广泛使用于各种场合。

总的来说,达斡尔语在哈力村尚保持顽强的生命力,不但在家庭中占有绝对优势,就是在更加开放的社会场景中也表现出绝对的统治地位。

随着社会的发展,哈力村的社会环境也出现了一些新的变化:周围村落的汉族居民越来越多,哈力村的村民们在农闲时外出打工等与外界交往的活动越来越频繁,汉语的电视、广播等媒体对村民们日常生活非常具有影响力,下一代的学校教育越来越多使用汉语教学等。这必然会影响到哈力村达斡尔族语言的保持和使用。

表2-6 本族人对达斡尔语的保持情况的看法　　　　单位:人(%)

保持达语的方式	家庭内部使用 69(49.6%)	学校教育 28(20.1%)	创制文字 38(27.3%)	其他方面 4(2.9%)	
发展状态	很好 33(27.7%)	一般 47(39.5%)	弱化 34(28.6%)	濒危 5(4.2%)	
保持时间	很久 46(38.3%)	三代人 24(20%)	两代人 9(7.5%)	一代人 4(3.3%)	不知道 37(30.8%)

从表2-6可以看出,哈力村的居民认为达斡尔语保持的主要途径是在家庭内部使用,他

们对通过学校教授和创制文字来保持达斡尔语的方式不十分认同,这与村民们的文化素质有着密切的关系,他们不太可能从更深层次的角度去考虑如何保持达斡尔语。

哈力村较好的母语环境使得村民们对自己母语的发展状态比较有信心,有33%的人认为达语现在保持得不够好(弱化或濒危),有38%的人认为达语将会保持很久,有31%的人对自己母语的命运没有太多的思考,但从一个侧面反映出哈力村的母语保持状态较好,相当一部分村民根本没有去思考自己母语存在生存危机的问题。

但是达斡尔语作为一种无文字的语言,其保持和传承在更大程度上受到外界的影响,随着时代的发展,它必然会产生一些变化或衰变。

语言态度对语言的使用具有重要的影响作用。我们通过考察达斡尔族对自己后代的母语使用及母语期望来分析他们对母语的态度。

表2-7 家长对下一代学习母语的态度和想法　　　　　　　　单位:人(%)

孩子不用达语	很不应该 39(43.8%)	不应该,无奈 24(27%)	适合发展 18(20.2%)	无所谓 8(9%)
下一代学达语	非常希望 46(48.9%)	希望 38(40.4%)	无所谓 9(9.6%)	不希望 1(1.1%)
孩子达语水平	流利交际 74(79.6%)	一般交流 14(15.1%)	简单交流 5(5.4%)	
孩子学习达语途径	长辈传授 80(72.7%)	孩子之间交流 21(19.1%)	学校教育 9(8.2%)	其他 0

可以看出,对达斡尔语的未来,哈力村的达斡尔族家长给后代以很高的期望,认为孩子不应该遗弃自己母语的样本占总数的44%,希望自己的孩子继续学习和使用达语的有89%,有80%的家长希望自己孩子的达语水平达到较高的水平。但随着汉语的冲击,很多家长对下一代放弃母语显得很无奈。

由于莫旗没有正规的双语教育途径,所以绝大多数达斡尔族家长把孩子掌握达语的途径寄托在自然习得基础之上。由此我们可以说,哈力村达斡尔族对自己的母语怀有很深厚的感情,并且对传承、使用和发展自己的母语有着很高的期望,母语传承仍以传统方式为主。

2. 双语使用情况

哈力村由于和外界的交流较少,其双语构成绝大多数表现为达-汉双语,依据居民的双语程度可以进一步分为达语水平高于汉语水平的"达-汉双语型"和汉语水平高于达语水平的"汉-达双语型"两种亚型。

可以看出,哈力村的两种双语亚型表现得非常不平衡:"达-汉双语型"(包括"达-汉-其他型")占样本总数的92.3%,而"汉-达双语型"(包括"汉-达-其他型")仅占样本总数的6.8%,而我们将要在以下章节中讨论的汉语转用型仅占到了样本总数的0.8%。需要说明的是图中的"其他"语言大都为英语,只有3人为鄂温克语,考虑到其程度不能和达语与汉语相比,所以也分别计入其相应的双语型中,不再单独列为一种类型。

数据表明,在哈力村居民双语类型中,双语表现为一种不平衡的现象,达斡尔语在双语类型中占优势,无论是人数上还是在程度上,都优于汉语。

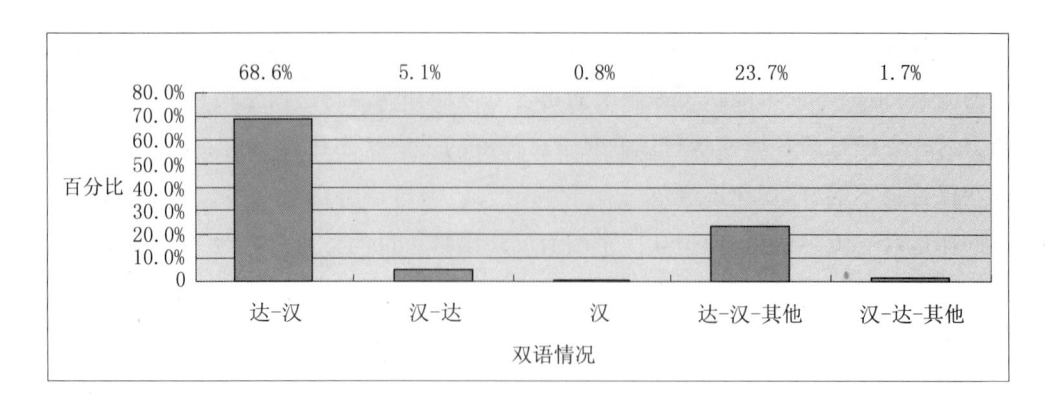

图 2-5 两种双语亚型的使用情况比较

表 2-8 配偶及子女的双语情况　　　　　　　　　　　　　　　单位：人(%)

	达-汉	汉-达	汉	达-汉-其他	达
配偶与双语情况	38(90.5%)	3(7.1%)	1(2.4%)	0	0
子女双语情况	27(67.5%)	1(2.5%)	2(5%)	6(15%)	4(10%)

配偶与子女的双语情况与被调查者本人的双语情况没有太大差别,仍然是"达-汉双语亚型"占优势,在子女中甚至出现了达语单语人主要是 10 岁以下未上学的幼童,是哈力村的封闭环境使然。同时结合图 2-3 中的数据,我们可以看出,在家庭内部成员的交际中,不论是在长辈中还是在平辈、晚辈中只使用汉语及混合使用汉语和达斡尔语的情况都比较少。这更证实了在聚居村落中达斡尔语的优势地位。

3. 第二语言的学习和使用情况

在哈力村,第二语言就是汉语,学习途径主要是学校教育(占样本总量的 68.4%),也有相当多的人从小习得(占样本总量的 24.8%)。①

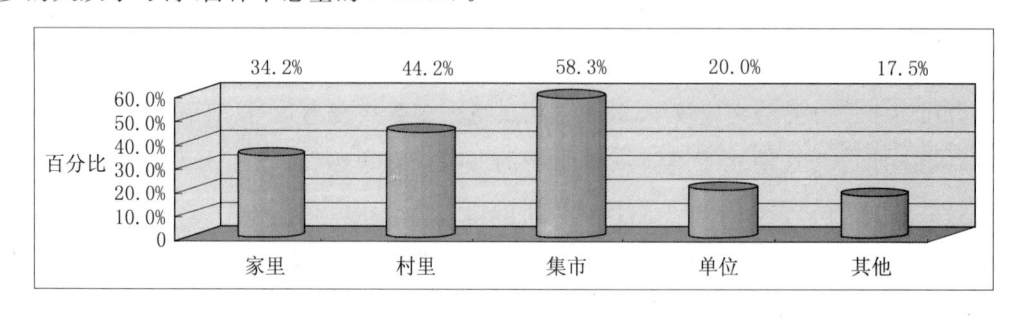

图 2-6 哈力村双语的场景②

可以看出,在越开放的场所使用双语的情况越频繁,但是结合表 2-6 的分析我们可以进一步了解到,在这些场所中双语使用实际上也是不平衡的,即达语的使用频率远远高于汉语。

我们前面考察了达斡尔语作为家庭内部交际用语的使用情况,接下来我们将要考察哈力

---

① 本题为复选题,回答此题的人数为 117 人,百分比之和大于 100%。
② 本题为复选题,回答此题的人数为 120 人,百分比之和大于 100%。

村达斡尔族内部的交际语言的选择及使用情况。

表2-9 民族内部交际语言使用情况　　　　　　　　　　　　　　　单位:人(%)

	爷爷辈	父辈	儿子辈	孙子辈	同辈	20岁以下	政府人员	同事	生意人
只使用达语	81(94.1%)	85(80.2%)	37(58.7%)	24(77.4%)	47(40.5%)	38(37.3%)	26(26.3%)	17(32.1%)	19(17.8%)
只使用汉语	0	0	1(1.6%)	0	5(4.3%)	4(3.9%)	31(31.3%)	14(26.4%)	37(34.6%)
达汉各一半	3(3.5%)	10(9.4%)	9(14.3%)	5(16.1%)	35(30.2%)	29(28.4%)	16(16.2%)	8(15.1%)	16(15%)
达语多于汉语	2(2.4%)	11(10.4%)	11(17.5%)	0	24(20.7%)	19(18.6%)	12(12.1%)	7(13.2%)	8(8%)
汉语多于达语	0	0	5(7.9%)	2(6.5%)	5(4.3%)	12(11.8%)	14(14.1%)	7(13.2%)	27(25.2%)

在达斡尔族内部进行交际时,随着辈分和年龄的降低只使用达斡尔语的比例也随之降低,使用达-汉双语和汉语的比例却升高。与不同职业的人进行交际时达斡尔语的使用比例则是随着职业的开放性增加而降低。但即便在使用双语进行族内交际时,达斡尔语仍然占优势。

表2-10 双语态度　　　　　　　　　　　　　　　　　　　　　　单位:人(%)

对双语的态度	很好,适应社会的发展140(90.3%)	没感觉11(7.1%)	没办法,自己也不想4(2.6%)	
对双语人的态度	羡慕34(31.2%)	是件好事44(40.4%)	很正常27(24.8%)	无所谓4(3.7%)

一个民族的语言态度对这个民族的语言使用有着至关重要的影响,语言态度包括了对母语的态度、对其他语言的态度以及双语态度等,双语态度包括在双语情境中对语言选择和语码转换的态度。语言态度受一个民族的民族观念、民族心理和民族意识等的影响。

从表2-10可以看出,哈力村的达斡尔族对双语及双语人的态度是一致的,大多数对双语持肯定态度,这也是达斡尔族成为全民性双语族群,双语水平较高的心理认知方面的重要因素。

表2-11 双语情境下的语言选择和语码转换　　　　　　　　　　　单位:人(%)

语码选择	与汉族双语人交际用语	达语33(27.5%)	汉语32(26.7%)	达语多于汉语36(30%)	汉语多于达语19(15.8%)	
	与其他民族双语人交际用语	达语60(55%)	汉语4(3.7%)	其他民族语22(20.2%)	汉语多于达语和其他语17(15.6%)	达语多于汉语或其他民族语6(5.6%)
语码转换		用达语与汉语交际40(36%)	转用汉语交际39(35.1%)	希望对方转用达语交际30(27%)	不想继续交际2(1.8%)	
语言认同		达语76(65.5%)	汉语14(12.1%)	达语多于汉语25(21.6%)	汉语多于达语1(0.9%)	

从表2-11可以看出,在达斡尔族聚居区的哈力村,其他各个民族由于与局部占人口多数

的达斡尔族长期生活在一起,他们中有一部分人也懂得达斡尔语,社会上存在着双向双语现象,与这些人交际时,达斡尔族会选择部分使用达语或用达-汉双语进行交际,但是总体情况是使用达斡尔语多于使用汉语。

与其他少数民族进行交际时,仍是达斡尔语多于汉语和其他民族语言,而且其比例高于与汉族双语人的交际场合,这是因为尼尔基镇鄂温克等兄弟民族人口较多,他们对达斡尔文化和语言的认同感很高,因此达斡尔语水平也较高,交际时多使用达斡尔语。

达斡尔语在哈力村,属于较为强势的族际通用语。达斡尔族对自己的母语有着深厚的感情和较强的信心。在与双语人进行交际时,对方(双语人)使用汉语,有超过半数的达斡尔人会转用达斡尔语与其交谈或希望对方也转用达语。

在语言认同上,有87%的双语人在交际时希望其他双语人用达斡尔语或多用达斡尔语与其进行交际。

4. 达斡尔族的文字使用情况

早在清代,达斡尔族地区在形成达-满双语现象的同时曾经使用过满文和在满文字母基础之上形成的"达呼尔文"。在近代,达斡尔族还试用过拉丁字母的达斡尔文。现在达斡尔族则基本上使用汉文或其他少数民族的文字如蒙古文、哈萨克文(新疆达斡尔族)等。

一个没有文字的民族能够在漫长的历史过程中较好地保持自己的语言,这本身就是一个值得研究的课题,文字对无文字民族的双语化将起到一个什么样的作用,这些民族的文字观将是什么样的,也是我们此次调查关注的焦点。

表 2-12 文字掌握及使用情况 单位:人(%)

	汉字	汉-其他①	其他-汉	文盲
本人	86(76.8%)	23(20.5%)	2(1.8%)	1(0.9%)
配偶	30(90.9%)	2(6.1%)	1(0.9%)	0
子女	27(77.1%)	8(22.9%)	0	0

可以看出哈力村的达斡尔族村民虽然文化程度不高,但是90%以上的达斡尔族基本上都掌握汉文,还有少部分通晓其他文字。

表 2-13 达斡尔族的文字观 单位:人(%)

有无必要创制文字	非常有必要 73 (66.4%)	没必要 20(18.2%)	无所谓 17(15.4%)	
文字形式	拉丁字母 28(41.2%)	斯拉夫字母 0	满文字母 22(32.4%)	其他 18(26.4%)
拼音文字	适合学习 39(86.7%)	不如满文字母 6(13.3%)	不如其他形式 0	
文字用途②	学校课本 30(41.7%)	牌匾标语 25(34.7%)	记录民间文学 45(62.5%)	其他 4(5.6%)

从表 2-13 可以看出,达斡尔人创制本民族文字的愿望还是很强的。人们对拉丁字母较

---

① 在本人和配偶两项中的"其他"文字是指少数民族文字,在子女中"其他"文字则是指英文。
② 本项为复选题,回答此题的人数为72人,百分比之和大于100%。

为认可,这是因为汉语拼音的拉丁化对达斡尔族的影响比较深。另外哈力村的达斡尔族对满文字母也比较认同,这与历史上达斡尔族以满族为文化老师,并曾经使用过"达呼尔文"有密切关系。但他们还是普遍认为拼音文字更适合达斡尔人学习。达斡尔文的用途,则主要偏重于记录民间文学等本民族传统文化,另外在学校对下一代进行教育和把文字作为一个民族的标志,用来书写牌匾标语等也是达斡尔文字的重要用途。

总之,达斡尔族虽然没有本民族的正式文字,但是他们对民族文字非常重视,对本民族文字的作用等有着较为深刻的认识,并且有创制本民族文字的强烈愿望。

达斡尔族双语人的汉语水平普遍较高,在交际时多能使用汉语进行交流。

表 2-14　达斡尔双语人的汉语及汉文能力　　　　单位:人(%)

汉语能力	任何情况都能交流 73(50%)	看懂或听电视节目 46(31.5%)	简单交际 24(16.4%)	只能听懂简单话 3(2.1%)	
汉文水平	流利的写作 56(40%)	阅读报纸 57(40.1%)	填表写短信 22(15.7%)	只能写姓名和简单的词 4(2.9%)	只能读简单招牌 3(2.1%)

本表把汉语能力分为四级,从高到低依次为:在任何情况下均能用汉语交流——能听懂汉语广播、看懂汉语电视——能用汉语进行简单交际——只能听懂一般招呼和简单问题。

可以看出,虽然此处是少数民族聚居区,哈力村的达斡尔居民的汉语水平也达到了很高程度,至少能看懂电视节目的人占样本总数的82%,其中50%的人达到较高级别。

汉文水平分为五级,从高到低分别为:能进行写作——能阅读报纸杂志——能填表或写短信——只能写姓名或简单的词——只能读简单的招牌或标语。

数据显示,汉文水平为至少能阅读报纸杂志的人占样本总数的73%。其中的36%的人汉文水平达到了较高水平。

表 2-15　达斡尔族汉语与汉民族汉语的比较　　　　单位:人(%)

与汉族汉语的比较	完全一样 54(47%)	有些不同 48(42%)	较多不同 11(10%)	完全不同 1(1%)	
与汉族汉语的差别[①]	语音 60(58.8%)	词汇 23(22.5%)	语法 15(14.7%)	语义表达 28(27.5%)	语用 18(17.7%) 思维方法 14(13.7%)

认为自己的汉语与汉族汉语完全一样的占到样本总数的47%,说明达斡尔族村民对自己的汉语水平很自信,访谈结果也说明这一数据是基本可靠的。

与汉人的汉语不一样的地方,主要表现在语音方面,达斡尔语和汉语分属不同的语系,语言特点有很大的不同,元音和辅音差别较大。另外,达斡尔语的声调没有音位意义,与汉语很不一样。

达斡尔族汉语与汉族汉语发音方面的差异还在于"达斡尔语中的汉语借词分布领域极其

---

① 本题为复选题,有102人回答了此题,百分比之和大于100%。

广泛,约占达斡尔语词汇的 10%……,由于汉语与达斡尔语无论在语言结构上还是在文化蕴涵等方面都存在很大的差异,在汉语借词进入达斡尔语时,需要进行一定的改造,因此达斡尔人在汉语借词本土化过程中,用相应的达斡尔语音来代替汉语的某些音,主要表现在 b-p、pʰ-p-f;d-t,tʰ;g-k,kʰ;s-ts,tsʰ;dʐ-tɕ、;tʃ-tʂʰ;ʃ-ʂ,tɕʰ、ɕ 等辅音的相互替代上"①。汉语借词本土化的结果,使得达斡尔族在说汉语时较容易受母语负迁移的影响。

(三)语言转用情况及其特点

语言转用作为语言接触和双语发展的必然结果,是双语发展达到一定阶段的产物。语言转用是一种常见的语言现象,导致语言转用的条件很多,如民族的分布变化、民族关系变化、民族融合等。世界上的许多民族在长期的历史发展过程中,曾出现过语言转用情况。

在哈力村,有少量的达斡尔人转用了汉语。下面就是对这些人的调查情况。

1. 哈力村的人文环境情况

语言转用往往与周围环境有关,民族的分布等因素可能导致语言的转用,我们首先对哈力村的人文环境进行了调查。

表 2-16　达斡尔族与居住区内汉族和其他民族交往状况　　　单位:人(%)

汉族数量	很多 5(4.1%)	较多 17(13.9%)	不太多 32(26.2%)	较少 57(46.7%)	没有 11(9%)
与汉族的关系	很好 23(20.7%)	不错 60(54.1%)	一般 28(25.2%)	紧张 0	很差 0
与其他族的关系	很好 27(25%)	不错 54(50%)	一般 25(23%)	紧张 2(2%)	很差 0

上表中的数据表明达斡尔族居民对周围民族情况的认识。哈力村汉族居民数量不多,仅有两人(这与官方提供的数据相一致)。据调查,哈力村还有少量的鄂温克、鄂伦春、蒙古、朝鲜等其他少数民族居民。在长期的生产生活中,达斡尔族居民与周围的其他民族相互帮助、和睦相处,共同营造了哈力村和谐的民族环境,这种良好的民族心态与社会环境是造成达斡尔族全民双语格局的一个重要因素。

2. 哈力村居民的民族态度

表 2-17　民族态度　　　单位:人(%)

与他族结婚是否影响夫妻感情	不会 84(82.4%)	可能会 16(15.7%)	肯定会 2(2%)	
孩子的配偶民族	达族 47(50%)	汉族 3(3%)	其他民族 4(4%)	无所谓 40(43%)

一个民族的民族态度在很大程度上会影响语言的使用和选择,表 2-17 表明达斡尔族具有良好的民族心态,对其他民族的认可和包容同样可能带来语言上的认同,从而减小语言转用的阻力。

3. 哈力村达斡尔族语言转用情况

哈力村达斡尔族汉语单语人的数量很少,年龄多集中在 11 至 20 岁这个年龄段。在哈力村达斡尔族占绝对优势,达斡尔语在哈力村各个层面属于优势语言,在本村范围内产生语言转

---

① 丁石庆:《双语族群语言文化的调适与重构-达斡尔族个案研究》,241 页,中央民族大学出版社,2006 年。

用的可能性不大。而11至20岁是哈力村达斡尔族离开村子求学或打工的年龄,这个年龄段的人,民族意识还不太强烈,加上生活环境的巨大变化,容易对他们造成心理冲击,从而导致母语缺失或语言转用。

数据统计表明,已经转用汉语的达斡尔族单语人的汉语与汉族汉语不一样的占到样本总数的50%,这可能与哈力村强势的达语环境有关。还有一种可能是语言转用者受民族心理或周围环境的影响,有意识地保持自己语言的特点,使自己的汉语与汉族的汉语保持一定的距离。

表2-18 对转用者的态度　　　　　　　　　　　　　　　　　　单位:人(%)

如何与汉族区分	姓名 15(31.9%)	生活习惯 6(12.8%)	汉语 9(19.1%)	长相 5(10.6%)	交谈 12(25.5%)
算不算达族	可以 14(40%)	不地道 14(40%)	不算 6(17%)	不知道 1(3%)	
对不会达语人	理解 47(39.2%)	无所谓 28(23.3%)	不应该 37(30.8%)	瞧不起 2(1.7%)	讨厌 6(5%)

从上表可以看出,达斡尔族转用汉语后,族人们能通过达斡尔族特有的哈拉、莫昆的姓名制度来作为同族人之间的联系纽带(丁石庆,1998)。由于在聚居区,居民相对比较集中,即使是转用汉语的达斡尔人在其他方面保留自己民族的特征也比较多,因此从生活习惯和汉语特点等方面区分他们与汉族间不同的比例也较高。

有57%的人认为不会自己民族语言的人最少不算地道的达斡尔族人,这一方面显示了语言在维系民族感情和保持民族认同的重要的纽带作用,另一方面也显示了在聚居区达斡尔族人民对本民族语言强烈的感情。但同时对不会达语的同胞,仅有38%的人持否定态度,可见达斡尔族对转用汉语的本族人基本采取一种理解和包容的态度。

四 结语

由以上数据分析可以看出,在达斡尔族聚居村落中仍然有少量仅使用达斡尔语作为交际工具的单语人,单语人的形成主要是历史原因所造成,他们被视为达斡尔族母语文化的主要继承者。由此可见达斡尔语在达斡尔人心目中具有至高的地位。同时我们也不难看出,随着社会的不断发展,其他民族不断进入到从前达斡尔族世居的封闭环境中,达斡尔族也不断走出他们的世居地与外界接触,加之教育的普及,即使是像哈力村这样典型的达斡尔族聚居村落,达斡尔语单语人存在的自然及人文条件也已经开始消失;来自现代社会全方位的冲击使得达斡尔人对双语的社会功能越来越持肯定态度,也使得达斡尔语单语存在的心理优势也不再强烈。由此我们可以预测,在将来达斡尔语的单语现象将会更加弱化。

数据表明在达斡尔族典型的聚居村落尽管民族成分较为单一,但却普遍形成了广泛的双语场,而且双语人语言使用中的两种双语亚型表现得略有不同。其中以达-汉双语亚型为主体,表明双语人达斡尔语口语能力强于汉语口语能力,这实际上也提供了达斡尔族聚居村落达斡尔族母语保持的一个重要条件。调查数据显示了被调查者对双语的态度,表明聚居区的达斡尔族既对母语表现出强烈的认同与忠诚,也对汉语表现出一定的包容和部分认同。这种语言观对达斡尔族聚居区的双语现象的形成和发展也起到了一定的促进和保护作用。

在达斡尔族聚居村落也存在语言转用现象。虽然这部分转用人群年龄偏小,而且人数也较少,但是由于越来越开放的环境和社会的发展,这种现象可能会成为量和质的扩展潜流。

综上,在聚居的达斡尔族村落中,达斡尔人的语言使用上具有母语单语型、双语型、语言转用型三种不同的类型。母语单语型和语言转用型人数较少,不是哈力村语言使用者的主流。双语型人群无论在数量上,还是在分布范围上均具有相当大的优势,体现了达斡尔族作为具有全民性双语族群语言使用上的现状和基本特征。其中的达-汉双语亚型处于主体地位,这也是达斡尔聚居村落的一个显著特点。

第二节　特莫呼珠村语言使用状况

一　前言

腾克镇特莫呼珠村作为达斡尔族聚居村落之一,是莫旗一个已有 300 余年建屯历史的村子,居民以达斡尔族敖拉哈拉姓氏为主。目前该村人口总数为 137 户 509 人,其中达斡尔族为 108 户 436 人,约占全村总人口的 86%。本节通过对特莫呼珠村语言使用情况的调查,旨在了解达斡尔族古老聚居村落的语言使用现状。另外作为一个相对古老的村屯,特莫呼珠又有着自己的特点,可以为研究其他达斡尔族聚居区语言使用情况提供参考。

二　调查的实施及样本的情况

(一)调查的实施

调研分两次进行。第一次为 2004 年 7-8 月,主要对达斡尔族语言使用功能及母语活力情况进行摸底,并对不同年龄段的人进行语言能力测试,同时还对该村几个颇具特点的达斡尔族家庭进行了专访。第二次调研时间为 2006 年 4-5 月,主要对该村进行了问卷抽样调查。

(二)样本的选取

本次调查主要采用随机抽样法,共发放问卷 96 份,回收问卷 96 份,有效问卷为 96 份。

(三)样本基本情况分析

1. 样本的性别年龄构成情况

性别:样本数为96份,其中男性45人,占样本总数的47%;女性51人,占样本总数的53%。

年龄:样本数为95份,各年龄段所占比例如下:

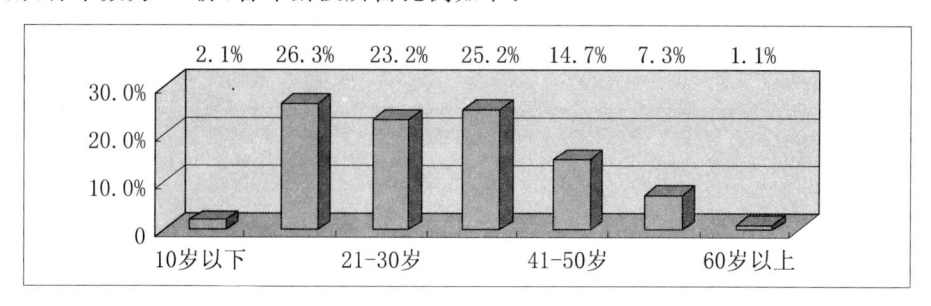

图 2-7 样本年龄分布

从图中可以看出,样本年龄段主要集中在11-60岁之间,60岁以上的人最少,仅占1.1%。这主要是由于该村落此类人群较少的缘故。

2. 样本的职业与文化程度情况

表 2-19 样本的职业与文化程度情况　　　　　　　　　单位:人(%)

职业	农民 56(61.5%)	学生 21(23.0%)	教师 7(7.7%)	公务员 2(2.2%)	其他 5(5.5%)
学历	小学 28(29.2%)	初中 54(56.3%)	高中 11(11.5%)	高中以上 2(2.0%)	文盲 1(1.0%)

职业中以农民居多,占61.5%。学历以小学和初中为主,占85.5%,可以看出当地居民受教育程度普遍不太高。

3. 居住情况

91.7%的人是出生在特莫呼珠村的达斡尔族原住居民,多数为久居该村的达斡尔族敖拉哈拉多金莫昆家族成员,其余8.3%村民则由各种原因迁于该村居住。

本次抽样男女比例大体一致;年龄段从10岁以下到60岁以上都有所涉及,其中11-50岁的人数最多,占89.4%;职业以农民为主,占61.5%;文化程度主要集中在小学和初中阶段,占85.5%。绝大多数被调查者为出生在该村的达斡尔族本地居民。

三 样本的统计与分析

(一)母语单语型人群及其语言使用特点

1. 母语单语型人群的比例

在问及"周围是否存在只会达语的人群"的样本数为91份。其中19人认为"存在该类人群",占样本总数的20.9%。

从图2-8可以看出,特莫呼珠村存在母语单语型人群,但是认为较少和很少的占77.8%。说明该村虽是一个民族聚居区,但单语现象并不普遍。另外根据样本分析,特莫呼珠村的母语单语型人群全部集中在40岁以上的年龄段。造成这一现象的原因是什么呢?

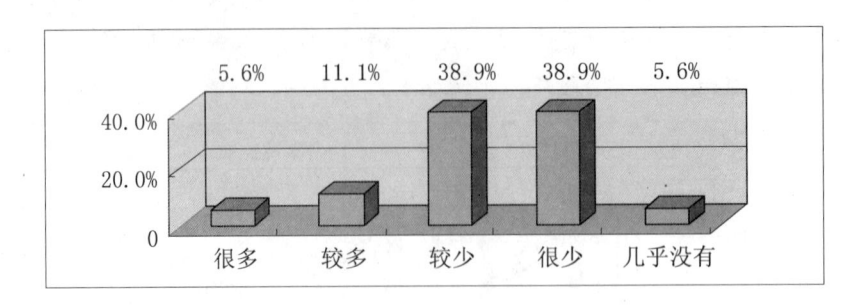

图 2-8 母语单语型人群比例

2. 母语单语人群形成的原因

表 2-20 单语形成的原因　　　　　　　　　　　　　　　单位:人(%)

居住区的 汉族人数	非常多 2(2.1%)	较多 11(11.2%)	不太多 56(58.3%)	很少 27(28.1%)
汉族会达 语的人数	非常多 10(10.8%)	较多 10(10.8%)	不太多 53(57%)	很少 20(21.5%)
母语单语型 人群的学历	文盲 1(3.8%)	小学 10(38.5%)	初中 15(57.7%)	高中 0
其他原因①	只生活在村屯里 7(36.8%)	和其他民族接触很少 12(63.2%)	没有上过学 5(26.3%)	其他 0

学习语言需要语言环境,特莫呼珠村的汉族居民数量不多,其中懂得达语的仅占 21.6%,这就为当地达族人学习汉语带来了一定的障碍。

语言除了在自然环境中习得外,还可以通过学校教育获得。但该部分人群受教育程度普遍较低,学历主要集中在小学和初中阶段,高中以上学历为零,这样通过学校学习来获得汉语长期教育的途径又被切断。再加上特莫呼珠村相对封闭的自然环境,就使该部分人群常年生活在本村屯中,很少有和外民族接触的机会,致使他们仅仅获得了母语的语言能力。

3. 对母语单语人的态度

表 2-21 对母语单语人的态度　　　　　　　　　　　　　单位:人(%)

对单语人的态度	真正的达族人 5(26.3%)	传统文化继承人 9(47.4%)	符合达族的传统习惯 7(36.8%)	与自己一样 2(10.5%)
单语人与双语人的差别	没有区别 7(36.8%)	观念不同 3(15.8%)	接受信息不同 9(47.4%)	就业上学不同 3(15.8%)
作为单语人,是否愿意 学习其他语言	非常愿意 10(62.5%)	愿意 4(25%)	会一点总比不会好 2(12.5%)	不愿意 0

由于母语单语人只懂达语,和本族人交往的频率较高,有更多机会接触达斡尔族在历代积累起来的生产、生活及其他文化知识,从而也更容易继承和传递自己的母语及其文化,所以有 36.8% 的人认为母语单语人的言行举止更符合达族传统习惯,认为他们才是达族文化继承人

---

① 该题为多选题,所以统计数据超过 100%。在以下的图表中,如果所得数据也有超过 100% 的现象,即为多选题。

的占47.4%。对母语单语人的肯定态度反映出达斡尔人传承本民族语言文化的强烈意识。但在当今社会仅会使用母语又将在接受信息和就业上学等方面与双语人存在差别,所以87.5%的人在条件允许的情况下愿意接受第二语言学习。这说明在现今社会多方位的冲击下,达斡尔人已意识到双语的掌握将成为一种不可逆转的趋势,如果只会本民族语言,而不懂其他民族语言,就无法冲出自己狭小的范围,更难以走向全国,所以双语的掌握已是大势所趋。

(二)双语使用情况及其特点

1. 双语人的母语保持情况

特莫呼珠村虽然存在母语单语型人群,但数量有限,更多居民都不同程度地掌握了双语,所以该村基本上是一个具有全民性双语特点的民族聚居区。在考察双语使用之前,我们先对当地居民母语掌握情况作一了解。

表2-22 双语人的母语情况　　　　　　　　　　　　　　　　　　单位:人(%)

习得时间	自然习得96(100%)	小学阶段0	中学阶段0	工作以后0	其他0
掌握途径	长辈传授92(95.8%)	交往中习得14(14.6%)	学校中获得3(3%)	其他途径1(1%)	
掌握程度	非常精通20(22.2%)	比较熟练56(62.2%)	一般14(15.6%)	不太好0	能懂但不会说0

作为自己的母语,达斡尔语经由长辈传授的占95.8%,100%的人是在交往中自然习得的,能达到熟练运用达语的人占到84.4%。这说明特莫呼珠村达斡尔族的母语程度较好。

2. 使用母语的原因

表2-23 使用达斡尔语的原因　　　　　　　　　　　　　　　　　单位:人(%)

使用达语的原因	工作生活方便25(26%)	对母语有感情40(42%)	周围人都在说67(70%)	更好地保存母语23(24%)	不会别的语言4(4%)
接触达语的途径	日常谈话96(100%)	听广播2(2%)	看电视3(3%)	看电影1(1%)	听故事7(7%)	其他1(1%)

从表中可以看出,之所以选择达语来交际,有70%的人认为周围人都在说达语,42%的人认为出于对母语的感情,26%的人认为使用达语在工作、生活中较为方便。

在生活中有100%的人通过日常谈话接触达语,而通过听故事、看电视、听广播接触达语的机会较少,分别只占到7%、3%和2%。这说明在特莫呼珠村达语的传播手段较为单一,致使达语的传承途径也趋于单一化。

3. 母语使用范围

①家庭语言使用情况

表2-24 达斡尔族家庭语言使用情况　　　　　　　　　　　　　　单位:人(%)

	所属民族		自己和他们交谈时使用的语言		
	达族	其他民族	达语	汉语	达语和汉语
祖父辈	90.2%	9.8%	90%	10%	

续表

父辈	96.5%	3.5%	90.8%	1.8%	7.3%
配偶	92.5%	7.5%	87.5%	4.2%	8.3%
兄弟姐妹	100%		88.5%		11.5%
晚辈	100%		76.3%	3.9%	19.7%

从上表可以看出,在特莫呼珠村,民族成分比较单一,从祖父辈到晚辈90%以上的人都是达族,所以家庭用语中达语的使用占绝对优势。但同时达语的使用频率又从长辈→平辈→晚辈呈下降趋势(长辈中祖父辈占90%,父辈占90.8%;平辈中,配偶占87.5%,兄弟姐妹占88.5%;晚辈占76.3%)。表明随着年龄的降低,达族人对达语的使用频率正在逐渐下降。

②社区语言使用情况

表2-25 社区语言使用情况　　　　　　　　　　　　单位:人(%)

	只用达语	大多用达语	经常用达语	较少用达语	偶尔用达语
家里	53 (55.8%)	29 (30.5%)	10 (10.5%)	3 (3.2%)	0
村里	31 (33%)	47 (50%)	16 (17%)	0	2 (2.1%)
工作单位中	14 (20.9%)	12 (17.9%)	16 (23.9%)	13 (19.4%)	12 (17.9%)
集市上	12 (13.3%)	16 (17.8%)	9 (10%)	40 (44.4%)	13 (14.4%)
见面打招呼	21 (22.3%)	41 (43.6%)	24 (25.5%)	4 (4.3%)	4 (4.3%)
干活工作时	21 (23.1%)	32 (35.2%)	22 (24.2%)	12 (13.2%)	4 (4.4%)
平时聊天	27 (29%)	42 (45.2%)	18 (19.4%)	4 (4.3%)	2 (2.2%)
和人说心里话	24 (25.5%)	50 (53.2%)	10 (10.6%)	6 (6.4%)	4 (4.3%)
参加民族活动	58 (61.7%)	26 (27.7%)	7 (7.4%)	3 (3.2%)	0

作为一个有着一定历史的民族聚居区,达语在特莫呼珠村被广泛应用于各种场合。特别是在家里以及参加民族活动时,使用达语的比例分别占到55.8%和61.7%。随着交际场合的不断开放,使用达语的比例相对有所下降,到了开放程度最高的集市,较少使用达语和偶尔使用达语的比例已占到58.8%。这说明作为一个古老的村屯,达语始终保持着自己良好的母语使用环境,但与此同时居民的语言观念也比较开放,他们掌握了其他语言,并能够根据场合的不同而转换不同的语码。

4. 母语的保持方式

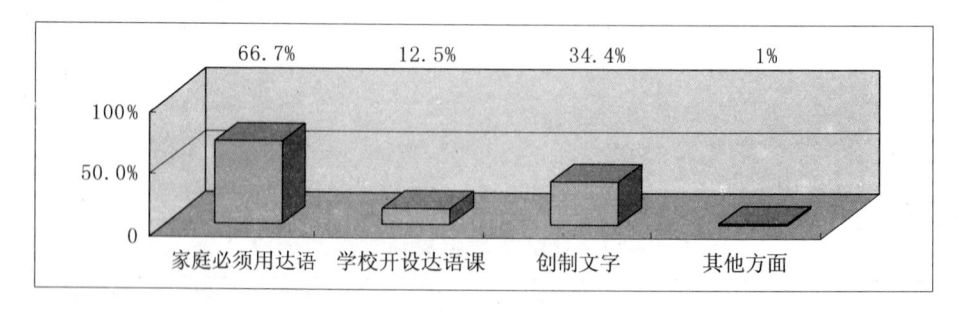

图2-9 母语保持方式

有66.7%的人认为在家庭中使用达语是保持达语的有效途径,因为在家庭中达语使用频率较高,良好的母语氛围是保持达语的关键所在。还有34.4%人认为应该创制达斡尔文字,因为民族文化固然要通过语言来体现、传承,但文字才是永久记录文化的良好方式。选择学校教育的人不多。这是因为当地居民受教育程度有限,通过双语教育来保持民族语言文化的意识还比较淡薄。另外,面对社会的飞速发展,人们认为在学校中再接受达语教育是费时、费力、且用途受限的做法,所以选择学校教育的仅占12.5%。

表2-26 民族文字观　　　　　　　　　　　　　　　单位:人(%)

有无必要创制文字	非常有必要 (73)86.9%	没必要 (4)4.8%	无所谓 (7)8.3%	
使用何种文字	拼音字母 (34)56.7%	俄文字母 0	满文字母 (8)13.3%	其他形式 (18)30%
对目前推行的达斡尔 拼音文字的看法	非常适合学习 (47)77.0%	满文适合 (7)11.5%	其他文字 (7)11.5%	
达斡尔文使用的场所	教材课本 (42)57.5%	牌匾标语 (12)16.4%	民间故事 (40)54.8%	其他方面 (3)4.1%

从表中可以看出,特莫呼珠村达斡尔族要求创制文字的呼声很高,有86.9%的人认为非常有必要创制达斡尔文,并且认为拼音文字较为适合达斡尔语,对目前推行的达斡尔拼音文字也持满意态度。作为一种文字,大多数人认为达斡尔文更适用于编写教科书和民间故事。因为教科书是学生获得知识的必由之路,也是达斡尔后代接触达斡尔语的有效手段,在教科书中使用达语能够为继承和发扬达斡尔语言文化打下良好的基础。民间故事则是记录民族语言文化的宝库,是了解民族语言文化的最直接途径,因此用达斡尔文记录民间故事,不仅可以很好地保存达斡尔族的语言文化,而且也可以更好地传承语言和文化。

5. 双语掌握的不同类型

表2-27 双语掌握的基本类型　　　　　　　　　　　　单位:人(%)

	达语	达-汉	汉-达	达-汉-其他	汉-达-其他
自己 18	2(2%)	87(90.6%)	3(3%)	2(2%)	2(2%)
妻子(丈夫)23	1(1.6%)	60(93.8%)	2(3.1%)	1(1.6%)	0
孩子 25	1(1.6%)	47(75.8%)	9(14.5%)	2(3.2%)	3(4.8%)

从表中可以看出,不论是自己、配偶或者子女,双语熟练程度都以"达-汉"亚型为主。自己和配偶占到90%以上,孩子比例略有所下降,但也占到了75.8%。

在"汉-达"亚型中孩子所占比例最高,达到14.5%,配偶仅占3.1%。

在"达-汉-其他"亚型中,有1人的配偶除了会使用达语、汉语外,还会鄂温克语,自己和孩子属于该类型的都是在校学生,"其他语言"为英语。

"汉-达-其他"亚型中,配偶所占比例为0,选择"自己"的2%和"孩子"的4.8%都是在校学生。

从以上分析可以看出,在双语使用的熟练程度上,该村都以"达-汉"亚型为主,其中父母较子女的比例略高;属于"汉-达"亚型的人群中,子女比例则较父辈有所增加。这说明父辈掌握达语比孩子要好,而孩子掌握汉语则比父辈要好。在双语语种上,除了达语和汉语外,有小部分人群还懂得其他少数民族语言,这是当地达斡尔族和其他少数民族长期共居的结果。孩子掌握达、汉以外的其他语言都为英语,这主要是通过学校教育获得的。

6. 第二语言掌握的途径

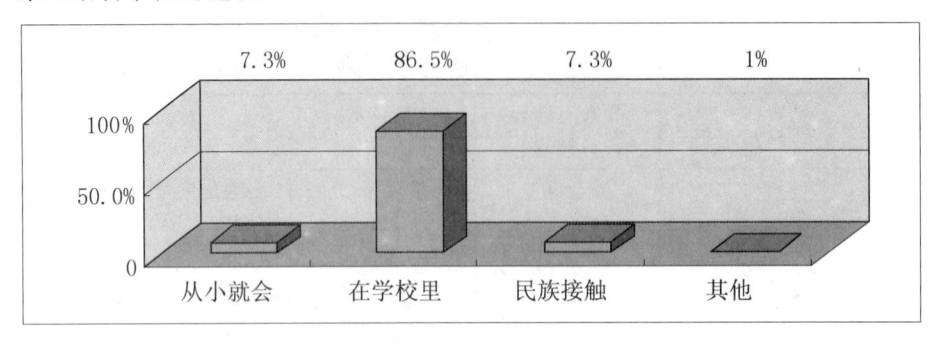

图 2-10 第二语言掌握的途径

第二语言的掌握有86.5%的人是通过学校获得的,通过自然习得、民族接触及其他途径掌握第二语言的人较少。这是因为特莫呼珠是一个较为古老的村屯,居民生活状态相对比较封闭,与其他民族接触也不太多,所以第二语言很难在自然环境中习得,主要依靠学校教育来获取。

7. 第二语言的熟练程度

特莫呼珠村达斡尔族掌握的双语以达语、汉语为主。达语是村民的母语,熟练程度较高;汉语的使用随处可见。双语关于达语的使用情况在前面已有所介绍,这里着重介绍一下达斡尔人的汉语能力。

表 2-28 汉语水平　　　　　　　　　　　　　　　　　单位:人(%)

汉语听说能力	流利使用汉语 59(62.1%)	看懂影视节目 11(11.6%)	简单交流 23(24.2%)	只能听懂简单对话 2(2.1%)
汉字使用水平	流利进行书面写作 46(48.9%)	阅读报刊 23(24.5%)	填表、写信 16(17%)	只能书写姓名和简单的词 9(9.6%)

在特莫呼珠村,能达到听懂汉语广播、看懂汉语影视节目水平的人占73.7%,达到用汉文阅读报刊杂志水平的人占73.4%。这说明在这个民族聚居区中,达族人的汉语水平普遍较高。

8. 双语使用的场所

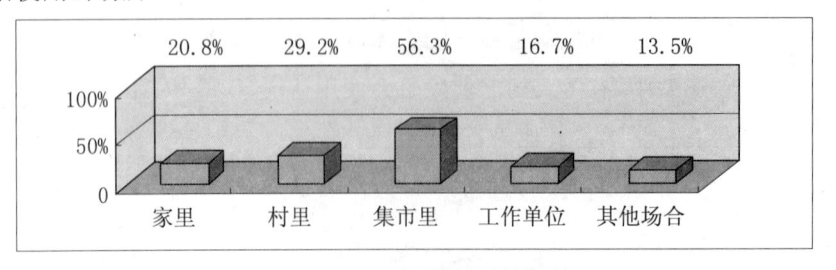

图 2-11 双语使用的场所

从图中可以看出,双语的使用已扩展到各个场所,从最封闭的家庭到最开放的集市都存在双语使用现象,特别是到集市中,双语的使用高达56.3%。可以看出在特莫呼珠村,双语使用已渗透到各个层次。这也是特莫呼珠村达斡尔人具有全民性双语特点的原因所在。

表 2-29 民族内部交际语言使用情况　　　　　　　　　　　　单位:人(%)

	爷爷辈	父辈	兄弟姐妹	儿子辈	孙子辈	同辈	20岁以下	政府的人	和同事	生意人
只用达语	89 (94.7%)	66 (68.8%)	51 (53.1%)	32 (50.8%)	15 (60%)	48 (51%)	40 (45.5%)	13 (14.3%)	31 (47%)	9 (9.7%)
只用汉语	0	0	0	0	0	9 (9.5%)	3 (3.4%)	18 (19.8%)	6 (9%)	29 (31.2%)
达汉各半	1 (1%)	19 (19.8%)	24 (25%)	15 (23.8%)	2 (8%)	22 (23.2%)	26 (29.5%)	37 (40.7%)	19 (28.8%)	10 (10.8%)
达多于汉	4 (4.3%)	8 (8.3%)	10 (10.4%)	6 (9.5%)	7 (28%)	13 (13.7%)	10 (11.4%)	12 (13.2%)	8 (12.1%)	4 (4.3%)
汉多于达	0	3 (3.1%)	11 (11.5%)	10 (15.9%)	1 (4%)	3 (3.2%)	9 (10.2%)	11 (12.1%)	2 (3%)	41 (44.1%)

在"针对不同对象使用双语情况"的调查中,可以看出在家里,不论是对长辈、平辈还是晚辈,使用达语的几率都是最高的,其中爷爷辈对孙子辈使用达语的比例高达94.7%,孙子辈对爷爷辈使用达语也占到了60%,可见老人使用达语的几率更高一些。另外随着辈分和年龄的降低,达语使用频率越来越低,而汉语使用频率则越来越高。这说明年轻一代掌握汉语较长辈要好,使用汉语的机会也在逐渐增加。在家庭外随着场合的逐渐开放,使用汉语的频率呈上升态势,和政府中的人谈话时,达语和汉语的使用已接近一半;到了集市上,汉语的使用频率则超过达语,甚至出现了仅使用汉语的情况。

9. 对双语使用的态度

由于特莫呼珠村双语使用现象较为普遍,所以有36.8%的人对双语现象没什么感觉,有63.2%的人认为懂得双语能够很好地适应社会发展。这体现出达斡尔人为顺应社会发展的积极的语言观念。

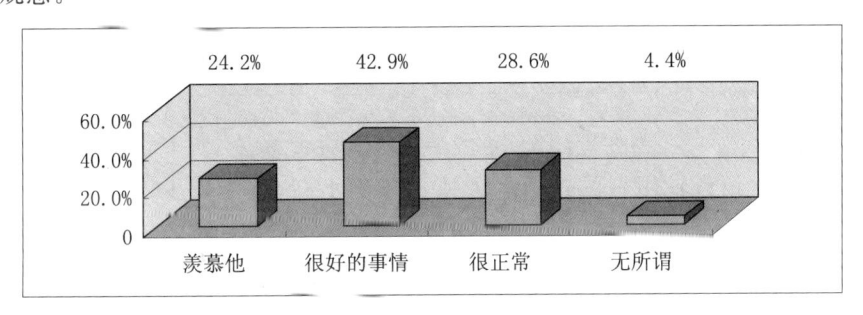

图 2-12 对双语的态度

因为对双语现象持肯定态度,所以该村对双语人也是认可的。认为懂得双语是件很好的事情的占42.9%。如果自己不具有双语能力,就会很羡慕那些双语人。从中也反映出达斡尔人在社会发展中积极开放的语言观念。

在特莫呼珠村,与达斡尔共居的还有汉族、鄂温克、蒙古族、鄂伦春、朝鲜族以及其他民族。这些民族在与达斡尔族长期共存的过程中,部分人也学会了达斡尔语,出现了双向双语现象。

表2-30 双语情景下的语言选择　　　　　　　　　　　　单位:人(%)

与懂达语的 汉人交谈时	使用达语 42(44.5%)	使用汉语 16(17%)	用达语多于汉语 24(25.5%)	用汉语多于达语 12(12.8%)
与懂达语的其他 民族交谈时	使用达语 69(75.8%)	用其他的语言 6(6.6%)	使用汉语 12(13.2%)	用达语多于汉语 4(4.4%)
达汉双语同胞 用汉语交谈	使用达语 19(20.4%)	转用汉语 51(54.8%)	要求他用达语 20(21.5%)	不想再继续交谈 3(3.2%)
与达汉双语同 胞交际语言	达语69(74.2%)	汉语6(6.5%)	用达语多于汉语 15(16.1%)	用汉语多于达语 3(3.2%)

可以看出,在和达汉双语人进行交流的时候,达斡尔人出于对母语的情感,更愿意选择达语进行交际。其中对懂达语的其他少数民族使用达语的频率比对懂达语的汉族要高。这缘于这些少数民族对达斡尔族有更多的了解,达语水平较高,达斡尔人对他们的认同感也较强,所以在交际时更愿意选择达语。但当对方只用汉语时,达族又会转用汉语与其交际。这反映出该村达斡尔人较高的汉语水平以及他们能够自由转换语码的能力。

(三)语言转用型人群及其语言使用特点

语言转用是指一个民族或者一个民族的部分人放弃使用母语而转用其他民族语言的现象。在特莫呼珠村,部分达斡尔人已完全转用汉语。在95份样本中,认为该村达斡尔族中存在汉语单语人的有16人,占样本总数的16.7%。

1. 语言转用型人群的数量及年龄构成

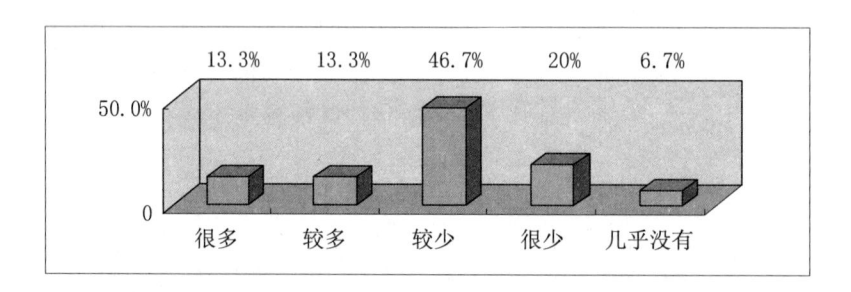

图2-13 语言转用型人群的数量

在特莫呼珠村,语言转用型的达斡尔人所占比例不高,认为较少、很少或几乎没有的占73.4%。这说明该类人群虽然存在,但数量不多。

语言转用型的人群存在于各个年龄阶段,其中20岁以下的占86.6%。这是由于该部分人群大多处于求学阶段,而学校中的教学语言又以汉语为主,所以他们接触汉语较多。再加之思想比较开放,因此在社会的发展中,他们选择了实用价值较高的汉语。

2. 转用语言的水平

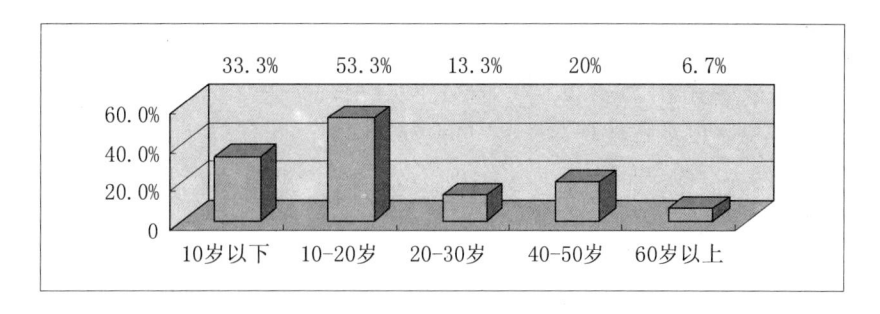

图2-14 转用人群年龄分布

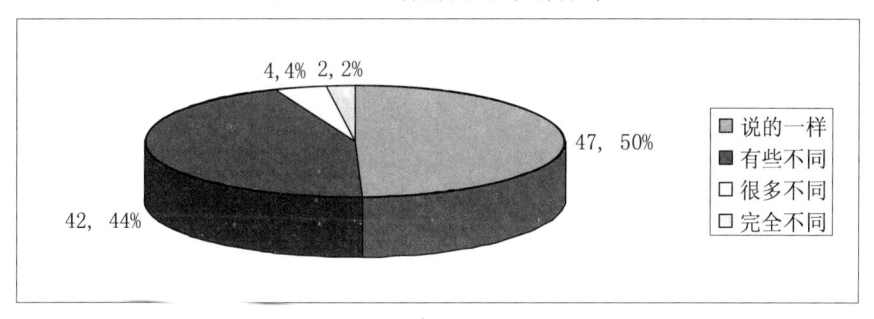

图2-15 转用语言的水平

图中有50%的人认为自己的汉语水平与汉族人无异。可以看出转用型人群汉语水平普遍较高。但仍有44%的人认为自己的汉语与汉族人说的汉语存在一些不同。

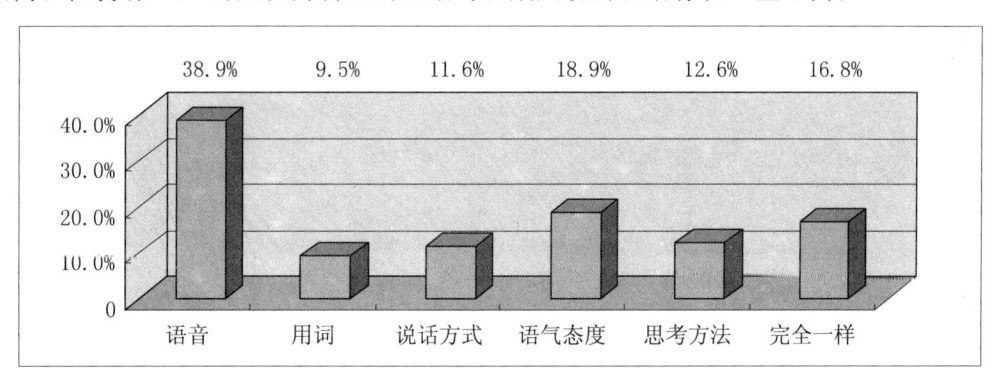

图2-16 达斡尔族说的汉语与汉民族说的汉语对比

与汉族人说的汉语相比,认为语音上有差别的达到38.9%,其次分别为语气态度、思考方法、说话方式和使用词语上。

3. 造成语言转用的原因

表2-31 达斡尔族与居住区内的汉族以及其他民族交往情况　　单位:人(%)

居住区汉族数量	非常多 2 (2.1%)	较多 11 (11.2%)	不太多 56 (58.3%)	很少 27 (28.1%)	
掌握达语的汉人	非常多 10 (10.8%)	较多 10 (10.8%)	不太多 53 (57.0%)	很少 20 (21.5%)	
民汉关系	非常融洽 15 (15.6%)	处得不错 46 (47.1%)	关系一般 35 (36.5%)	关系紧张 0	关系很差 0
居住区其他民族	鄂温克 77 (81.1%)	鄂伦春 14 (14.7%)	蒙古 57 (60.0%)	朝鲜 2 (2.1%)	其他 5 (5.3%)
达族与其他民族关系	非常融洽 17 (18.9%)	处得不错 53 (58.9%)	关系一般 20 (22.2%)	关系紧张 0	关系很差 0

在特莫呼珠村,除达族外,还生活着少量的汉族、鄂温克、蒙古族、鄂伦春、朝鲜族以及其他民族。在长期的共存过程中,各民族和睦相处,关系融洽,为特莫呼珠村营造了一个互相学习语言的良好人文环境。但是在这种双向学习语言的过程中,汉民族通晓达语的人数有限,而达族为了适应社会发展,又须尽快学会汉语,再加之他们学习汉语的态度比较积极,这就加速了达族掌握汉语的进程,为语言的转用提供了可能。

4. 对语言转用型人群的态度

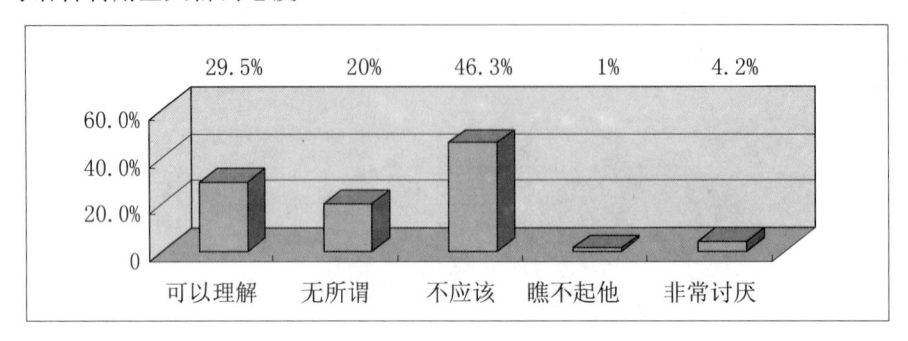

图 2-17 对语言转用型人群的态度

对于语言转用型的人,有 46.3% 的人认为不会使用自己的母语是不应该的,但是也有 49.5% 的人认为可以理解,无所谓。这说明从民族心理上讲,达斡尔族对母语怀有深厚的感情,但是面对社会的发展,他们对转用其他语言又表现出默许态度。

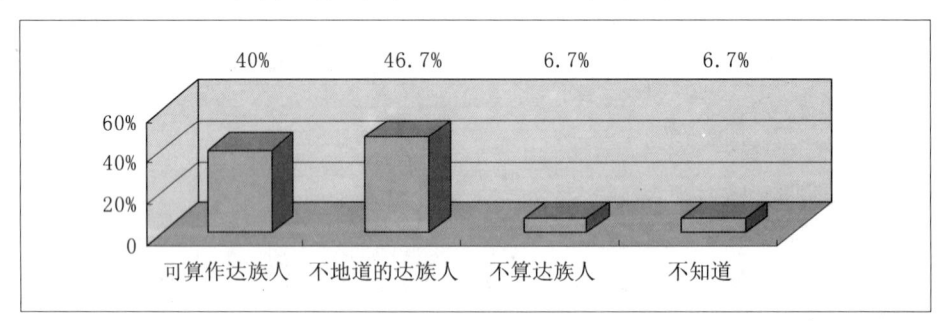

图 2-18 对不会达语人的态度

对于这些语言转用的人能否算作达斡尔人,有 46.7% 的人认为他们不能算作地道的达斡尔人,有 40% 的人认为他们可以算作达斡尔人,其间比例相差不大。这反映出在社会的发展变化中,语言是判定一个民族属性重要标志之一的观念正在达斡尔人意识中逐渐淡化。

5. 对族际婚姻的态度

对于族际婚姻是否会影响夫妻感情,有 90% 的人认为不会。对于孩子的配偶,出于一种民族感情,有 53% 的人希望下一辈以本民族为嫁娶对象,但也有 46% 的人认为无所谓。这反映出达族人对族际婚姻的接纳态度,而族际婚姻通常为一个民族转用其他民族语言提供了条件。因此这种开放的婚姻观念也是促成达族语言转用的重要原因之一。

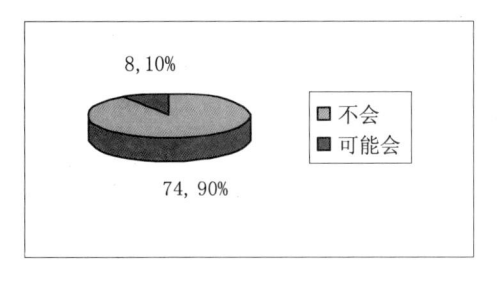

图 2-19　与其他民族结婚是否会影响夫妻感情 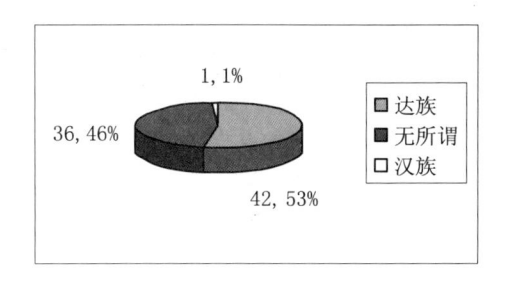　　图 2-20　希望自己孩子配偶所属的民族

四　结　语

通过以上数据分析可以看出,作为一个民族聚居区,特莫呼珠村民族成分比较单一,主要以达斡尔族为主,居民母语水平也普遍较高。相对而言,长辈的达语水平较晚辈要好。

由于相对封闭的生活条件及受教育程度所限,特莫呼珠村存在小部分母语单语型人群,他们被认为是达斡尔语言文化真正的传承者。从中可以看出达斡尔人对自己母语文化的深厚感情以及希望母语文化能够得到很好传承的殷切心理。

但是随着社会的发展以及与其他民族的接触,达斡尔人中使用双语的现象比较普遍,其中以"达-汉"双语亚型为主,其次为"汉-达"双语亚型。这反映出达斡尔人开放的语言观念以及他们较高的汉语水平。在"达-汉"双语亚型中长辈比例较高,而在"汉-达"双语亚型中年轻人比例较高,可以看出年轻一代对汉语掌握的热情更高,因而也获得了更好的汉语水平。

在特莫呼珠村同时还存在着一小部分语言转用型人群,主要为年轻人转用汉语。

综上所述,在特莫呼珠村这个达斡尔族民族聚居区中,存在着母语单语型、双语型及语言转用型三种类型的语言使用情况,其中双语型使用人群最多,母语单语型人群处于萎缩状态,语言转用型人群正成为一种潜流。造成这一现象的主要原因是社会的不断发展、民族交往的逐渐增多以及达斡尔族开放的语言观念和族际婚姻观念所致。

第三节　腾克村语言使用状况

一　前　言

腾克镇位于莫旗东北 55 公里处,南部、东南部与黑龙江讷河隔江相通,东部、东北部与额尔河乡、巴彦乡、甘河农场相连，北部、西北部同塔温敖宝、卧罗河乡接壤，西南部与登特科镇毗邻，是以达斡尔族为主体的少数民族乡镇，全镇总面积为1560平方公里，"111"国道由南至北贯通全镇，交通便利。现在的腾克镇是新镇，2001年开始撤乡并镇，2003年完成机构合并，由原来的7个村合并为现在的3个行政村，分别为腾克村、怪勒村和霍日里村。这3个行政村以达斡尔族为主，只有20多户朝鲜族。合并后村民居住格局没有改变，人口比例也几乎没变，只是行政上的合并。该镇目前人口总数为13600人，达族有4800多人，20世纪70年代以前这里几乎都是达族，70年代后汉族人口逐渐增多。此次调查是以腾克村达斡尔族村民为对象，该村是达斡尔族的聚居村，目前有150户503人，其中达斡尔族占95%以上，其他民族以鄂温克族为主。选择腾克村这种达斡尔族聚居区人口密度比较大的地方对于考察达斡尔语的使用情况具有十分重要的意义。

二　调查的实施及样本的情况

调查主要采用调查员问答、监督填表及被调查者自填问卷等方法。共发放问卷85份，回收问卷85份，有效问卷85份。现对调查问卷做一初步统计与分析。

表2-32　腾克村基本情况　　　　　　　　　　　　　　　　　　单位：人(%)

性别	男49%　　　　女51%
出生地	本地人84%　　非本地人16%
职业	农民34%　学生58%　教师2%　公务员1%　其他职业5%
文化程度	小学20%　初中64%　高中7%　高中以上1%　文盲2%
年龄	1-10岁7(8%)　11-20岁48(56%)　21-30岁7(8%)　31-40岁9(11%)　41-50岁4(5%)　51-60岁4(5%)　61-70岁6(7%)

以上数据显示，该村抽样调查男女比例基本持平，年龄段从10岁以下到60岁以上都有覆盖，但以11~20岁年龄段居多，占样本总数的56%；以本地人居多，只有11人因嫁娶、工作等因素从外地迁至此地；从职业上看，以农民和学生为主要调查对象，农民肩负着村里的生产重任，是村子的主要成员；文化程度以小学和初中居多。

三　调查样本数据统计与分析

(一)腾克村语言保持情况

在人的生命发展过程中，语言教育占有特殊地位。蒙特梭利认为语言是出生后从环境中得来的，婴幼儿时期是语言发展的敏感期。在这一时期，如果成人能让孩子处在良好的语言环境之中,孩子便可以悠游自在地掌握某种语言。但语言的敏感期具有短暂性,如果错过了这一时期,它将不再回来。家庭为民族语言创造了一个良好的语境,家庭成员间语言使用情况调查对分析达斡尔族语言保持有很大帮助。因此,家庭语言使用情况非常值得我们关注。

1. 家庭成员构成及家庭语言使用情况

表 2-33　家庭成员构成及家庭语言使用情况　　　　单位:人(%)

家庭成员	民族		使用语言		
	达族	其他民族	只用达语	只用汉语	汉语和达语
祖父辈	103(89%)	13(11%)	90(78%)	14(12%)	12(10%)
父辈	100(92%)	9(8%)	72(66%)	6(6%)	28(27%)
配偶	22(96%)	1(4%)	20(87%)	0	3(13%)
兄弟姐妹	16(100%)	0	11(69%)	2(13%)	3(19%)
儿辈	47(100%)	0	39(83%)	0	7(15%)
孙辈	7(100%)	0	6(86%)	1(14%)	0

此表显示,本村家庭成员构成主要是达斡尔族,家庭内部主要用语是达斡尔语。腾克村是一个达斡尔族占绝大多数的民族聚居村,本民族语一直是他们家庭的主要交际工具。从儿女辈、孙子辈年龄段看,达斡尔语仍是家庭的主要用语,达语在年轻一代身上仍显现出较强的生命力,他们是语言保持的新生力量。

2. 达斡尔语的习得情况

表 2-34　达斡尔语的习得及掌握情况　　　　单位:人(%)

是否掌握	是 82(96%)	否 1(1%)			
习得时间	自然习得 77(90%)	小学阶段 4(5%)	中学阶段	工作后	其他
掌握途径	长辈传授 66(78%)	交际中 21(35%)	学校	其他 1(1%)	
掌握程度	非常精通 18(21%)	比较熟练 46(54%)	一般 15(18%)	不太好 2(2%)	能听不会说

所抽取的样本中 96% 的人都会说达语,主要的途径靠长辈传授自然习得,65% 的村民民族语达到精通或比较熟练的程度。

3. 达斡尔语的使用范围和使用动机

表 2-35　达斡尔语的使用范围　　　　单位:人(%)

达斡尔语使用情况	只使用达语	大多使用达语	经常使用达语	较少使用达语	偶尔使用达语
在家里	8(17%)	25(53%)	8(17%)	4(8%)	
在村里	17(36%)	12(26%)	11(23%)	6(12%)	
在工作单位	3(6%)	7(15%)	5(11%)	9(19%)	3(6%)
在集市上	6(13%)	6(13%)	5(11%)	20(43%)	9(19%)
见面打招呼时	13(28%)	16(34%)	7(15%)	7(15%)	5(11%)
干活或工作时	9(19%)	22(47%)	8(17%)	10(21%)	3(6%)
平时聊天时	9(19%)	22(47%)	8(17%)	5(11%)	4(9%)
和人说心里话时	13(28%)	19(40%)	9(19%)	4(9%)	3(6%)
举行民族活动时	18(38%)	20(43%)	6(13%)	1(2%)	2(4%)

从各场合使用达语频率看,在家里、村里、干活、聊天、和人说心里话以及举行民族活动中,使用达语的比例一般都达到50%左右,这些场合涉及了当地人生活的方方面面;而达语使用频率最低的场合是工作单位;在集市上达语使用频率有所下降与在当地经济往来中和其他民族接触有关系。腾克村离旗政府所在地尼尔基镇不远,又被汉族村和朝鲜族村所包围,因此在特定场合下,达语使用频率呈下降的趋势。但总体而言,达斡尔语在腾克村发挥着十分重要的交际作用,人们在与他们生活息息相关的场合里,达语的交流十分畅通,显然达语在聚居区腾克村有着强盛的活力。

4. 达斡尔语使用的其他相关因素

语言保持除了需要具备一定的客观条件以外,语言使用的动机、接触语言的范围、对语言保持以及对后代学习达语的态度等主观因素,都会影响到语言的保持和使用。

表2-36 达斡尔语的使用动机及使用态度　　　　　　单位:人(%)

使用达语动机	适合生活交际 11(13%)	对母语有感情 50(59%)	周围人影响 30(35%)	为保持达语 35(41%)	不会其他语言 16(19%)	
接触达语途径	日常谈话 78(92%)	广播 6(7%)	电视 9(11%)	电影 9(11%)	故事 32(38%)	其他 7(8%)
保持达语途径	家庭内部使用 48(56%)	学校教育 31(36%)	创制文字 28(33%)	其他方面 1(1%)		
达语目前状态	很好 15(18%)	一般 22(26%)	弱化 36(42%)	濒危 7(8%)		
达语保持时间	很久 30(35%)	三代人 6(7%)	两代人 14(16%)	一代人 1(1%)	不知道 30(35%)	
后代学习达语	非常希望 28(33%)	希望 39(46%)	无所谓 6(7%)	不希望 2(2%)	反对 0	

从表2-36的数据看,有近六成的人使用达语是对母语有很深厚的感情,有四成左右的人说达语是为了让达语很好地保存下去,受周围达族同胞的影响学会并使用达语的比例占35%。由此可见,腾克村达斡尔族村民使用达语主要来自内心深处对母语的热爱。由于母语接触途径十分有限,现代传媒手段在莫旗没有被充分利用,因此92%的腾克村村民主要依靠在日常生活的谈话中接触母语,其次是儿时从别人讲故事中口耳相传接触到母语。尽管接触母语的客观条件十分有限,腾克村村民仍通过创造条件加强母语的使用。当问及如何保持达语时,56%的人认为家庭内部使用是保持达语良好的途径,另有30%以上的人认为学校教育和创制文字可以促进达语的保持;79%的村民希望自己的子女有机会学习达语。另外从数据中也可看出,腾克村达斡尔族并不满意目前的达斡尔语现状,42%的人认为达语处于弱化状态,只有35%的村民认为达语还能保持很长时间,显然村民们普遍具有母语危机感。

(二)达汉双语使用情况统计与分析

随着社会的发展、人们经济活动的频繁往来以及汉语的推广传播,腾克村达斡尔族中达汉双语现象很普遍,在对双语人进行研究之前先来了解当地一部分只会说达语的单语人状况。

1. 达斡尔族单语人的情况

表 2-37 达斡尔族单语人情况　　　　　　　　　　　　　单位:人(%)

单语人数量	很多 6(18%)	较多 3(9%)	较少 13(39%)	很少 12(36%)	没有 1(3%)
单语人年龄	60岁以上 20(60%)	40-50岁 5(15%)	20-30岁 3(9%)	10-20岁 7(21%)	10岁以下 2(6%)
单语原因	生活范围小 14(42%)	与汉人接触少 13(39%)	没上学 15(46%)	其他 3(9%)	
对他们的看法	真正的达族人 (12%)	继承传统文化 17(52%)	符合传统习惯 5(15%)		
与双语人的区别	没区别 10(30%)	观念上 3(9%)	接受信息上 10(30%)	就业上 9(27%)	
对双语的认同感	很认同 10(30%)	认同 9(27%)	较认同 6(18%)	不认同 1(3%)	

从以上数据来看,即使在典型的达斡尔族聚居区,只会说达斡尔语的单语人数量也不是很多。单语人的年龄分布以60岁以上的老人居多。村民们普遍认为这些人常年生活在村屯中,与外界接触少,是形成单语的主要因素。村民对这些单语人有各自的看法,大部分人认为他们继承了地道的达斡尔族传统文化。在谈到他们与双语人的区别时,村民们普遍认为单语人显然不适应社会的发展,尤其是在接受信息、就业等方面都明显落后于双语人,单语人在腾克村的比例将会越来越少,双语人已是腾克村的主体。由此大多数村民对双语的认同感是一致的,普遍表达出如果有机会一定学好汉语或其他语言的愿望。

2. 个人及家庭成员双语使用情况

表 2-38 个人及家庭成员双语使用情况　　　　　　　　　单位:人(%)

	达-汉	汉-达	达-汉-其他	汉-达-其他	文字(汉)	汉-其他
本人	39(46%)	9(11%)	1(1%)	8(9%)	44(52%)	24(28%)
配偶	24(28%)	1(1%)	0	0	19(22%)	0
子女	19(22%)	2(2%)	0	0	21(25%)	0
学习汉语途径	从小习得20(24%)	学校60(70%)	日常接触22(26%)	其他3(4%)	0	0
对双语的感受	很好69(81%)	没感觉7(8%)	尤余7(8%)	其他5(6%)	0	0
使用双语的场合	家里36(42%)	村里42(49%)	集市里36(42%)	单位24(28%)	其他9(11%)	0

上表显示,村民、配偶及其子女达-汉双语亚型的比例明显高于汉-达双语亚型,以达语为第一熟练语言的人占绝对优势。文字上,以汉文为第一熟练文字者为绝大多数,这是由于达斡尔族没有自己的文字造成的。70%的达斡尔族村民学习第二语言即汉语的途径是通过汉语学校,此外日常生活中与汉族接触也是学习汉语的途径之一。村民们普遍认为双语人非常适应时代的发展,他们对双语的这种开放态度,直接影响到他们学习汉语的积极性。使用双语的场合很多,比例也占到40%以上,可见双语在达斡尔族聚居区已经是一种十分普遍的语言现象,并影响着当地村民的生活。

3. 与不同辈分、不同职业的人交往时的双语使用情况

表 2-39 家庭语言使用情况　　　　　　　　　　　　　　　　单位:人(%)

	爷爷辈	父辈	兄弟姐妹	儿子辈	孙子辈	同辈	20岁以下的	政府人员	同事	生意人
只使用达语	52(61%)	41(48%)	35(41%)	16(19%)	9(11%)	23(27%)	16(19%)	7(8%)	9(11%)	5(6%)
只使用汉语	2(2%)	2(2%)	4(5%)		1(1%)	4(5%)	3(4%)	18(21%)	10(12%)	30(35%)
达汉各一半	2(2%)	12(14%)	16(19%)	9(11%)	2(2%)	15(18%)	19(22%)	5(6%)	9(11%)	6(7%)
达语多于汉语	2(2%)	11(13%)	8(9%)	2(2%)	1(1%)	13(15%)	14(16%)	8(9%)	6(7%)	6(7%)
汉语多于达语		2(2%)	8(9%)	3(4%)	2(2%)	6(7%)	8(9%)	11(13%)	12(14%)	23(2%)

以上统计数据表明,腾克村达斡尔族村民在与家庭成员和较亲近的人交流时比较倾向于用达语,在与社会人员(政府人员、同事、生意人)接触时多倾向于用汉语。他们认为达语便于向亲朋好友表达特有的民族感情,汉语则便于与社会交往。达-汉双语在民族地区发挥着各自的作用,达语和汉语的使用可以达到不同的效果,这是单语人所无法比拟的优势。从统计数据来看,随着年龄的不断降低,双语交际中汉语的使用比例呈上升趋势,说明汉语的强大优势是民族语所无法抗衡的,汉语也在一定程度上促进了腾克村达-汉双语的社会分布格局的形成和发展。

4. 双语人汉语能力的考察

表 2-40 双语能力　　　　　　　　　　　　　　　　单位:人(%)

汉语能力	任何情况都能交流 64(75%)	听看电视 14(16%)	简单交际 10(12%)	只能听懂简单话 1(1%)
汉字水平	流利书面写作 45(53%)	阅读报纸 26(31%)	填表写信 8(9%)	只能读简单招牌 3(4%)
内部思维语言	达语 26(31%)	汉语 35(41%)	汉语和达语 21(25%)	其他语言 0
与汉语母语人的差别	一样 47(55%)	有些不同 30(35%)	很大不同 1(1%)	完全不同 2(2%)
与达族单语人的差别	一样 48(56%)	有些不同 22(26%)	很大不同 4(4%)	完全不同 1(1%)

从上表的数据看,该村75%的达斡尔族村民能很流利地使用汉语,53%的村民能很好地进行书面写作。达语熟练的村民通常使用达语思维,学生入学后开始用两种语言思维,随着汉语熟练程度的提高,有的开始转用汉语思维。从统计数据中可以看出,腾克村达语使用的频率和熟练程度都明显高于汉语,多数村民还是以达语思维为主。村民们对自己的双语能力还是比较肯定的,其中55%的人认为自己说的汉语与汉族没有区别,56%的人认为自己的达语与达语单语人没有区别。总的来说,无论是达语还是汉语,在腾克村都得到了相应的发展。

(三)语言接触与语言转用情况

1. 语言接触情况

腾克村除了主体民族外还有汉、鄂温克、鄂伦春、朝鲜、蒙古等兄弟民族,不同民族杂居带来了多种民族文化的交流和互补,语言的交流也是其中重要的一部分。在调查过程中发现,良好的民族关系能更好地促进民族间的文化交流,有的少数民族学会甚至转用了达语,这也从一定程度上反映了腾克村达语保持情况和在当地语言地位和社会功能的分布情况。

表 2-41　民族关系以及汉族人懂达语数量　　　　　单位：人（%）

汉族数量	很多 7(8%)	较多 25(29%)	不太多 33(39%)	较少 16(19%)	没有 1(1%)
与汉族关系	很好 20(24%)	不错 43(51%)	一般 17(20%)	紧张 0	很差 1(1%)
其他少数民族	鄂温克 52(61%)	鄂伦春 23(27%)	蒙古 26(31%)	朝鲜 50(59%)	其他 12(14%)
与其他少数民族关系	很好 13(15%)	不错 52(61%)	一般 9(11%)	紧张 0	很差 1(1%)
汉族懂达语人数	很多 10(12%)	较多 36(42%)	不太多 26(31%)	较少 9(11%)	没有 1(1%)

上表显示出腾克村的达斡尔族与当地的汉族及其他少数民族的关系处得相当不错，一部分汉族和鄂温克族学会了达语，有的达语甚至达到了非常熟练的程度。

2. 与其他双语人交际情况

表 2-42　双语情景下的语言选择和语码转换　　　　单位：人（%）

与其他双语人交际情况	达语	汉语	达语多于汉语	汉语多于达语
与汉语双语人交际语言	31(36%)	19(22%)	9(11%)	22(26%)
与少数民族双语人交际语言	33(39%)	3(4%)	23(27%)	10(12%)
与双语人转换交际语言	29(34%)	11(13%)		
与双语人交际语言倾向	59(69%)	8(9%)	10(12%)	6(7%)
对双语人的态度	羡慕 25(29%)	很好 21(25%)	正常 26(31%)	无所谓 2(2%)
用何种途径解决母语交际中问题	造达语新词 5(6%)	相应汉语 45(53%)	达汉共同组合 12(14%)	

村民们与其他民族双语人交流时，有三分之一以上的人倾向用达语交流，认为用达语交流比较容易表达；不到三分之一的人选择用汉语。村民中近三分之一的人认为双语使用是很正常的现象，有半数的人对双语人流露出羡慕和满意的意思。村民与双语人交流时，在交际语言选择上较为自由；但更倾向于采用达语交流。当碰到达语中没有的词时，一半的村民会选择用相应的汉语词。

3. 语言转用情况

随着社会的发展，村民与外界的交往越来越频繁，加之交通便利，地理位置靠近尼尔基镇，送孩子到镇上上学的情况也很普遍，在当地出现了一些转用汉语的达族人。下表考察这部分人的语言转用情况。

表 2-43　汉语能力　　　　　　　　　　　　　　　单位：人（%）

达族汉语单语人	有 43(51%)	没有 33(39%)	不知道 4(5%)		
数量	很多 5(6%)	较多 10(12%)	很少 17(20%)	几乎没有 12(14%)	
年龄	60岁以上 3(4%)	40-50岁 1(1%)	20-30岁 8(9%)	10-20岁 31(36%)	十岁以下 4(5%)
如何与汉族区分	通过姓名 15(18%)	通过生活习惯 7(8%)	所说汉语 6(7%)	通过长相 6(7%)	通过交谈 8(9%)
语言与汉族比较	一样 20(24%)	有些不同 16(19%)	很多不同 2(2%)	完全不同 2(2%)	
算不算达族	可以算 18(21%)	不算地道 12(14%)	不算 6(7%)	不知道 1(1%)	

从表内数据看出，达族汉语单语人的数量不多，年龄以10—20岁居多，这个年龄段的孩子多半在学校念书，学校授课以汉语为主；有21%的人承认他们还是达族，有14%的人认为他们不能算地道的达族；对这些达族汉语单语人，村民们的态度还是比较宽容，将近一半人能理解他们。

而对于那些明明会说达语却拒绝用达语交流的达族人,村民们各有不同的看法:有三分之一左右的人认为可以理解,有三分之一左右的人感觉不舒服,还有四分之一的人觉得反感。

表 2-44　使用民族语的态度　　　　　　　　　　　　　　　　　　单位:人(%)

对不使用达语同胞的态度	可以理解	无所谓	不习惯	反感
对不愿意用达语的同胞	27(32%)	10(12%)	27(32%)	25(29%)
对刻意不用达语的同胞	21(25%)	27(32%)	20(24%)	11(13%)
对不会达语的同胞	40(47%)	11(13%)	22(26%)	4(5%)

(四)语言态度

1. 家长对子女学习母语的态度

表 2-45　家长对子女学习母语的态度　　　　　　　　　　　　　　单位:人(%)

孩子不会达语	很不应该 31(36%)	不应该,无奈 19(22%)	适应时代发展 9(11%)	无所谓 3(4%)
下一代学达语	非常希望 32(39%)	希望 28(33%)	无所谓 6(7%)	不希望 1(1%)
孩子达语水平	流利交际 53(62%)	一般交流 22(24%)	简单交流 5(4%)	
孩子学习达语途径	长辈传授 55(65%)	孩子之间交流 13(15%)	学校教育 3(4%)	其他 6(7%)
孩子上学后达语的变化	比以前进步 6(7%)	和以前没有区别 27(32%)	比以前退步 19(22%)	

上表数据表明,近六成的家长对孩子不会达语表示不应该,但也流露出无奈的意思。如果给孩子们创造一定条件学习达语,有72%村民希望和非常希望自己的孩子学习达语,并且对他们的要求比较高:62%的家长希望孩子能达到流利交流的程度,24%的家长认为达到一般水平即可。家长们普遍认为自己有责任教孩子母语,65%的家长表示愿意主动承担起传授语言的重担。

2. 文字态度

表 2-46　文字态度　　　　　　　　　　　　　　　　　　　　　　单位:人(%)

创制文字必要性	非常有必要 50(59%)	没必要 9(11%)	无所谓 11(13%)	
文字形式	拉丁字母 11(13%)	斯拉夫字母 1(1%)	满文字母 11(13%)	其他形式 20(24%)
拼音文字	适合学习 31(36%)	不如满文字母 3(4%)	不如其他形式 6(7%)	
文字用途	学校课本 23(%)	牌匾标语 16(19%)	记录民间文学 33(39%)	其他 3(4%)

从上表可以看出,达斡尔人对创制本民族文字有很强的意识,49%的人认为非常有必要创制达斡尔语文字。36%的人支持拼音文字,认为拼音文字更适合达斡尔人学习。对于达斡尔文的用途,则主要是偏重于记录民间文学方面,文字是民族文化的载体,他们希望能通过文字来传承本民族文化遗产。

(五)对族际婚姻的态度

表 2-47　对族际婚姻的态度　　　　　　　　　　　　　　　　　　单位:人(%)

与异族结婚是否影响夫妻感情	不会 46(54%)	可能会 10(12%)	肯定会 3(4%)	无所谓 1(1%)	
孩子的配偶民族	达族 33(39%)	汉族 6(7%)	其他民族 2(2%)	无所谓 18(21%)	
婚姻态度	很好 17(20%)	较好 26(31%)	一般 22(26%)	不太好 8(9%)	很不好 3(4%)

从上表可以看出,达斡尔族是一个心态很开放的民族,从婚姻与择偶观可以看出,54%的

人认为与其他民族结婚不会影响夫妻感情,对于孩子的配偶,只有三分之一的人选择了本族,21%的人认为无所谓孩子配偶的民族。这种开放包容的民族心态也是形成达斡尔族全民性双语的一个重要因素。

四 结 语

此次调查主要围绕达斡尔族语言保持及使用现状展开,通过以上调查数据的统计与分析,我们不难发现作为达斡尔族聚居区之一的腾克村在保持语言、使用语言及语言态度上都呈现出独有的特点:

一是腾克村拥有良好的社会语言环境和家庭语言环境。社会语言环境是民族聚居区所特有的优势,高达95%的达斡尔族人口比例和90%的村民从小就自然习得本民族语,这构成了天然的社会语言环境,人们在村里、民族活动等社会环境中达语的使用率高达80%。腾克村的家庭语言环境也很好。首先,家庭成员构成上以达斡尔族为主;其次,家庭成员之间60%-70%的交流也以达语为主要交际工具,良好的家庭语言环境是达语保持的重要条件之一。

二是腾克村村民对母语的强烈认同感。60%的村民认为对母语有很深厚的感情,正是这种发自内心的感情让他们无论在家里还是在与外界的交往中都自然地使用达语,从而形成了良好的母语氛围。

三是腾克村达斡尔族村民对子女学习达语的态度及其强烈的使命感和责任感,这也是腾克村达语得以持续发展的重要因素之一。72%的人希望和非常希望自己的孩子学习达语,并且对他们的要求比较高;62%的人希望孩子能达到流利交流的水平。

任何一个民族的语言文化要传承下来,必须具备主客观因素,腾克村具备了聚居区母语文化传承的天然优势,同时腾克村达斡尔族村民主观上对本民族文化也非常重视,从内心深处对民族文化极其热爱,并对下一代文化传承也给予极大的关注和期望,营造了达语传承的良好氛围和世代相传的人文社会环境。腾克村达斡尔族村民为自己母语文化的保持和传承奉献着自己的力量。

第四节 怪勒村语言使用状况

一 前 言

莫旗腾克镇怪勒村是达斡尔族聚居的村落之一。目前的怪勒村是与宜斯尔村在2003年

10月合并而成。合并前怪勒村有97户315人,达斡尔族为305人,占当时全村人口的97%,汉族则只有10人,达族与汉族通婚的有6户。2003年怪勒村从老屯子迁往新址后与宜斯尔村合并,合称为怪勒村。目前全村共有157户563人,其中达斡尔族536人,占全村总人口的95.2%,汉族为27人,达汉通婚的有10户。

二 调查的实施及样本基本情况

2006年4-5月,2007年10月调研组对怪勒村达斡尔族的语言使用情况进行了两度调查。调查采用问卷调查与访谈相结合的形式,在调查员监督和协助下共发放、填写77份有效问卷。以下统计与分析以有效问卷及相关调查材料为依据。

在被调查者中,男女比例分别为62%,38%。10岁及以下的有3人;11-20岁的有6人;21-30岁的有21人;31-40岁的有18人;41-50岁的有12人;51-60岁的有11人;60岁以上的有6人。各年龄段所占比例如下所示:

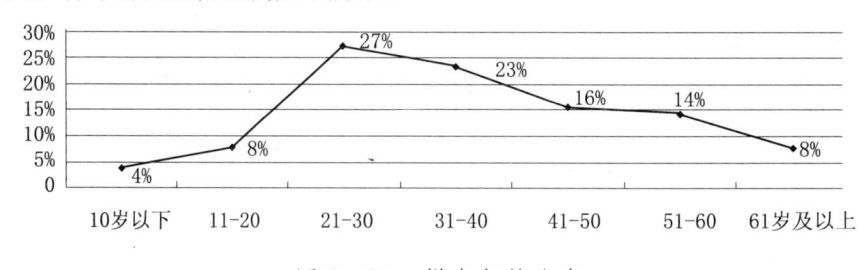

图2-21 样本年龄分布

被调查者中,农民有60人,占总调查人口的78%。约89%的被调查者为初中及以下文化水平。

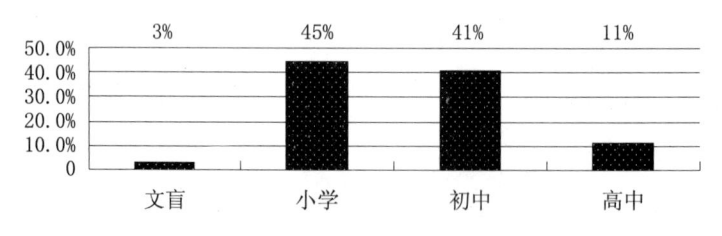

图2-22 样本的文化程度

被调查者中的83%出生在本地,其余部分是邻近村屯因婚姻原因而来到此地的达斡尔族人。

三 样本的统计与分析

(一) 语言保持情况

1. 达斡尔语熟悉程度。高达81%的人在家中只使用达语,即使与非达斡尔族交谈,如果对方会达语的话还是会用达语。15%的人使用达汉双语;仅有4%的人只使用汉语。

2. 达语的习得情况。在所抽取的样本中,100%的人都会达语,而且100%都是从小就会,高达99%的人认为是通过长辈传授和与本族人交往学会达语的。另有94%的被调查者认为自己的达语水平达到熟练以上的水平,仅有约11%的人认为自己的达语不是非常熟练。

3. 达语的使用场合与使用频率。

表2-48 使用本民族语的场合及频率　　　　　　　　　　　　单位:(%)

	只用达语	大多用达语	经常用达语	较少用达语	偶尔用达语
在家里	33(46%)	20(28%)	11(15%)	3(4)	4(6%)
在村里	31(42%)	31(42%)	10(14%)	2(2%)	0
在工作单位	13(27%)	12(25%)	7(15%)	11(23%)	5(10%)
在集市上	15(22%)	17(25%)	8(12%)	20(29%)	8(12%)
见面打招呼时	28(41%)	32(46%)	8(12%)	1(1%)	0
干活或工作时	21(32%)	30(45%)	12(18%)	2(3%)	1(2%)
平时聊天时	30(48%)	22(35%)	9(15%)	0	1(2%)
和人说心里话时	37(51%)	26(36%)	7(10%)	0	2(3%)
举行民族活动时	39(53%)	24(32%)	7(9%)	3(4%)	1(1%)

由上表可看出,达语的使用频率相当高。选择大多使用达语和只使用达语的都在80%左右。在工作单位和在集市等地达语使用频率稍微偏低,但也达到了50%以上。说明达语的保持状况很好,但偶尔使用达语,大部分使用汉语的情况还是存在的。

4. 经常使用达语的原因。本题是多选题,故总比率超过100%。从调查数据中可以看出,对怪勒村达斡尔族来说,母语使用是十分平常而又客观的现象,当然也有超过一半以上的人意识到这也是一种传承和保持母语的重要手段。

5. 达语的接触途径。怪勒村达斡尔族接触到的达语场合基本上都体现在日常生活中,而广播、影视节目涉及达语的则很少。

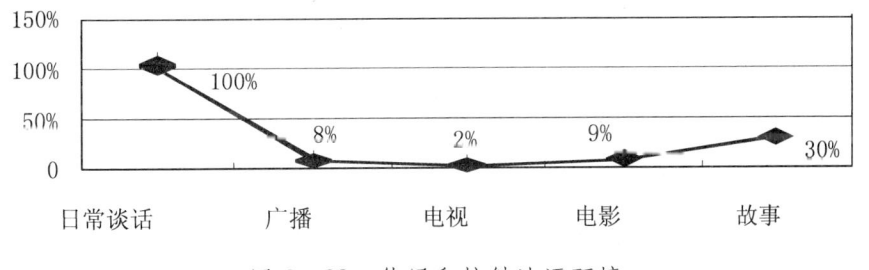

图2-23 使用和接触达语环境

6. 母语的保持。约三成以上的人认为家庭是母语保持的重要堡垒,也有约两成的人认识到创制文字形式对一种语言的传承和保持乃至发展至关重要。至于达斡尔族母语保持状态处于一般、很好和弱化的人数各占三成左右。也有少量的人认为处于濒危状态。而问到达斡尔族语到底能够保持多久时,近六成的人持较为乐观的态度。

表 2-49　对母语保持的态度　　　　　　　　　　　　　　　　单位：人(%)

如何保持	家庭内部 52(60%)	学校教育 15(17%)	创制文字 16(18%)	其他途径 4(5%)
保持状态	一般 19(27%)	弱化 29(41%)	很好 19(27%)	濒危 3(5%)
能保持多久	长时间 41(58%)	三代 9(13%)	两代 2(3%)	一代 2(3%)	不知道 17(23%)

7. 达语单语人及其使用特点的调查。

表 2-50　达语单语人的特点　　　　　　　　　　　　　　　　单位：人(%)

单语人数量	很多 3(6%)	较多 4(8%)	较少 16(33%)	很少 23(48%)	几乎没有 2(5%)
单语人年龄	60 岁以上 38(76%)	40-50 岁 5(10%)	10-30 岁 3(6%)	10 岁以下 4(8%)	
单语原因	生活范围小 30(38%)	与汉接触少 29(37%)	没上学 16(21%)	其他 3(4%)	
对他们的看法	真正的达人 19(30%)	继承传统 21(33%)	符合习惯 15(24%)	与自己一样 8(13%)	
与双语人的区别	没区别 17(26%)	观念 22(35%)	信息 15(24%)	就业 8(13%)	其他 1(2%)
是否愿意学汉语	很愿意 9(19%)	愿意 34(73%)	会点好 1(2%)	无所谓 2(4%)	不希望 1(2%)

被调查者中有 47 人认为自己的周围存在只会达语而不会其他语言的人,所占比例为 64%;有 34% 的被调查者认为自己的周围不存在达语单语人;2% 的人对周围是否存在达语单语人不很了解。近三成认为他们才是地道的达斡尔人,他们是继承达斡尔族传统文化的人。但也有很多人认为他们在观念上较为落后,获取信息渠道不畅,此类人群就业难度较大等。问及假如您是这样的人群中的一分子,是否愿意学习诸如汉语等其他语言时,愿意和很愿意者占 92% 以上。此外希望和十分希望自己的孩子学习达语的约占 87%,反映出达族对母语具有较高的认同感(参见下图)。

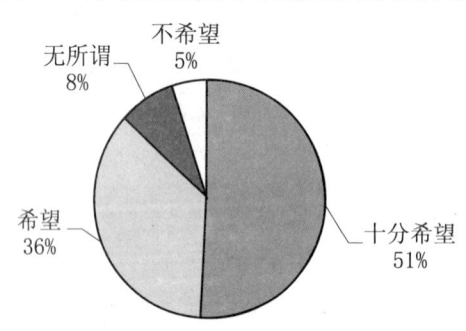

图 2-24　是否希望自己孩子学习达语

(二)双语使用情况及其特点

1. 家庭中的语言使用情况

上图反映出双语人本人、配偶及孩子语言使用情况,可以看出在怪勒村达-汉双语人占有较大比重,单语人所占比重较小。

2. 双语人及其家庭文字使用情况

在被调查者中,有 84% 的人使用汉字;配偶 100% 使用汉字;有 87% 的子女使用汉字。被调查者及其配偶、子女有的还掌握英语和蒙文等文字,但所占比率比较低。

3. 语言的认同感

89% 的被调查者觉得使用两种语言非常好,能适应现代社会的发展,这再次体现了达族人

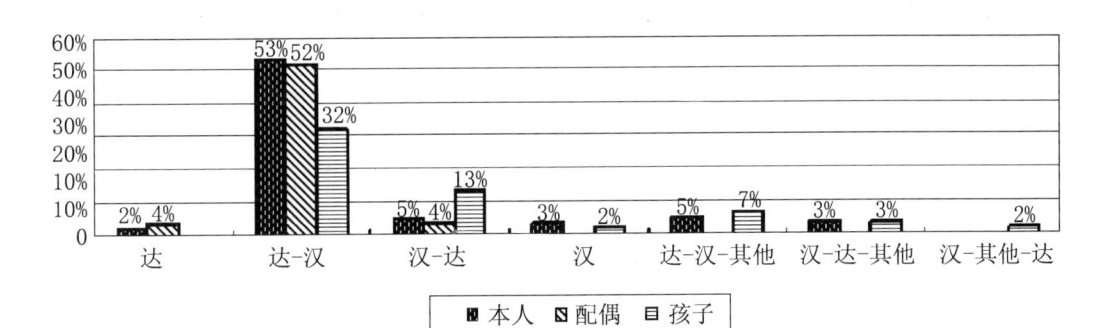

图 2-25 家庭中语言使用情况

对其他语言的包容态度。

4. 不同场合与不同辈分之间双语使用情况

表 2-51 双语使用场合　　　　　　　　　　　　　　　　单位:人(%)

场合	家庭	村里	集市	工作单位	其他场合
双语	27(23%)	34(29%)	27(23%)	15(13%)	14(12%)

从上表可以看出双语的使用情况几乎覆盖各个领域。但相对来说,在家庭中双语的使用几率比较低,集市上使用双语的比率最大。这跟集市上人比较杂,外族人比较多有密切关系。

不同辈分,不同身份的人之间使用语言的情况比较复杂。现在将使用语言情况所占比重列于下表:

表 2-52 面对不同交际对象使用语言情况　　　　　　　　　　　　单位:人(%)

	爷爷辈	父辈	兄弟姐妹	儿子辈	孙子辈	同辈亲近	20岁以下	政府人员	同事	生意人
只用达语	88.6%	77.5%	67.5%	63.6%	75.0%	61.0%	59.1%	51.7%	58.8%	27.5%
只用汉语	0	2.5%	0	3.0%	0	0	2.3%	3.4%	5.9%	12.5%
达汉各半	5.7%	10.0%	17.5%	18.2%	10.0%	19.5%	13.6%	10.3%	17.6%	25.0%
达多于汉	2.9%	2.5%	15.0%	3.0%	10.0%	17.1%	20.5%	17.2%	11.8%	10.0%
汉多于达	2.9%	7.5%	0%	12.1%	5.0%	2.4%	4.5%	17.2%	5.9%	25.0%

从上表可以看出,在和爷爷辈、父辈、兄弟姐妹、儿子辈、同辈或较亲近的人、20岁以下的年轻人、同事之间,只使用达语的比率远高于其他语言的使用情况,只是在与卖东西的人交谈中情况有所不同。只使用达语、达汉各半、汉多于达的比率持平。在双语使用时我们可以看出达汉各半的比率高于其他情况。只使用汉语的比率较低,只是在和卖东西的人交谈时所占比率略高。

5. 汉语使用情况分析

表 2-53 达斡尔人汉语及汉文能力　　　　　　　　　　　　　　单位:人(%)

汉语能力	任何情况都能交流 51(61%)	听看电视 23(28%)	简单交际 8(10%)	只能听懂简单话 1(1%)
内部思维语言	达语 53(72%)	汉 7(9%)	汉语和达语 14(19%)	其他语言 0(0%)
与汉族母语人差别	一样 32(44%)	有些不同 35(48%)	很大不同 6(8%)	完全不同 0(0%)

与达族单语人差别	一样 44(86%)	有些不同 6(12%)	很大不同 1(2%)	完全不同 0(0%)	
汉字能力	书面写作 39(47%)	读报刊 26(32%)	填表写信 6(7%)	写名 7(8%)	简单标牌 2(2%)	不能读写 3(4%)

根据以上表格,可以看出怪勒村达斡尔族说的汉语虽和汉族人说的汉语不是完全一样,但差别不是很大。就中年以上的人来说,双语者的习得途径主要还是自然习得的,尤其是女性。不少人虽然会讲汉语,但上过学的人极少,绝大多数是在生活环境中或与汉族或其他民族的交往过程中学会的汉语。从使用范围上说,在村内及族内仍以使用本族语言为主,但在与外族人打交道的过程中,在莫旗甚至怪勒以外的地方,汉语毫无疑问也是他们使用最频繁的语言。

被调查者中有86%的双语人认为自己所讲的达语与达语单语人所讲的达语是一样的。另有11.5%的双语人认为自己所讲的达语与达语单语人有些不一样。

6. 与汉语母语人和达族汉语单语人汉语能力差异的对比分析

表 2-54 达斡尔族汉语与汉族汉语的差异　　　　　　　　　　　　　　单位:人(%)

与汉语母语人差别	语音 48 (54%)	词汇 8 (9%)	语法语义 11 (12%)	语气态度 8 (9%)	思维方式 11 (12%)	完全一样 3 (3%)
与达族汉语单语人	语音 32 (40%)	词汇 8 (10%)	语法语义 9 (11%)	语气态度 6 (7%)	思维方式 6 (7%)	完全一样 20 (25%)

从上表可以看出,被调查者中认为自己讲的汉语与汉族人在语音、语义、思维等方面存在不同,其中语音上的差别最大。

(三)语言转用情况及其特点

1. 与居住区内汉族和其他民族关系

表 2-55　与汉族及其他民族之间的关系　　　　　　　　　　　　　　单位:人(%)

汉族数量	很多 2(3%)	较多 9(13%)	不太多 37(51%)	较少 24(33%)	没有 0
与汉族关系	很好 11(14%)	不错 55(72%)	一般 11(14%)	紧张 0	很差 0
其他少数民族	鄂温克 43(31%)	鄂伦春 12(9%)	蒙古 23(17%)	朝鲜 56(41%)	其他 3(2%)
与其他少数民族关系	很好 30(41%)	不错 24(33%)	一般 13(18%)	紧张 6(8%)	很差 0(0%)

在怪勒村居住的汉族很少,关于达族与汉族的关系,绝大部分人认为达族和汉族的关系不错,民族关系非常融洽。这也为语言的接触与转用提供了一定心理基础。在怪勒村还生活着其他少数民族,而达族和其他少数民族关系也不错。

2. 与其他双语人交际时的语言使用情况

表 2-56　与其他双语人交际时的语言使用情况　　　　　　　　　　　　单位:人(%)

汉族懂达语人数	很多 11(16%)	较多 26(38%)	不太多 23(34%)	较少 8(12%)
与汉族双语人交际	达语 29(40%)	汉语 22(30%)	达语多于汉语 12(16%)	汉语多于达语 10(14%)
与其他民族双语人交际	达语 48(70.6%)	其他 1(1.5%)	汉语 9(13.2%)	达语多于汉语 6(8.8%)	汉语多于达语 4(5.9%)
语码转换	用达语与汉语交际 24(36%)	转用汉语交际 29(43%)	对方转用达语交际 11(16%)	不想继续交际 3(4%)
语言认同	达语 43(62%)	汉语 3(4%)	达语多于汉语 21(30%)	汉语多于达语 3(4%)

在怪勒村,懂达语的汉族人数不少,他们与达族人一般情况下都用达语交际,当然也有使用汉语的,但使用达语比率高于汉语。在怪勒村,还居住着少量的鄂温克、蒙古、朝鲜等民族。因为人口很少,已有部分人发生语言转用。部分年纪稍大的人,虽然会自己的母语,但长期不用,已经不太熟练,如今更习惯说达语或汉语。

3．语言的生产能力

在问及如果碰到达语中没有的新词时,97%的人表示会用相应的汉语词,只有3%的被调查者认为自己会用达语创制一个新词。大部分人认为可以直接从汉语中吸收营养,满足自己的需要。

4．语言转用情况考察

表 2-57　对语言转用者的考察　　　　　　　　　　单位:人(%)

达族汉语单语人	有 20(28%)	没有 49(69%)	不知道 2(3%)		
数量	很多 0	较多 6(15%)	较少 3(8%)	很少 17(44%)	几乎没有 13(33%)
年龄	60岁以上 2(3%)	40-50岁 3(5%)	20-30岁 17(29%)	10-20岁 23(40%)	10岁以下 13(23%)
如何与汉族区分	姓名 17(31%)	生活习惯 8(15%)	汉语 2(4%)	长相 18(33%)	交谈 10(17%)
语言与汉族比较	一样 16(80%)	有些不同 3(15%)	很多不同 1(5%)	完全不同 0	
算不算达族	可以 11(55%)	不地道 7(35%)	不知道 2(10%)		
对不会达语的同胞	理解 30(34%)	无所谓 22(11%)	不应该 24(34%)	瞧不起 11(15%)	讨厌 4(6%)

由上表可以看出,有69%的被调查者认为达族没有只会汉语的单语人,28%的人回答有,但数量比较少,年龄一般在30岁以下。

区别达族汉语单语人与汉族人,有33%的人依靠长相,31%的人依靠姓名,另外还可以从交谈和生活习惯中区别出来。

把达族汉语的单语人所讲的汉语和汉族人所讲的汉语进行比较,有75%的被调查者认为并没有什么区别。对于不会讲达语的达族人,有55%的人认为他们可以算是达族人,而有35%的被调查者认为他们不能算是地道的达族人。对不会达语的同胞,34%的被调查者认为可以理解,另有34%的被调查者觉得不应该,有点瞧不起甚至非常讨厌的人约占15%和6%。可以看出大部分人怀有比较宽容的心态。

综合调查数据,可以发现怪勒村的居民母语能力较强,同时兼用语的能力也不差。从年龄段上看,两头是单语人,即老人和孩子只会母语;中间部分属双语人。但是从语言发展的情况和自然规律来看,母语单语人的圈子在不断缩小,而双语人的范围在不断扩大。

5．语言转用中语言选择情况的考察

表 2-58　语言转用中语言选择情况　　　　　　　　单位:人(%)

刻意不用达语	可以理解 7(10%)	无所谓 7(10%)	不习惯 26(37%)	反感 30(43%)
回避使用达语	可以理解 9(13%)	没感觉 22(31%)	别扭 31(43%)	讨厌 10(14%)

对于刻意不用达语的人,有37%的被调查者表示不习惯,有43%的人表示反感;对于回避

使用达语的人有43%的人表示很别扭,有14%的人表示对这种人非常讨厌。而在语言转用过程中出现了少数只会汉语的达族人,55%的调查者认为如果社会、生活、学习环境使一些孩子没机会习得达语,从而转用汉语,这是可以理解的。但如果本身就已经习得,但在交流中却故意回避,一半左右的达族人对此表示很反感。

(四)语言文字态度分析

1. 家长对下一代学习母语的态度和想法

表 2-59 对下一代学习母语的态度　　　　　　　　　　单位:人(%)

孩子不用达语	很不应该 30(40%)	不应该,无奈 22(29%)	适合发展 20(27%)	无所谓 3(4%)
下一代学达语	非常希望 27(41%)	希望 33(50%)	无所谓 4(6%)	不希望 2(3%)
孩子达语水平	流利交际 49(77%)	一般交流 13(20%)	简单交流 2(3%)	
孩子学习达语途径	长辈传授 60(74%)	孩子之间交流 20(25%)	学校教育 1(1%)	其他 0

可以看出,绝大部分达族人希望自己的下一代学习达语,并希望自己的孩子能够用达语进行交流。但出于对现实及孩子的未来考虑,一般都坚持在学好汉语的基础上再学好达语。

2. 对文字的态度

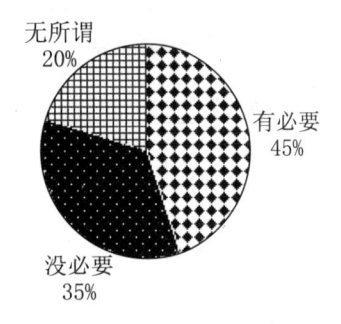

图 2-26　是否创制文字

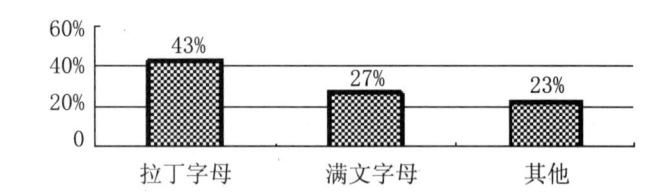

图 2-27　创制文字的字母

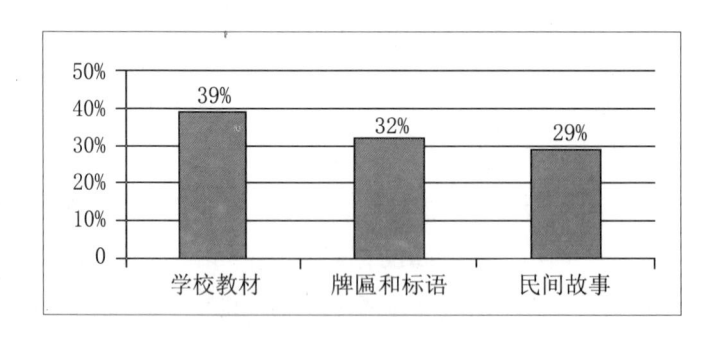

图 2-28　文字的使用

对创制达语文字所使用的字母形式,有43%的人选择拉丁字母;27%的人选择满文字母。另有62%的被调查人认为目前推行的达斡尔拼音文字非常适合达斡尔族人学习。对于达斡尔文字的使用场合,39%的人认为应该用在学校教材中,32%的人认为应该出现在政府牌匾和标语里;另有29%的人认为应该用来记录民间文学故事等。

（五）对族际婚姻的态度

表 2-60 对族际婚姻的态度　　　　　　　　　　　单位：人（%）

与他族结婚是否影响感情	不会 59(87%)	可能会 6(9%)	肯定会 3(4%)	
希望孩子配偶的民族	达族 21(30%)	汉族 3(4%)	其他民族 2(3%)	无所谓 43(63%)

由上表可知，87%的被调查者认为与其他民族结婚不会影响夫妻感情，有63%的人无所谓自己孩子的配偶是什么民族，30%的人希望自己的孩子配偶是达族。反映出达斡尔族开放的族际婚姻观念。

四　结语

通过对怪勒村达斡尔族语言使用情况的考察，我们认为怪勒村达斡尔族语言使用上具有以下几个特点：

1. 达斡尔语是怪勒村村民的主要交际语言。无论在家庭内部、达斡尔族成员内部还是以村为社区范围的环境里，达斡尔语无疑都是使用范围最广、使用频率最高、使用程度最深的第一语言。

2. 怪勒村达－汉双语现象较为普遍，但双语使用中母语与第二语言即汉语的使用范围、使用频率等不尽相同。在本村范围内，达斡尔语无论在使用范围与使用频率及使用水平上都高于汉语。

3. 怪勒村除达斡尔族以外，还有为数不多的其他民族，由于特殊的社会语言环境，他们在村里也基本上以使用达语为主，反映了莫旗各民族语言接触的实际情况。

第五节　提古拉村语言使用状况

一　前言

莫旗腾克镇提古拉村原是嫩江西岸邻江而居的一个村落，因国家重点水利工程尼尔基水利枢纽的建设，于2003年与邻村合并后迁移到现在的所在地。合并后的村名还叫提古拉村。全村现有村民137户509人，达斡尔族为108户436人，约占全村总人口的86%。另外还有朝鲜、蒙古、汉和鄂温克等民族。朝鲜族20世纪70年代迁入，有两户蒙古族和几户汉族都是和当地达斡尔族女子结婚后定居下来的。还有一户汉族是从黑龙江龙江县搬迁而来，至今已30多年，精通达斡尔语。其他几个民族的人也都兼通达斡尔语。在提古拉村，无论是哪个民族，达斡尔语都是他们交际时的主要用语。

二 样本的基本情况

本次对提古拉村采用实地调查的方式,其中以入户填写问卷为主,同时结合访谈形式。问卷调查以自填、结合问答填写形式进行。入村调查人数为28人,其中男性13人,占46.43%;女性15人,占53.57%,被调查人的男女比例相差不大。从年龄段来看,11~20岁、41~50岁各占被调查人数的25%,21~30岁占32%,31~40岁接近占11%,51~60岁及60岁以上的各占约3.5%。从职业结构看,农民19人,约占68%,学生6人,约占21%,公务员1人,占3.5%,其他职业2人,占7%多一点。从文化层次看,初中文化占主体,共19人,约占68%,小学和高中文化的各为5人和4人,分别约占18%和14%多,没有高中以上文化程度和文盲者。

被调查的28人中有23人在本地出生,约占82%,另外5人由外地迁入,约占18%。外迁来的5人中有4人是女性,是从别处嫁过来的,另外1人是男性,已来该地31年了,其迁居原因不详。

三 样本的统计与分析

(一)母语使用的基本情况

被调查人的母语使用情况:28人中100%都会母语,其中有26人从小就会,约占93%。学会母语的途径和方法主要有两种,83%的被调查者是和长辈学会的,有17%的人在与本民族其他人交往中学会的。可见靠长辈传授学会达语是达族儿童习得母语的主要途径,即达族儿童在家里通过长辈习得了达语。另外和本族人交往也是学习达语的一条有效途径。

被调查者达语熟练程度:非常精通的有11人,占41%,比较熟练的有10人,占37%,两项数据高达近80%。认为水平一般的有6人,占22%,另外1人未选。在对其他人达语的评判标准的调查中,有42%的人是根据其发音和声调,有30%的人是根据其用词是否是达族人常用的词,有14%的人是根据说话方式是否常用来判断,也有9%的人主要根据表达意思是否确切来判断,另有7%的人是根据达族人是否那样说话来判断。28名被调查人与96个家庭成员交流时,与其中的68人使用达语,约占家庭成员的71%,与其中的19人使用达-汉双语,约占家庭成员的20%,与另外9人使用汉语,占9%。这说明该村主体居民达族人是以达语为主要交流用语,再加上达汉双语使用者,有91%的人都能使用达语进行交流。达语是他们的母语,也是他们的主要交际语,而且到现在为止仍然保持很好。

(二)调查对象家庭成员情况统计分析

从被调查的28人的家庭结构看,与被调查人相关的亲属共有96人,其中爸爸、妈妈、妻子或丈夫、儿子、女儿占主体,有70人之多,占72.9%。96人中达斡尔族85人,占82.8%,其他民族11人,占17.2%。由此可以看出,提古拉村作为达族聚居村,达斡尔族是该村居民的主体,约占83%。

从家庭成员的职业来看,农民和学生各占63%和26%,两者共占89%。这说明构成该村村民主体的是农民和学生,而这部分学生将来大部分也回乡务农,能够走出农村的为数很少。除农民和学生之外,有1人是教师,2人是公务员,还有1人从事其他职业。

家庭成员的文化程度情况是,小学、初中和高中文化程度是主体,各占40.6%、21.9%、28%,总共约占91%。有两人的文化是高中以上,还有1人是文盲。

表2-61 达斡尔语作为家庭交际用语的情况　　　　　　　单位:人(%)

	民族		使用语言		
	达族	其他民族	只用达语	只用汉语	汉语和达语
爷爷辈	12(75%)	4(25%)	9(56%)	5(31%)	2(13%)
父辈	32(91%)	3(9%)	27(77%)	2(6%)	7(17%)
配偶	13(87%)	2(13%)	11(79%)	0	3(21%)
兄弟姐妹	4(100%)	0	2(50%)	0	2(50%)
儿辈	23(92%)	2(8%)	18(72%)	2(8%)	5(20%)
孙辈	1(100%)	0	1(100%)	0	0

从上表看,96个家庭成员有68人只使用达语,约占家庭成员的71%,有19人使用达汉双语,约占家庭成员的20%,另外9人只使用汉语,占9%。祖父辈和父辈只使用汉语的人数与他们中非达族的人数是一样的。同辈中包括配偶和兄弟姐妹,没有只使用汉语的;但使用达汉双语的配偶占21%,兄弟姐妹占50%。儿子辈中,有2人不是达族,占8%,只说汉语的也是2人,占8%;说达汉双语的有5人,占20%,与总体使用达汉双语的人的比例相当。可见96名家庭成员中有87人使用达语进行交流,占了绝大部分。这说明该村居民的绝大部分以达语为主要日常交际用语,只使用汉语的人很少。

(三)调查对象达语使用情况

表2-62 被调查对象不同场合达语使用情况　　　　　　　单位:人(%)

	只使用达语	大多使用达语	经常使用达语	较少使用达语	偶尔使用达语
在家里	11(39%)	8(29%)	7(25%)	1(3.6%)	1(3.6%)
在村里	12(43%)	7(25%)	9(32%)	0	0
在工作单位	6(27%)	1(4.5%)	6(27%)	4(18%)	5(22.7%)
在街上	5(21%)	4(16.7%)	7(29%)	7(29%)	4(16.7%)
见面打招呼时	9(33%)	9(33%)	5(18%)	2(7%)	2(7%)
干活或工作时	11(39%)	8(28%)	6(21%)	2(7%)	1(3.6%)
平时聊天时	12(43%)	7(25%)	4(14%)	3(11%)	2(7%)
和人说心里话时	14(42%)	5(15%)	5(15%)	3(9%)	6(18%)
举行民族活动时	13(46.4%)	6(21.4%)	7(25%)	2(7%)	0
总百分比	37%	22%	23%	10%	8.7%

从上表可知,被调查的28人在不同场合中使用达语的情况各异。其中在家里、村里和举行民族活动时几乎全部使用达语,在村里使用达语的比例最高,三个选项只使用达语、大多使用达语和经常使用达语的人数占了100%。在家里和举行民族活动时使用达语的比例很高,两种情况下只使用达语、大多使用达语和经常使用达语的人数都占到了93%。可见,达语在该村日常交流中占有绝对地位。"在工作单位"选项中,只有22人做出了选择,且选较少使用和偶尔使用的比例较大,原因是村民只在村里从事生产和生活活动,没有像城里人那样有工作单位。另一个使用达语相对较少的场合是在街上,选择较少使用和偶尔使用的比例较大,两者合计将近一半,因为在街上遇到很多不会使用达语的人,使用达语的机会就少了很多。从不同场合使用达语人数的百分比来看,经常使用达语、大多使用达语和只使用达语三项的比例共占了82%,这个比例说明,达语在提古拉村有很强的社会功能,是他们生产生活的主要交际用语。

(四)提古拉村达斡尔语言环境考察

首先,从调查对象使用达语的原因来看,有11%的人认为达语非常适合现在的工作、生产和生活,有24%的认为达语是自己的母语,有很深的感情,有33%的人认为使用达语是因为习惯,有28%的人使用达语是因为周围的人都在说,还有4%的人说达语是为了使达语更好地保存下来。可见,对母语有很深的感情以及习惯和环境是大多数被调查者讲达语的主要原因。调查对象主要是在日常生活中接触达语,比例达到69%,还有11%的人在听人讲达语故事时接触达语,看电影和看电视接触达语的人各占9%和6%,听广播和其他方面各有3%的人接触达语。由此可见日常生活是达语的主要场合。

其次,就保持达语的途径而言,54%的被调查对象认为家庭内部必须使用达语,有29%的人认为在学校开设达语课是保持达语的途径之一,还有18%的人认为应创制达斡尔文字以保持达语。事实上无论是开设达语课还是创制达斡尔文字,学校都是发挥主要作用的地方。因此家庭和学校是保持达语的两大重要场所。

再次,在调查被调查者周围有无只会达语而不会汉语或其他民族语的达族人时,53.5%的人回答有,43%的人回答没有,有3.5%的人回答不知道。在回答有的人中,60%的人认为很少,认为较多和较少的人各约占13%,还有7%的人认为没有。这些只会达语的人的年龄层次是:60岁以上的人占73%,10~20岁的人占13%,40~50岁的人和10岁以下的人各占7%。造成这些人只会达语不会汉语或其他民族语的原因各不相同,有的从来没有上过学,也就没学会汉语;有的人只生活在村里,很少出门与外界接触,只和达族人交往,再加上本地没有或很少有其他少数民族,因而就没学会汉语或其他民族语。

最后,被调查者对达语的态度是,有47%的人认为那些只会说达语的人才是真正继承达族传统文化的人,有27%的人认为他们的言行举止符合达族的传统习惯,有20%的人认为他们才算是真正的达族人。可见调查对象中大部分人对只会说达语的人持赞同态度。有33%的人认为,如果自己是这样的人,那么有机会则愿意学习汉语或其他语言,20%的人认为非常愿意,另外20%的人认为会一点总比不会好,有13%的人认为无所谓。这个比例又说明,该村的达斡尔人既重视和热爱自己的母语,也不排斥其他民族的语言和文化,他们有着较好的包容心态和开放思想。100%的调查对象希望自己的孩子继续使用达语。这些人之所以希望自己的孩子继续使用达语,原因有二,一方面达语是他们的母语,有很深的感情;另一方面,达语是村里交流最方便的语言,是维系民族感情最重要的桥梁和纽带,是民族本质最重要的标志之一。从以上几个方面来看,达斡尔语在提古拉村保持状态良好。

(五)达汉双语在提古拉村的使用情况

被调查对象双语熟练程度情况是,有68%的人达语掌握得比汉语好,有11%的人认为汉语掌握得比达语好,有7%的人掌握了达语、汉语和其他语言,熟练程度以达语为最,汉语次之,还有14%的人汉语掌握得最好,达语次之。被调查对象达语好于汉语的比例达到75%,其余25%的人汉语比达语好。

被调查对象最熟练的文字是汉字,有81%的人汉字熟练,另有19%的人除了会汉字外,还会其他文字。由于达族只有语言而没有文字,因而达族人学习文字首选汉字,上小学时只学汉字,没有其他文字,上中学时可能有英语或其他语言,因此能学习另一种文字。被调查对象学会汉语的途径主要是通过学校来实现,约有64%的人是在学校里学会汉语的,有27%的人认为汉语是通过与汉族接触学会的,另有9%的人认为自己从小就会达语和汉语。

就使用两种语言的感觉来说,有96%的人认为,会两种语言要比会一种语言更加适合现代社会的发展,特别是与外界交流和沟通时,两种语言要比一种语言有更大的优势,交流与沟通更加方便快捷,容易获得更多的信息,也更能达到意想的效果。

从调查结果看,使用两种或多种语言的场合包括5种,在家里和村里,各有21%的被调查人使用两种或多种语言,在集市约有48%,有2%的人在工作单位使用,另外还有7%的人选了其他场合。可见双语在达族生活中,特别是在家里、村里和集市上,有着非常重要的地位,同时也发挥着很重要的交际功能作用。

另外,被调查对象家庭成员,主要是配偶和孩子,他们的双语使用情况是,有73%的人认为配偶使用达汉两种语言,达语好于汉语;有27%的人认为配偶的汉语比达语好。被调查对象中有64%的人认为孩子的达语好于汉语,有27%的人认为孩子的汉语好于达语,还有9%的人认为他们的孩子汉语最好,达语次之。所有被调查对象的配偶只会汉字,有87.5%的被调查对象认为孩子会的文字是汉字,有12.5%的人认为是汉字和其他文字,这里的其他文字是指英文。

(六)被调查人与不同交际对象语言使用情况

表 2-63　被调查人与不同交际对象使用语言的情况　　　　单位：人(%)

	爷爷辈	父辈	兄弟姐妹	儿子辈	孙子辈	同辈	20岁以下	政府人员	同事	买卖人	总计
只用达语	23 (96%)	22 (88%)	18 (69%)	11 (65.2%)	8 (89%)	15 (57.7%)	12 (57.1%)	7 (38.9%)	2 (33.3%)	6 (24%)	124 (63%)
只用汉语	1 (4%)							2 (11.1%)		4 (16%)	7 (4%)
达汉各半		1 (4%)	4 (15%)	1 (5.8%)		1 (3.8%)	3 (14.3%)	6 (33.3%)	1 (16.7%)	5 (20%)	22 (11%)
达多于汉		2 (8%)	2 (8%)	2 (11.6%)		7 (26.9%)	3 (14.3%)	1 (5.6%)		3 (12%)	20 (10%)
汉多于达		2 (8%)	3 (17.4%)	1 (11%)	3 (8.5%)	3 (14.3%)	2 (11.1%)	3 (50%)	7 (28%)	24 (12%)	

从上表可以看出，被调查人与亲属使用达语的比例总体较高，集中在爷爷辈、父辈以及孙子辈三个选项中。同爷爷辈只使用达语的比例最高；同父辈与孙子辈只使用达语的比例也接近90%；被调查人与兄弟姐妹、儿子辈只使用达语的比例也较高。这说明被调查人家庭内部交流主要以达语为主，特别是在与长辈和小孩交流时使用达语的比例更高，这种情况可能与长辈很少出门，汉语使用不好以及小孩需要从小教授达语有一定关系。与村里的同辈及20岁以下的人只使用达语的比例也超过半数。被调查人与政府人员、同事及买卖人只使用达语的比例较低，因为这些人中会说达语的人少，交流时使用汉语的比例较大。被调查人只使用汉语的频率最低，交流对象最少，所占比例最小。被调查人使用达汉比例各半，在同政府人员交际时显示最高，和买卖人交际时的使用比例次之。被调查人使用达语多于汉语的情况是，除了爷爷辈、孙子辈和同事没选外，其他都选了，以与同辈使用的比例最高。被调查人使用汉语多于达语的情况是，除爷爷辈和父辈外，其他都包括了，其中与同事使用的比例最高，达到了50%。

从总体情况看，只使用达语与各类人员交流的数目最多，占60%多；只使用汉语与各类人员交流的人数最少；使用达语和汉语各半的人数、使用达语多于汉语的人数以及使用汉语多于达语的人数都各占10%以上。从上表的数据不难看出，该村居民只使用达语的频率要远远高于只使用汉语的频率。

(七)被调查人汉语言文字水平

被调查人汉语听说能力调查结果是：在任何情况下都可以流利地使用汉语进行交流的占66%，能听懂汉语广播和看懂汉语影视节目的占31%，能用汉语进行简单交流的占3%，由此看出，尽管提古拉村是达族聚居村，但大多数村民的汉语水平达到了相当高的程度，只有很少一部分人汉语只能进行简单的交流。

被调查人汉字使用水平调查结果是：能很好地进行书面语写作的占40%，能阅读书报、杂志和一般公文的人占37%，只能用汉字填表和写信以及只能用汉字写自己姓名和简单词语的人各占11.4%；由于达族没有文字，汉字就成为达族人进行书面交流的重要工具，凡是上过学的人都能用汉字进行写作或简单书写。

被调查人思考问题时,只使用达语和兼用达汉双语的人约占80%,其余为只用汉语思考问题的人。被调查人中有六成多一点的人认为他们的汉语与汉族的汉语是一样的,其余近四成的人认为有些不同。其中,认为说话语音不同的最多,占四成多点,用词有所不同的占16%,思考方法不同的约占13%,说话方式不一样、说话语气和态度不一样以及说话完全一样三个选项约各占10%。由于达族人的汉语是从学校和其他人交流中学到的,因而大部分人汉语与汉族人说的汉语没什么不同,那些认为有些不同的是受母语负迁移影响而导致的。

被调查人的汉语与那些只会说汉语而不会说达语的达族人的汉语相比较,在语音方面不同的占36%,说话时用词不同的有15%,说话方式不一样的占9%,语气和态度不一样的占6%,思考方法不同的占12%,说话完全一样的占21%。被调查人的汉语同这些人的汉语在以上几方面的差别,与汉族人的汉语在以上几方面差别大体一致,只有在完全一样这个选项上百分比有差别,由此可以推断出,那些只会说汉语,而不会说达语的达族人,说的汉语应该与汉族人说的一样。被调查人的达语与那些母语单语人一样的占76%,有些不同的占24%。造成不同的原因是那些会达汉双语的达族人受汉语影响,使他们的达语与母语单语人的达语有所不同。

(八)提古拉村的汉族和其他少数民族达语使用情况

在达族聚居区汉族人口普遍较少,提古拉村也不例外,调查结果也证实了这一点。调查中有30%的被调查者认为,汉族中懂达语的人非常多。在调查与懂达语的汉人平时使用什么语言交流时,总体上使用达语多于汉语。聚居区达族与汉族的关系调查结果显示:有36%的人认为他们与汉族的关系很融洽,43%的人认为双方关系不错,21%的人认为关系一般,总体上看达汉两个民族相处融洽。调查中发现,达族与汉族通婚的情况不少,有的达族人认为与汉族通婚有利于后代的优生优育,有的达族人为儿子娶汉族媳妇的目的也在于此。从另一个角度看,当地汉族也入乡随俗,不光学会达语,而且也遵守达族人的生活习惯,融入了达族人的生活圈中,因而双方相处融洽和谐。

提古拉村的民族成分除了主体民族达族和少数汉族外,还有其他少数民族。调查中有36%的人认为达族与这些少数民族关系很融洽,57%的人认为关系不错,7%的人认为关系一般,总体上关系良好。在平时与这些懂达语的少数民族交往中,有67%的人使用达语进行交流,25%的人使用达语多于汉语或其他民族语言,使用汉语和使用汉语多于达语或本民族语的各占4%。可见达族与其他少数民族交流使用的语言主要是达语。

(九)对只会汉语的达斡尔人及其认同程度

在问到周围是否有只会汉语而不会达语的达族人时,将近一半的人认为有。对于这些人的数量,认为很少或不太多或没有的人占了绝大多数,从另一个角度说明了提古拉村这种聚居村的民族构成特点,即以达斡尔族为主体,有很少的汉族或其他民族。

从年龄层次看,这些人主要集中在30岁以下的年轻人,共占93%,原因是他们在外面上学或打工,常年不在家,长时间不使用达语也就慢慢忘了。但这些人在返回村里后,又会重新使用达语。

当把这些人的汉语与汉族人的汉语对比时,77%的人认为一样,23%的人认为有些不同。对于这些人是否还算作达族人,62%的人认为可以,38%的人认为起码不是地道的达族人。可见语言对于民族认同是很重要的。

(十)被调查人的语言态度

对达汉双语人的态度,有48%的人认为是好事,39%的人觉得有点羡慕,另外9%的人认为很正常,原因是这样的人很多,还有4%的人认为无所谓。可以看出大多数被调查人认为会双语是件好事,而只会汉语的则会对双语人有羡慕之情。

对于家人或邻居中出外打工或从事其他活动后回到家乡不愿意再说达语的人,被调查人中有41%的人认为有些不习惯,37%的人表示反感,18.5%的人表示可以理解,还有4%的人觉得无所谓。当与会说达汉两种语言的达族人交谈时,对方说汉语,被调查人中有39%的人感觉有些不舒服和别扭,有25%的人觉得很讨厌,不想与他继续交谈,另有25%的人认为可以理解,还有11%的人没有特别感觉。由此可以看出,大多数被调查人对自己母语有较强的认同感。

在被调查人与一个会说达汉两种语言的人说达语时,对方却说汉语,这时有39%的人转用汉语和对方交谈,有32%的人一直用达语和他交谈,18%的人要求他用达语交谈,有11%的人表示不想再继续和他谈下去。遇到一个只会说汉语不会说达语的人,这时被调查人的65%觉得可以理解,23%觉得不应该,8%的人有点瞧不起他,4%的人觉得无所谓。当遇到会达汉双语的汉族人时,有82%的被调查人用达语和他交谈。

以上数据说明,达族人既有强烈的民族认同感,也有宽广的胸怀和容人的性情,对于不会说达语的达族同胞,并不是一概否定或歧视,大多数人都能够理解和认同。

被调查人对自己孩子学习和使用达语寄予很高的期望,百分之百的被调查人非常希望或希望自己的孩子学习达语,有91%的人希望自己的孩子能流利地使用达语交流,其余的则认为能进行一般的交流就可以。对于孩子不会达语的现象,有68.5%的人觉得不应该,22%的人觉得不应该但也无奈,还有9.5%的人认为更适合社会的发展。对孩子未来发展的语言顺序,被调查人中认为汉语是第一位的占68%,认为达语是第一位的占32%,大多数人认为汉语是孩子今后发展的第一重要语言,这与整个社会的大环境有着密切关系,无论是升学还是就业,汉语都有着不可比拟的优势,因而选汉语作为孩子发展的第一语言也是情理之中的事情,没有哪个父母不希望自己的孩子有着广阔的发展前景。

对于达斡尔文字的创制,有77%的人认为非常必要,其余的人认为没必要或无所谓。对于达斡尔文字的使用,38%的人认为主要用来记录民间文学故事,35%的人认为应该在学校教材中使用,23%的人认为应该在政府牌匾上使用,另有4%的人认为用在其他方面。从文字创制和使用方面,大多数被调查人表现出了较强的民族认同感和民族情结。

(十一)被调查人的婚姻观

在与其他民族通婚是否会影响夫妻感情这个问题上,84%的被调查人认为不会,16%的人认为可能会。对于孩子配偶的民族选择上,61%的人选择达族,39%的人觉得无所谓。这些数据所表达的信息,与在实地调查中通过询问得到的信息是一致的。很多人认为异族通婚对夫妻感情没有影响,与达族结婚的另一方,随着时间的流逝会渐渐融入到达族群体中,不仅会掌握达语,也会适应达族的生活习惯。有的汉族的达语甚至比达族的达语还要好。对于孩子配偶的民族选择,有五分之三的被调查人选择达族,其余五分之二的人觉得无所谓。在实地调查中,许多人认为孩子择偶的民族选择由自己决定,父母一般不干涉,有时也管不了。这也说明现代社会青年择偶的自由观念,在提古拉村也受到广大年轻人的欢迎。

四 结语

通过分析,我们对提古拉村达斡尔族的语言使用特点概括如下:

1. 提古拉村是一个地处较为偏远的民族聚居村,主体民族是达斡尔族,占全体村民的绝大多数。村民中有91%的人都能使用达语进行交流,达语既是他们的母语,也是他们日常生产和生活交流沟通的主要语言,而且到目前为止仍然保持得很好,汉语是他们交流的辅助用语。

2. 除了主体民族达斡尔族和少数汉族外,提古拉村还有鄂温克族、蒙古族、朝鲜族和鄂伦春族等少数民族。达族与汉族以及其他少数民族交流时使用的语言主要是达语。

3. 达斡尔族对自己的母语有很强的民族情感和认同感,因而大部分人对使用母语持肯定态度。提古拉村的达族对自己孩子学习和使用达语寄予很高的期望,100%的被调查人都希望自己的孩子学习达语,有91%的人希望自己的孩子能流利地使用达语交流。与此同时,大部分人认为汉语是孩子今后发展的第一语言,这与汉语在升学和就业等方面的优势密不可分。由此可见,一方面要学习汉语和汉字,以期为孩子将来的发展前途着想;另一方面,也要把母语达斡尔语学好。这样既考虑到孩子的发展,也维系了民族情结,不失为两全其美的选择和做法。

第六节 宜和德村语言使用状况

一 前言

宜和德村系属莫旗额尔和乡,额尔和乡地处莫旗东部,东隔嫩江,与黑龙江省的嫩江县相望,下辖额尔和、团山子、双河、东胜、苇塘沟、伊哈力、新胜、全胜、双胜、平阳、宜和德、李屯、蒋屯、柳屯14个村委会。其中,只有宜和德是达斡尔族聚居村。在尼尔基水利枢纽工程中,宜和德移民新村是莫旗最后一个移民村,调查期间全村已完成移民工作,新村仍坐落在嫩江西岸。

宜和德是莫旗典型的达斡尔族聚居村屯,也是莫旗人数最多的达斡尔族聚居村,有着400多年的悠久历史。目前全村220户800多人,只有4户家庭成员为汉族,且均为近20年内迁入的,其中包括村小学教师和村卫生站医生,其余均为达斡尔族,达斡尔族比例约占98%。由于是移民新村,全村住房均为统一建筑的砖木结构平房,工程建筑面积约14500平方米。

二 调查的实施及样本情况

(一)调查的实施

调查组一行10人于2006年5月3日至5月4日在该村进行调查。调查方法以随机入户问卷调查为主,共回收有效问卷102份。问卷均为调查组成员入户发放并监督指导村民完成。调查问卷的具体数据统计由调查组统一设计表格进行。按照问卷具体内容逐张进行录入。此外调查组针对该村实际情况,与村领导和个别村民进行了深度访谈,进一步了解了该村的历史、文化及经济状况。

(二)样本基本情况

性别:总体抽样共102份,其中男性56名,女性46名。

年龄:在填写了年龄一项的87份样本中,七个年龄段均有分布,其中10岁以下为4人、11-20岁为27人、21-30岁为12人、31-40岁为16人、41-50岁为18人、51-60岁为3人、61岁以上为7人。

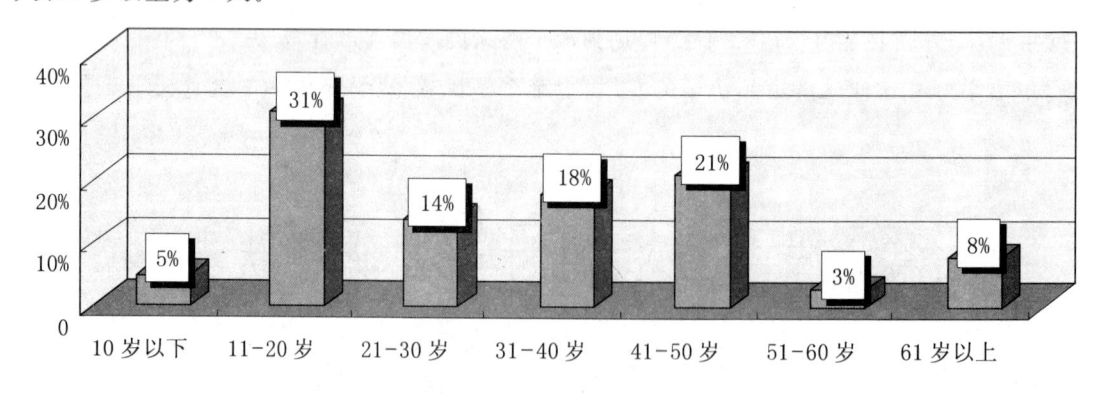

图 2-29 年龄段分布

职业:在96份样本中,农民有48人,学生为42人,有3人为教师,1人为公务员,2人从事其他职业。

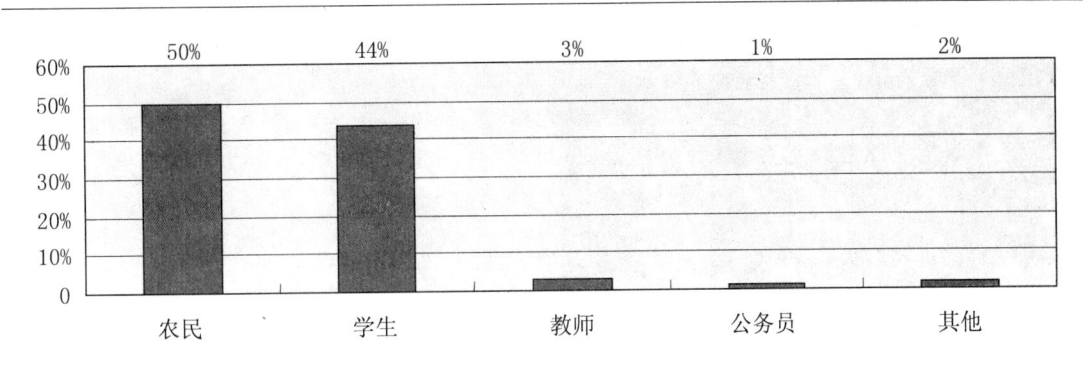

图 2-30 职业分布

文化程度：在 101 份抽样中，42 人为小学文化程度，48 人为初中文化程度，7 人为高中文化程度，另外 4 人是高中以上文化程度。

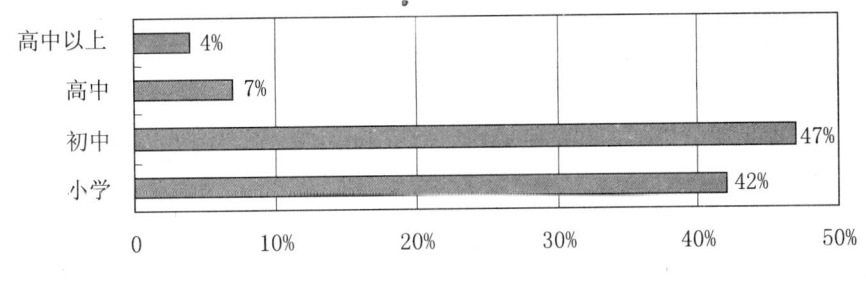

图 2-31 文化程度

从以上数据中可以看出，本村抽样调查男女比例基本相当，年龄分布也比较均衡，应该能够真实代表宜和德村达斡尔族居民整体语言使用情况。抽样样本的职业基本可分为两类，其中成人的职业绝大多数为农民，另外还有对当地村干部和学校教师的采访，样本中的未成年人基本为在读学生。从文化程度的数据统计可以看出，当地居民的文化水平有限，成年人基本上只达到小学或初中教育水平。在 102 份调查样本中，只有 9 人因婚嫁从外地迁入本村。

三 样本的统计与分析

(一) 个人语言保持状态

1. 母语熟练程度

在抽样的 102 人中，只有一人表示完全不会达语，有 97 人表示"从小就学习或懂得达语"。可见调查对象几乎均为从小习得达语的达斡尔族居民。达语是他们共同的母语。当然居民们掌握达语的熟练程度是不同的。75% 的被调查者认为自己的达语精通或比较熟练。

2. 家庭语言使用情况

语言是交际的工具。我们对被调查者的家庭语言使用状况和家庭成员的年龄、职业、文化情况进行了调查，家庭成员的民族成分与家庭成员之间的语言使用情况也可以很好地体现语言保持状态。

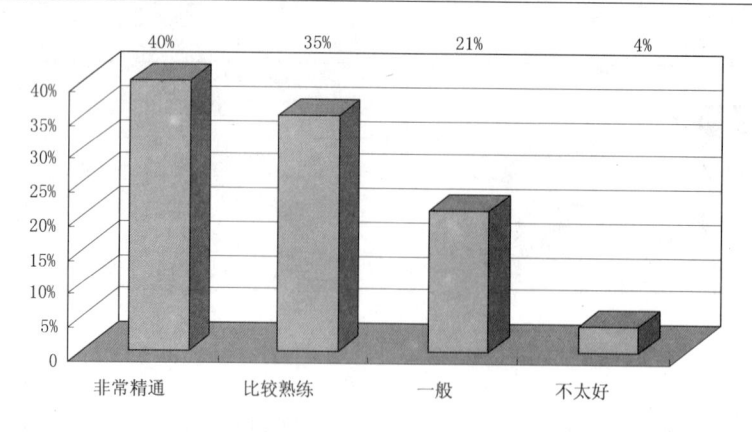

图 2-32　母语熟练程度

表 2-64　家庭语言使用情况　　　　　　　　　　　　　　　　单位:人(%)

	民族		使用语言		
	达族	其他民族	只用达语	只用汉语	汉语和达语
祖父辈	44 人次	2 人次	30 人次	5 人次	7 人次
父辈	103 人次	7 人次	68 人次	13 人次	19 人次
配偶	37 人次	4 人次	26 人次	1 人次	10 人次
兄弟姐妹	29 人次	0 人次	16 人次	4 人次	8 人次
儿辈	82 人次	3 人次	41 人次	5 人次	29 人次
孙辈	6 人次	2 人次	1 人次		5 人次

从上表分析宜和德家庭成员民族成分情况:

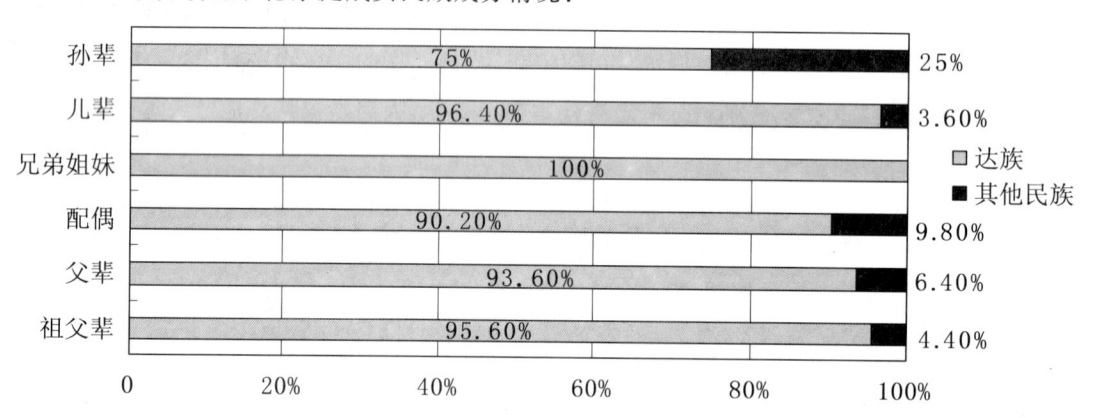

图 2-33　家庭成员民族构成

从祖父辈到孙辈,抽样家庭成员的民族都以达斡尔族为主。可以看出宜和德是达斡尔族高度聚居的村屯。

语言的使用状况也是一个动态发展过程。从不同年龄段的家庭成员家庭内部语言使用情况也可看出语言保持状态:

第二章 莫旗达斡尔族聚居区语言使用状况

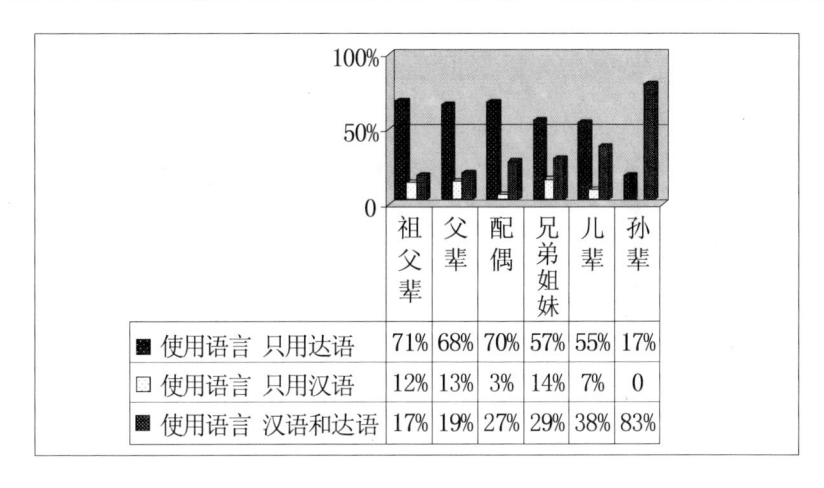

	祖父辈	父辈	配偶	兄弟姐妹	儿辈	孙辈
使用语言 只用达语	71%	68%	70%	57%	55%	17%
使用语言 只用汉语	12%	13%	3%	14%	7%	0
使用语言 汉语和达语	17%	19%	27%	29%	38%	83%

图 2-34 家庭语言使用情况

从上图可以明显看出,在宜和德村的家庭内部,随着家庭成员年龄的降低,家庭成员使用汉语的机会在增加。

3. 不同场合语言使用情况

表 2-65 达斡尔语在其他社会场合的使用情况　　　　　　　单位:人(%)

	只使用达语	大多使用达语	经常使用达语	较少使用达语	偶尔使用达语
在家里	36(35.5%)	34(33.5%)	16(16%)	9(9%)	6(6%)
在村里	40(39%)	33(32%)	18(18%)	7(7%)	4(4%)
在工作单位	23(35%)	7(10.5%)	11(17%)	13(20%)	11(17%)
在集市上	26(27%)	26(27%)	16(17%)	11(11%)	17(18%)
见面打招呼时	43(43.5%)	25(25.5%)	16(16%)	5(5%)	10(10%)
干活或工作时	34(35%)	29(30%)	14(14.4%)	10(10.3%)	10(10.3%)
平时聊天时	42(43.3%)	27(27.8%)	12(12.4%)	9(9.3%)	7(7.2%)
和人说心里话时	47(47.7%)	21(21.4%)	18(18.4%)	3(3%)	9(9.1%)
举行民族活动时	48(49.6%)	20(20.6%)	14(14.4%)	8(8.2%)	7(7.2%)

虽然宜和德的语言保持状态较好,但在不同场合,村民使用语言的情况是不同的。从上表我们可以看出,无论在什么场合使用达语的频率与选择这种频率的人数是成正比的。比如:在村子里,选择"只使用达语"与"大多使用达语"的人数比例很高,少数人选择了在村子里较低频率使用达语的答案。图 2-35 更直观地反映了不同场合之间语言使用频率的细微差别:

可以看出在举行民族活动和与人说心里话时达语的使用频率最高,而在集市上达语使用频率较低,这与当地经商者多为汉人有关;"在工作单位"一项选择"较少使用达语"和"偶尔使用达语"的人数最多,这与达斡尔族无文字,工作语言及工作文件要使用汉语,以及在各级单位中与汉族同事接触机会较多等因素有关。

4. 母语单语人情况

调查中有 33 名(34%)被调查人员认为周围有只会达语而不会其他语言的单语人。

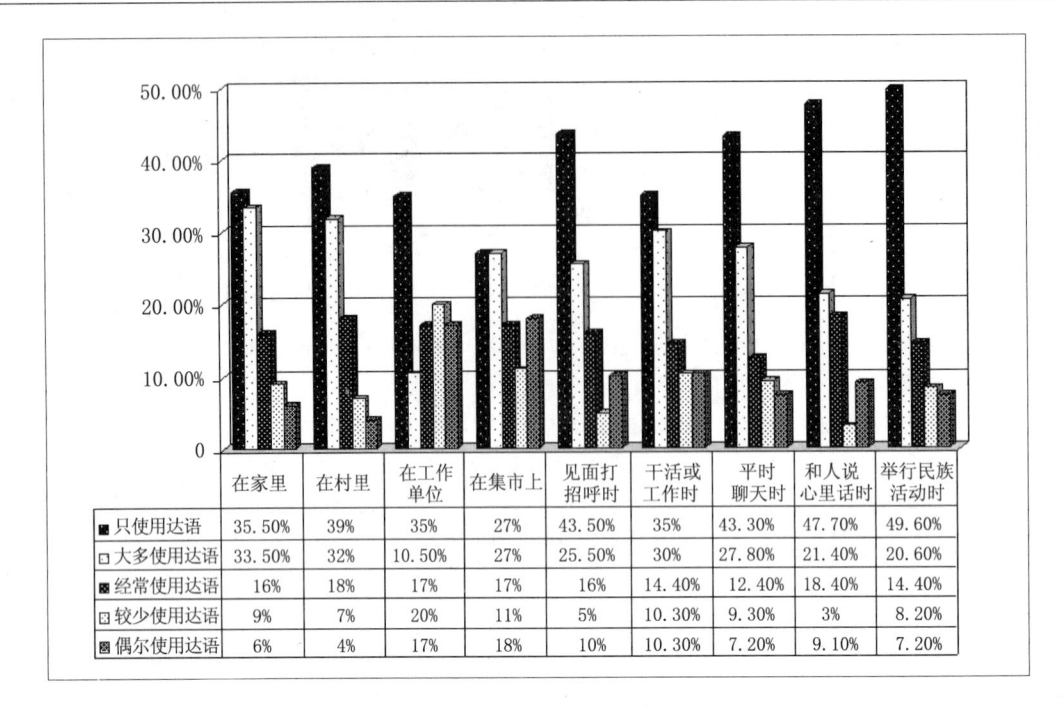

	在家里	在村里	在工作单位	在集市上	见面打招呼时	干活或工作时	平时聊天时	和人说心里话时	举行民族活动时
只使用达语	35.50%	39%	35%	27%	43.50%	35%	43.30%	47.70%	49.60%
大多使用达语	33.50%	32%	10.50%	27%	25.50%	30%	27.80%	21.40%	20.60%
经常使用达语	16%	18%	17%	17%	16%	14.40%	12.40%	18.40%	14.40%
较少使用达语	9%	7%	20%	11%	5%	10.30%	9.30%	3%	8.20%
偶尔使用达语	6%	4%	17%	18%	10%	10.30%	7.20%	9.10%	7.20%

图 2-35 不同场合之间语言使用频率

表 2-66 母语单语人语言使用情况　　　　　　　　单位：人（%）

单语人的数量	很多 5(12%)	较多 8(20%)	较少 7(17%)	很少 18(44%)	几乎没有 3(7%)
单语人年龄层次	60岁以上 26(60%)	40-50岁 9(21%)	20-30岁 3(7%)	10-20岁 0	10岁以下 5(11.6%)
单语形成的原因	只生活在村屯里 26(42%)	与汉人接触少 22(35%)	没有上学 14(23%)	其他 0	
对单语人的看法	是真正的达族人 13(37%)	继承达族传统文化 20(57%)	符合达族传统习惯 2(6%)		
与双语人的区别	没区别 21(44%)	观念不同 7(15%)	接收信息不同 8(16%)	就业、上学情况不同 12(25%)	
对双语的认同感	很认同 15(43%)	认同 17(49%)	较认同 2(5%)	不认同 1(3%)	

可见即使在达斡尔族典型的聚居区，只会说达斡尔语的单语人数量也不是很多。年龄分布以60岁以上的老人居多。人们普遍认为这些人常年生活在村屯中，与外界接触少，是形成单语的主要因素。57%的被调查者认为这些单语老人更好地继承了达族传统文化，37%的人认为他们是真正的达族人。值得注意的是，92%的被调查者对双语表示了高度的认同感，他们认为如果现在自己是单语人，不会说汉语，那么有机会还是非常愿意学习汉语或其他语言的。

（二）双语使用状况调查

1. 双语使用情况统计

通过统计,我们看到在关于语言使用熟练程度调查的 98 份有效样本中,97%的被调查者都能够兼通达-汉双语。其中 76%的人以达斡尔语为第一熟练语言,21%的人以汉语为第一熟练语言。文字上以汉文为第一熟练文字者为绝大多数,达斡尔族没有文字应该是造成这种现象的直接原因。

2．双语学习途径

表 2-67　双语习得途径　　　　　　　　　　　　　　　　　单位:人(%)

学习第二语言的途径	从小习得	学校教授	和别的民族日常接触	其他情况
统计数据	50(43%)	37(32%)	27(23%)	1(0.8%)

从上表我们可以看出,宜和德村达斡尔双语人的第二语言学习主要途径是从小习得和在学校中学得的,另外与非本民族人员的经常接触也大大促进了聚居区中的双语水平的发展。

3．双语认同感

我们对双语人的双语认同感做了进一步调查,其中认为使用双语非常适应当今社会发展的人占 83%,表现出对双语现象的高度认同,也有少部分人对此不予认同或认为是无奈的选择。

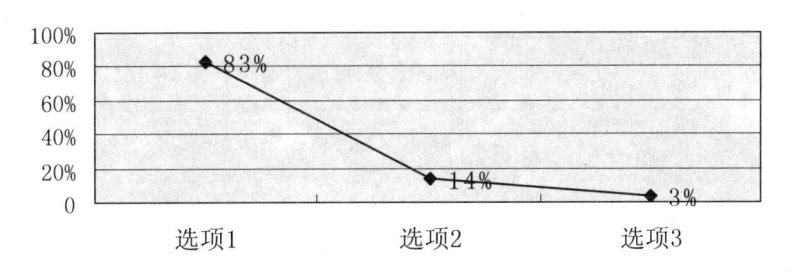

图 2-36　双语认同感

4．被调查者家人双语掌握情况

表 2-68　双语掌握情况　　　　　　　　　　　　　　　　　单位:人(%)

家人掌握语言熟练程度	达-汉	汉-达	达-汉-其他	汉-达-其他
配偶	39(83%)	8(17%)	0	0
子女	30(61%)	13(27%)	3(6%)	3(6%)
家人掌握文字熟练程度	汉字		汉-其他	
配偶	44(98%)		1(2%)	
子女	33(78%)		9(22%)	

从上表可以看出,汉语与汉字在宜和德达斡尔族聚居区的语言使用中占有重要地位。以达语为第一熟练语言的人占绝对优势,但这一比例被调查者的子女比其父母略低,为 61%。

5．双语的使用范围分析

表 2-69　达斡尔族人双语使用范围　　　　　　　　　　　　　单位：人(%)

辈分	爷爷辈	父辈	兄弟姐妹	儿子辈	孙子辈	同辈	20岁以下	政府人员	同事	卖东西人
只使用达语	77 (17.7%)	71 (16.3%)	54 (12.4%)	41 (9.4%)	26 (6%)	49 (11.3%)	48 (11%)	23 (5.3%)	27 (6.2%)	19 (4.4%)
只使用汉语	4 (3.3%)	6 (4.9%)	7 (5.7%)	11 (8.9%)	11 (8.9%)	3 (2.4%)	11 (8.9%)	21 (0.8%)	17 (13.8%)	32 (26%)
达汉语各一半	7 (8.6%)	7 (8.6%)	15 (18.5%)	6 (7.4%)	7 (8.6%)	12 (14.8%)	6 (7.4%)	9 (11.1%)	6 (7.4%)	6 (7.4%)
达语多于汉语	3 (5%)	4 (6.7%)	7 (11.6%)	4 (6.7%)	3 (5%)	9 (15%)	13 (21.6%)	8 (13.3%)	5 (8.3%)	4 (6.7%)
汉语多于达语	0	2 (2.9%)	6 (8.7%)	3 (4.3%)	2 (2.9%)	7 (10.1%)	2 (2.9%)	14 (20%)	9 (13%)	24 (35%)

从上表可以看出，随着年龄的不断降低，双语交际时只使用达语的比例在不断下降，使用汉语多于达语的情况略微上升。在与社会人员（政府人员、同事、生意人）进行交际时，双语中汉语的使用比例高于达语的使用比例。

6. 双语人汉语使用情况分析

表 2-70　双语人汉语使用情况　　　　　　　　　　　　　　　单位：人(%)

汉语听说能力调查	任何情况都能交流 58(52%)	汉语传媒 34(31%)	简单交流 17(15%)	只能听懂简单话语 2(2%)
汉字水平	书面语写作流利 40(35%)	看书看报 44(39%)	填表写信 15(13%)	只能写简单的词 14(12%)
大脑内部思维语言	达语 45(44%)	汉语 29(28%)	汉语和达语 28(27%)	其他语言 1(1%)
与母语为汉语人的差别	一样 52(57%)	有些不同 31(34%)	很多不同 5(5%)	完全不同 4(4%)
与达语单语人的差别	一样 56(66%)	有些不同 18(21%)	很多不同 3(4%)	完全不同 8(9%)

统计数据表明，该村58%的村民在任何情况下都能够用汉语进行流利交流，剩余部分村民中的34%的汉语水平也达到了可以收听收看汉语传媒语言的程度。整体上村民的汉字熟练程度要低于汉语听说能力。有近30%的村民只能填写简单的表格或书写自己的姓名。大约一半的村民能够肯定自己在思考问题时一律用达语，另外有28%的村民根据实际情况用达语和汉语共同思考问题。在汉语能力方面，52%的村民认为自己的汉语与母语为汉语的人基本没有差别。另有31%的村民认为自己的汉语在语音、词汇等方面与汉族人略有不同，但差异有限。

(三)宜和德村语言接触与语言转用情况

1. 当地汉族居民数量及民族关系现状[①]

[①] 需要说明的是，由于被调查人的年龄、文化程度、交际圈范围等背景各不相同，所以通过问卷调查当地汉族和其他少数民族情况时可能会出现误差。例如：67%的被调查者认为当地的汉族数量比较少，这与该村实际情况相符合，但有4%的被调查者认为该村没有汉族，这可能与他们的交际圈较小有关。另外24%的被调查者认为当地的汉族比较多，这部分人在填写调查问卷时很可能理解的是包含了村外周边地区范围的汉族。

第二章 莫旗达斡尔族聚居区语言使用状况

表 2-71 当地汉族居民数量及民族关系现状　　　　　　　　　单位:人(%)

当地汉族数量	很多 17(18%)	较多 47(7%)	不太多 24(25%)	较少 43(45%)	没有 4(4%)
达族与汉族关系	很好 23(26%)	不错 42(47%)	一般 22(25%)	紧张 2(2%)	很差 0
当地其他少数民族	鄂温克 81(60%)	鄂伦春 35(26%)	蒙古 11(8%)	朝鲜 7(5%)	其他 2(1%)
与其他少数民族关系	很好 28(32%)	不错 45(52%)	一般 12(14%)	紧张 1(1%)	很差 1(1%)

在以上民族关系的数据统计中,选择与汉族关系非常融洽和处得不错两项的人有 72%,选择与其他少数民族关系非常融洽和处得不错两项的人有 87%。可见宜和德村达斡尔族与其他民族的关系非常和睦。

2. 调查者与其他双语人交际用语调查

表 2-72 达斡尔族人与其他双语人交际用语分析　　　　　　　单位:人(%)

当地汉族懂达语人数	非常多 19(20%)	较多 11(12%)	不太多 25(27%)	很少 34(37%)	没有 4(4%)
与汉族双语人交际用语	使用达语 25(27%)	使用汉语 26(28%)	达语多于汉语 21(23%)	汉语多于达语 21(23%)	
与其他民族双语人交际用语	使用达语 47(56%)	使用对方民族语 9(11%)	使用汉语 10(12%)	达语多于汉语和其他 6(7%)	汉语多于达语或其他 12(14%)
语码转换情况	用达语与汉语 43(26%)	转用汉语与达语 44(55%)	要求对方转用达语 11(17%)	不想继续交际 2(2%)	
语言认同	达语 59(61%)	汉语 16(17%)	达语多于汉语 14(15%)	汉语多于达语 7(7%)	

从上表可以看出,在宜和德村有一小部分汉族懂得达斡尔语,存在着双向双语现象,与这些汉族人交际时,达族人会选择部分使用达语,部分使用汉语,且几率相当。与其他民族进行交际时,其媒介语言仍是达语多于汉语和其他民族语言,这是由于宜和德村的其他少数民族中鄂温克族占有一定比例,这部分人与当地达斡尔族人没有什么区别,语言上均为达-汉双语。也正因为如此,达斡尔族在与其他民族双语人进行交际时使用达语的比例要高于汉族双语人。

在与双语人进行交际的语码转换问题上可以反映出达斡尔族良好的包容心态,在对方(双语人)首先使用汉语的情况下,有 55% 的达斡尔人会选择转用汉语与其继续交际。只有 17% 的达斡尔人会要求对方(双语人)与自己交谈时使用达语。

在语言认同上,达斡尔双语人显示出了对自己母语的热爱,当遇到一个会说达汉两种语言的人时,有 76% 的双语人在交际时希望其他双语人用达斡尔语或较多使用达斡尔语与其进行交际。

3. 语言接触中达语的变化

由于达斡尔族没有文字,对达语中没有的新词或句子时,90% 的人表示要用相应的汉语借词(选项2),只有极少数的人表示会用达斡尔语创制新词(选项1)或分别采用达语和汉语来构词(选项3)的办法。

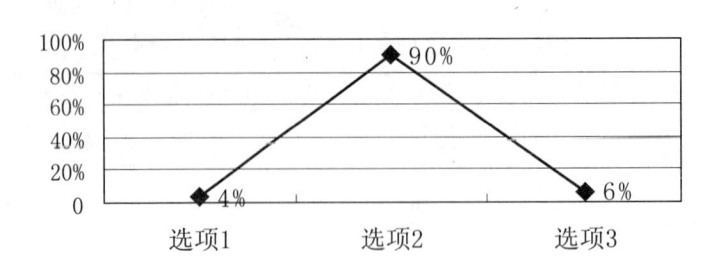

```
100%
 80%                  ◆ 90%
 60%
 40%
 20%  ◆ 4%                          ◆ 6%
       选项1           选项2           选项3
```

图 2-37 语码转用

4. 达斡尔族语言转用情况

表 2-73 达语转用情况　　　　　　　　　　　　单位:人(%)

有否转用汉语人	有 38(40%)	没有 49(51%)	不知道 9(9%)		
数量	很多 5(12%)	较多 10(24%)	较少 10(24%)	很少 12(29%)	没有 4(10%)
年龄	60岁以上 7(15%)	40-50岁 2(5%)	20-30岁 6(13%)	10-20岁 12(25%)	10岁以下 20(43%)
与汉人区别	通过姓名 14(26%)	生活习惯 4(7%)	他们的汉语 6(11%)	长相 16(30%)	交谈 13(24%)
与汉人汉语相比	一样 28(65%)	有些不同 14(33%)	很多不同 1(2%)	完全不同 0	
民族认同程度	可以算 27(66%)	不地道 6(15%)	不算 5(12%)	不知道 3(7%)	
如何看待	可以理解 50(53%)	无所谓 20(21%)	不应该 18(19%)	瞧不起 4(4%)	讨厌 3(3%)

从上表可以看出,在宜和德村达斡尔族转用汉语的情况较少,并且年龄主要分布在30岁以下(80%)。这些人的语言已经与汉族一样,但是仍能通过达斡尔族具有自己特色的哈拉、莫昆的姓氏制度来作为组织间的联系纽带,同时也可以借助长相这个民族体貌特征与汉族人相区别。语言态度上,达斡尔族对转用汉语的本族人也基本采取一种理解和包容的态度,66%的村民认为这些人仍可算作达族,74%的村民理解这种现象的出现。

5. 语言转用中语言选择的态度

表 2-74 对转用者的态度　　　　　　　　　　　　单位:人(%)

对待刻意不用达语的同胞	可以理解 24(24%)	无所谓 23(23%)	不习惯 34(34%)	反感 20(20%)
对待主动回避使用达语的同胞	可以理解 30(31%)	没感觉 28(28%)	别扭 31(32%)	讨厌 9(9%)

由上表可以看出,对待刻意不用达语的同胞,有54%的人持否定态度,这是出于对自己母语的感情;同样对待在交际中回避使用达语的同胞,持否定态度的人占样本总数的40%,只有30%的村民表示可以理解这种行为。

(四)语言态度

1. 达斡尔族家长对子女学习母语的态度

表 2-75 对下一代学习母语态度　　　　　　　　　　　　单位:人(%)

孩子不会达语	很不应该 28(32%)	不应该,但无奈 37(42%)	更适合时代发展 12(13%)	无所谓 12(13%)
希望子女学达语	非常希望 38(45%)	希望 42(49%)	无所谓 5(6%)	不希望 0
孩子达语水平应达到	流利交际 61(62%)	一般交流 31(32%)	简单招呼用语 6(6%)	

| 孩子学习达语途径 | 家里长辈传授 58(62%) | 同族孩子之间交流 26(28%) | 学校教育 10(10%) | 其他途径 0 |

可以看出,对于代表着达斡尔语未来的下一代,达斡尔族家长正在面临着两难的选择:一方面高达94%的人都希望子女们学习达语,并希望他们的达语水平应达到相当的程度;另一方面,许多家长对于孩子不会达语深感无奈(42%),居住在聚居区的达斡尔族也深切地感受到汉语的强势冲击。怎样在对母语的深厚情感与对待社会共同交际语的强力挑战中找到一个平衡点,这是一个值得深刻思考的问题。

由于莫旗没有正规的双语教育途径,所以达斡尔族把孩子掌握达语的途径寄托在自然的习得之上。62%的村民认为家庭环境中长辈的口耳相传是下一代学习达斡尔语的最主要途径。

2. 在汉语单语教育体制下子女的母语水平变化

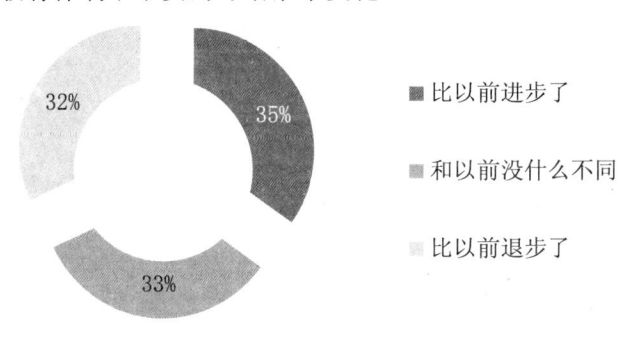

图 2-38　下一代母语的变化

从上图中可以看出,在不实行双语教育的情况下,上学后的学校环境对孩子的母语能力是有影响的,有32%的家长认为孩子母语能力退步了。但是有33%的家长认为没有什么变化,这与达斡尔族百年来因为没有文字而一直没法进行正规的双语教育,已经形成了一种以家庭语言和社区、社团语言为母语保持手段的独特的调适机制有着密切关系,这也是值得我们进行深入研究的一个有意义的课题。另外也有35%的家长认为随着孩子年龄的增长,他们的达语水平也在不断进步。

3. 对达斡尔文字创制前景的考察

表 2-76　文字观　　　　　　　　　　　　　　　　　　　　单位:人(%)

有无必要创制文字	非常有必要 44(48%)	没必要 30(33%)	无所谓 17(19%)	
文字形式	拉丁字母 17(46%)	斯拉夫字母 3(8%)	满文字母 11(30%)	其他形式 6(16%)
对目前推行文字的看法	适合学习 29(81%)	不如满文字母 2(6%)	不如其他形式 5(13%)	
文字的主要用途	学校课本 21(45%)	牌匾标语 12(26%)	记录民间文学 12(26%)	其他 2(3%)

从上表可以看出,达斡尔人对创制文字的态度有所不同,48%的人认为非常有必要创制达斡尔文字,而超过一半以上的人(52%)则认为没有必要或无所谓。在支持创制文字的人中占46%的人支持文字拉丁化,他们普遍认为(81%)拼音文字更适合达斡尔人学习。对于达斡

文的用途,则主要是偏重于编写教材方面。

4. 对族际婚姻的态度

表 2-77　异族通婚和民族政策　　　　　　　　　　　单位:人(%)

异族通婚是否影响夫妻感情	不会 72(79%)	可能会 13(14%)		肯定会 6(7%)
孩子配偶的民族	达族 48(56%)	汉族 9(10%)	其他民族 1(1%)	无所谓 28(33%)

　　从上表可以看出,达斡尔族是一个心态很开放的民族,从婚姻择偶观可以看出,79%的人认为与其他民族结婚不会影响夫妻感情,对于孩子的配偶,56%的人选择了本族,33%的人认为孩子配偶的民族无所谓。这种开放包容的民族心态也是形成达斡尔族全民性双语的一个重要因素。

四　结　语

　　通过以上调查数据分析,我们可以看出宜和德村达斡尔族的语言使用情况有以下几个特点:

　　1. 作为被汉族包围着的达斡尔族聚居村屯,达斡尔语仍是宜和德村村民家庭和社区环境中的主要交际用语,宜和德村也是达斡尔语保持较好的聚居村落之一。

　　2. 在与周边其他汉族村屯毗邻和长期接触的条件下,该村达斡尔族的达汉双语现象已普遍形成并发展稳定,但存在着不同年龄层次和不同文化程度的差异。总体来讲,随着年龄的不断降低和文化程度的不断提高,双语交际时只使用达语的比例呈不断下降趋势,使用汉语多于达语的比例呈略微上升的趋势。另外,92%的被调查者对达汉双语人表现出较高的认同。

　　3. 达斡尔族母语人在母语态度上体现出明显的年龄差异:老年群体认为母语最亲切,也最方便,在交际时更愿意使用达语,尤其是对子女的母语水平的期望值较高;中年群体也普遍认为母语比较亲切,一般也都能够经常并熟练地使用母语,但在对子女学习母语的态度上较老年群体更为开放。

　　4. 在该村有一部分已转用汉语的达斡尔族群体,其中年轻人(30岁以下)占据绝大多数。达斡尔族母语人对转用汉语的本族人基本采取一种理解和包容的态度。

　　5. 随着时间的推移,达斡尔语将继续在宜和德村使用,老年群体及中年群体的达汉双语现象会进一步发展,在青年群体中达斡尔语的使用比例会逐渐降低。但在短期内,宜和德村不会出现语言替换现象,双语的使用会继续并长期存在。这是因为在达斡尔族作为主体民族的宜和德村,浓厚的民族意识是达语文化继承和发展的基础。而宜和德村蓬勃发展的经济,在促进本地接受外界文化的同时,也增强了达斡尔族人民的民族自豪感和民族意识,对本民族的语言保持也是有正面影响的。

第三章 莫旗达斡尔族散杂居区语言使用状况

第一节 宜斯坎村语言使用状况

一 前言

腾克镇宜斯坎村以达斡尔族和鄂温克族以及部分汉族居民杂居为主。据2005年统计,全村99户,总人口496人。其中,达斡尔族79户,341人,约占全村人口的69%,鄂温克族18户,125人,约占25%,其余为汉族和其他少数民族。

二 调查的实施及样本的情况

(一)调查的实施

本次调查对象主要是该村的达斡尔族村民,大部分问卷是调查员在调查过程中通过访谈亲自填写,小部分问卷由文化素质较高的被调查者在调查员的监督下自填。另外,为了提高此次调查的效度,我们还对部分有代表性的样本进行了重点访谈以补充问卷调查的不足。

(二)样本的选取

调查采取随机抽样法,共发放问卷37份,回收问卷37份,均为有效问卷。

(三)调查样本基本情况

1. 性别和年龄

37个调查样本中男性占51%,女性占49%。男性略高于女性。

除了0-10岁外,年龄段从10岁以上到60岁都有覆盖。由于调查期间正值"五一"学校放假,回村的学生人数即11-20岁年龄段的被调查者明显高于其他年龄段的人数,占总数的43%,21-30岁、41-50岁的中青年也比较多,共占总数的33%,51-60岁的老年占总数的5%。

2. 文化程度和职业构成

以初中文化为主,占总数的 57%,小学文化占 26%,高中文化占 11%,还有 6% 为文盲,总体看来,调查对象文化程度普遍偏低。

职业构成:只有农民和学生,其中农民为主体,占总数的 86%。

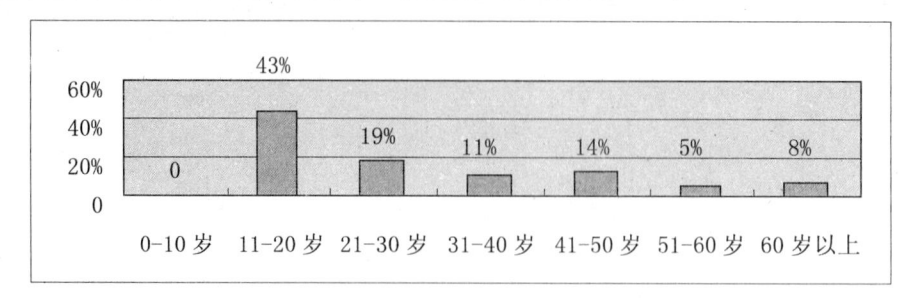

图 3-1　年龄分布

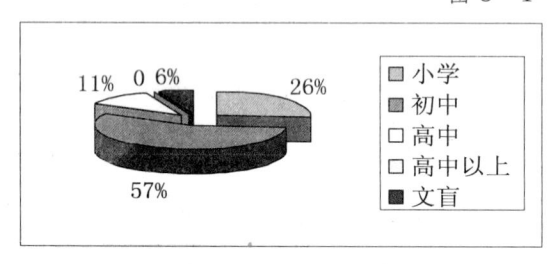

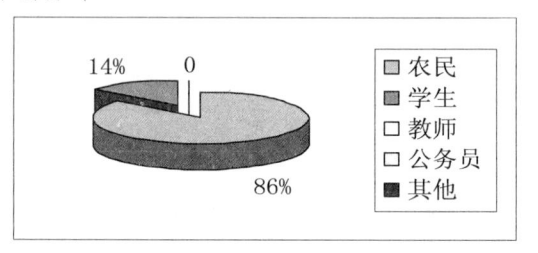

图 3-2　文化程度

图 3-3　职业情况

3. 居住情况

80% 的人为本地人,只有 7 个人从别的村子或外地迁入。即被调查人绝大部分都是本地人。

整体而言,本次调查对象大多都是本地原住居民,中青年较多,文化程度较低,职业多为农民。

三　调查样本数据统计与分析

(一)母语保持情况

1. 母语的习得及掌握情况

表 3-1　母语的习得及掌握情况　　　　　　　　单位:人(%)

是否会母语	是 37(100%)			否 0	
习得时间	自然习得 36(100%)	小学阶段 0	中学阶段 0	工作后 0	其他 0
习得途径	长辈传授 32(86.5%)	交际 5(13.5%)	学校 0	其他 0	
掌握程度	非常精通 25(71.4%)	比较熟练 8(22.9%)	一般 2(5.7%)	不太好 0	能听不会说 0

表 3-1 显示,被调查人中 100% 的人会达语,而且被调查人的母语都为自然习得,习得途

径多为长辈传授,占总数的86.5%。被调查人达语的掌握程度普遍较高,71%的人非常精通,23%的人比较熟练。

2. 母语接触途径及使用动机

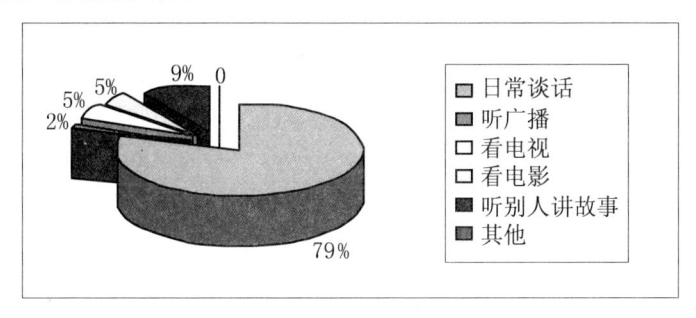

图3-4 接触母语的途径

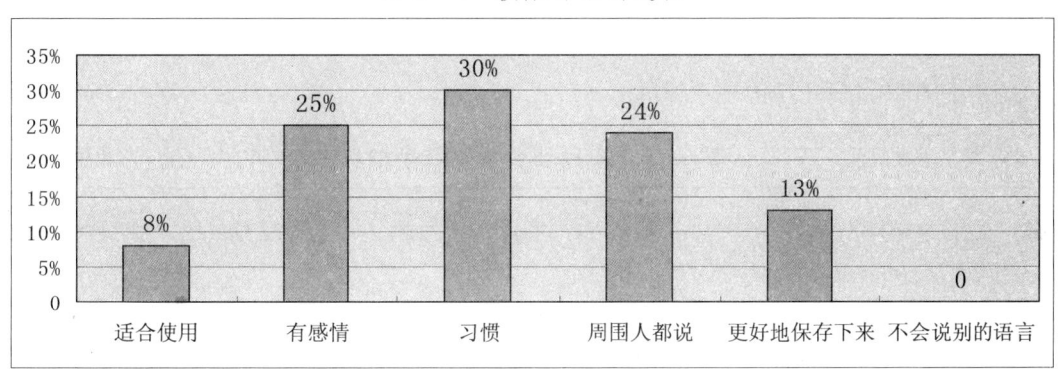

图3-5 使用母语的动机

如图3-4所示,日常谈话是被调查人接触母语的主要途径,占79%。此外,听别人讲故事也是一个习得母语的重要途径,但选此项的样本数远远不及选择日常谈话的人数,可见在宜斯坎村靠口耳相传的民间故事传承母语的人也越来越少。通过广播、电视等媒体形式接触到达语的机会也非常少,只占5%。

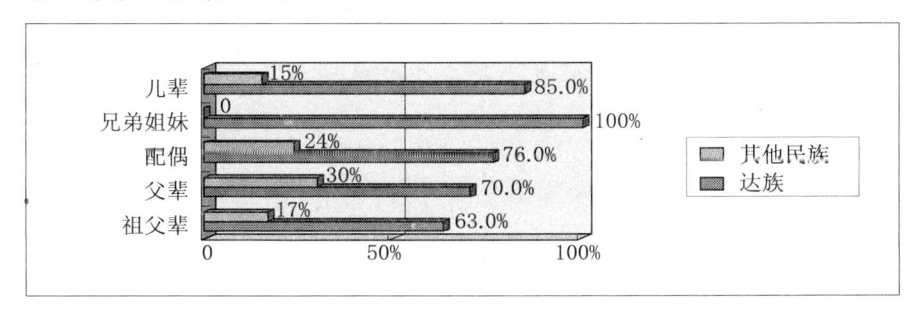

图3-6 家庭成员民族构成情况

如图3-5所示,被调查人使用母语的最主要的动机是习惯,可见使用母语已经成为被调查人日常生活中必需的一部分。此外感情因素也是调查人使用母语的主要动机,占25%。同时周围语言环境的影响也是一个非常重要的因素。

3. 家庭语言使用情况

表 3-2　家庭语言使用情况　　　　　　　　单位：人(%)

家庭成员	语言			
	达语	汉语	达语和汉语	其他
祖父辈	16(94.1%)	1(5.9%)	0	0
父辈	32(88.9%)	1(2.8%)	3(8.3%)	0
配偶	17(100%)	0	0	0
兄弟姐妹	10(83.3%)	1(8.3%)	1(8.4%)	0
儿辈	23(92.0%)	0	2(8.0%)	0
孙辈	3(100%)	0	0	0

由图 3-6 可看出宜斯坎村的达斡尔族家庭成员的民族构成情况比较单一,70%以上为达族,基本都为单一民族家庭。表 3-2 所示,在家庭中被调查人与家庭成员之间主要使用母语,家庭内部各个年龄层次,达语的使用率均在 90%以上。可见在宜斯坎村,达语在家庭语言中具有绝对优势,达语作为家庭语言的地位十分巩固。

4．不同场合母语使用的频率情况

表 3-3　不同场合母语使用情况　　　　　　　　单位：人(%)

	只使用达语	大多使用达语	经常使用达语	较少使用达语	偶尔使用达语
在家里	17(50%)	14(41.2%)	2(5.9%)	1(2.9%)	0
在村里	17(48.6%)	15(42.9%)	1(2.9%)	1(2.9%)	1(2.9%)
在工作单位	9(39.1%)	7(30.4%)	1(4.3%)	1(4.3%)	5(21.7%)
在集市上	9(27.3%)	12(36.4%)	3(9.1%)	5(15.2%)	4(12.1%)
见面打招呼时	17(47.2%)	15(41.7%)	0	2(5.6%)	2(5.6%)
干活或工作时	17(48.6%)	15(42.9%)	1(2.9%)	1(2.9%)	1(2.9%)
平时聊天时	16(43.2%)	15(40.5%)	3(8.1%)	2(5.4%)	1(2.7%)
和人说心里话时	19(55.9%)	11(44.2%)	2(5.9%)	1(2.9%)	1(2.9%)
举行民族活动时	20(58.8%)	11(32.4%)	2(5.9%)	0	1(2.9%)

如表 3-3 所示,在各个场合达语使用都相当频繁,其中被调查人举行民族活动时达语使用最频繁,占 91.2%,同时家里会客、村里平时聊天、与人说心里话时也主要用达语。在工作单位、街上使用达语相对较少。尽管如此,我们仍注意到,几乎所有场合只使用达语的情况都占了绝对优势。

5．母语单语情况

表 3-4　母语单语人情况　　　　　　　　单位：人(%)

母语单语人	有 15(41.7%)		没有 21(58.3%)		不知道 0
数量	很多 4(26.7%)	较多 2(13.3%)	较少 3(20%)	很少 6(40%)	几乎没有 0
年龄	60 岁以上 6(50%)	40-50 岁 1(8.3%)	20-30 岁 1(8.3%)	10-20 岁 2(16.7%)	10 岁以下 2(16.7%)

由表 3-4 可知,认为周围没有母语单语人的比例(58.3%)高于认为周围有母语单语人的比例(41.7%),就具体数量而言认为自己周围达语单语人的数量较少或很少的人占了样本总数的 60%,反映了即使在达族聚居的宜斯坎村,母语单语现象并不普遍。此外,母语单语人的

年龄段主要集中在60岁以上与10-20岁和10岁以下。其中60岁以上的老年人最多。

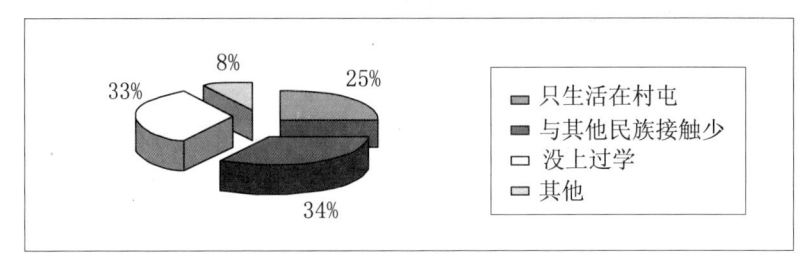

图 3-7 母语单语人成因

由图3-7可知,造成母语单语现象的主要原因是生活环境的限制和没接受学校教育所致,此外与其他民族接触得少也是一个重要的原因。再结合表3-3,我们可以得知,宜斯坎村较为封闭,尤其是老年人与青少年、儿童一般只生活在村屯,与外界接触少,造成了他们语言也比较单一。此外,在聚居区达族接触汉语等外民族的语言往往是通过学校教育,因此,没有接受过学校教育的人使用单语的几率较大。60岁以上的老年人与10岁以下的儿童接受的汉语教育相对较少甚至没有上过学,因此很多都只使用母语。

表 3-5 对母语单语人的看法　　　　　　　　　　　　　　单位:人(%)

对待母语单语人的态度	地道的达族人 6(50%)	达族传统继承者 5(41.7%)	符合达族传统习惯 1(8.3%)		
与双语人的差别	没区别 7(31.8%)	观念 1(4.5%)	接受信息 1(4.5%)	就业上学 13(59.1%)	其他 0
对双语的认同	非常愿意 4(33.3%)	愿意 5(41.7%)	会比不会好 1(8.3%)	不愿意 2(16.7%)	无所谓 0

由表3-5可知,绝大部分被调查人对母语单语人持赞成态度:50%的人认为他们是真正的达族人,41.7%的人认为他们继承了达族传统,表现出被调查人对母语的深厚感情。同时被调查人也不失开放的心态,83.3%的被调查人对双语表示认同,如果自己是单语人,有机会他们也非常愿意学习双语。31.8%的被调查人认为单语人与双语人没有区别,同时59.1%的被调查人认为他们在就业、上学方面不同,此外还有少部分人认为他们在观念与接受信息方面也不同。可见越来越多的人认识到双语尤其是汉语对人的观念、机会等多方面的重要影响。

6. 被调查人对母语保持状态以及保持方式的看法

表 3-6 被调查人对母语保持状态的看法　　　　　　　　　　单位:人(%)

保持达语的方式	家庭内部28(63.6%)	学校教育7(15.9%)	创制文字9(20.5%)	其他方面0
发展状态	很好12(34.3%)	一般13(37.1%)	弱化10(28.6%)	濒危0
保持时间	很久23(76.7%)	三代人6(20%)	两代人1(3.3%)	一代人0

如表3-6所示,对于母语发展状态34.3%的被调查人认为很好,37.1%的人认为一般,没有人认为母语处于濒危状态。对于保持时间,76.7%的被调查人认为会很久,20%的人认为三代人。可见,总体上被调查人对母语保持状态非常乐观,对母语的发展充满了信心。

宜斯坎村村民认为保持母语的主要方式应是在家庭内部使用,有一部分村民认为应创制文字来促进母语保持,同时认为学校教育也非常重要。

7. 对母语的态度

语言态度对语言的使用具有重要的影响作用。我们通过考察达族对自己后代的母语使用及母语期望来分析他们对母语的态度。

表 3-7　对后代母语情况的看法　　　　　　　　　　　　　　单位:人(%)

孩子不会达语	很不应该 17(56.7%)	不应该,无奈 8(26.7%)	适合发展 3(10%)	无所谓 2(6.7%)
下一代学达语	非常希望 17(48.6%)	希望 14(40%)	无所谓 4(11.4%)	不希望 0
孩子达语水平	流利交际 22(73.3%)	一般交流 8(26.7%)	简单交流 0	
学习达语途径	长辈传授 5(23.8%)	孩子之间交流 7(33.3%)	学校教育 9(42.9%)	其他 0

可以看出,宜斯坎村的家长对代表着达语未来的下一代给予了很高的期望,认为孩子不应该遗弃自己母语的家长占了样本总数的 46%,但是在汉语强势大环境下,不少家长也流露出对下一代放弃母语的无奈。希望自己的孩子继续学习和使用达语的家长有 88.6%,并且有 73.3% 的家长希望自己孩子的达语水平达到很高水平。另外,42.9% 的家长把孩子掌握达语的途径寄托在学校教育上,同时,33.3% 的家长认为孩子之间的母语交流与长辈传授也是学习达语的重要途径。可见,宜斯坎村的达斡尔族对自己的母语怀有很深厚的感情,并且对传承、使用和发展自己的母语有着很高的期望。

(二)双语使用情况

1. 被调查人及家人双语掌握及使用情况

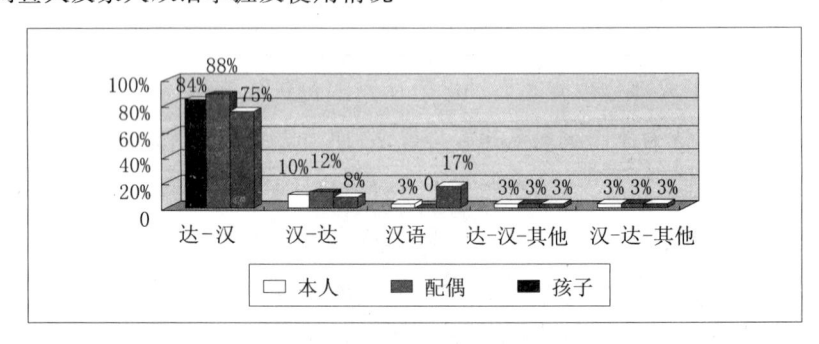

图 3-8　双语掌握及使用情况

图 3-8 所示,宜斯坎村被调查人及家人绝大部分都是双语人,除了掌握母语外还使用汉语。同时我们可以看到达-汉双语类型占绝对优势,远远高于汉-达双语类型,被调查人母语水平高于汉语水平,母语使用频率也高于汉语。

2. 第二语言的学习和使用

①学习途径

如图 3-9 所示,大部分(58%)被调查人通过学校学习第二语言,同时还有 21% 的被调查人是自然习得,此外不同民族间的接触也是学习第二语言的一个重要途径。

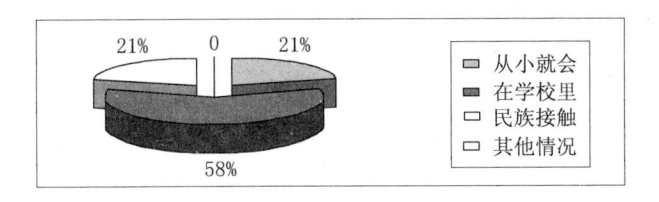

图 3-9 学习途径

② 双语使用场合

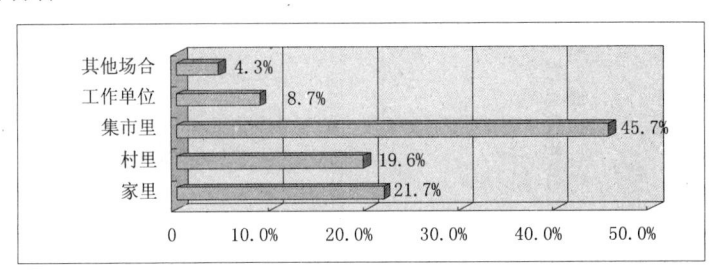

图 3-10 双语使用场合

由图 3-10 可以看出，宜斯坎村双语使用非常普遍，在各个场合都使用双语，其中在集市里使用双语最频繁，占 45.7%，在家里、村里和工作单位双语使用也比较频繁。同时双语的使用同样是不平衡的，达语占绝对优势。

③ 双语作为民族内部交际语言的使用情况：

表 3-8 民族内部双语使用情况　　　　　　　　　　　　单位：人(%)

	爷爷辈	父辈	兄弟姐妹	儿子辈	孙子辈	同辈	20岁以下	政府人员	同事	卖东西的人
只使用达语	26 (96.3%)	26 (86.7%)	21 (72.4%)	13 (68.4%)	8 (80%)	23 (71.9%)	18 (62.1%)	13 (56.5%)	11 (73.3%)	11 (36.7%)
只使用汉语	1 (3.7%)	1 (3.3%)	1 (3.4%)	0	0	1 (3.1%)	1 (3.4%)	3 (13%)	1 (6.7%)	5 (16.7%)
达汉各一半	0	0	1 (3.4%)	2 (10.5%)	0	2 (6.3%)	3 (10.3%)	2 (8.7%)	0	4 (13.3%)
达语多于汉语	0	3 (10%)	4 (13.8%)	3 (15.8%)	2 (20%)	5 (15.6%)	6 (20.7%)	3 (13%)	1 (6.7%)	4 (13.3%)
汉语多于达语	0	0	2 (6.9%)	1 (5.3%)	0	1 (3.1%)	1 (3.4%)	2 (8.7%)	2 (13.3%)	6 (20%)

表 3-8 所示，与亲人、同乡人等交际时，随着年龄的降低只使用达语的比例随之降低，而双语使用逐渐增多；与祖辈、父辈和同辈交际时双语使用不频繁，几乎只使用达语。与 20 岁以下的年轻人、儿辈使用双语的情况则明显增多；与社会人员使用双语情况最多，与政府人员、同事和卖东西的主要使用双语而且主要是使用汉语，尤其是与卖东西的人交际时，双语使用最频繁。

与以上分析的情况相同，在使用双语进行族内交际的时候，双语的使用也是不平衡的，仍然是达语占较大优势。

3. 双语态度

一个民族的语言态度对这个民族的语言使用有着至关重要的影响,语言态度包括对母语的态度、对其他语言的态度以及双语态度等,双语态度包括在双语情境中的语言选择和语码转换态度。

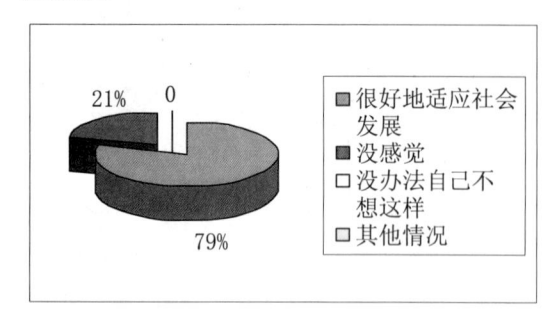

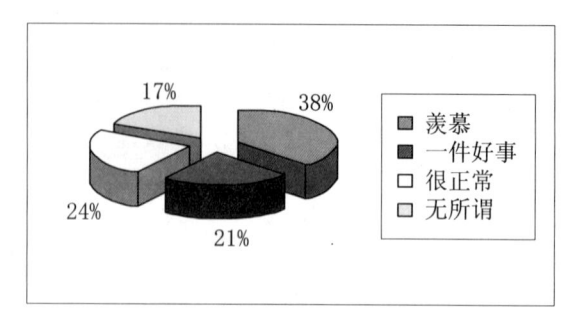

图 3-11

图 3-12

由图 3-11、3-12 所示,大部分(79%)被调查人认为会双语很好,适应社会的发展,58%的被调查人非常羡慕双语人,21%的被调查人认为会双语是一件好事。可见,绝大部分被调查人对双语与双语人都持肯定态度。

4. 双语情境下的语言选择和语码转换

表 3-9　双语情境下的语言选择和语码转换　　　　　　　单位:人(%)

与汉族双语人交际用语	达语 14(38.9%)	汉语 12(33.3%)	达语多于汉语 6(16.7%)	汉语多于达语 4(11.1%)
与其他民族双语人交际用语	达语 28(84.8%)	其他的民族语 0	汉语 2(6.1%)	达语多于汉语和其他民族语 3(9.1%)
语码转换	一直用达语交际 19(52.8%)	转用汉语交际 13(36.1%)	要求对方转用达语交际 3(8.3%)	不想继续交际 1(2.8%)
语言认同	达语 27(77.1%)	汉语 5(14.3%)	达语多于汉语 3(8.6%)	汉语多于达语 0

如表 3-9 所示,在与其他民族双语人交流时达族双语人主要还是选择使用达语,这主要是出于对母语的深厚感情同时与其他民族通晓达语也有直接关系。在达族聚居村,其他民族与达族长期生活在一起,他们大部分也都通晓达语,可以与达族用达语流利交流。

同时我们发现,达族在与其他少数民族双语人进行交际时使用达语的比例比与汉族双语人交际时高。这是因为腾克镇的其他民族中有较多的鄂温克等兄弟民族,他们与达族几乎同时迁入莫旗,与达族长期生活在一起,和睦相处,他们对达斡尔文化和语言的认同感很高,达语水平也较高,所以在交际时较多使用达语。

在与双语人进行交际的语码转换问题上,反映出宜斯坎村的达族对本民族语言的维护与热爱,在对方使用汉语的情况下,有超过半数的达族选择转用达语与其交际。此外,36.1%的被调查人转用汉语与其交流,极少数人选择不想继续交际,这在一定程度上也表现出了达族包容开放的心态。

关于语言认同,达族双语人也显示出了对自己母语的热爱:当与达汉双语人交流时,有77.1%的达族双语人更愿意与他们说达语。

表3-10 对有意不使用母语的看法 单位:人(%)

刻意不用达语	可以理解 7(21.9%)	无所谓 7(21.9%)	不习惯 5(15.6%)	反感 13(40.6%)
回避使用达语	可以理解 5(13.5%)	没感觉 11(29.7%)	别扭 16(43.2%)	讨厌 5(13.5%)

如表3-10所示对刻意不使用母语、回避使用母语的情况,大部分(56.2%)被调查人表现出了否定的态度。当与达汉双语的同胞交流时对方刻意不使用母语或回避使用母语时,超过半数的被调查人选择了不习惯、别扭,反感甚至讨厌。这主要是出于对民族的认同和对母语的深厚感情;此外还有相当一部分被调查人对上述情况表现出了达族宽容、开放的一面:43.2%的被调查人表示可以理解或无所谓。

5. 达族双语人的汉语使用情况

① 汉语及汉字能力

表3-11 汉语及汉字能力 单位:人(%)

汉语能力	任何情况都能交流 23(59%)	听、看懂电视节目 6(15.4%)	简单交际 8(20.5%)		只能听懂简单话 2(5.1%)
汉字水平	流利书面写作 10(28.9%)	阅读报纸 18(50%)	填表写短信 3(8.3%)	写姓名和简单的词 2(5.6%)	只能读简单招牌 1(2.8%)	只能听说不能读写 2(5.4%)

如上表所示,汉语能力,15.4%的被调查人能听懂汉语广播和看懂汉语影视节目,其中59%的被调查人在任何情况下都可以流利地使用汉语交流,汉语能力相当强;汉字水平,50%的被调查人能够阅读书、报纸、杂志和一般公文,其中28.9%的人能很好地进行书面写作,汉字水平也非常高。

② 达族汉语与汉族汉语的差别

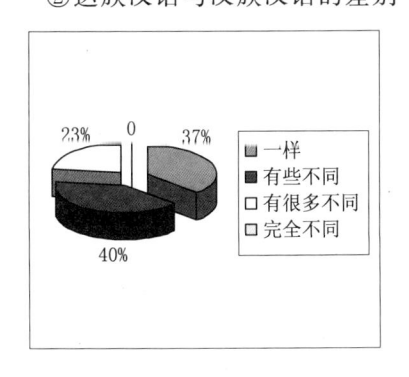

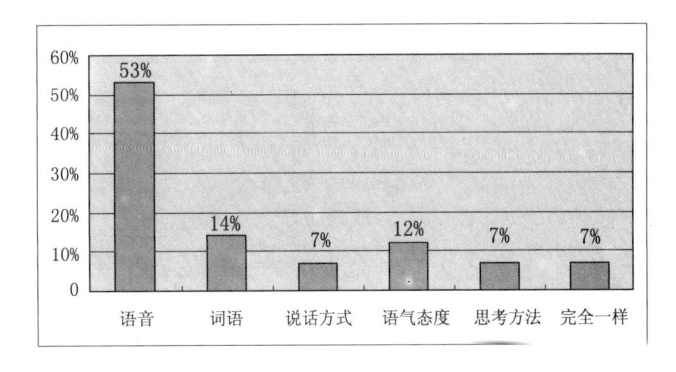

图3-13　　　　　　　　　　图3-14

如图3-13、3-14所示,63%的达族双语人认为自己的汉语与汉族汉语有差别,其中40%的被调查人认为有一些区别,23%的被调查人认为有很多区别。此外,7%的被调查人认为自己的汉语与汉族汉语一样,从一定程度上反映了达族双语人汉语水平较高及达族对自己汉语能力的自信。

达族双语人所说的汉语与汉族人所说汉语的差别主要集中在语音方面。由于达语与汉语分属不同的语系,汉语是汉藏语系,而达语为阿尔泰语系,语言特点有很大不同,而且达语是一种没有声调的语言,这与声调语言汉语又有很大区别。受母语语音系统的影响,达族双语人的汉语往往带有不同程度的达语语音。

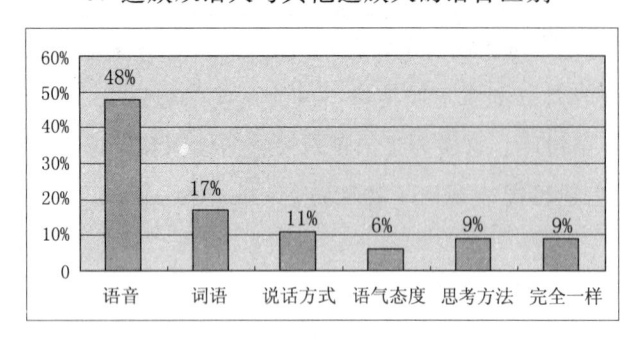

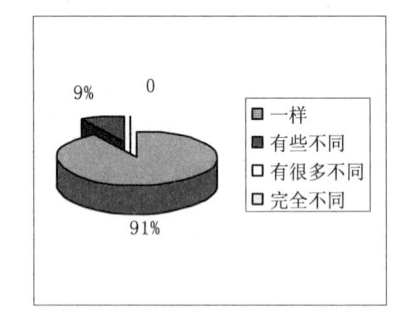

6．达族双语人与其他达族人的语言区别

图 3-15 （语音 48%、词语 17%、说话方式 11%、语气态度 6%、思考方法 9%、完全一样 9%）

图 3-16 （一样 0、有些不同 91%、有很多不同 9%、完全不同 0）

由图 3-15 所示,达族双语人所说的汉语与转用汉语的达族所说汉语不同,主要集中在语音方面。这主要是因为双语达族所说汉语受母语语音系统影响,不会达语的达族则不会受这方面的影响。

由图 3-16 可以看出,达族双语人所说的达语与达语单语人所说的达语也是有一些不同的。调查中我们了解到由于受到汉语的影响,达族双语人所说达语与纯正的达语在语音、词汇等方面有一些区别。

7．达族双语人的内部语言考察

语言是人类思维的工具,一个人习惯用什么样的语言思考问题在很大程度上决定着这个人具有什么样的思维特点,同时一个人最习惯的内部语言往往是这个人最熟悉和擅长的外部交际语言。

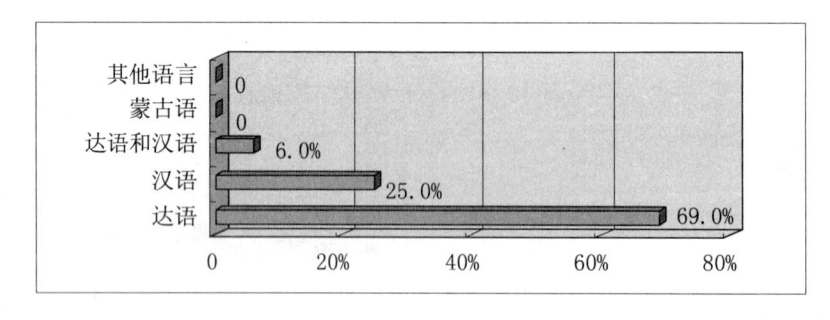

图 3-17 （其他语言 0、蒙古语 0、达语和汉语 6.0%、汉语 25.0%、达语 69.0%）

如图 3-17 所示,达族双语人思考问题所用语言中达语占了样本的 69%,可见虽然宜斯坎村大部分都是双语人,汉语水平也普遍较高,但双语人最熟悉和擅长的还是母语。

8. 文字使用情况

达斡尔族没有传统文字,但是在历史上达斡尔族就十分善于向文化先进的民族学习,早在清代,达斡尔族地区在形成达-满双语现象的同时就曾经使用过满文和在满文字母基础之上形成的"达呼尔文"。在近代,达斡尔族还尝试过使用拉丁字母的达斡尔文。现在,达斡尔族则基本上使用汉语拼音作为记录符号拼写达斡尔语,使用汉文或其他少数民族的文字如蒙文、哈萨克文等。

① 文字掌握及使用情况

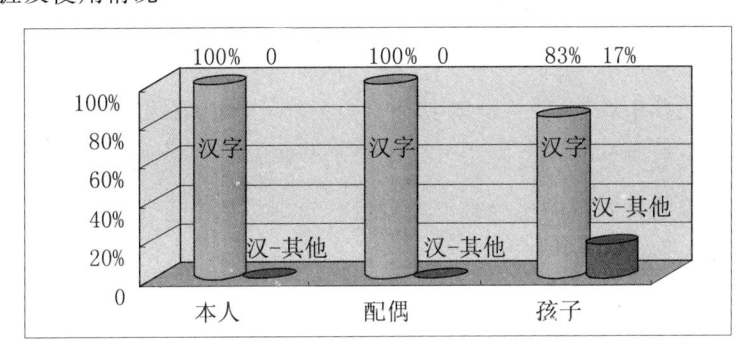

图 3-18

如图 3-18 所示,绝大部分被调查人及其配偶、孩子都掌握和使用汉字,其中一小部分孩子还掌握英文。

② 文字观

表 3-12   单位:人(%)

有无必要创制文字	非常有必要 21(63.6%)	没必要 8(24.2%)	无所谓 4(12.1%)
拼音文字	适合学习 3(37.5%)	不如满文字母 4(50%)	不如其他形式 1(12.5%)
文字形式	拉丁字母 4(25.0%)	斯拉夫字母 0	满文字母 6(37.5%)	其他形式 6(37.5%)
文字用途	学校课本 9(27.3%)	牌匾标语 9(27.3%)	记录民间文学 12(36.4%)	其他 3(9.1%)

由上表所示,大部分(63.6%)被调查人认为创制文字非常有必要;对于文字形式倾向于满文字母的最多,这与历史上达族受满族文化影响及学习和使用满文有直接关系。同时也有一部分人认同拉丁字母,这是因为汉语拼音的拉丁化对达族的影响很大。对于拼音文字占半数的被调查人认为不如满文字母,这同样与达族受满文化影响较深有关;在文字用途方面,主要偏重于记录民间文学等传承本民族传统文化的方面,另外,认为文字用作在学校对下一代教育和把文字作为一个民族的标志,用来书写牌匾标语等也是达斡尔文字的一个重要用途。可见,达族对民族文字的形式与用途有较大的认同,期待创制自己的民族文字。

(三)语言接触和语言转用情况考察

1. 语言接触情况

① 宜斯坎村的人文环境情况

表 3 - 13　　　　　　　　　　　　　　　　　　　　　　　　　　　　单位：人(%)

汉族数量	很多 0(4%)	较多 6(18.8%)	不太多 6(18.8%)	较少 17(53.1%)	没有 3(9.4%)
与汉族关系	融洽 3(8.8%)	不错 22(64.7%)	一般 9(26.5%)	紧张 0	很差 0
其他少数 民族数量	鄂温克 31(62.0%)	鄂伦春 8(16.0%)	蒙古 7(14.0%)	朝鲜 3(6.0%)	其他 1(2%)
与其他少数 民族关系	融洽 12(34.3%)	不错 19(54.3%)	一般 4(11.4%)	紧张 0	很差 0

上表中的数据显示的均是达族居民对周围民族情况的认识。宜斯坎村的汉族数量不是很多，有部分鄂温克族、鄂伦春族、蒙古族等其他少数民族。由上表数据及实际调查感受，宜斯坎村达族与其他少数民族相处得十分融洽。这与他们长期的接触交往以及开放宽容的心态有着直接的关系。可以说这种客观的民族构成格局与开放的民族心态是形成达族双语与语言转用现象的重要而直接的原因。

②语言接触与影响

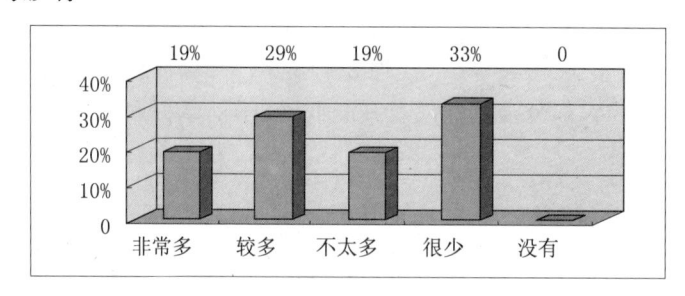

图 3 - 19

从图 3 - 19 可以看出，在宜斯坎村一部分汉族也通晓达语，此外通过调查得知这里的鄂温克族、鄂伦春族等其他少数民族也懂得达语，和达族用达语交流。而且由于他们与达族几乎同时迁入莫旗，达语水平要比汉族高。

2. 语言转用情况

①汉语转用情况

表 3 - 14　　　　　　　　　　　　　　　　　　　　　　　　　　　　单位：人(%)

达族汉语单语人		有 6(17.6%)	没有 28(82.4%)	不知道 0	
数量	很多 2(25%)	较多 4(50%)	较少 1(12.5%)	很少 1(12.5%)	
年龄	60 岁以上 0	40 - 50 岁 2(33.3%)	20 - 30 岁 1(16.7%)	10 - 20 岁 2(33.3%)	10 岁以下 1(16.7%)

由上表可以看出，虽然宜斯坎村双语现象非常普遍但完全转用汉语的达族并不多。认为没有达族汉语单语人的样本占了 82.4%，汉语单语人数量主要集中在 20 - 30 岁的年轻人与 10 岁以下的儿童，而 60 岁的老人没有一个完全转用汉语。

②汉语单语人的汉语水平

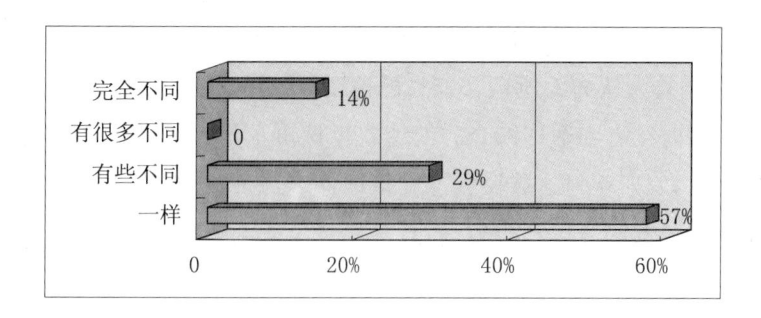

图 3-20

如图 3-20 所示，认为汉语单语人所说汉语与汉族人所说汉语一样的样本占了 57%，有些不同的占 29%。可见达族汉语单语人的汉语水平普遍较高。

3. 对转用汉语的达族的态度

表 3-15　　　　　　　　　　　　　　　　　　　　　单位：人(%)

如何与汉族区分	姓名 0	生活习惯 2(25.0%)	汉语 2(25.0%)	长相 2(25.0%)	交谈 2(25.0%)
算不算达族	可以 3(42.9%)	不地道 1(14.3%)	不算 2(28.6%)	不知道 1(14.3%)	
对不会达语的同胞	理解 5(15.2%)	无所谓 5(15.2%)	不应该 14(42.4%)	瞧不起 6(18.2%)	讨厌 3(9.1%)

由上表可知，虽然达族转用了汉语但其基本民族特征没有改变，人们通过生活习惯、长相及其所说的汉语等方面依然可以与汉族区别。

在达族汉语单语人是否算作达族的问题上，否定态度略高于肯定态度，否定态度的样本占 42.9%，其中 14.3% 的认为不地道的，28.6% 的认为不算达族。肯定态度的样本占 42.9%，认为转用汉语的达族人仍然可以算作达族人。同时还有一小部分被调查人可能由于没有考虑过这个问题或文化水平有限选择了"不知道"。

对不会达语的同胞占样本的 69.6%，被调查人持否定态度，认为转用汉语是不应该的，有的甚至瞧不起或讨厌不会达语的同胞。只有 21.4% 的样本为肯定态度，认为不会达语也可以理解或是无所谓。

整体而言，对转用汉语的达族宜斯坎村村民没有采取十分开放或宽容的态度，从一定程度上表现了被调查人强烈的民族认同感和对母语的深厚感情。

4. 民族态度

一个民族的民族态度在很大程度上会影响语言的使用和选择，达斡尔族人民良好的民族心态，对其他民族的认可和包容同样可能会造成语言上的认同，从而可能导致语言的转用的阻力减小。

表 3-16　　　　　　　　　　　　　　　　　　　　　单位：人(%)

与异族通婚是否影响夫妻感情	不会 27(84.4%)	可能会 5(15.6%)	肯定会 0	
孩子的配偶民族	达族 15(48.4%)	汉族 2(6.5%)	其他民族 0	无所谓 14(45.2%)

如上表所示,对于族际婚姻,84.4%的被调查人选择不会影响夫妻感情;在孩子配偶民族问题上45.2%的被调查人认为无所谓,6.5%的被调查人倾向于汉族,可见被调查人对其他民族的认同和包容。同时接近半数(48.4%)的达族也做出了本民族的选择,表现了对自己民族的感情和认同。可见,宜斯坎村达族民族态度传统保守与开放包容兼有。既有对本民族的认同和热爱也有对其他民族的开放和包容,而且开放包容是主流与发展方向。

四 结 语

综合上述调查统计数据,我们认为:

1. 宜斯坎村达斡尔族母语保持状态较好:绝大部分达斡尔族都能用母语流利交流,并且母语在家庭和社会生活中也占绝对优势,既是家庭内部语言也是社会交际用语。可以说达斡尔语的功能和生命力还很强。这可能主要源自该村达斡尔族在人口等方面占有优势,加上地理环境较为封闭,受外界干扰和影响较小等客观条件。而达斡尔族村民们对自己的母语具有深厚的感情,珍惜母语,保护母语的意识强烈等则是宜斯坎村达斡尔族语言保持状态较好的重要的主观因素。

2. 调查数据显示,在宜斯坎村母语单语现象并不普遍。母语单语人非常少且年龄段主要集中在60岁以上和10岁以下。其中60岁以上的老年人最多。据分析造成单语的原因主要是生活环境的局限性与没有接受教育。而对于10-20岁和10岁以下的青少年和儿童随着他们学识和阅历的增长,必然会逐渐接触和使用双语。可见母语单语现象不是主流,并随着时间的迁移,母语单语人会越来越少。

3. 在宜斯坎村,达斡尔语-汉语是双语使用类型中最主要的类型。但在双语使用上具有显著的不平衡性,总体上达语使用频率远远高于汉语。但具体到达斡尔族不同人群来说,宜斯坎村双语掌握和使用情况因年龄、场合不同呈现规律性差异。如从年龄来讲,中老年人一般是达-汉双语亚型,年轻人和儿童属于汉-达双语亚型。从双语使用场合来讲,在私人场合特别是在家里会客或举行民族活动时双语使用相对不频繁,主要使用民族语;在社会场合特别是在工作单位双语使用比例较高,且以汉语为主。

4. 宜斯坎村的达斡尔族双语现象非常普遍,汉语水平普遍较高。在宜斯坎村居住的汉族、鄂温克族等其他民族很多也通晓达斡尔语,他们在村落范围内交流时都使用达语或达汉双语。

5. 根据以上调查数据,我们将宜斯坎村的达斡尔人的语言使用类型划分为母语单语型、双语型和语言转用型三种类型。在这三种类型中,双语型为主要类型,其中又以达-汉双语为主;其他两种类型的人群数量非常少而且局限于特定的使用群体。

6. 整体而言,宜斯坎村作为主要与鄂温克族杂居的达-汉双语村落,是莫旗达斡尔族杂居村落语言使用现状的一个缩影。

第二节 哈达阳村语言使用状况

一 前言

莫旗哈达阳镇地处莫旗东部,与黑龙江省嫩江县毗邻。该乡未合并前有五个行政村,四个民族村,分别为清朝顺治年间建立的哈达阳、哈力图、哈布奇三个少数民族村,以及20世纪70年代建立的新村:双哈少数民族村和小黑山汉族村。哈力图,哈达阳,哈布奇,被当地人称为"三哈",是老村。双哈村和小黑山村是70年代从嫩江搬迁至此的。新村人口较少,离镇区较远,达族和汉族杂居在一起。目前哈达阳全镇人口总户数是1601户,人口5579人。2004年少数民族人口占73%。还有少量的鄂温克族和蒙古族,在少数民族里,达斡尔族约占90%以上。

哈达阳镇境内有铁路,设有火车站,交通比较发达,与外界联系方便,达斡尔族居住地离铁路较近,与汉族人接触也较为频繁。当地经济以农业为主,经济发展状况一般,处于莫旗整体经济水平的中间状态。主要因为人均占有耕地面积较少,全镇15万亩耕地,其中有干校的耕地,所以人均耕地面积较少。

表 3-17 本镇人口构成情况

	户数	人口	汉族	少数民族
哈达阳	617	2051	1104	947
哈力图	217	1022	292	730
哈布奇	258	1052	57	995
双哈	104	399	7	392
黑山村	305	1055	892	163
全镇总数	1601	5579	2352	3327

镇区包括铁路和干校共617户,总人口2051人。其中,汉族1104人,少数民族947人。莫旗干校设在当地,又因为当地有铁路,铁路工作人员及家属大多为非达族人,因此汉族比例较高。

哈达阳村是镇区村,总户数400多户,除铁路、干校外基本为达斡尔族,村内达斡尔族278户,人口742人,约占该村总人口的31%,是一个典型的多民族杂居村落。

二 调查样本的情况

(一)调查样本的选取

本样本主要取自于哈达阳镇哈达阳村达斡尔族村民。有效问卷共68份。

(二)样本的基本情况分析

1. 性别比例

总人数共68人,男29人,占总人数的43%;女39人,占总人数的57%。

2. 年龄比例(见下图)

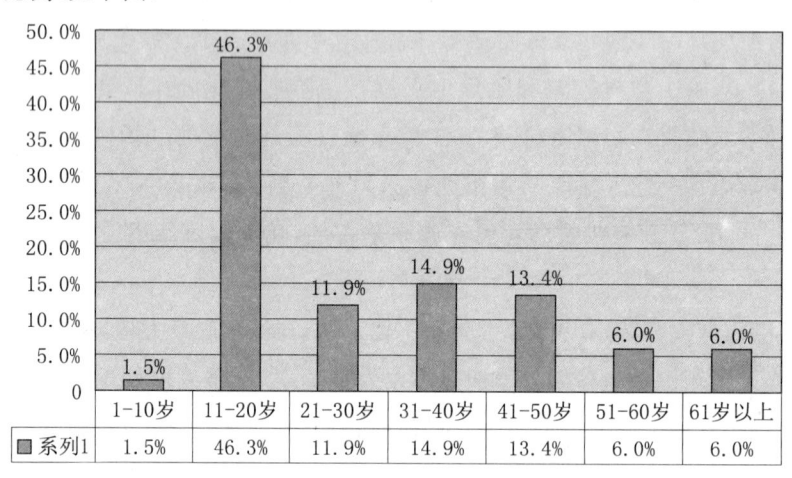

	1-10岁	11-20岁	21-30岁	31-40岁	41-50岁	51-60岁	61岁以上
系列1	1.5%	46.3%	11.9%	14.9%	13.4%	6.0%	6.0%

图3-21 样本年龄分布情况

3. 居住状况

本地出生居民为89%,迁居者为11%。

4. 职业分布状况

以农民和学生为主,农民占总人数的41%,学生占总人数的51%,教师、公务员等成员占总人数的8%。

5. 文化程度

初中41人,占总人数的62%;小学16人,占总人数的24%;高中6人,占总人数的9%;高中以上2人,占总人数的3%;还有1人为文盲。

从以上图表及数据中可以看出:从1-10岁到61岁以上分出七个年龄层次,其中,以11-20岁的年轻人居多,占样本的46.3%,大部分为本地出生人员,占样本的89%,非本地出生人员7人,占样本的11%。职业构成状况以农民和学生为主,整体文化水平不高,以初中文化为主,小学文化次之。

三 调查样本数据统计与分析

(一)母语单语型及其特点

1. 家庭成员的民族及语言使用情况

表 3－18　　　　　　　　　　　　　　　　　　　　单位：人(%)

	民族		使用语言		
	达族	其他民族	只用达语	只用汉语	汉语和达语
爷爷辈	63(87%)	9(13%)	35(55%)	13(20%)	16(25%)
父辈	82(90%)	9(10%)	44(51%)	20(23%)	23(26%)
配偶	31(89%)	4(11%)	22(76%)	0	7(24%)
兄弟姐妹	15(100%)	0	10(59%)	6(35%)	1(6%)
儿辈	46(94%)	3(6%)	23(47%)	4(8%)	22(45%)
孙辈	9(100%)	0	5(56%)	2(22%)	2(22%)

从上表可以看出,从爷爷辈到孙辈,达族比例均占近90%以上,其他民族比例很小。从语言使用情况看,只用达语的人占50%以上,只用汉语和汉达混用的人比例相当。与辈分不成规律性,即对达语的掌握程度普遍比较高,保持状态比较好,有一半的人只把达语作为主要交际语言,四分之一的人把汉语作为主要交际语言,另四分之一的人使用达汉双语。

2. 个人达语的掌握情况

表 3－19　　　　　　　　　　　　　　　　　　　　单位：人(%)

是否习得	是 67(98%)			否 1(2%)	
习得时间	自然习得 59(88%)	小学阶段 7(10%)	中学阶段 1(1%)	工作后 0	其他 1(1%)
习得途径	长辈传授 53(66%)	交际中 21(27%)	学校 3(4%)	其他 2(3%)	
掌握程度	非常精通 16(24%)	比较熟练 26(39%)	一般 12(18%)	不太好 7(11%)	能听不会说 5(8%)

在本问卷中只有一人填写不会达语,绝大部分人都会达语,说明哈达阳村的达语覆盖面比较广。哈达阳村的人大多是自然习得的达斡尔语,即从小就会,这样的人占88%。上小学以后与同学接触过后才学会的人只占10%。虽然大部分人都会达语,但达语能力有所不同:非常精通的占总数的24%,比较熟练的占39%,认为一般的占18%,认为不太好的占11%,还有8%的人认为自己只能听懂。

3. 个人在不同场合达语的使用情况

表 3－20　　　　　　　　　　　　　　　　　　　　单位：人(%)

	只用达语	大多用达语	经常用达语	较少用达语	偶尔用达语
在家里会客时	9(13%)	29(43%)	12(18%)	7(10%)	11(16%)
在村里	10(15%)	17(26%)	15(22%)	16(24%)	9(13%)

在工作单位	6(14%)	5(12%)	8(19%)	18(41%)	6(14%)
在街上	8(13%)	8(13%)	10(16%)	19(31%)	17(27%)
见面打招呼时	12(18%)	11(17%)	14(22%)	12(18%)	16(25%)
干活或工作时	10(16%)	14(24%)	14(24%)	10(16%)	13(21%)
平时聊天时	14(21%)	16(25%)	14(21%)	14(21%)	8(12%)
和人说心里话时	15(23%)	18(29%)	7(11%)	13(20%)	11(17%)
举行民族活动时	21(33%)	18(29%)	8(13%)	9(15%)	6(10%)

纵观上表,只使用达语的场合在举行民族活动时呈现出最高值,占总人数的33%,而其他几种场合分布比较均匀;大多使用达语的场合在家里会客时,占43%;在工作单位和在街上呈现出一个低谷,在和人说心里话时和举行民族活动时所占比例也比较高,分别占29%;经常使用达语的最高值呈现在见面打招呼时和干活或工作时,分别占22%和24%;而较少使用达语的状况是在工作单位,占41%。

以上统计数据显示,在举行民族活动时,达语使用的频率是最高的,在民族内部,人们使用的语言首选达语。在家里会客时使用达语的频率仅次于举行民族活动时。见面打招呼和干活或工作时经常使用达语的数据较为接近。而在工作单位或正式场合下,达族人较少使用达语,这从另一个方面说明了汉语在这些场合的优势地位。

横观上表,在村里、在街上、平时聊天时,干活时和见面打招呼时,几种情况的差别并不明显,即几种情况均有发生。说明在这几种场合中,使用汉语交际与使用达语交际,达汉语混合交际的人比例相当。

4. 使用达语动机和途径

表3-21　　　　　　　　　　　　　　　　　　　　　　　　　单位:人(%)

使用达语动机	适合生活交际 13(20%)	对母语有感情 31(48%)	因为习惯 38(62%)	周围人的影响 36(56%)	为了保持达语 16(25%)	不会其他语言 0
接触达语途径	日常谈话 62(91%)	广播 2(9%)	电视 5(8%)	电影 5(7%)	故事 17(25%)	其他 3(4%)

如上表,使用达语的主要动机是因为习惯,其次是因为受周围人的影响,选择频率比较高的选项还有对母语有感情,而适合生活交际和为了使达语更好地保持下来这两项的选择频率比较低。接触达语的途径主要是日常生活,占91%,反证了哈达阳村达语使用的频率还是比较高的,但通过媒体等途径接触到的达语的机会非常少。

5. 达语单语人情况

当地的达语单语人比例非常少,绝大部分人均能够熟练使用达汉双语。

表3-22　达语单语人情况　　　　　　　　　　　　　　　　　单位:人(%)

数量	很多 0	较多 0	较少 6(%)	很少 11(61%)	几乎没有 1(6%)
年龄	60岁以上 12(66%)	40-50岁 0(28%)	20-30岁 1(6%)	10-20岁 3(17%)	10岁以下 2(11%)
形成单语原因	生活范围小 10(36%)	与汉人接触少 11(39%)	没上学 7(25%)	其他 0	

对他们的看法	真正的达族人 5(50%)	继承传统文化 8(31%)	符合传统习惯 3(19%)	
与双语人的区别	没区别 1(6%)	观念 4(22%)	接受信息 9(50%)	就业 4(22%)
对双语的认同感	很认同 3(15%)	认同 70(36%)	较认同 3(15%)	不认同 0

从这些为数不多的单语人中我们了解到,他们大部分都在60岁以上,少部分在40-50岁之间。在民族内部,人们对于达斡尔族单语人认同感较强,认为他们才是真正的达族人,是继承达族传统文化的人,他们的言行举止符合达族的传统习惯。然而另一方面,村民们也普遍认为这样的人与达汉双语人有许多差异,尤其在接受信息方面有一半以上的人认为会对其造成影响。统计数据还显示,一半以上的人对双语比较认同,并有85%的人表示有机会愿意学好汉语。此外,下图中的数据还显示了人们对母语的认同感比较强,有81.8%的人都希望下一代人继续使用达语。

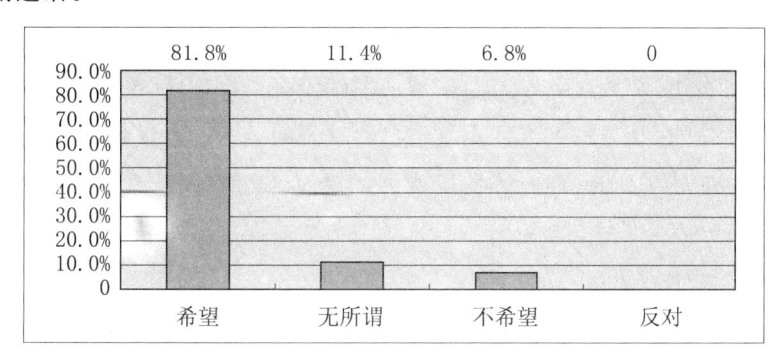

图 3-22 对下一代学习达语的态度

(二)双语使用情况

1. 多种语言的熟练程度

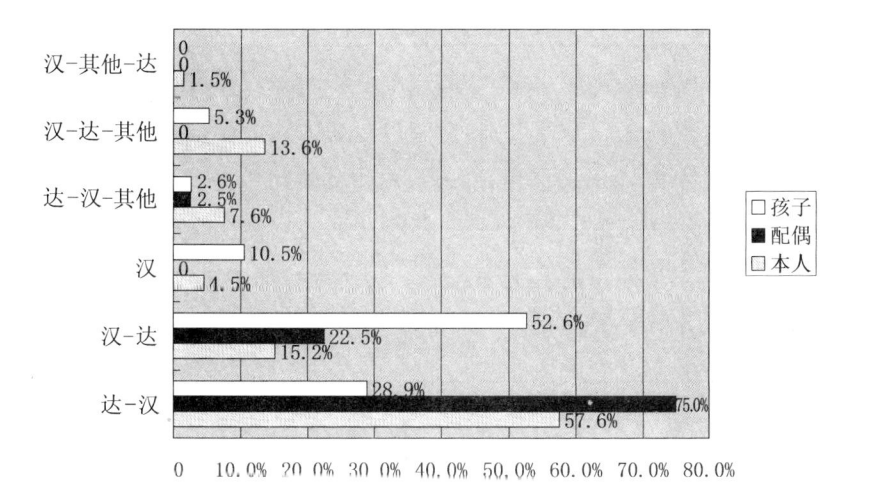

图 3-23

2. 多种文字的熟练程度

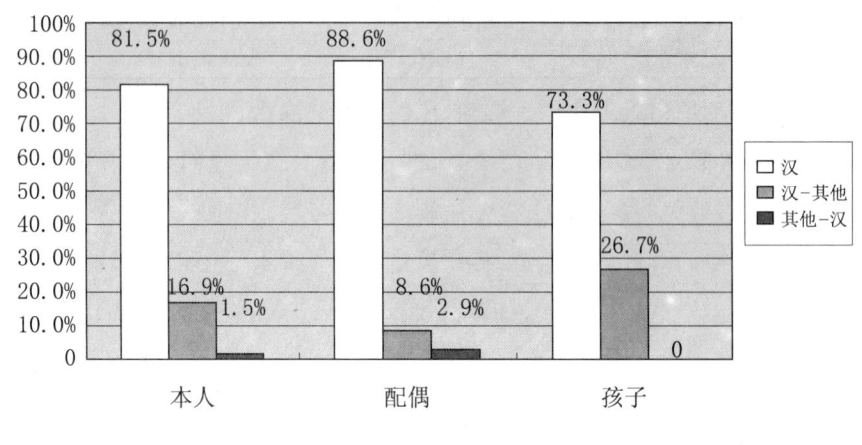

图 3-24

从以上两图可看出，被调查者本人及配偶使用的语言是以达汉为主的，也就是说他们平时使用的语言多是达语，在必要的场合使用汉语。而孩子的语言则以汉达为主，也就是说他们平时首先是使用汉语交谈的，在必要时才使用达语。我们可以明显地看出两代人之间语言使用的差别，也可以看出下一代在语言使用上明显的汉语化倾向。因为达族本身没有文字，所以他们一般使用汉字作为书写工具。

3. 个体双语人的双语习得途径、使用场合及认同态度

表 3-23   单位：人（%）

习得途径	自然习得 19(23%)	在学校里 43(52%)	通过民族接触 17(21%)	其他 3(4%)
认同态度	很好 47(72%)	没什么感觉 9(14%)	没办法，自己不想这样 4(6%)	其他 5(8%)
使用场合	家里 34(28%)	村里 41(34%)	集市里 29(24%)	工作单位 11(9%)	其他 6(5%)

双语的习得途径以在学校中为主，占 50% 以上。以自然习得和通过民族接触习得为辅，分别占 20% 以上。对双语的认同态度很强，70% 以上的人认为学会双语很好，非常适应现在社会发展。从表中可以看出，双语的使用在家里、村里和集市里的比例相当，说明达汉双语已经成为他们生活中的两大交际语言。

4. 家人及周围人的双语使用情况

表 3-24

	只使用达语	达语多于汉语	达汉语各一半	汉语多于达语	只使用汉语
爷爷辈	66.7%	11.7%	5.0%	10.0%	6.7%
父辈	50.8%	9.2%	12.3%	16.9%	10.8%
兄弟姐妹	41.7%	13.9%	20.8%	6.9%	16.7%
儿子辈	23.3%	18.6%	25.6%	7.0%	25.6%
孙子辈	17.6%	11.8%	11.8%	5.9%	52.9%
同辈较亲的人	29.0%	11.3%	30.6%	19.4%	9.7%
20 岁以下的人	16.4%	19.7%	26.2%	14.8%	23.0%

	只使用达语	达语多于汉语	达汉语各一半	汉语多于达语	只使用汉语
和同事	9.1%	31.8%	25.0%	9.1%	25.0%
和政府人员	16.1%	32.3%	22.6%	6.5%	22.6%
和卖东西的	8.6%	44.8%	5.2%	6.9%	34.5%

从表3-24中可以看出：爷爷辈只使用达语人的比例最高，其次为父辈和兄弟姐妹之间，孙子辈和与政府、同事、卖东西之间只使用达语的比例最低。在同辈、父辈和较亲近的人中使用达汉双语的比例最高。和卖东西的人的交际语只使用汉语的比例最高。数据显示出在家庭、社区等场合中达汉双语各自在功能上的分布格局。

5. 汉语能力：

表3-25　　　　　　　　　　　　　　　　　　　　单位：人(%)

汉语听说能力	任何情况都能交流 56(68%)		听看电视 17(21%)	简单交际 8(10%)		只能听懂简单话 1(1%)
思维语言	达语 22(31%)		汉语 32(45%)	汉语和达语 17(24%)		其他语言 0
汉字使用水平	流利书面写作 38(41%)	阅读报纸 31(33%)	填表写短信 17(18%)	只能写姓名和简单的词 5(5%)	只能读简单招牌 2(2%)	只能听说不能写 1(1%)

从表3-25中可以看出村民们汉语听、说、读能力普遍都比较强，还有41%的人具有一定的汉语书写能力。其中，45%的人认为自己的内部思维语言已经是汉语了，约三分之一的人认为自己的内部思维语言仍然是达语，另有24%的人认为自己用汉语和达语同时思维，反映出当地人们的熟练的双语使用状况及有别于达斡尔族聚居村落的汉语使用情况。

6. 双语人与汉族人和达族汉语单语人的差别及表现

表3-26　　　　　　　　　　　　　　　　　　　　单位：人(%)

与汉语母语人的差别	一样 46(68%)		有些不同 21(31%)		很大不同 1(1%)	完全不同 0
与汉语母语人的差异形式	语音 28(43%)	词汇 8(12%)	语法语义 3(5%)	语气态度 6(9%)	思维方式 7(11%)	完全一样 13(20%)
与达族汉语单语人的差异形式	语音 18(32%)	词汇 3(5%)	语法语义 8(14%)	语气态度 2(4%)	思维方式 4(7%)	完全一样 21(38%)

从表3-26中可以看出：大多数达族双语人对自己的汉语较为自信，也有32%的人认为自己的汉语在各方面都与汉族和达族汉语单语人有差别。从访谈中我们感受到，该村大多数达族人汉语表达能力都很强，但由于多少受到母语的影响，他们说的汉语在很多方面确实与汉族人有一定不同。

7. 双语人的达语水平与达语单语人的达语水平的比较

图3-25中显示，对自己的母语水平较为自信的占一半以上，也有约四成的人认为自己的母语与达语单语人虽有不同，但差别不大，仅有极少数的人认为自己的达语可能不太地道。

(三)语言接触与语言转用情况

1. 与居住区内汉族和其他民族交往状况

	一样	有些不同	有很多不同	完全不同
系列1	55.4%	41.1%	3.6%	0

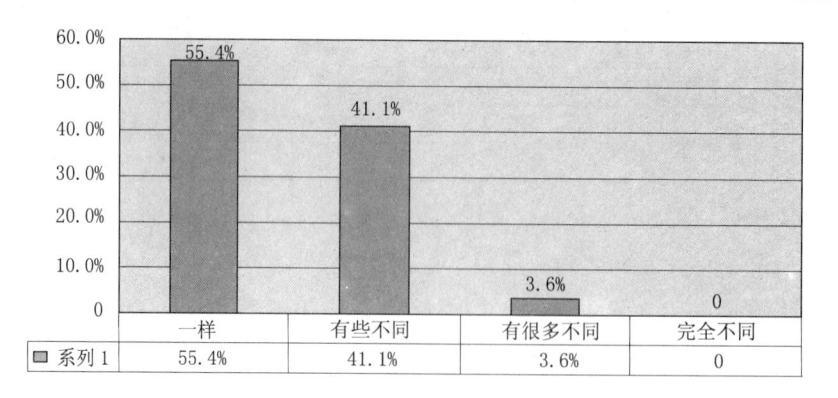

图 3-25

表 3-27　　　　　　　　　　　　　　　　　　　　　　　　单位:人(%)

汉族数量	很多 11(16%)	较多 39(58%)	不太多 12(18%)	较少 5(7%)	没有 1(1%)
与汉族关系	很好 16(24%)	不错 38(56%)	一般 13(19%)	紧张 0	很差 1(1%)
其他少数民族	鄂温克 59(32%)	鄂伦春 44(24%)	蒙古 35(19%)	朝鲜 39(21%)	其他 8(4%)
与其他少数民族关系	很好 20(32%)	不错 29(45%)	一般 13(21%)	紧张 1(2%)	很差 0

根据相关调查数据,哈达阳村属于民族杂居区,当地的汉族人还是比较多的。表3-27中显示,大多数人都认为达斡尔族无论与汉族还是其他少数民族的关系一直都很好。

2. 与其他双语人交际用语

表 3-28　　　　　　　　　　　　　　　　　　　　　　　　单位:人(%)

汉族懂达语人数	很多 3(5%)	较多 18(27%)	不太多 25(38%)	较少 20(30%)	没有 0
与汉语双语人交际	达语 15(22%)	汉语 26(39%)	达语多于汉语 5(7%)	汉语多于达语 22(32%)	
与其他民族双语人交际	达语 33(49%)	汉语 1(1%)	其他民族语 23(34%)	汉语多于达语和其他语 4(6%)	达语多于汉语或其他民族语 7(10%)

由于哈达阳村是一个民族杂居村落,除了达斡尔族兼通汉语以及其他少数民族兼通达斡尔语外,长期生活在村内的汉族村民中也有部分兼通达斡尔语,达族双语人与其他民族双语人交际用语的情况有所不同,与汉语双语人交往时一般多使用汉语或使用汉语多于达语,而与其他少数民族双语人交往时则多使用达语。

3. 达语的造词能力

如果碰到达语中没有的新词与句子,8%的人会用相应的汉语词或用达语和汉语共同组合。有92%的人用相应的汉语词来解决。没有人用达语造新词的情况,说明达语的造词能力不强,同时也反映出人们对汉语词汇的接受程度。

4. 语言转用情况

表 3-29　　　　　　　　　　　　　　　　　　　　　　　　单位:人(%)

达族汉语单语人	有 56(83%)	没有 11(16%)	不知道 1(1%)	
数量	很多 4(8%)	较多 12(24%)	很少 16(31%)	几乎没有 19(37%)

年龄	60岁以上 1(2%)	40-50岁 1(2%)	20-30岁 6(12%)	10-20岁 27(53%)	10岁以下 31(61%)
如何与汉族区分	姓名 26(31%)	生活习惯 4(5%)	汉语 15(8%)	长相 29(29%)	交谈 26(27%)
语言与汉族比较	一样 40(82%)	有些不同 7(14%)	很多不同 2(4%)	完全不同 0	
算不算达族	可以 29(62%)	不地道 13(28%)	不可以 2(4%)	不知道 3(6%)	

如表中所示：达族汉语单语人的年龄集中在10岁到20岁及10岁以下，一般通过长相、姓名和交谈能够把这些人与汉族人相区别开，且有80%的人认为他们所说的汉语已经与汉族人说的汉语完全一样了。对于这些人，达族人还是对他们采取比较宽容的态度，有62%的人认为他们仍然可以算达族人，但也有28%的人认为他们起码不是地道的达族人了。

（四）语言观、文字观和婚姻观

1. 达族人的语言态度

表3-30　　　　　　　　　　　　　　　　　　　　　　单位：人(%)

对会达汉双语同胞	羡慕 35(53%)	很好 17(26%)	很正常 10(15%)	无所谓 4(6%)
	愿说达语 39(61%)	愿说汉语 15(24%)	多用达少用汉 6(10%)	少用汉多用达 3(5%)
对回避说达语同胞	可以理解 17(25%)	无所谓 12(18%)	有些不习惯 22(33%)	反感 16(24%)
对不会说达语同胞	可以理解 34(52%)	无所谓 13(19%)	不应该 17(25%)	讨厌 3(4%)
对达汉双语同胞说汉语不说达语	可以理解 18(27%)	无特别感觉 26(39%)	别扭 17(26%)	讨厌 5(8%)
	一直用达语 22(36%)	转用汉语 30(49%)	要求他用达语 6(10%)	不想再交谈 3(5%)

如上表所示：与达汉双语兼通的同胞交际的语言首选为达语，占61%。遇到一个既会说达语又会说汉语的达族同胞会有一半以上的人表示羡慕，说明这些人还是非常愿意掌握民族语言的；而如果有人在外打工或从事其他活动后回到家乡不再愿意说达语时，选择频率最高的只是感到有些不习惯，其次是可以理解。说明他们持一种开放宽容的态度，不在乎是否使用达语交谈，仅有24%的人感到反感。对会说但回避说达语的达族人也大多能够包容；而对于不会说达语的达族人一半以上的人表示可以理解。在他们看来，达族人中尤其是青少年中不会达语的现象是一种司空见惯和非常正常的现象，不足为怪。

在谈到与达汉双语同胞交流时，对方不说达语而更多地说汉语时，选择频率最高的是无特别的感觉或是可以理解，证实了该村的达汉双语现象十分普遍，达汉双语人的数量也十分可观，达汉双语是他们的日常生活的主要交际语言。在这种情况下，只有很少数的人要求对方使用达语或不想再继续交谈下去。

2. 对下一代的母语要求

表3-31　　　　　　　　　　　　　　　　　　　　　　单位：人(%)

孩子不会达语	很不应该 19(33%)	不应该,无奈 16(29%)	适合时代发展 11(20%)	无所谓 10(18%)
对下一代学达语	非常希望 24(42%)	希望 27(47%)	无所谓 5(9%)	不希望 1(2%)
孩子达语水平	流利交际 35(66%)	一般交流 14(26%)	简单交流 4(8%)	
孩子学习达语途径	长辈传授 46(68%)	孩子互学 11(16%)	学校教育 5(7%)	其他 6(9%)
上学孩子的达语水平	比以前进步 10(20%)	和以前没区别 15(30%)	比以前退步 25(50%)	

家长们对于下一代人的母语期望有所不同,认为不应该的占了多数,其中还有部分人表示无奈。也有少部分人或认为这种现象很普遍,适合社会发展规律,或认为无所谓。但说到是否希望下一代学习达语的愿望时,则绝大多数人持肯定的态度,多数人希望孩子的达语能达到流利交际的水平。而对于孩子学习达语的途径,人们还是首选家庭内部之口耳相传,而对于学校教育并不抱有乐观态度。因为,孩子上汉语学校后一半左右的人的达语比以前有所退步。

3. 对达斡尔文字创制态度的考察

表 3 – 32　　　　　　　　　　　　　　　　　　　　单位:人(%)

有无必要创制文字	非常有必要 35(56%)	没必要 14(23%)	无所谓 13(21%)	
文字形式	拉丁字母 12(50%)	斯拉夫字母 0	满文字母 7(29%)	其他形式 5(21%)
拼音文字	适合学习 19(79%)	不如满文字母 3(13%)	不如其他形式 2(8%)	
文字用途	学校课本 14(50%)	牌匾标语 8(29%)	民间文学 16(57%)	其他 2(7%)

上表反映了哈达阳村达族人的文字观。有一半以上的人认为应该给达语创制文字,并希望采用拉丁字母。对目前已在试推行的达斡尔族的拼音文字多数人表示欢迎。对于文字的用途,一半以上的人希望能够用于记录民间文学故事或学校课本。

4. 婚姻观

表 3 – 33　　　　　　　　　　　　　　　　　　　　单位:人(%)

与异族通婚是否影响夫妻感情	不会 50(87%)	可能会 6(10%)	肯定会 2(3%)
孩子的配偶民族	达族 24(46%)	汉族 4(8%) 其他民族 1(2%)	无所谓 23(44%)

村民的婚姻观念比较开放,仅有少数人认为与异族通婚会影响夫妻感情。但仍有近一半的人希望自己孩子的配偶最好是本民族。

四　结　语

从以上调查数据可看出哈达阳村的达斡尔族村民语言使用上的以下几个特点:

1. 尽管哈达阳村是一个多民族杂居的村落,但该村的达斡尔语环境总体上还是很好的。这一方面可从达斡尔族个体的母语习得时间及途径的统计数据中可看出。另一方面也可从达斡尔族家庭各成员的母语使用比例,以及社区环境中的达斡尔语使用比例看出。但母语使用范围与使用频率低于聚居村落,此外,村民对自己母语水平的主观评价也低于聚居村落。

2. 该村达斡尔族中汉-达双语亚型人群数量较之达斡尔族聚居村落要多,汉语使用水平明显高于达斡尔族聚居村落的同龄人。主要表现在村民的汉语口语发音较准,汉语会话能力较强,绝大多数人对自己的汉语水平有较为自信的主观评价。

3. 由于特殊的地理位置和多民族接触环境,哈达阳村的达斡尔族村民与外界接触和交往的范围和频率较高。另外,青少年中兼通达斡尔语和汉语的人数在逐渐减少,而以汉语为主要交际用语人群的数量在逐渐增多。汉语在家庭和社区环境中的使用范围不断扩大,使用频率也逐渐增多。

第三节 西瓦尔图村语言使用状况

一 前言

西瓦尔图镇位于莫力达瓦政府所在地尼尔基镇西北面35公里处。三面环山,前面是草甸子。每当雨季来临时,一片沼泽地,道路泥泞,通行困难,"西瓦尔图"在达斡尔语中是"烂泥洼子"之意,故称"西瓦尔图"。西瓦尔图镇东与登特科镇相毗邻,北与坤密尔堤乡相连,西与阿尔拉镇、宝山镇为邻,南与尼尔基镇接壤。总面积为596平方公里,占全旗总面积的4.9%。全镇辖1个居委会,15个行政村,共有44个自然屯。2002年以来,全镇总人口19119人,其中男性人口为9917人,女性人口为9202人,男女比例为1∶0.977。西瓦尔图镇共有达、汉、蒙、鄂伦春、鄂温克、朝鲜、满、回八个民族,少数民族人口为3927人,占全镇人口的23.6%,是莫旗典型的民族杂居乡镇。在15个行政村中有4个是达斡尔族与其他民族杂居的村落。镇所在地的西瓦尔图村是其中之一。根据2007年莫旗公安局人口统计数据,该村总户数为729户,2157人。其中,达斡尔族132户,359人,约占该村总人口的16.6%。

二 调查样本的情况

(一)样本的选取

本项调查抽样分析样本均来自该镇西瓦尔图村的达斡尔族村民。调查组在该村采用调查员监督填表及被调查者自填问卷的方法共发放问卷48份,回收47份,有效问卷47份。

(二)样本的基本情况分析(见下表)

表3-34

性别	男85% 女17%
出生地	本地人100% 非本地人0
职业	农民49% 学生9% 教师6% 公务员0 其他职业11%
文化程度	小学26% 初中60% 高中9% 高中以上9% 文盲0

以上数据显示,该村抽样调查对象以男性为主,年龄段从10岁以上到60岁以上都有覆

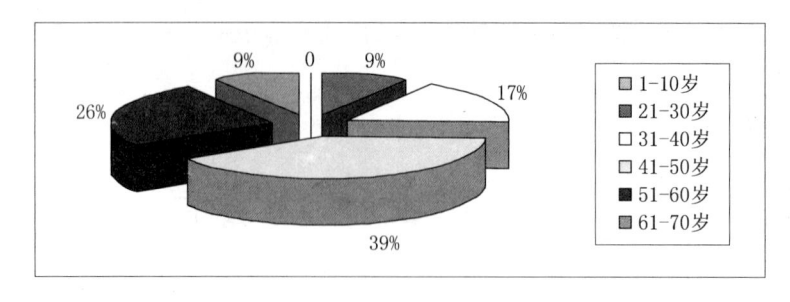

图 3-26 样本年龄分布情况

盖,但以 31-40 岁年龄段居多;他们都是本地人;从职业上看,以农民为主;文化程度以小学和初中文化居多。

三 调查样本数据统计与分析

（一）家庭语言保持情况

1. 家庭成员构成及家庭语言使用情况

表 3-35　　　　　　　　　　　　　　　　　　　　　　　　单位:人(%)

家庭成员	民族		使用语言		
	达族	其他民族	只用达语	只用汉语	汉语和达语
爷爷辈	7(100%)	0	7(100%)	0	0
父辈	33(92%)	3(8%)	32(89%)	0	6(17%)
配偶	26(93%)	2(7%)	22(79%)	2(7%)	6(21%)
兄弟姐妹	9(100%)	0	8(89%)	0	1(11%)
儿辈	57(98%)	1(2%)	28(43%)	7(12%)	23(40%)
孙辈	4(100%)	0	4(100%)	0	0

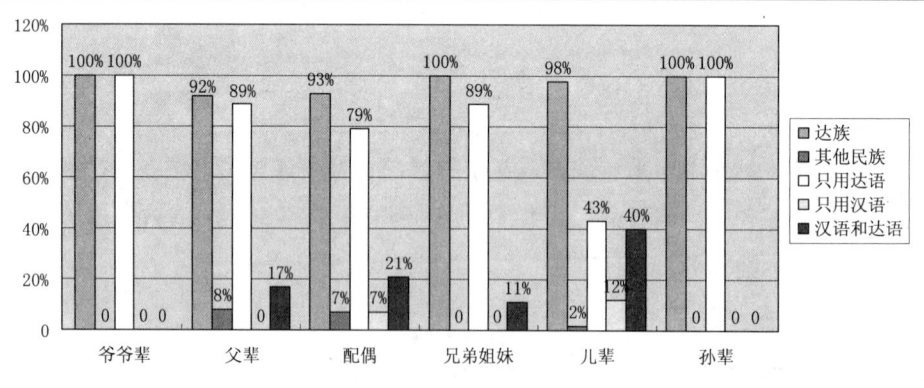

图 3-27

表 3-35 和图 3-27 显示,家庭成员构成主要是达斡尔族,家庭内部主要用语是达斡尔语。西瓦尔图是一个民族杂居村,达斡尔族和其他民族长期以来共同生活在这里。在所调查的达斡尔族中发现,他们一直为保护本民族的特点和文化而努力,他们与本民族婚配,在

家庭生活中以达语为主要交际工具,得以在特殊的杂居地区仍然保留了比较浓厚的民族特色。当然,从上表也反映出达语随着年龄的年轻化呈现出下坡趋势,在儿女辈的达斡尔族中仅有近一半的人只用达语,40%的人靠达语和汉语交替使用,有12%的达族后代完全使用汉语。

2. 达斡尔语的习得情况

表 3－36　　　　　　　　　　　　　　　　　　　　　单位:人(%)

是否会达语	是 46(98%)	否 0(0%)			
习得时间	自然习得 47(98%)	小学阶段 1(2%)	中学阶段	工作后	其他 0
习得途径	长辈传授 46(98%)	交际中 9(19%)	学校 0	其他	
掌握程度	非常精通 20(43%)	比较熟练 18(38%)	一般 9(19%)	不太好 1(2%)	能听不会说 0

上表数据显示,西瓦尔图村的达斡尔族一般都会达语,并具有良好的家庭母语环境,一般通过父辈的口耳相传获得母语能力。由于自小习得达斡尔语,因此,绝大多数都能够熟练地使用达斡尔语。

3. 达斡尔语的使用场合及其频率

家庭语言环境是语言保持的一个不可或缺的条件,社会环境在语言保持里也同样占有极其重要的地位,下表反映了西瓦尔图村的达语环境。

表 3－37　　　　　　　　　　　　　　　　　　　　　单位:人(%)

	只使用达语	大多使用达语	经常使用达语	较少使用达语	偶尔使用达语
在家里	8(17%)	25(53%)	8(17%)	4(8%)	
在村里	17(36%)	12(26%)	11(23%)	6(12%)	
在工作单位	3(6%)	7(15%)	5(11%)	9(19%)	3(6%)
在集市上	6(13%)	6(13%)	5(11%)	20(43%)	9(19%)
见面打招呼时	13(28%)	16(34%)	7(15%)	7(15%)	5(11%)
干活或工作时	9(19%)	22(47%)	8(17%)	10(21%)	3(6%)
平时聊天时	9(19%)	22(47%)	8(17%)	5(11%)	4(9%)
和人说心里话时	13(28%)	19(40%)	9(19%)	4(9%)	3(6%)
举行民族活动时	18(38%)	20(43%)	6(13%)	1(2%)	2(4%)

所抽取的样本中98%的人都会说达语,98%的村民掌握本民族语是从小就自然习得,主要途径是长辈传授,43%的村民对民族语的掌握达到精通或比较熟练的程度。从各场合使用达语频率看,在家里、村里、干活、聊天、和人说心里话以及举行民族活动中,使用达语的比例一般都达到50%左右,这些场合涉及了当地人生活的方方面面,可见当地达斡尔族在与本民族交往时主要以达语为交际工具;达语使用频率比较低的场合——集市,由于当地环境属于杂居区,当地的达斡尔族与其他民族经济生活交往时,主要使用汉语,达语频率呈现下降属于正常现象。总的来说,就西瓦尔图镇而言,达斡尔语在当地达斡尔族交往中仍发挥着十分重要的交际作用,这与莫旗其他杂居区的情况不太一样,达语的生命力比我们预想的要强。

4. 语言保持的主观因素

语言保持除了需要具备一定的客观条件以外,其主观条件也是必不可少的。下表中对语言使用的动机、接触语言的范围、对语言保持的态度的调查以及对后代学习达语的态度等数据,都能反映出西瓦尔图镇村民对达语所持的主观态度,以及影响他们使用达语的情况。

表 3-38　　　　　　　　　　　　　　　　　　　　　　　　　　单位:人(%)

使用达语动机	适合生活交际 11(23%)	对母语有感情 24(51%)	周围人的影响 22(47%)	为保持达语 14(30%)	不会其他语言 13(28%)
接触达语途径	日常谈话 46(98%)	广播 3(6%)	电视 7(15%)	电影 6(13%)	故事 13(28%)	其他 1(2%)
保持达语途径	家庭内部使用 37(79%)	学校教育 12(26%)	创制文字 18(38%)	其他方面 1(2%)	
达语状态	很好 11(23%)	一般 11(23%)	弱化 23(49%)	濒危 3(6%)	
达语保持时间	很久 11(23%)	三代人 5(7%)	两代人 11(23%)	一代人 3(6%)	不知道 16(34%)
后代学习达语	非常希望 22(47%)	希望 24(51%)	无所谓 1(2%)	不希望 1(2%)	反对 0

从表格的统计数据看,有一半左右的人使用达语是对母语有很深厚的感情,受周围达族同胞的影响学会并使用达语的村民比例接近一半,有三成的村民说达语是为了让达语很好地保存下去,另有23%的人将达语作为日常交际工具,可见西瓦尔图镇村民主观意识中对母语具有较高的认同感,达斡尔族对母语的这种深厚感情,可能是即使在杂居区的达斡尔族也能较好地保持自己语言的原因之一。

从达斡尔族村民接触母语途径的数据统计看,西瓦尔图村绝大多数达斡尔族村民主要依靠在日常生活的谈话中接触母语,其次是儿时从听故事中接触到母语。尽管接触母语的客观条件十分有限,加之又身处一个杂居环境,西瓦尔图镇村民仍然通过各种条件在加强母语的使用。当问及如何保持达语时,大多数人认为家庭内部使用是保持达语很好的途径;也有一部分人认为创制文字可以促进达语的保持,还有26%的人希望通过学校教育来发展达语;绝大多数的村民表达了希望自己的子女有机会学习达语,可见西瓦尔图镇村民也比较重视家庭和学校的达语教育。

(二)双语情况分析

随着社会的发展、人们经济活动的频繁往来以及汉语的推广传播,西瓦尔图村达斡尔族村民中双语现象很普遍,在对双语人进行研究之前先来了解当地的一部分只会说达语的单语人状况。

1. 母语单语人情况

表 3-39　　　　　　　　　　　　　　　　　　　　　　　　　　单位:人(%)

单语人数量	很多 3(6%)	较多 1(2%)	较少 10(21%)	很少 4(8%)	没有 4(8%)
与双语人的区别	没区别 6(24%)	观念 6(24%)	接受信息 9(36%)	就业 4(16%)	
对双语的认同感	很认同 8(40%)	认同 7(35%)	较认同 4(20%)	不认同 1(5%)	

从统计数据中可看出,村民们对只懂达斡尔语的单语人并没有很高的认同。在他们的潜意识中,单语人显然不适应社会的发展,因为和双语人相比,单语人在接受信息和观念方面都

和双语人有差距,在就业上也不占优势。可以预测他们在西瓦尔图镇这样的杂居区的比例也将会越来越少。

2. 家庭及社区环境中的双语能力获得途径及使用情况

在西瓦尔图村达斡尔族村民中,能够兼通达汉双语的人十分普遍。下表中有关被调查者及其配偶、孩子掌握语言文字的熟练程度,以及被调查者学习第二语言的途径、使用双语的场合及对双语学习的感受的统计数据为我们提供了相关信息。

表 3-40　　　　　　　　　　　　　　　　　　　　单位:人(%)

双语使用者	达-汉	汉-达	达-汉-其他	汉-达-其他	文字(汉)	汉-其他
本人	32(68%)	4(9%)	3(6%)	1(2%)	44(94%)	4(9%)
配偶	24(51%)	7(15%)	1(2%)		33(70%)	2(4%)
子女	16(34%)	7(15%)	5(11%)		26(55%)	3(6%)
学习第二语言途径	从小习得 9(19%)	学校 32(68%)	日常接触 14(30%)		其他 0	
对双语的感受	很好 35(74%)	没感觉 4(9%)	无奈 7(15%)		其他 1(2%)	
使用双语的场合	家里 19(40%)	村里 32(68%)	集市里 28(60%)	工作单位 11(23%)	其他场合 2(4%)	

上表显示,村民、配偶及其子女达-汉双语亚型的比例明显高于汉-达双语亚型,以达语为第一熟练语言的人占有绝对优势。文字上,以汉文为第一熟练文字者为绝大多数,达斡尔族没有文字应该是造成这种现象的直接原因。68%的村民是通过在学校接受汉语教育而获得的汉语能力。此外,杂居生活环境为当地的达族提供了一个良好的汉语环境,日常生活中的语言接触也是学习汉语的途径之一。村民们普遍认为双语人非常适应时代的发展,他们对双语的这种开放态度,直接影响他们学习汉语的积极性和使用汉语的频率,从统计数据中看出,双语使用的场合很多,在家里、村里、集市上都使用双语,特别是在村里和集市上比例高达60%以上。

双语人在与不同辈分、不同职业的人交往时所使用语言的数据统计则为我们提供了杂居村落家庭及社区环境双语使用情况的另一侧面:

表 3-41　　　　　　　　　　　　　　　　　　　　单位:人(%)

	爷爷辈	父辈	兄弟姐妹	儿子辈	孙子辈	同辈或较亲近的人	20岁以下的人	政府人员	同事	卖东西的人
只使用达语	32 (68%)	31 (66%)	27 (57%)	15 (32%)	8 (17%)	25 (57%)	11 (23%)	6 (13%)	9 (19%)	4 (6%)
只使用汉语	0	0	1 (2%)	2 (4%)	1 (2%)	1 (2%)	9 (19%)	15 (32%)	3 (6%)	15 (32%)
达汉各一半	1 (2%)	2 (4%)	6 (13%)	7 (15%)	1 (2%)	6 (13%)	5 (11%)	5 (11%)	2 (4%)	1 (2%)

| 达语多于汉语 | 2(4%) | 5(11%) | 4(9%) | 5(11%) | 4(9%) | 4(9%) | 2(4%) | 0 | 3(6%) | 2(4%) |
| 汉语多于达语 | 0 | 0 | 2(4%) | 5(11%) | 2(4%) | 3(6%) | 5(11%) | 7(15%) | 7(15%) | 13(28%) |

以上统计数据表明:西瓦尔图镇村民在与家庭成员和较亲近的人交流时比较倾向于用达语,在与社会人员(政府人员、生意人)接触时多倾向于用汉语,达语便于向亲朋好友表达特有的民族感情,汉语便于与社会取得联系,双语在民族地区发挥着各自的作用,达语和汉语的不同使用可以达到不同的效果,这是单语人所无法比拟的优势。还应值得注意的是:随着年龄的不断降低,双语人交际时无论是与亲人交流还是与外界联系,汉语的使用比例呈上升趋势,这与现代教育和信息时代分不开,汉语的强大优势是民族语所无法比拟的,汉语无疑在推动当地各方面的发展中具有重要作用。

3. 汉语使用情况

随着汉语的普及,民族地区少数民族的汉语能力也值得我们予以特别关注。

表 3-42   单位:人(%)

汉语能力	任何情况都能交流 35(74%)	听看电视 15(32%)	简单交际 8(17%)	只能听懂简单话 1(2%)
汉字水平	流利书面写作 18(38%)	阅读报纸 23(49%)	填表写信 7(15%)	只能读简单招牌 6(13%)
内部思维语言	达语 21(47%)	汉语 12(26%)	汉语和达语 16(34%)	其他语言 0
与汉语母语人的差别	一样 27(57%)	有些不同 20(43%)	很大不同 1(2%)	完全不同 0
与达语单语人的差别	一样 34(72%)	有些不同 10(21%)	很大不同 1(2%)	完全不同 0
与汉语母语人的差别	语音 24(51%)	词汇 10(21%)	语法语义 1(2%)	语气态度 4(9%)	思维方式 4(9%)	完全一样 6(13%)
与达族汉语单语人的差别	语音 18(38%)	词汇 6(13%)	语法语义 6(13%)	语气态度 0	思维方式 2(4%)	完全一样 11(23%)

从上表的数据看,尽管调查的对象大部分是农民,但数据显示,该村 74% 的村民能很流利地操用汉语,38% 的村民还能很好地进行汉语书面写作,这和村民们曾普遍接受学校汉语教育有关。

在西瓦尔图村,47% 的达斡尔族村民通常是用达语思维,26% 的村民用汉语思维,还有 34% 的人交替使用达语和汉语。

村民们对自己的双语能力的主观评价还是比较肯定的,57% 的人认为自己说的汉语与汉语母语人的汉语没有区别,而所谓的区别主要是来自语音上的区别。72% 的人认为自己的汉语与达族汉语单语人说的达语一样,与他们存在 30% 左右的差别主要也是来自语音。总的来说,他们的双语能力差距不大,无论是达语能力还是汉语能力在西瓦尔图村里都得到了较均衡的发展。

(三)语言接触和语言转用情况

西瓦尔图村除了达斡尔族外,还有汉族和鄂温克、鄂伦春、朝鲜、蒙古等少数民族,多民族杂居带来了多种民族文化的交流和互补,也促进了各民族间的语言接触与语言交流。良好的民族关系能更好地促进民族间的文化交流,也在语言交流中出现互学语言的情况。以下统计数据则从一个侧面反映了西瓦尔图村融洽的民族关系及多民族语言交流情况。

1. 与其他民族交往状况

表3-43　　　　　　　　　　　　　　　　　　　　　　　　　　单位:人(%)

汉族数量	很多21(47%)	较多13(28%)	不太多8(17%)	较少6(12%)	没有1(2%)
与汉族关系	很好14(30%)	不错23(49%)	一般10(21%)	紧张1(2%)	
与其他民族关系	很好13(28%)	不错26(55%)	一般4(9%)	紧张0	很差0
汉族懂达语人数	很多10(21%)	较多6(12%)	不太多16(34%)	较少13(28%)	没有2(4%)

上表显示出西瓦尔图村的达斡尔族与当地的汉族及其他少数民族多方面交往中关系和谐,甚至还有一部分汉族和鄂温克、蒙古等少数民族村民学会了达语,这使得他们之间的沟通更加便利,也进一步促进了民族团结。

2. 与其他双语人交际语言使用情况

表3-44　　　　　　　　　　　　　　　　　　　　　　　　　　单位:人(%)

与其他双语人交际情况	达语	汉语	达语多于汉语	汉语多于达语
与汉语双语人交际语言	18(38%)	12(26%)	9(19%)	9(19%)
与少数民族双语人交际语言	25(39%)	1(2%)	9(19%)	4(9%)
与双语人交际语言转换	17(36%)	14(30%)		
与双语人交际语言倾向	35(75%)	3(6%)	9(19%)	2(4%)

上表显示出村民们与不同类型的双语人在交流时的某些差异,跟汉族双语人交流时,有三分之一的人会选择用达语交流,有四分之一的人用汉语交流;但跟少数民族双语人交流时,有一半的人选择用达语交流,仅有19%的人选择用汉语。这种差异可能与他们对双语的不同熟悉程度及习惯有关:跟汉族双语人交往,达语和汉语的交替使用对达族和汉族人来说都很方便;而跟少数民族双语人交往,由于汉语都不是他们的母语,习惯上选择达语似乎比汉语交流更加容易些。

村民在语码选择上用达汉交流的占36%,用汉语交流的占30%,显然他们对达语和汉语的认同度都比较高。但从个人的角度来说,村民们更倾向于使用达语,但如果对方执意用汉语,他们也能接受,语言态度相当开放。而当碰到达语中没有的词时,60%的村民会选择用相应的汉语,可见他们并不排斥吸收汉语成分。

3. 语言转用情况

表 3-45　　　　　　　　　　　　　　　　　　　　　　　　　　　　　　单位：人(%)

达族汉语单语人	有 26(55%)	没有 13(28%)	不知道 2(4%)		
数量	很多 4(9%)	较多 3(6%)	很少 11(23%)	几乎没有 7(15%)	
年龄	60岁以上 0	40-50岁 4(8%)	20-30岁 7(15%)	10-20岁 20(43%)	10岁以下 18(38%)
如何与汉族区分	姓名 15(32%)	生活习惯 6(13%)	汉语 1(2%)	长相 11(23%)	交谈 4(9%)
语言与汉族比较	一样 19(40%)	有些不同 3(6%)	很多不同 1(2%)	完全不同 1(2%)	
算不算达族	可以 11(23%)	不地道 10(21%)	不算 (4%)	不知道 1(2%)	

表内数据显示，在西瓦尔图村，达族汉语单语人的数量也不少，年龄以10-20岁居多，占了43%的比例。对这些达族非母语单语人，村民们的态度还是比较宽容，将近一半的人能够理解他们不会说母语。但也有少部分人认为他们至少不能算是地道的达斡尔人。

4. 对不用达语的同胞的态度

表 3-46

对使用汉语的双语同胞	可以理解	无所谓	不习惯	反感
对回避使用达语的同胞	14(30%)	7(15%)	9(19%)	15(32%)
对刻意不用达语的同胞	14(30%)	12(26%)	16(34%)	6(13%)
对不会达语的同胞	21(45%)	5(11%)	11(23%)	4(9%)

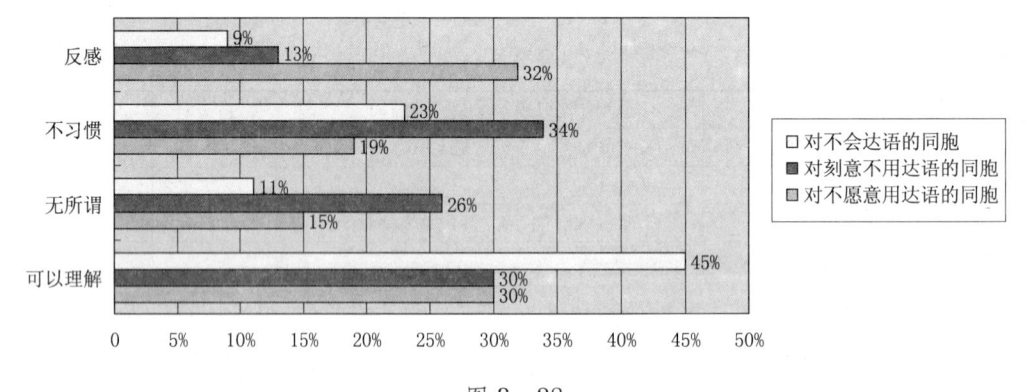

图 3-28

对于那些会说达语却拒绝用达语交流的达族人，有30%的人表示理解接受，觉得不应该和反感的占三分之一。

(四) 后代母语能力及相关态度考察

表 3-47　　　　　　　　　　　　　　　　　　　　　　　　　　　　　　单位：人(%)

孩子不会达语	很不应该 22(47%)	不应该，无奈 15(32%)	适合发展 8(17%)	无所谓 0
下一代学达语	非常希望 34(72%)	希望 9(19%)	无所谓 3(6%)	反对(2%)
孩子达语水平	流利交际 37(79%)	一般交流 5(11%)	简单交流 2(4%)	
孩子学习达语途径	长辈传授 38(81%)	孩子之间交流 12(26%)	学校教育 3(6%)	其他 0
孩子上学达语的变化	比以前进步 12(26%)	和以前没区别 12(26%)	比以前退步 17(%)	

上表数据表明，绝大多数家长对孩子不会达语的态度是不应该，其中也有部分流露出无奈

的意思。如果有条件学习达语,他们大都希望自己的孩子能掌握达语,并且期望他们的母语能力达到相当高的水平。同时,家长们普遍认为他们有责任教孩子学习母语,显示他们很重视家庭的语言教育。

(五)文字态度和婚姻观

表 3-48   单位:人(%)

有无必要创制文字	非常必要 41(87%)	没必要 5(11%)	无所谓 2(4%)	
文字形式	拉丁字母 12(26%)	斯拉夫字母	满文字母 10(21%)	其他 6(13%)
拼音文字	适合学习 9(19%)	不如满文字母 6(13%)	不如其他形式 0	
文字用途	学校课本 13(28%)	牌匾标语 8(17%)	记录民间文学 18(38%)	其他 0

从上表可以看出,达斡尔人对创制本民族文字的愿望比较强烈,87%的人认为非常有必要创制达斡尔文字,并普遍认为拼音文字更适合达斡尔人学习。对于达斡尔文的用途,则主要是偏重于记录民间文学方面,希望能通过文字传承本民族文化遗产。

表 3-49   单位:人(%)

与异族通婚是否影响夫妻感情	不会 36(77%)	可能会 5(11%)	肯定会 4(8%)
孩子的配偶民族	达族 21(45%)	汉族 7(15%)	其他民族 0	无所谓

从上表可以看出,达斡尔族是一个心态很开放的民族,77%的人认为与其他民族结婚不会影响夫妻感情,但对于孩子的配偶,有近一半的人选择了本族,他们认为这样可以更好地传承和发展本民族的语言与文化。

四 结 语

通过以上调查数据的统计分析,我们不难发现作为民族杂居区的西瓦尔图村达斡尔族在语言使用等方面呈现出的以下特点:

1. 西瓦尔图村达斡尔族虽然处在杂居的语言环境中,却在努力地创造良好的家庭母语环境和社区母语环境,并在本民族内部强化母语与传统文化的保护意识。达斡尔族杂居村落的达语保持状态总体上较好,这与他们的这种自觉意识显然是分不开的。

2. 西瓦尔图村的达斡尔族村民的达汉双语水平普遍较高,这为他们与其他民族之间的语言交流提供了较大的空间,也进一步促进了达汉双语现象的稳步发展和达斡尔族的汉语水平。也为杂居村落的达斡尔族与外界及其他兄弟民族的广泛交往和深度接触、沟通、理解,对达斡尔族吸收外民族的优秀文化,发展达斡尔族文化等都奠定了良好的基础。

3. 西瓦尔图村在莫旗达斡尔族杂居村落中也属于语言保持比较成功且达汉双语水平得到平衡发展的典型村落之一。

第四节 杜克塔尔村语言使用状况

一 前言

杜克塔尔村是莫旗杜拉尔鄂温克民族乡的一个以鄂温克族为主的民族杂居村,全村总人口为282人。其中鄂温克族为137人,占全村总人口的49%,达斡尔族为62人,约占22%。此外,村内还居住着汉族77人,蒙古族6人。由于长期共同生产生活,加之历史上特殊的民族关系,村内达斡尔族与鄂温克族交往十分密切,彼此联姻的情况也较为普遍,相互之间也产生了较为深刻的影响。

二 样本的基本情况

(一)样本的选取

此次调查,我们采用的是问卷调查法和访谈法深入村内调查达斡尔族的语言使用情况,针对达斡尔族共发放问卷29份,收回有效问卷29份。全部由调查人员协助村民填写。

(二)样本的基本情况分析

1. 性别比例

共29人,男5人,占总人数的17.2%,女24人,占总人数的82.7%。

2. 年龄比例

从图3-29中可以看出:从1-10岁到61岁以上七个年龄层次均有覆盖。其中以41-50岁的人居多。

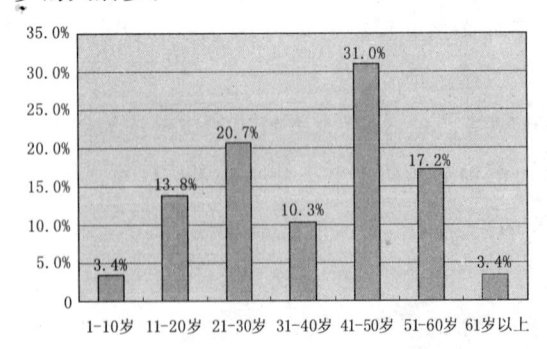

图3-29 样本年龄分布情况

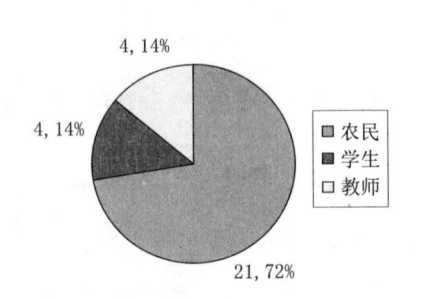

图3-30 职业状况 单位:人(%)

3. 文化程度

主要以小学为主,有13人,占总数的44.8%,中学文化程度占样本总数37.9%,高中文化程度占样本总数的17.2%。

4. 居住状况

本地出生者占样本总数的60.4%,近四成的非本地出生者或是结婚嫁到此处,或是10岁以下时随父母搬迁至此。

5. 职业

由于当地为农村,所以在职业分布上以农民为主。

三 调查样本数据统计与分析

(一)母语单语型及特点

1. 个人达语的掌握情况

表 3-50　　　　　　　　　　　　　　　　　　　　　　单位:人(%)

是否习得	是 29(100%)	否 0			
习得时间	自然习得 28(97%)	小学阶段 1(3%)	中学阶段 0	工作后 0	其他 0
习得途径	长辈传授 29(100%)	交际中 5(28%)	学校 0	其他 0	
掌握程度	非常精通 10(36%)	熟练 14(50%)	一般 3(11%)	不太好 1(3%)	能听不会说 0

所有调查样本都会达语,而且都是自然习得的,即从小在家里从长辈那里学会的,认为自己的达语非常精通和比较熟练的人占86%,认为自己的达语一般或不太好的人在样本中数量很少。

2. 个人在不同场合达语的使用情况

表 3-51　　　　　　　　　　　　　　　　　　　　　　单位:人(%)

	只使用达语	大多用达语	经常用达语	较少用达语	偶尔用达语
在家里	14(48.2%)	8(27.6%)	5(17.2%)	1(3.4%)	1(3.4%)
在村里	13(44.8%)	7(24.1%)	7(24.1%)	2(6.8%)	0
在工作单位	11(37.9%)	2(6.8%)	1(3.4%)	3(10.3%)	4(13.8%)
在集市上	3(10.3%)	4(13.8%)	1(3.4%)	7(24.1%)	10(34.4%)
见面打招呼时	11(37.9%)	5(17.2%)	8(27.6%)	0	3(10.3%)
干活或工作时	10(34.4%)	5(10.3%)	7(24.1%)	3(10.3%)	2(6.8%)
平时聊天时	12(41.3%)	5(10.3%)	7(24.1%)	2(6.8%)	0
和人说心里话时	12(41.3%)	5(10.3%)	7(24.1%)	0	3(10.3%)
举行民族活动时	13(44.8%)	6(20.6%)	6(20.6%)	0	3(10.3%)

上表显示,除了在集市较少或偶尔使用达语外,其他各种场合使用达语的情况较多,尤其是在家庭内部、在村里、举行民族活动时。说明了杜克塔尔村达斡尔族村民的家庭、社区环境中的母语保持较好,同时也从一个侧面反映了该村鄂温克族的达斡尔语使用频率也很高。我们对该村鄂温克族的语言使用情况的调查材料也证实了这一点。

3. 使用达语的动机和途径

表 3-52　　　　　　　　　　　　　　　　单位:人(%)

使用达语动机	适合生活交际 7(24.1%)	对母语有感情 18(62%)	周围人的影响 14(48.2%)	为了保持达语 12(41.3%)	不会其他语言 1(3.4%)
接触达语途径	日常谈话 27(93.1%)	广播 1(3.4%)	电影、电视 0	故事 5(17.2%)	其他 1(3.4%)

如上表,使用达语的动机中母语感情占很大比例,其次是受周围人的影响,说明村内使用达语的人可能比较多,达语是人们日常生产生活中的常用交际语,还有四成左右的人母语保持意识较强。

4. 对达语的态度:

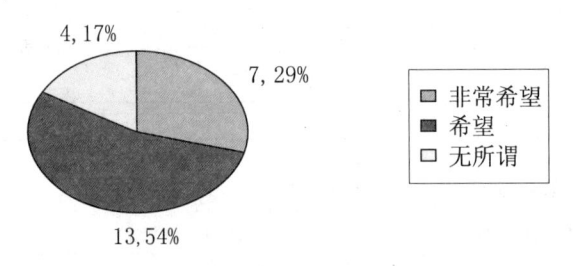

图 3-31　　　　　单位:人(%)

4, 17%
7, 29%
13, 54%

非常希望
希望
无所谓

杜克塔尔村达斡尔人都希望母语继续传承下去,绝大部分人都希望自己的孩子继续使用达语,仅有少量的人持无所谓的态度。

(二)双语及多语使用情况

1. 本人、配偶及孩子多种文字的熟练程度

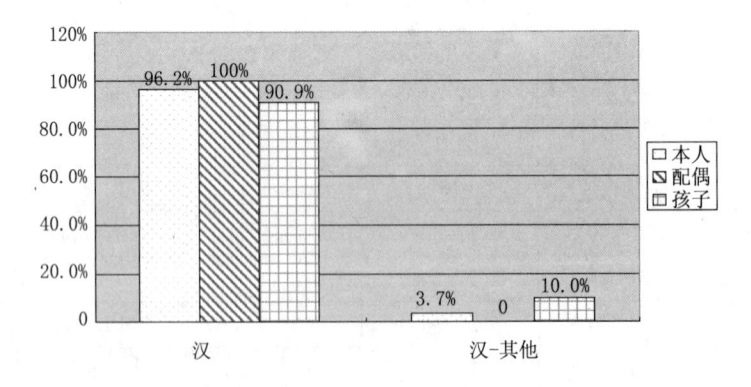

汉：本人 96.2%、配偶 100%、孩子 90.9%
汉-其他：本人 3.7%、配偶 0、孩子 10.0%

图 3-32

2. 本人、配偶及孩子多种语言的熟练程度

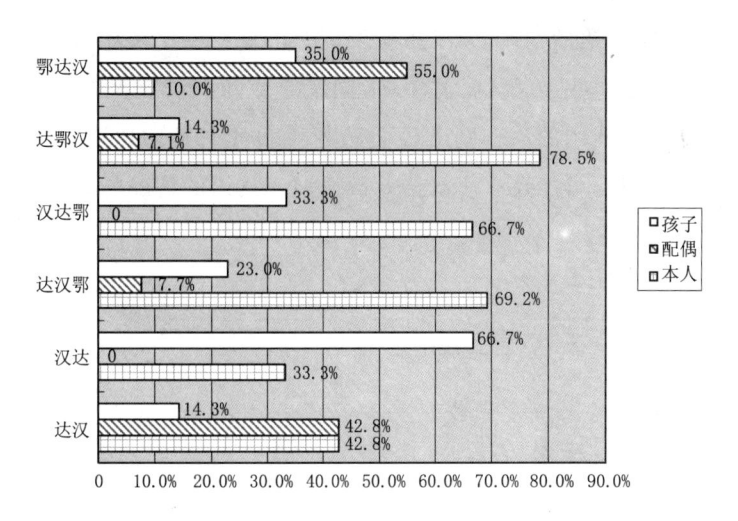

图 3-33

如图所示,我们把该地区涉及的语言类型分为六种亚型,使用人数由多到少的顺序依次是:达-鄂-汉、达-汉-鄂、达-汉、鄂-达-汉、汉-达、汉-达-鄂。被调查者本人掌握的语言以达-鄂-汉为主,其次是达-汉-鄂,再其次为达-汉,总之达语是第一语言。而配偶和孩子的语言情况因其家庭结构而异。夫妻双方均为达族的子女一般第一语言就是达语。该村有许多达鄂通婚的家庭,如配偶为鄂温克族,他(她)的第一语言一般为鄂温克语,同时兼通达斡尔语、汉语。在这样的家庭中出生并成长的孩子的第一语言可能是达斡尔语,也可能是鄂温克语。

由于达斡尔族和鄂温克族这两个民族都没有文字,所以,目前杜克塔尔村的达斡尔人所熟悉的文字就是汉字。

3. 多语习得途径、使用场合及态度

表 3-53　　　　　　　　　　　　　　　　　　　　　　　　单位:人(%)

习得途径	自然习得 8(27.5%)	在学校里 13(44.8%)	通过民族接触 16(55.1%)	其他 0	
认同态度	很好 27(93.1%)	没什么感觉 2(6.9%)	没办法,自己不想这样 0	其他 0	
使用场合	家里 16(55.1%)	村里 23(79.3%)	集市里 14(48.2%)	工作单位 0	其他 2(6.8%)

通过调查,我们得知,杜克塔尔村的许多达斡尔人除了在家庭环境中自然习得母语外,还在家庭或社区环境中通过与鄂温克族长期接触而自然习得了鄂温克语。等到入学后,在课堂里学得了汉语,具有此类语言习得背景的人群约占一半以上。

表 3-54　家人及周围人达汉双语使用情况

	爷爷辈	父辈	兄弟姐妹	儿子辈	孙子辈	同辈或较亲近的人	20岁以下年轻人	和政府的人	和同事	和卖东西的人
只用达语	100%	100%	86.2%	86.2%	100%	85.7%	34.4%	6.8%	3.4%	3.4%
只用汉语	0	0	3.4%	0	0	3.5%	17.2%	44.8%	41.3%	79.3%
达汉各半	0	0	0	0	0	0	0	0	0	0
达语多于汉语	0	6.8%	6.8%	14.8%	0	7.1%	48.2%	3.4%	0	3.4%
汉语多于达语	0	3.4%	0	0	0	3.54%	0	44.8%	51.7%	13.7%

如上表所示,只使用达语的情况,从爷爷辈到同辈都显示出比较高的比例,即与爷爷辈、父辈和孙子辈只使用达语。与兄弟姐妹、儿子辈、同辈等交际的语言大多数情况下也只使用达语。而与年轻人交流时所使用的语言则出现了变化,总体上只使用达语的比例降低了,但无论在使用的数量上还是频率上可能还多于汉语。汉语多于达语的情况的高值主要出现在与卖东西的人及政府人员谈话时。

4. 汉语能力

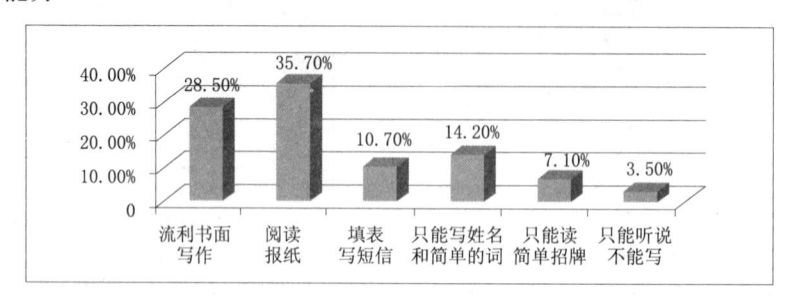

图 3-34

由上图可知,村内达斡尔人的汉语水平十分有限,这和该村处于较为偏僻,交通不太便利的自然环境以及周边汉族人较少有关,也和村民整体接受汉语教育的水平较低有关。

(三)语言接触与语言转用情况

1. 与村内汉族和其他民族关系

表 3-55　　　　　　　　　　　　　　　　　　　　　　单位:人(%)

汉族数量	很多 2(6.8%)	较多 5(17.2%)	不太多 14(48.2%)	较少 2(6.8%)	没有 6(20.6%)
与汉族关系	很好 10(34.4%)	不错 18(62%)	一般 1(3.4%)	紧张 0	很差 0
其他少数民族	朝鲜族 1(3.4%)	鄂温克 18(62%)	鄂伦春 6(20.6%)	蒙古 14(48.2%)	其他 0
与其他少数民族关系	很好 15(51.7%)	不错 9(30%)	一般 2(6.8%)	紧张 0	很差 0

如上表所示,村内有少量的汉族人和鄂温克族、蒙古族等其他少数民族,但总体上民族关系很融洽。

2. 与其他双语人交际用语考察情况

表 3-56　　　　　　　　　　　　　　　　　　　　　　单位:人(%)

汉族懂达语人数	很多 4(13.7%)	较多 11(37.9%)	不太多 11(37.9%)	较少 3(10.3%)
与双语汉族人交际	达语 7(24.1%)	汉语 9(31%)	达语多于汉语 7(24.1%)	汉语多于达语 6(20.6%)
与鄂温克族双语人交际	达语 16(55.1%)	鄂温克语 2(6.8%)	汉语 2(6.8%)	多语混用 8(27.5%)

如上表所示:当地汉族人懂达语的人还是很多的,与汉族双语人交往时,使用达-汉双语交际的现象较为普遍。而与鄂温克族双语人交际时,除了少部分使用鄂温克语或汉语外,大部分人喜欢使用达语,因为鄂温克族一般都能够熟练使用达斡尔语。

(四)语言观、文字观和婚姻观

1. 语言观

表 3-57　　　　　　　　　　　　　　　　　　　　　　　　　　　　　　　单位：人(%)

对多语同胞	羡慕 12(57.1%)	很好 6(28.5%)	很正常 2(9.5%)	无所谓 1(4.7%)
对回避达语的同胞	可以理解 3(11.5%)	无所谓 1(3.8%)	不习惯 15(57.6%)	反感 7(26.9%)
对不会达语的同胞	可以理解 11(42.3%)	无所谓 2(7.6%)	不应该 9(34.6%)	瞧不起 0	讨厌 4(15.3%)
多语同胞不说达语	可以理解 11(42.3%)	无特别感觉 5(19.2%)	别扭,不舒服 10(38.4%)	讨厌 0
多语同胞与您说汉语	一直用达语 11(39.2%)	用汉语 11(39.2%)	要求他用达语 6(21.4%)	不想再交谈 0
与多语同胞	愿说达语 12(66.7%)	多语混用 5(27.8%)	使用汉语 1(5.6%)	

上表显示,许多人对掌握多种语言的同胞感到羡慕,并认同懂多种语言是一件很好的事。对在外打工或从事其他活动后回到家回避说达语的人很多人感到不习惯,也有部分人表示反感。但对于不会说达语的同胞四成左右的人表示可以理解,认为这是一种社会发展趋势。当然,还有 34.6%的人认为不应该丢掉自己的母语,甚至还有少数人讨厌此类人群。当与多语同胞交谈而对方又刻意不用达语时,有 38.4%的人认为是件别扭的事,会感到不舒服,也有 42.3%的人认为可以理解,还有 19.2%的人认为无所谓。而这时有近四成的人或选择采用达语与对方交流,或采用汉语,还有少部分人要求对方采用达语。总体上,与多语同胞的交际语言,多数人还是愿意选择彼此的母语,部分人习惯采用多种语码交换的方式交谈,仅采用汉语的情况较少。

2. 达族人对创制文字的态度

表 3-58　　　　　　　　　　　　　　　　　　　　　　　　　　　　　　　单位：人(%)

有无必要创制文字	非常有必要 7(36.8%)	没必要 9(47.3%)	无所谓 2(10.5%)	其他 1(5.2%)
文字形式	拉丁字母 6(60%)	斯拉夫字母 1(10%)	满文字母 2(20%)	其他 1(10%)
拼音文字	适合学习 4(100%)	不如满文字母 0	不如其他形式 0	
文字用途	学校课本 3(30%)	牌匾标语 3(30%)	记录民间文学 4(40%)	其他 0

对于达斡尔文字的创制,有三分之一以上的人认为非常有必要,其中,多数人认为采用拉丁字母比较合适。这种文字形式大部分人都认为试行的达斡尔语拼音文字方案比较适合学习和推广,并可用于记录民间文学故事、书写本地的牌匾标语及学校教材。

3. 婚姻观

表 3-59　　　　　　　　　　　　　　　　　　　　　　　　　　　　　　　单位：人(%)

与异族通婚是否影响夫妻感情	不会 25(96.1%)	可能会 1(3.9%)	肯定会 0	
孩子的配偶民族	达族 8(30.7%)	汉族 0	其他民族 1(3.8%)	无所谓 17(65.3%)

表中数据显示,该村达族的观念较为开放,绝大多数都认为与异族通婚不会影响夫妻感情,除了少部分人要求孩子的配偶是本民族成员外,大多数对于孩子配偶的民族成分持无所谓的态度。

四　　结　语

根据以上调查数据统计,似可概括出杜克塔尔村达斡尔族村民语言使用上的以下几个特点:

1. 杜克塔尔村是以鄂温克族为主体民族的杜拉尔鄂温克民族乡的行政村之一。村内鄂温克族占多数,其次为达斡尔族,另有少量汉族和其他少数民族。是一个典型的以鄂温克族与达斡尔族为主的民族杂居村落。由于村内达斡尔族与鄂温克族联姻的情况十分普遍,加之达斡尔族与鄂温克族特殊的民族关系和语言接触背景,构成了该村与莫旗其他达斡尔族村落不同的语言使用情况。

2. 杜克塔尔村的鄂温克族无论是在家庭还是社区环境中仍使用母语鄂温克语。除此以外,还兼用达斡尔语和汉语。但由于各方面的优势地位,在村内,鄂温克语具有一定的社会地位和作用。这也是部分达斡尔族村民兼通鄂温克语言的一个特殊背景。

3. 由于以上特殊情况,杜克塔尔村的达斡尔族在语言使用上与其他达斡尔族村落的不同特点表现在兼用的语种上多一种鄂温克语。对该村一般达斡尔族家庭来说,不同语言使用类型从人口数量上可依序划分为:达-鄂-汉、达-汉-鄂、达-汉三种亚型,达斡尔语无论在哪种亚型中都占有优势地位。但加入配偶的语言使用情况的统计数据后,情况则有所不同,即对于一部分由达斡尔族与鄂温克族组成的家庭中,配偶的语言使用上表现出鄂-达-汉、汉-达、汉-达-鄂等亚型。在这些由达斡尔族和鄂温克族组成的家庭环境中,达斡尔语和鄂温克语均是家庭中经常使用的交际语。

4. 虽然杜克塔尔村是一个以鄂温克族居多的村落,但该村的鄂温克族大多兼通达斡尔语,甚至在有些家庭中达斡尔语是第一语言,这也是和其他达斡尔族杂居村落不同的特点之一。

5. 该村独特的语言使用模式反映了该村特殊的社会人文环境。杜克塔尔村是莫旗境内唯一的达斡尔、汉、鄂温克语多语岛。

第五节　额尔根浅村语言使用状况

一　　前　言

莫旗汉古尔河镇辖汉古尔河社区居委会及汉古尔河、小都尔本、西坤浅、朝阳、北坤浅、三合、额尔根浅、南坤浅、东坤浅、胜利、东诺敏、西诺敏、乌兰等13个村委会。至2006年,全镇总人口为17565人,其中汉族人口为15563人,达斡尔族人口为310人,占全镇总人口的1.8%。

此次莫旗达斡尔族语言调查的散居村落选择在汉古尔河镇的额尔根浅村。该村目前共256户,总人数为885人,村民中达斡尔族人口为98人,约占总人口的11%。此外,该村还有汉族、蒙古族、鄂温克族、鄂伦春族和朝鲜族等其他兄弟民族。

额尔根浅村周围土地广阔,该村村民以农耕为主要生产方式,主要农作物为大豆。部分村民除耕作之外还畜养牛羊等家畜,但是当地大规模养殖不是很多。由于该村耕田比较贫瘠,农作物产量比较低,该村的经济水平也不是很高,村民生活水平一般。不过当地政府对该村的优惠政策落实得不错,政府给当地达斡尔人家发放牛羊等牲畜,受到广泛的好评和拥护。

二 调查样本情况与分析

(一)调查对象的选取

我们在当地主要采取入户问卷调查的方式,在村内共计发放问卷34份,全部由调查人员监督填写,均为有效问卷。此外,还对一些大户进行了重点访谈,得到了一些有价值的调查资料。

(二)样本的基本情况分析

1. 性别:总计34个样本,其中男女各17人,各占50%。

2. 年龄:除10岁以下外,其他年龄段均有样本。

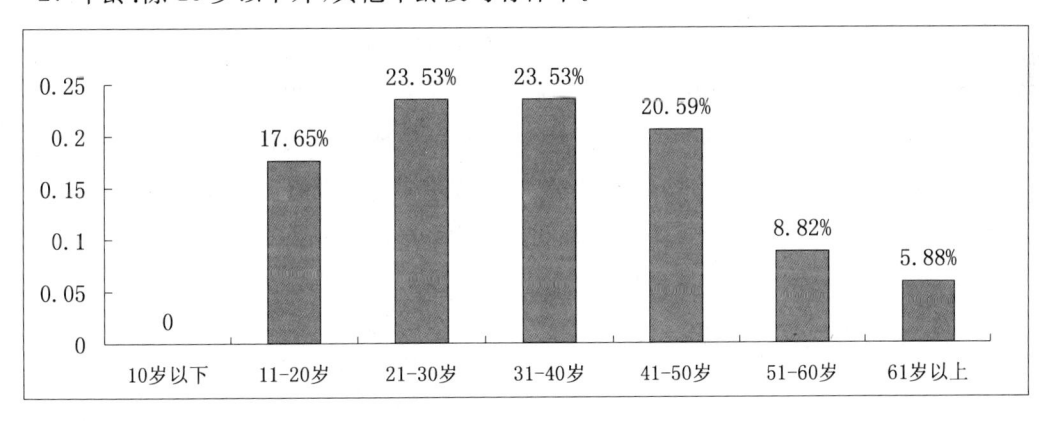

图3-35 样本年龄分布情况

3. 职业:以农民为主。

图 3-36　样本职业情况

4. 文化程度：小学与初中文化程度占据多数。

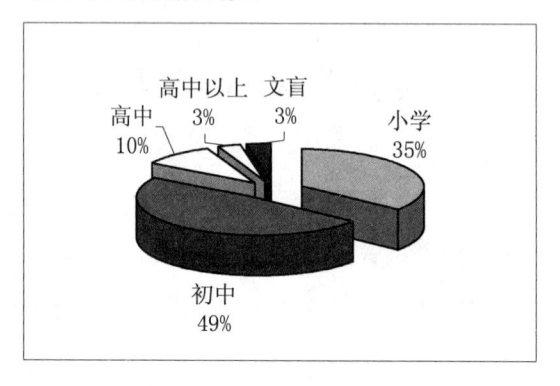

图 3-37　样本文化程度情况

5. 出生地：其中 29 个被调查人是本地出生者，占总数的 85.3%；另有 5 人非本地出生，占总数的 14.7%。

根据以上数据小结如下：在额尔根浅村的 34 份调查样本中，男女比例各占一半。以青壮年为主，11-50 岁各年龄段人数各占 20% 左右，51-60 岁以上者也占有一定的比例。样本职业基本为农民，占 88.46%，其他职业者也均为主要生活在额尔根浅村的达斡尔族。文化程度以小学和初中为主，两项合计共占 83.86%，高中和高中以上文化程度的样本很少。本地出生的被调查对象占总比例的 85.3%，只有小部分人是非本地出生者。

综上，我们可以用"四多"来概括额尔根浅村被调查对象的主要特点，即青壮年人多，农民多，小学和初中文化者多，本地出生者多。

三　调查样本数据统计与分析

（一）母语情况考察

1. 家庭成员交际语言

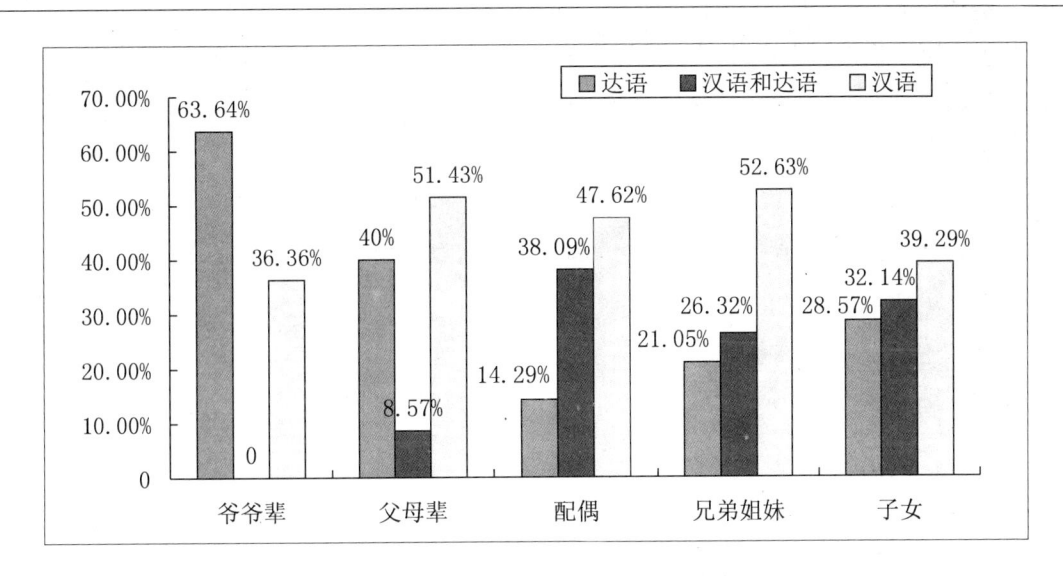

图 3-38　家庭内部语言使用情况

从上表可看出额尔根浅村达斡尔人与家庭成员交谈时,使用语言的情况有如下特点:

(1)被调查对象与爷爷辈交谈时,要么只使用达语,要么只使用汉语,达语占六成多;使用汉语的三成以上;没有达汉双语兼用的现象。

(2)在与父母辈交谈时,使用达语的占40%,使用汉语的占51.43%,兼用双语的也很少。

(3)与配偶交谈时,兼用双语的情况增多,达语比例下降。使用汉语的将近一半(47.62%),仅有14.29%的人只使用达斡尔语;与配偶使用双语的比例达到38.09%,这是与家庭成员交谈中使用双语的最高比例。

(4)与兄弟姐妹交谈时,汉语比较占优势占一半(52.63%),达汉兼用的占26.32%,只使用达语的人数占21.05%。

(5)与孩子交谈时,只使用达语、使用双语和只使用汉语三种情况各占三成左右。

总的来说,额尔根浅村被调查的达斡尔人与家庭成员交谈时,由长辈到晚辈,总体呈现出由"单语占优势达语占强势"到"双语占优势汉语占强势"的发展趋势。与爷爷辈和父母辈的交谈达语占优势,达语的使用由爷爷辈到父辈从63.64%的使用率减少到40%,而汉语的使用率提高,并开始出现少量双语使用现象。异族间通婚使双语情况增多,汉语使用率增大。在与配偶、兄弟姐妹和子女交谈时,双语使用情况各占三成多,而只使用汉语的情况各占40%-50%,只使用达语的情况与爷爷辈和父母辈比起来,明显地降到20%左右。

2. 被调查人达语情况

表 3-60　达斡尔语掌握情况　　　　　　　　　　　　　　　单位:人(%)

是否掌握	是 28(87.5%)	否 12.5(4)			
习得时间	自然习得 28(100%)	小学阶段 0	中学阶段 0	工作后 0	其他 0
习得途径	长辈传授 26(92.86%)	交际中 2(7.14%)	学校 1(3.57%)	其他 0	能听不会说 3 (10.34%)
掌握程度	非常精通 7(24.14%)	熟练 10(34.48%)	一般 8(27.59%)	不太好 1(3.45%)	

从上表可看出额尔根浅村达斡尔人大部分(占 87.5%)会达斡尔语,近三成被调查人认为达语非常精通,六成被调查者认为比较熟悉或一般。所有会达语的人都是从小就会的,也就是说主要是在家庭或村子里学会的达语。从统计数据上看,92.86%的人是通过长辈传授学会达斡尔语的。

综上,我们可以概括地用"普遍都会、长辈传授、家庭使用、掌握较好"来描写额尔根浅村达斡尔人的达语使用情况。

3. 对达语的使用和保持状态的看法

①判断达族母语水平的标准

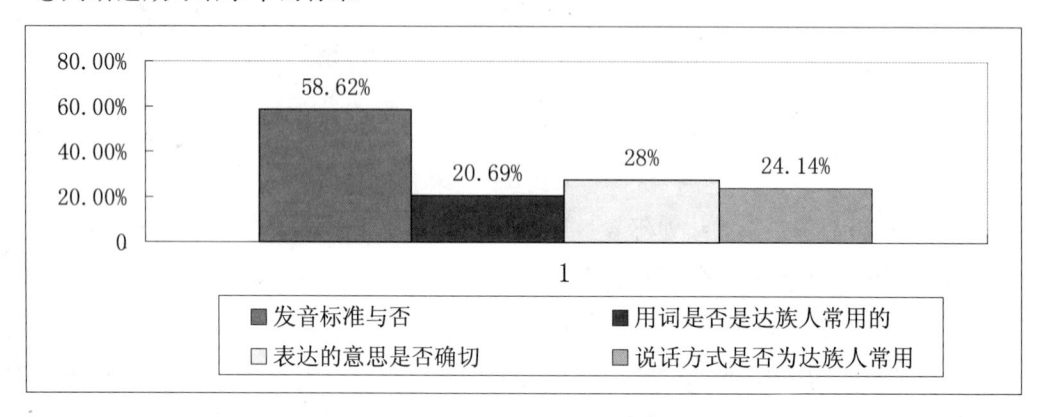

图 3-39 判断达语能力高低的标准

据上表可知,超过一半的被调查对象从发音的角度来判断一个达斡尔人说的达语好不好。另外,各有 20%的人认为亦可从用词、表意是否确切、说话方式来进行判断。

②达语使用情况

表 3-61 达语使用情况①

	只使用达语	大多使用达语	经常使用达语	较少使用达语	偶尔使用达语
在家里	41.94%	12.90%	16.13%	16.13%	12.90%
在村里	9.68%	12.90%	22.58%	48.39%	6.45%
在工作单位	6.45%	3.23%	3.23%	38.71%	22.58%
在集市上	6.45%	3.23%	12.90%	29.03%	35.48%
见面打招呼时	9.68%	12.90%	12.90%	19.35%	32.26%
干活或工作时	12.90%	19.35%	25.81%	6.45%	25.81%
平时聊天时	12.90%	38.71%	19.35%	9.68%	9.68%
在和人说心里话时	41.94%	12.90%	16.13%	3.23%	12.90%
举行民族活动时	32.26%	19.35%	16.13%	6.45%	9.68%

根据上表得知,被调查对象在不同场合使用达语的情况有所不同:

a. 在家里:主要使用达语,"只使用达语"、"大多使用达语"、"经常使用达语"三项之和为

---

① 本项调查项目中由于被调查人有些小项未作答,故会有一些小项百分比之和小于 100%。

70.97%；

  b.在村里：达语使用比在家里少，前三项之和为 45.16%；

  c.在工作单位：达语使用很少，前三项之和仅为 12.91%；

  d.在集市上：达语使用较少，前三项之和为 22.58%；

  e.见面打招呼时：达语使用较少，前三项之和为 35.48%；

  f.干活或工作时：达语使用较多，前三项之和为 58.06%；

  g.平时聊天时：主要使用达语，前三项之和达 70.96%；

  h.在和人说心里话时：主要使用达语，前三项之和达 70.97%，其中只使用达语进行聊天的达 40%；

  i.举行民族活动时：主要使用达语，前三项之和为 67.74%。

  由以上的统计，我们可知额尔根浅村被调查对象使用达语的频率。在家里、干活或工作时、平时聊天时、在和人说心里话时、举行民族活动时都以达语为主，有 41.94% 的人在家里或与人说心里话时，只使用达语。我们可以把前三项所占百分比之和("只使用达语"+"大多使用达语"+"经常使用达语")由高到低进行排序，这大致可以反映出被调查对象在各种场合使用达语的频率：

  在家里＝在和别人说心里话时＝平时聊天时＞举行民族活动时＞干活或工作时＞在村里＞见面打招呼时＞在集市上＞在工作单位

  由这个排序可见，额尔根浅村达斡尔语主要在家庭范围内使用，在与家人或关系比较密切的人聊天和说心里话时，也主要使用达语。随着接触面的向外扩张，使用达语的频率越来越小。

  ③达语使用的主观动机及接触途径

表 3－62　　　　　　　　　　　　　　　　　　　单位：人(%)

使用达语的主观动机	适合工作生活：7(25%) 对自己的母语有很深的感情：19(67.86%) 周围人都在说：6(21.43%) 使其更好地保存下来 9(32.14%)
接触达语的主要途径	在日常生活中的谈话：28(93.33%) 听广播：7(23.33%) 看电视：10(33.33%)
只会达语的达斡尔人	有：4(11.76%) 没有：30(88.24%)

  从上表可以看出：被调查人认为使用达语的原因是多方面的，从客观上说，达语在使用上有其适用性，适合工作和生活，而且有语言环境，周围大家都说；从主观上说，使用达语是因为一种民族情感，67.86% 的人由于对母语有很深的感情，32.14% 的人希望母语很好地保持下来，所以在生活中使用达语。大部分人(93.33%)认为达语用于日常生活中的谈话，这是显而易见的；另有 30% 左右的人在听广播和看电视时会接触到达语。

该村只有极少一部分人是达语单语人。据调查材料,这部分人主要是老人,他们不会说汉语是由于很少和汉人接触。村民们对这部分人的看法各不相同,其中,60%的人认为这些老人是达斡尔族传统文化的承继人,是地道的达斡尔人,但也有部分人认为他们在观念和接收信息方面落后于兼通达汉的双语人。

(二)双语使用情况

1. 被调查对象及配偶、子女语言情况

表 3-63

本人语言情况	语言顺序及所占百分比				
	达-汉	汉-达	汉-达-其他	汉-其他-达	汉
	26.67%	60%	3.33%	10%	0
配偶语言情况	15%	70%	0	0	15%
子女语言情况	16.67%	50%	0	0	33.33%

上表显示额尔根浅村所有的被调查对象均为双语人。其中,配偶中有85%是双语人,子女中有66.67%的人是双语人。在所有双语人中,汉语好于达语的占多数,只有26.67%的人认为达语好于汉语。此外,子女中汉语单语人的比例占三分之一强。

2. 第二语言的习得途径

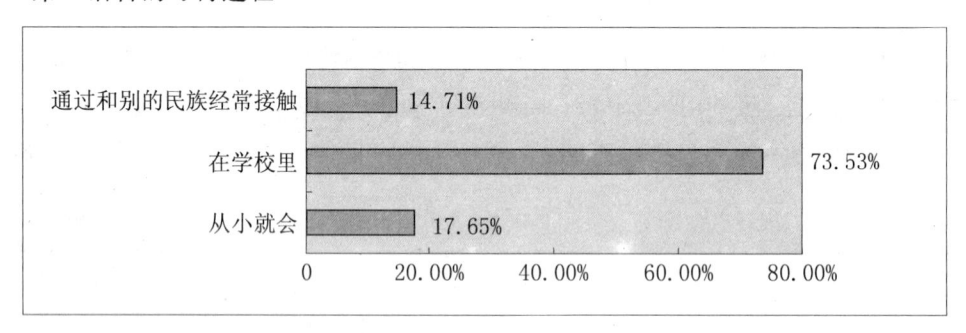

通过和别的民族经常接触 14.71%
在学校里 73.53%
从小就会 17.65%

图 3-40

由上图可知,额尔根浅村被调查对象大部分是通过在学校学会汉语的,也有少部分是通过与汉族接触等途径自然习得汉语的。

3. 双语使用场合

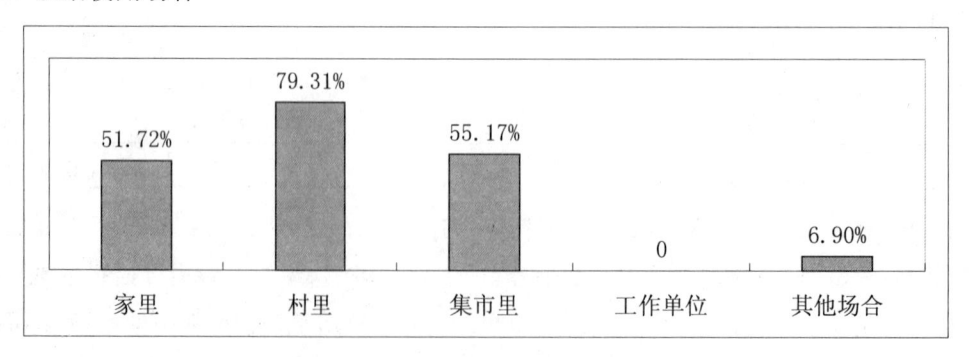

家里 51.72%
村里 79.31%
集市里 55.17%
工作单位 0
其他场合 6.90%

图 3-41

从上图可看出,额尔根浅村被调查对象在村里兼用双语的情况较为普遍,其次是在家里和集市里,在其他场合很少使用双语。

4. 被调查对象与不同对象的交际语言

表 3-64　　　　　　　　　　　　　　　　　单位:人(%)

	只使用达语	达语多于汉语	达汉语各一半	汉语多于达语	只使用汉语
爷爷辈	15(68.18%)	1(4.55%)	1(4.55%)	0	5(22.73%)
父辈	15(51.72%)	1(3.45%)	7(24.14%)	0	6(20.69%)
同辈或较亲近的人	14(46.67%)	2(6.67%)	5(16.67%)	4(13.33%)	5(16.67%)
兄弟姐妹	13(38.24%)	1(2.94%)	9(26.47%)	6(17.65%)	5(14.70%)
孙子辈	3(37.5%)	0	1(12.5%)	3(37.5%)	1(12.5%)
和20岁以下的年轻人	7(23.33%)	3(10%)	1(3.33%)	8(26.67%)	11(36.67%)
和政府人员	5(22.73%)	1(4.55%)	0	4(18.18%)	12(54.55%)
儿子辈	4(18.18%)	3(13.64%)	1(4.55%)	6(27.27%)	8(36.36%)
和同事	2(16.67%)	0	0	4(33.33%)	6(50%)
和卖东西的人	3(14.29%)	0	1(4.76%)	2(9.52%)	15(71.43%)

我们根据只使用达语的频率大小来排序,发现额尔根浅村达斡尔人与年纪越大的人、关系越近的人使用达语的频率越高,而与年纪越小、关系越远的人说话使用达语的频率越低,而与关系较近的同辈或年龄较小的人双语使用较多。具体说来,与爷爷辈、父辈、同辈、兄弟姐妹、孙子辈使用达语频率较高,而与20岁以下的年轻人、政府人员、儿子辈、同事、卖东西的人达语使用得很少,汉语使用得较多。与同辈、兄弟姐妹和儿子辈的交际语言中双语使用频率较高。

5. 汉语能力

①汉语和汉字水平

表 3-65　　　　　　　　　　　　　　　　　单位:人(%)

汉语听说能力	在任何情况下都可以流利地使用汉语进行交流:24(70.59%) 能听懂汉语广播和看懂汉语影视节目:8(23.53%) 能用汉语进行简单的交流:3(8.82%) 只能听懂一般招呼用语和一些简单的问题:2(5.88%)
汉文读写水平	能很好进行书面语的写作:11(32.35%) 能阅读书、报纸、杂志和一般公文:15(44.12%) 只可以用汉语填表和写信:4(11.76%) 只能用汉语写自己的姓名和简单的词:4(11.76%) 只能读简单的标语或商店的招牌:0 只能听说不能书写:1(2.94%)

由上表可知,额尔根浅村被调查对象的汉语听说能力是很不错的,有七成的人在任何情况下都能用汉语流利交流,只有极少部分人(占5.88%)只能听懂简单的话。相对来说,汉字使用水平就要差一些,只有32.35%的人能很好地使用汉字进行书面语的写作,另有44.12%的

人能阅读书报和杂志,另外有将近三成的人汉字使用水平很低。

②思考问题所用的语言

表 3-66　　　　　　　　　　　　　　　　　　　　　单位:人(%)

思考问题通常使用的语言	达语:10 (29.41%) 汉语:20(58.82%) 达语和汉语同时使用:4(11.76%)

表中数据显示,多数人思考问题使用的语言是汉语而不是母语,对此我们特别地询问了被调查者,他们认为主要是由于接受汉语教育的缘故,但同时强调自己的汉语和达语是一样好的。那些认为通常使用母语思维的被调查对象一般都是年纪大或文化程度较低的人。

③语言间的相互影响情况

表 3-67　　　　　　　　　　　　　　　　　　　　　单位:人(%)

和汉族说的汉语有无区别	一样:23(69.70%) 有很多不同:1(3.03%)	有些不同:7(21.21%) 完全不同:2(6.06%)
和汉语所说的汉语的主要区别	说话时的语音不同:11(45.83%) 说话的方式不一样:1(4.17%) 说话时的思考方法不一样:0	说话时所用的词有所不同:0 说话的语气和态度不一样:7(29.17%) 完全一样:8(33.33%)
汉语和达族汉语单语人的区别	说话时的语音不同:6(24%) 说话的方式不一样:2(8%) 说话时的思考方法不一样:0	说话时所用的词有所不同:3(12%) 说话的语气和态度不一样:1(4%) 完全一样:14(56%)
母语和达族母语单语人的区别	一样:20(74.07%) 有很多不同:0	有些不同:5(18.52%) 完全不同:2(7.41%)

从上表可看出,多数人对自己的汉语比较自信,但也承认在某些方面有一定不同,如部分人认为在语音方面有所不同,还有少部分人认为在说话的方式、语气和态度方面有所不同。与那些只会汉语而不会达语的同胞的汉语相比,一半以上的人认为差不多,但可能在发音方面由于受母语的影响而有一点区别。而将自己的母语水平与达族母语单语人相比时,则仅有极少数人认为有所不同或完全不同。

(三)语言接触与语言转用情况

1. 居住区域民族情况

表 3-68　　　　　　　　　　　　　　　　　　　　　单位:人(%)

汉族人口数量	非常多:19(57.58%);较多:14(42.42%); 不太多:0;很少:0;没有:0
达族与汉族的关系	非常融洽:7(21.21%);处得不错:20(60.61%); 关系一般:6(18.18%);关系紧张:0;关系很差:0
与其他少数民族关系	非常融洽:8(25.81%);处得不错:20(64.52%); 关系一般:2(6.45%);关系紧张:1(3.22%);关系很差:0

据上表可知,额尔根浅村汉族较多,达斡尔人与他们的关系处得很不错。此外,根据调查,达斡尔人和村里的鄂温克、蒙古、鄂伦春、朝鲜等少数民族的关系也处得不错。

2. 语言接触情况

表 3-69　　　　　　　　　　　　　　　　　　　　　　　　　单位:人(%)

懂达语的汉族人数	非常多:4(12.12%)　　较多:5(15.15%) 不太多:5(15.15%)　　很少:18(54.55%) 没有:1(3.03%)
与懂达语的汉族的交际语	使用达语:11(33.33%)　使用汉语:16(48.48%) 较多使用达语而较少使用汉语:3(9.09%) 较多使用汉语而较少使用达语:3(9.09%)
与懂达语的其他民族的交际语	使用达语:15(48.39%)　　　使用其他的民族语:0 使用汉语:7(22.58%) 较多使用达语而较少使用汉语或其他的民族语:3(9.68%) 较多使用汉语而较少使用达语或其他的民族语:6(19.35%)
对达语中没有的新词的解决办法	用达语创一个新词:1(3.33%) 用相应的汉语词:21(70%) 用达语和汉语共同组合:8(26.67%)

由上表可以看出,额尔根浅村的汉族和其他少数民族中有一部分人兼通达语。但被调查对象与懂得达语的汉族和其他少数民族交流时双语使用比例有所不同:与汉族交流时使用达语的人占33.33%,使用汉语的占48.48%,汉语稍占优势;而与少数民族交流时使用达语的占48.39%,使用汉语的占22.58%,较多使用达语的情况比较普遍。说明额尔根浅村的其他少数民族与达斡尔族关系更为密切,他们普遍兼通达斡尔语。

数据还显示了汉语对达语的影响,如碰到新词时达斡尔人大部分用相应的汉语词或用达汉语成分组合的形式来解决。

3. 语言转用情况

根据调查,被调查对象中85.29%(29人)的人认为在额尔根浅村达斡尔人中出现了部分转用汉语的人群,他们主要是年龄在20岁以下的青少年。由于自小自然习得汉语,加上长期就读于汉语学校,他们的汉语水平与汉族青少年相差无几,对这部分不会母语的人村民们持较为包容的态度。但当说到如果自己的孩子不会达语时,多数人认为不应该,其中也有部分人表示无奈,还有少部分人认为这适合当前社会发展的趋势,只有极少数人对此无所谓。说到对孩子今后的发展的最重要的语言时,大多数人认为达汉双语兼通有利于孩子今后在各方面的发展(但在他们心目中似乎汉语更重要一些)。因此,绝大多数人都表示希望孩子掌握达语,并期望他们的母语水平至少达到可以进行一般交流的程度。对孩子的母语教育,绝大多数家长肯定了家庭环境和长辈口耳相传的重要作用(见表3-70)。

表 3-70　　　　　　　　　　　　　　　　　　　　　　单位：人(%)

孩子不会达语	很不应该：5(16.13%) 不应该，但无奈：15(48.39%) 更适合社会形势的发展：8(25.81%) 无所谓：3(9.68%)
对孩子今后的发展最重要的语言	达-汉：3(11.11%)　　汉-达：17(62.96%) 汉-达-其他：1(3.70%)　　汉-其他-达：5(18.52%) 汉：1(3.70%)
是否希望孩子学习达语	非常希望：13(46.43%)　　希望：14(50%) 无所谓：1(3.57%)　　不希望：0　　反对：0
对孩子达语水平的希望	流利地进行交流：11(37.93%) 能进行一般的交流：15(51.72%) 能听懂简单招呼用语：3(10.35%)
孩子学会达语的途径	长辈传授：23(85.19%)　　同族孩子互教：0 学校里学习：4(14.81%)　　其他途径：0

(四)语言态度和文化观

1. 对达汉双语的态度

表 3-71

对达族双语同胞	羡慕：56%　　　　很好：28% 很正常，这样的人很多：13%　　无所谓：3%
达族双语同胞回避说达语	可以理解：50%　　无所谓：21.88% 有些不习惯：18.75%　　反感：9.37%
达族双语同胞刻意说汉语	可以理解：33.33%　　没什么特别的感觉：16.67% 有些别扭：43.33%　　不想继续交谈：6.67%

根据上表我们可以看出大多数人对兼通达汉的双语人比较认同，许多双语能力不强的人还表示十分羡慕。很多人对那些兼通达汉双语的同胞回避说达语或刻意说汉语的现象可以理解，但也有部分觉得不习惯或感到别扭，甚至还有极少数人遇到这样的情况时不想继续交谈。说明被调查对象对双语人使用汉语进行交流的宽容是有限的。如果没什么特别的原因，不说达语而说汉语还是会得到负面评价。下表更突出地反映了他们的语言态度：

表 3-72　　　　　　　　　　　　　　　　　　　　　　单位：人(%)

最喜欢与双语同胞 交谈的语言	达语：21(67.75%)　　汉语：4(12.90%) 较多使用达语而较少使用汉语：1(3.22%) 较多使用汉语而较少使用达语：5(16.13%)
双语同胞用汉语交谈	一直用达语和他交谈：11(36.67%)　转用汉语和他交谈：18(60%) 要求他用达语交谈：1(3.33%)　　不想再继续交谈：0

从上表可看出,与达汉双语同胞交谈时,首选达语,但当对方采用汉语交流时,60%的被调查人也会相应地改用汉语和他交谈,反映了一种包容和迁就的态度。当然,也有部分人(36.67%)会坚持使用达语交谈,他们固守着自己的母语,认为懂达语的达斡尔人应该用达语交流,甚至还有人可能会要求对方改用母语交流。

2. 文字态度

表 3-73　　　　　　　　　　　　　　　　　　　　　　　　　单位:人(%)

有无必要创制文字	非常有必要:25(78.13%)	没必要:7(21.87%)
文字形式	拼音字母:19(86.36%) 满文字母:1(4.55%)	俄文字母:1(4.55%) 其他形式:1(4.55%)
对目前文字的态度	适合:10(71.43%)	不适合:4(28.57%)
文字使用范围	学校教材:12(66.67%) 记录民间故事:11(61.11%)	政府牌匾、标语:5(27.78%)

由上表可知,大部分人认为非常有必要为达斡尔语创制文字,并觉得拼音文字比较好;对于目前推行的达斡尔拼音文字,71.43%的人认为是适合学习的;对于达斡尔文字的使用,超过六成的人希望用于学校教材和记录民间故事。可以说,被调查对象的文字态度是比较积极的,希望自己的民族文字能用于学校教育。

3. 文化观

调查中得知,90%的人认为族际婚姻不会影响夫妻间的感情。对于孩子配偶的民族,69%的人认为无所谓,只有28%的人认为子女的配偶最好还是本民族。这体现了大部分达斡尔人较为开放的文化观念。

四　结　语

通过以上调查数据,我们可概括出额尔根浅村达斡尔族语言使用上的以下几个特点:

1. 调查结果显示,被调查者中有87.5%会达斡尔语,并有近六成的人认为自己的母语水平在熟练程度以上,一般主要是通过长辈传授获得母语能力,说明额尔根浅村作为莫旗达斡尔族的散居村落之一,目前仍具有良好的家庭母语传承环境。但在该村家庭交际语言环境中,由长辈到晚辈,总体呈现出一个由"单语占优势,达语占强势"到"双语占优势,汉语占强势"的发展趋势。

2. 调查数据显示,额尔根浅村的社区语言环境中,随着与外界接触面的不断扩大,母语的使用频率越来越小。但即使是这样的社区环境中,仍有少数兄弟民族兼通达斡尔语。这可能与莫旗作为达斡尔族自治地方的大环境有关。

3. 额尔根浅村的达斡尔族村民的汉语听说能力总体上要高于其他居住类型村落的达斡

尔族村民,其中,七成左右的人在任何情况下都能流利地使用汉语交流,近三成的人能很好地使用汉字进行书面语的写作,另有部分人能流利地阅读书报和杂志。

4. 我们发现调查对象与子女使用达语的比例比较高,居然要高于与配偶使用达语的比例,也高于与兄弟姐妹使用达语的比例。这从一个方面反映了作为散居村落的达斡尔人普遍希望并鼓励下一代很好地掌握达斡尔语,以使自己的本族语得以流传的母语态度。

5. 由于特殊的村落人口分布格局和语言关系,该村大多数达斡尔族的语言态度和文化观念较其他达斡尔族村落显然要开放许多。

6. 村内少数达斡尔族青少年已转用汉语,此类人的数量及使用汉语的深度有别于莫旗其他居住格局的达斡尔族村落。

第六节　尼尔基镇语言使用状况

一　前言

城市化带来的不仅是城镇人口和城市规模的变化以及社会经济结构的调整,城市化还将引起民族成分、民族关系、价值观念、伦理道德、社会习俗和生活方式、文化生活、心理意识等的一系列变化。

尼尔基镇作为莫力达瓦政府所在地城市化的进程开始得较早,城市化气息也较为浓厚。对尼尔基镇达斡尔族语言现状的调查研究可提供城市化进程对少数民族语言影响的典型样本。

截至 2005 年底,尼尔基镇的总人口为 85190 人,其中汉族人口为 64206 人,达斡尔族人口为 8891 人[①]。为了全面准确地了解尼尔基镇达斡尔族的语言使用情况,调查采用了人类语言学的田野调查法,调查以问卷为主,辅助以观察、访谈、语言能力测试等。调查样本均来自莫力达瓦达斡尔自治旗尼尔基镇各单位各行业的达斡尔族双语人。调查组在尼尔基镇达斡尔族中共发放问卷 180 份,回收 149 份,有效问卷 143 份。问卷均为自填。填表时间为 2006 年 4 月 27 日至 2006 年 4 月 29 日。

[①] 数据来自莫力达瓦达斡尔族自治旗公安局 2005 年民族人口统计报表。

二 调查样本的情况

在城市化进程中,城市中的人口、性别、年龄结构以及职业、文化程度等因素都会对语言的选择及使用产生重大的影响。所以在本次调查中,我们首先对样本的这些基本情况进行了详细的调查,这些数据对下面的分析将会有重要的参考价值。

1. 性别:调查样本共143人,其中男性71人,女性72人,各占50%。
2. 年龄:从11-60岁以上均有覆盖。

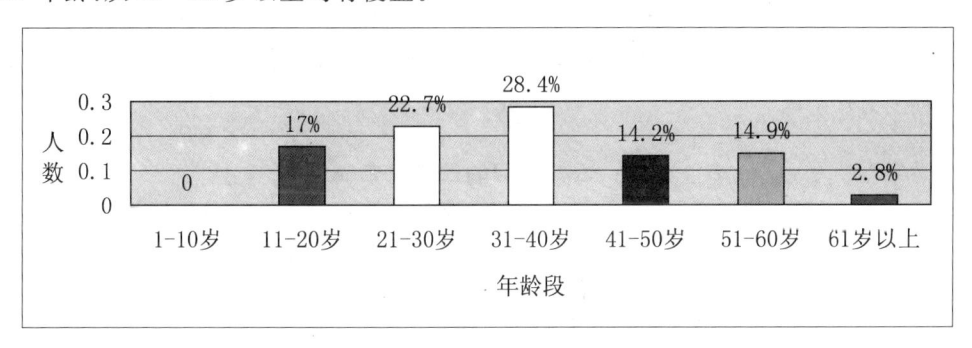

图3-42 样本年龄段情况

3. 职业:学生占19%,公务员占55%,其他占26%。
4. 文化程度:初中文化程度为20%,高中为16%,高中以上为64%。
5. 居住情况:89%的人为本地出生的原住居民。

从以上数据中可以看出:本次抽样男女性别比例各占样本总数的一半;年龄段从10岁以上到60岁以上都有所覆盖,其中,21-40岁的人数最多,占样本总数的51%;职业中公务员占53%,其他多为自由职业者如商人等;文化程度中64%为高中以上,程度普遍较高;另外,89%的人为出生在尼尔基镇的达斡尔族居民。

三 样本数据统计与分析

(一)城市化中的达斡尔语的社会功能

1. 家庭内部交际用语

表3-74 家庭内部交际用语的情况

	民族		使用语言		
	达族	其他民族	只用达语	只用汉语	汉语和达语
祖父辈	118(88%)	16(12%)	91(67.9%)	26(19.4%)	17(12.7%)

父辈	155(80%)	38(20%)	98(50.7%)	47(24.4%)	48(24.9%)
配偶	42(65%)	23(35%)	23(35.4%)	23(35.4%)	19(29.2%)
兄弟姐妹	13(100%)	0	3(23.1%)	5(3.5%)	5(38.5%)
儿辈	57(90%)	6(10%)	11(15.1%)	32(43.8%)	30(41.1%)
孙辈	5(71%)	2(29%)	1(14.3%)	4(57.1%)	2(28.6%)

由表3-74的数据可以看出，尼尔基镇达斡尔族家庭成员组成方面有以下特点，在祖辈和父辈中达斡尔族均占到80%以上；配偶中，其他民族的比例增加较为明显；在儿孙辈中达族比例超过70%以上。这表明在尼尔基镇的达斡尔族家庭中，族际通婚现象在年轻一代中已经较为普遍，由此造成的影响就是在家庭内部达斡尔语使用比例随着年龄与辈分的降低而降低，而汉语和达-汉双语的使用比例则随之上升。随着辈分变小，家庭中只用汉语的比例逐渐增大，双语使用比例则在儿子辈达到了最大，只使用汉语的比例在孙子辈中达到了最大。

2. 社区交际用语

表3-75 达斡尔语的使用场合及其频率

	只使用达语	大多使用达语	经常使用达语	较少使用达语	偶尔使用达语
在家里	15(14.4%)	32(30.8%)	26(25%)	26(25%)	15(14.4%)
在村里	13(16.5%)	16(20.2%)	18(22.8%)	14(17.7%)	18(22.8%)
在工作单位	3(3%)	10(10.1%)	8(8.1%)	30(30.3%)	48(48.5%)
在集市上	2(2%)	6(5.9%)	11(10.8%)	30(29.4%)	53(51%)
见面打招呼时	4(3.9%)	14(13.6%)	20(19.4%)	28(27.2%)	37(35.9%)
干活或工作时	2(2.1%)	12(12.5%)	16(16.7%)	27(28.1%)	39(40.6%)
平时聊天时	6(5.8%)	16(15.5%)	31(30.1%)	24(23.3%)	26(25.2%)
和人说心里话时	9(9.1%)	19(19.2%)	19(19.2%)	16(16.2%)	36(36.4%)
举行民族活动时	15(15.2%)	24(24.2%)	26(26.3%)	15(15.2%)	19(19.2%)

通过上表可以看出，在不同的场所达斡尔语的使用情况有所不同，总的趋势是，随着社会场所开放性的不断增强，达斡尔语的使用频率不断降低，在家庭里和在村里以及在举行民族活动时达语的使用频率较高，而在工作单位、在集市、在工作时和在与人说心里话时达语使用频率较低。此外值得注意的是，在所有场合只使用达语的比例都不高。

3. 尼尔基镇居民达斡尔语的接触途径

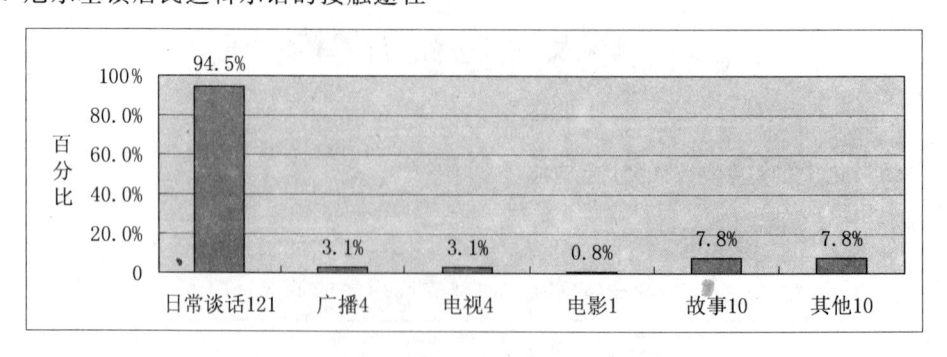

图3-43 接触达语途径

从图3-43我们可以看出，日常生活中的谈话是尼尔基镇达斡尔族接触达语的最主要途径,此外,听故事也是一个加深母语记忆的好途径。(本项为复选问题,故百分比之和大于100%,下同。)

4. 达斡尔语的保持状态

表 3-76 尼尔基镇居民对达语保持的认识

保持达语 (本题为复选题)	家庭内部使用 57 (39.9%)	学校教育 55 (38.5%)	创制文字 54 (37.8%)	其他方面 6 (4.2%)	
发展状态	很好 3 (2.3%)	一般 22 (17.2%)	弱化 67 (52.3%)	濒危 36 (28.1%)	
保持时间	很久 19 (13.3%)	三代人 29 (20.2%)	两代人 54 (37.8%)	一代人 17 (11.9%)	不知道 24 (16.8%)

从表 3-76 的数据可以看出,尼尔基镇的达族居民中认为保持达斡尔语的最佳途径是在家庭内部使用、在学校教授和创制文字,选这三项比例都在 30% 以上。

居民们对达斡尔语保持状态表现出很大的担忧,有 81% 的人认为达语现在保持得不够好(弱化或濒危),有 70% 的人认为达语将只能保持三代人以内。这些数据也从一个侧面反映出目前尼尔基镇达斡尔语的实际使用状况。

5. 尼尔基镇达斡尔族单语人及单语使用情况

作为一个与外界接触广泛较为开放的地区,尼尔基镇的达斡尔族母语单语人较为少见。

下表显示了尼尔基镇的达斡尔族母语单语人的一些基本情况。

表 3-77 达斡尔族单语人的情况

单语人数量	很多 4 (13.3%)	较多 6 (20%)	较少 10 (33.3%)	很少 13 (43.3%)	几乎没有 3 (10%)
单语人年龄[①]	50 岁以上 19 (57.6%)	40-50 岁 2 (36.4%)	20-40 岁 4 (12.1%)	10-20 岁 4 (12.1%)	10 岁以下 4 (12.1%)
单语原因	生活范围小 21 (47.7%)	与汉人接触少 16 (36.4%)	没上学 6 (13.6%)	其他 1 (2.3%)	
对他们的看法	真正的达族人 5 (16.7%)	继承传统文化 15 (50%)	符合传统习惯 10 (33.3%)		
与双语人的区别	没区别 10 (28.6%)	观念 2 (5.7%)	接受信息 13 (37.1%)	就业 10 (28.6%)	
对双语的认同感	很认同 13 (39.4%)	认同 12 (36.4%)	较认同 8 (24.2%)	不认同 0	

在尼尔基镇,达斡尔语的单语人虽然存在,但是在城市长期开放的生产、生活环境的影响下,这部分人的数量已经很少了。

达斡尔语单语人的年龄段主要集中在 40 岁以上,由于生活环境的封闭和交际范围的狭隘

---

① 本项为复选问题,有效样本数为 33 份。由于 40 岁以下语言转用者较少,我们在这道题中把 21-30 岁、31-40 岁两个年龄段合为了 21-40 岁。

等原因他们仍保持了只使用自己母语的习惯。这些单语人被认为更好的继承了达斡尔族的传统,这表现出语言在民族和民族文化中的重要地位。认为他们与双语人有区别的占样本总数的71%,100%的人都对双语表示了认同。反映了城市达斡尔人处于两难的处境,一方面,他们认为母语单语人更好地继承了民族传统,另一方面他们也深刻地认识到母语单语人在城市环境中所受到的种种限制,并对自己的双语优势有着很高的认同。

在尼尔基镇的青少年中语言转用者正在大量地增多,从某种程度上来说是城市化进程中的一种必然现象。

(二)城市化中达斡尔族的母语能力

在城市化进程中,达斡尔族的母语能力也受到了来自各方面因素的冲击与影响,发生了某些变化,表现出不同于其他居住区域语言使用类型的特点。

1. 达斡尔族母语的获得情况

一种语言是如何获得的对这种语言的能力有着非常重要的影响。一般来说,从小自然习得的语言,往往是一个人掌握最好,记忆也最深的语言,而通过学习、工作等途径学得的语言往往会带有某些方面的不足。当然,后天环境也会对语言的获得及使用产生很深的影响。这里我们先考查尼尔基镇居民母语获得的情况。

表 3-78　达斡尔语的获得情况

是否知晓	是 133(94%)	否 8(6%)			
获得时间	自然习得 115 (89.8%)	小学阶段 5 (3.9%)	中学阶段 2 (1.6%)	工作后 5 (3.9%)	其他 1 (0.8%)
获得途径①	长辈传授 101 (85.6%)	交际中 33 (28%)	学校 4 (3.4%)	其他 2 (1.7%)	
掌握程度	非常精通 25 (20.3%)	比较熟练 53 (43.1%)	一般 30 (24.4%)	不太好 9 (7.3%)	能听不会说 6 (4.9%)

样本中有94%的人通过不同的途径获得了母语能力,其中有89%的人母语为自然习得,这表明即使在尼尔基这样一个城市化开始较早的地域,达斡尔族居民仍然有着较好的语言基础。

尼尔基镇居民母语的习得途径多为长辈传授,这是因为达斡尔族没有自己的文字,达斡尔族的母语教育主要靠世世代代口耳相传。与农村聚居区不同的是,在尼尔基镇,母语获得的途径较为多样。样本显示,66%的人达斡尔语的掌握程度都在熟练以上的程度,说明杂居区的达斡尔人母语仍保持良好。同时,也有5%的样本的达斡尔语能力已经退化为"只能听懂但是不会说"的水平。

2. 达斡尔语能力的衰变情况:

随着生活和工作环境的日益开放,达斡尔语受到了来自各方面的冲击,造成了一部分人达

---

① 本项为复选问题,有效样本数为118份。

斡尔语能力的降低。

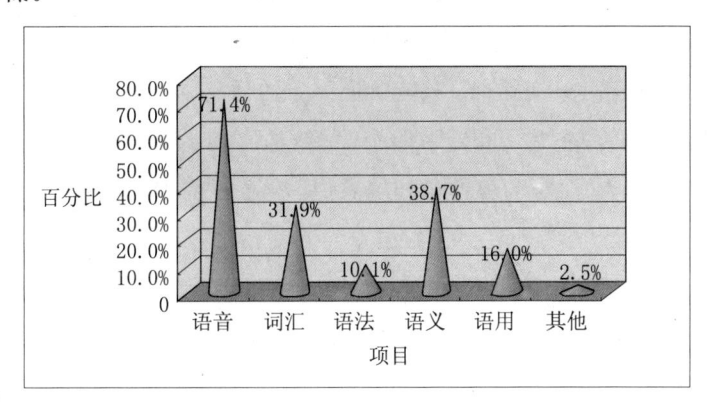

图 3-44　达斡尔语衰变情况

从上图可以看出,目前尼尔基镇达斡尔语的衰变主要集中在语音方面,其余各方面也都出现了不同程度的变化。这表明了尼尔基镇居民的达斡尔语能力正受到全面的影响。本项为复选题,样本数为 119 份。

(三)城市化中的族际交际用语

尼尔基镇作为莫旗旗政府所在地,以汉族为主的其他民族人数超过了达斡尔族人数。达斡尔族与其他各民族的人们交往十分频繁。达斡尔族作为一个较典型的全民性双语民族,族际交际用语也是一个十分值得关注的课题。

1. 城市化进程中的尼尔基镇双语场

鉴于本节的研究重点,我们在这里只考察尼尔基镇达斡尔族的双语场。

(1)第二语言的获得途径

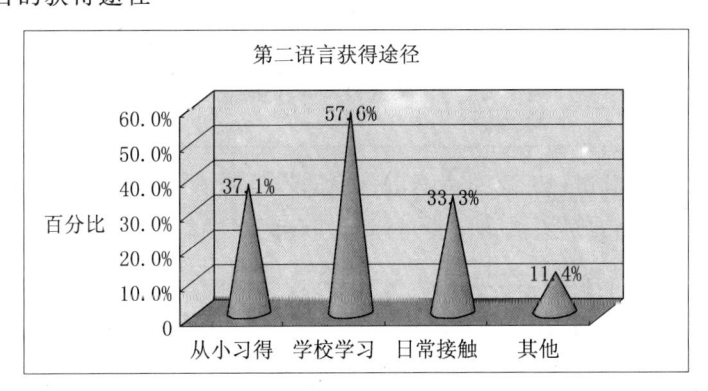

图 3-45　第二语言获得途径

本项为复选题,样本数为 132 份。我们可以看出,尼尔基镇的达斡尔双语人的第二语言主要是靠在学校中学习获得的。另外,从小习得和通过日常接触获得的比例也比其他区域要高。说明尼尔基镇的达斡尔族由于生活和工作环境的便利,获得第二语言的途径是多样的,较高的自然习得比例也显示出了他们的第二语言能力较高。

(2)第二语言能力

在尼尔基镇,达斡尔族居民的第二语言基本上为汉语,我们以下就着重分析他们的汉语能力。

我们把汉语能力分为四个等级,从高向低依次为:1.在任何情况下均能进行交流;2.能看懂电视节目;3.能进行简单交际;4.只能听懂简单的话。

同样,我们把使用汉字的能力也分为四个等级,从高向低依次为:1.能流利进行书面写作;2.能阅读报纸杂志;3.能写简单便条和填表;4.只能读简单标语招牌。

表3-79 汉语能力情况分析

汉语能力	任何情况都能交流 124(89.9%)	听看电视 11 (8%)	简单交际 1 (0.7%)	只能听懂简单话 2 (1.4%)
汉字水平	流利书面写作 117 (85.4%)	阅读报纸 19 (13.9%)	填表写便条 1 (0.7%)	只能读简单招牌 0
内部思维语言	达语 19 (13.7%)	汉语 76 (54.7%)	汉语和达语 44 (31.7%)	其他语言 0
与汉语母语人的差别	一样 109 (80.7%)	有些不同 23 (17%)	很大不同 3 (2.2%)	完全不同 0

上表的数据显示,汉语、汉字能力处于高级阶段的样本数都在85%以上,这一比例是非常高的。

有54%的双语人习惯于汉语思维,双语思维的比例也高于达语思维的比例。这说明,在尼尔基镇的双语人中,使用汉语的比例明显超过了达语。

认为自己的汉语水平与汉语母语人完全一样的达81%,这与我们在其后的访谈和观察中得出的结论是基本一致的。由此可以断定,尼尔基镇达斡尔族居民的汉语能力处于一个较高的水平。

表3-80 与汉语母语人汉语能力差异的对比分析

与汉语母语人差别	语音 41 (38.3%)	词汇 12 (11.2%)	语法语义 9 (8.4%)	语气态度 10 (9.3%)	思维方式 10 (9.3%)	完全一样 47 (44%)

从上表的对比可以看出,达-汉双语人的汉语能力与汉语母语人的汉语能力差别主要集中在语音方面,这可以看出双语人的语音受母语负迁移的影响较大且较难改变。由于杂居区的特殊情况,有36%的人选择了与汉语母语人"完全一样"这一选项,这也说明了尼尔基镇的达族双语人的汉语水平相当高,并且数量较多。

(3)双语使用场所的分析

表3-81 双语交际场所

双语使用场合	家庭	工作单位	村里	集市	其他场合
	99(79.8%)	61(49.2%)	40(32.3%)	24(19.4%)	26(21%)

从上表可以看出,在杂居区双语使用的主要场合是家庭,另外工作单位这种相对封闭的社区也是双语使用较多的一个场所。越开放的场所双语使用频率越低,汉语使用的比例随之升高。进一步了解可知,在村里使用达斡尔语单语交际的比例高,而在集市上使用汉语进行单语

交际的比例高。

(4) 双语场中族内不同交际对象的交际用语

在双语场中,双语人在与不同年龄、不同地位、不同关系、不同职业的人进行交际时选择的语言是不同的,我们考查的是在与本民族不同语言使用类型的人进行交际时,达斡尔族双语人的双语使用情况。

表 3-82 双语交际对象

	爷爷辈	父辈	同辈	儿子辈	孙子辈	同辈或较亲近的人	20岁以下的人	政府人员	同事	卖东西的人
只使用达语	65 (73%)	48 (51.1%)	28 (27.5%)	6 (8.2%)	2 (13.3%)	21 (22.6%)	4 (4.7%)	5 (6.6%)	7 (8.6%)	3 (3.7%)
只使用汉语	4 (4.5%)	6 (6.4%)	16 (15.7%)	18 (24.7%)	2 (13.3%)	6 (6.5%)	19 (22.4%)	25 (32.9%)	17 (21%)	30 (36.6%)
达汉各一半	10 (11.2%)	25 (26.6%)	32 (31.1%)	16 (21.9%)	6 (40%)	31 (33.3%)	19 (22.4%)	8 (10.5%)	20 (24.7%)	5 (6.1%)
达语多于汉语	6 (6.7%)	9 (9.6%)	11 (10.7%)	3 (4.1%)	0	15 (16.1%)	4 (4.7%)	3 (3.9%)	3 (3.7%)	1 (1.2%)
汉语多于达语	4 (4.5%)	6 (6.4%)	15 (14.6%)	30 (41.1%)	5 (33.3%)	20 (21.5%)	39 (45.9%)	35 (46.1%)	34 (42%)	43 (52.4%)

从上表可以看出,即使在与本族人交际时,随着交际对象年龄的不断降低,汉语的使用比例也在不断上升。在与不同职业的人(朋友、政府工作人员、同事、生意人)进行交际时,双语中汉语的使用比例也越来越明显地高于达语的使用比例。

2. 双语熟练程度对比分析

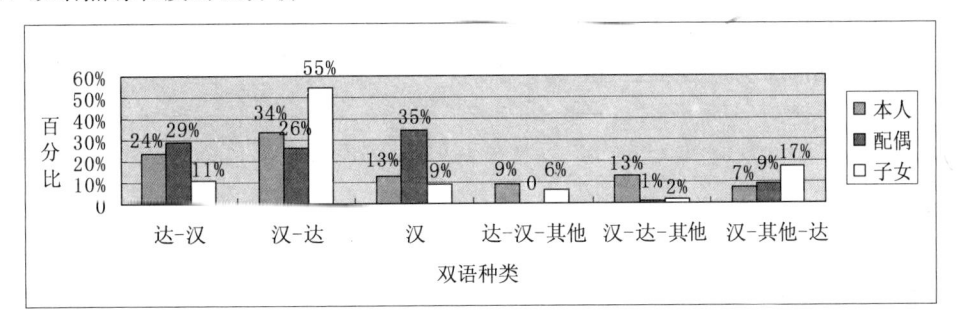

图 3-46 双语能力

从上图可以看出,本人、配偶、孩子汉语熟练程度均高于达斡尔语。

此外,在汉语单语人中,配偶占的比例很高,这也可以看出在尼尔基镇达斡尔族与汉族通婚的现象非常普遍。

在汉语单语人中子女的比例很低,这说明在尼尔基镇的达斡尔族下一代中,还大量存在着不同程度的双语人。

需要说明的是,在本图数据中的"其他"选项,多为英语。

表 3-83 文字的熟练程度

	汉字	汉-其他	其他-汉	文盲
本人	80(68.4%)	36(30.7%)	1(8.5%)	0
配偶	73(88%)	10(12%)	0	0
子女	51(68%)	24(32%)	0	0

可以看出杂居区人口文化素质较高,除了100%掌握汉语之外,还有一部分人通晓其他文字。

3. 族际交际用语

(1)达斡尔族与汉族和其他少数民族关系

表 3-84 与周围民族间的关系

与汉族关系	很好 69(53.1%)	不错 47(36.2%)	一般 13(10%)	紧张 0	很差 1(0.8%)
与其他少数民族关系	很好 70(52.6%)	不错 52(39.1%)	一般 9(6.8%)	紧张 1(0.8%)	很差 1(0.8%)

从上表可以看出,尼尔基镇达斡尔居民与周围的汉族和其他少数民族保持着良好的关系。

(2)与其他民族双语人交际用语

表 3-85 与其他民族双语人的交际用语

汉族懂达语人数	很多 15 (10.9%)	较多 22 (15.9%)	不太多 54 (39.1%)	较少 40 (29%)	没有 7 (5.1%)
与汉语双语人交际	达语 36 (26.9%)	汉语 46 (34.3%)	达语多于汉语 15 (11.2%)	汉语多于达语 37 (27.6%)	
与其他民族双语人交际	达语 48 (39%)	汉语 44 (35.8%)	其他民族语 7 (5.7%)	汉语多于达语或其他民族语 16(13%)	达语多于汉语或其他民族语 8(6.5%)
语码转换	用达语与汉语交际 31(25.6%)	转用汉语交际 67(55.4%)	对方转用达语交际 20(16.5%)	不想继续交际 3 (2.5%)	
语言认同	达语 57(43.8%)	汉语 28(21.5%)	达语多于汉语 41 (31.5%)	汉语多于达语 4 (3.1%)	

上表显示,在尼尔基镇,有一部分汉族懂得达斡尔语,与这些汉族人交际时,达族人有时会选择部分使用达语,但是总体上使用汉语多于使用达语。

与其他少数民族进行交际时,汉语多于达语和其他民族语,但因鄂温克族等达语水平也很高,所以在与他们交际时会较多使用达语。

在与双语人进行交际的语码转换问题上可以反映出达斡尔族良好的包容心态,在对方(双语人)使用汉语的情况下,有超过半数的达斡尔人会选择转用汉语与其继续交际。

在语言认同上,达斡尔族双语人还是显示出了对自己母语的热爱,有75%的双语人在交际时希望其他双语人用达斡尔语与其进行交际。也有25%的人倾向于用汉语进行交际。

(四)城市化进程中达斡尔族的语言转用

在语言接触与影响过程中,会出现语言转用这种极端的语言现象,特别是在城镇中,由于相对开放的环境和与其他民族密切的交往,较易造成语言转用现象的发生。

表 3-86 达斡尔族语言转用情况

达族汉语单语人	有 109(83.8%)	没有 15(11.5%)	不知道 6(4.6%)		
数量	很多 28 (25.7%)	较多 47 (43.1%)	很少 26 (23.9%)	几乎没有 8 (7.3%)	
年龄①	50 岁以上 2 (1.9%)	31-50 岁 9 (8.7%)	21-30 岁 53 (51.5%)	11-20 岁 61 (59.2%)	10 岁以下 37 (35.9%)
如何与汉族区分	姓名 41 (31.3%)	生活习惯 6 (4.6%)	汉语 10 (7.6%)	长相 38 (29%)	交谈 36 (27.5%)
语言与汉族比较	一样 71 (71%)	有些不同 22 (22%)	很多不同 3 (3%)	完全不同 4 (4%)	
算不算达族	可以 50 (52.6%)	不地道 39 (41.1%)	不 2 (2.1%)	不知道 4 (4.2%)	
对不会达语的同胞	理解 69 (53.9%)	无所谓 25 (19.5%)	不应该 31 (24.2%)	瞧不起 3 (2.3%)	讨厌 0

在尼尔基镇,达斡尔族转用汉语的情况较为普遍,并且人数也不在少数。转用者的年龄主要分布在 30 岁以下,30 岁以上的转用者也比其他的达斡尔族居住区要多,甚至在 60 岁以上的人中也存在着语言转用者。这说明,在城市化进程较早的尼尔基镇,语言转用现象发生得较早。

这些完全转用了汉语的达斡尔族人的语言已经与汉族一样,但是,仍能通过达斡尔族具有自己特色的哈拉、莫昆的姓名制度来作为同组织间的联系纽带(丁石庆,1998),同时也可以借助长相这个民族体貌特征与汉族人相区别。

同时,达斡尔族对转用汉语的本族人基本采取一种理解和包容的态度。

(五)语言态度、语言观念与语言

1. 语言态度对母语保持的影响

表 3-87 语言态度与母语使用

使用达语动机	适合生活交际 27 (21.8%)	母语有感情 90 (72.6%)	习惯 29 (23.4%)	周围人的影响 29 (23.4%)	为了保持达语 27 (21.8%)	不会其他语言 0

上表中的数据显示,对母语的感情是尼尔基镇达斡尔族继续保持和使用达语的主要原因。

表 3-88 家长对下一代学习母语的态度和想法

孩子不用达语	很不应该 28(22%)	不应该,无奈 74(58.3%)	适合发展 16(12.6%)	无所谓 9(7.1%)
下一代学达语	非常希望 65(53.3%)	希望 53(43.4%)	无所谓 3(2.5%)	不希望 1(0.8%)
孩子达语水平	流利交际 58(47.5%)	一般交流 59(48.4%)	简单交流 5(4.1%)	

---

① 本项为复选问题,有效样本数为 103 份。由于 30 岁以上语言转用者较少,我们在这道题中把 31-40 岁、41-50 岁两个年龄段合为了 31-50 岁。

可以看出,尼尔基镇的达斡尔族家长正面临着两难的选择:一方面,希望自己的孩子学习达语的家长有97%,并且希望自己孩子的达语水平达到一定的程度;另一方面,家长们对于孩子不会达语又很无奈,因为处于杂居区的家长更能感受到汉语的强势冲击,家长往往会因为考虑到孩子升学、就业等方面的因素而放弃对孩子学习母语的要求。

这种语言态度导致出现了两种情况:一部分家长会刻意在家庭使用和保持自己的母语。而另一部分家长会有意回避使用母语而使用汉语。

2. 语言认同与双语使用

一个民族的民族心理、语言态度往往对语言的选择和学习也起到非常重要的作用。从下表我们可以看出达斡尔族对双语的态度。

表 3 - 89

| 对双语的态度 | 很好,适应社会的发展 112(88.2%) | 没感觉 9(7.1%) | 没办法,自己也不想 5(3.9%) | 其他 1(0.8%) |
| 对双语人的态度 | 羡慕 44(32.8%) | 是件好事 53(39.6%) | 很正常 33(24.6%) | 无所谓 4(3%) |

表中数据显示,超过80%的样本对双语持肯定态度。

(六)城市化中的双语教育与文字创制的探索

如何才能对没有文字的民族开展实质性的卓有成效的双语教育,使其在城市化进程中能更好地适应时代的发展,保持本民族的文化和传统,是一个非常严峻的课题。

1. 双语教育与母语保持

我们考察了在尼尔基镇没有双语教育的情况下,孩子入学后的母语水平变化情况。

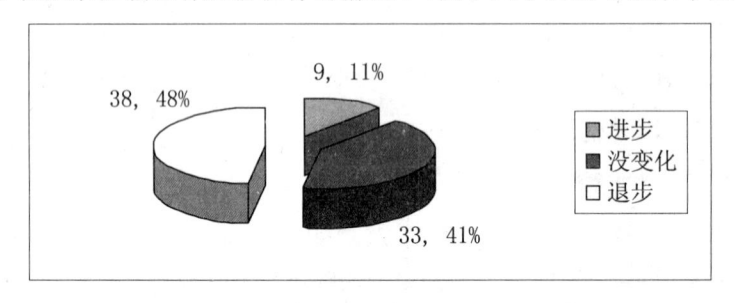

图 3 - 47

从上图中可以看出,不实行双语教育的情况下,上学后的学校环境对孩子的母语能力的影响是相当大的,有48%的家长认为孩子母语能力退步了。但是,也有41%的家长认为没有什么变化,这与达斡尔族百年来因为没有文字而一直没法进行正规的双语教育,已经形成了一种以家庭语言和社区、社团语言为母语保持手段的独特的调适机制有着密切的关系。

2. 创制达斡尔文字的考察

表 3-90

有无必要创制文字	非常有必要 92(75.5%)	没必要 12(9.8%)	无所谓 18(14.8%)	
文字形式	拉丁字母 46(61.3%)	斯拉夫字母 2(2.7%)	满文字母 4(5.3%)	其他形式 23(30.7%)
拼音文字	适合学习 54(71%)	不如满文字母 0	不如其他形式 22(29%)	
文字用途①	学校课本 48(62.3%)	牌匾标语 28(36.4%)	记录民间文学 46(59.7%)	其他 7(9.1%)

从上表可以看出,尼尔基镇达斡尔人对创制本民族文字的愿望很迫切,61%的人认为拼音文字更适合达斡尔人学习。对于达斡尔文的用途,则主要是偏重于编写教材和记录民间故事等。

四 结 语

我们通过以上田野调查取得的数据,可以归纳出尼尔基镇达斡尔族语言使用上的以下特点:

(一)尼尔基镇是莫旗政府所在地,是莫旗最大的城镇,城市化进程开始较早,且属于典型的城市杂居区。尼尔基镇的达斡尔族居民相对于农村聚居区文化素质较高,工作、生活环境更为开放。尼尔基镇达斡尔族的母语保持和母语能力呈现出以下特点:

1. 家庭内部母语保持状况总体良好,在与年长的家庭成员间进行交际时主要使用母语,但使用双语的比例也较大。以配偶为分界线,向下与年轻一代中使用汉语的比例有所增加,与儿孙辈的汉语和双语使用比例已经大大超过了仅使用母语的比例。

2. 达斡尔语作为达斡尔人社区的交际用语总体使用频率不高,并且,随着社交场所开放性不断增强,达斡尔语的使用频率逐渐降低。在开放的社区中,达斡尔语已经或正在失去其族内通用语的功能。

3. 尼尔基镇的达斡尔语保持和传承状态堪忧,有相当一部分人的母语能力出现了退化,年轻一代中转用汉语的情况比较普遍。

(二)随着城市化进程的加快,尼尔基镇的达斡尔族语言的社会功能也呈现出一些新的特点。

1. 达斡尔族居民的第二语言获得途径多样,运用第二语言进行交际的机会频繁又使得他们的第二语言能力普遍较高。并且作为第二语言的汉语的熟练程度超过了达语。

2. 人口数量、居住格局、生活和工作环境等对达斡尔族语言的选择有着非常重要的影响。在尼尔基镇,越开放的场所双语使用频率越低,汉语使用的比例随之升高。

此外,随着年龄的降低与社会关系的疏远,双语交际中使用汉语的比例也不断升高。

3. 在杜尼尔基镇,汉语是占绝对优势的族际通用语。

---

① 本项为复选问题,有效样本数为 77 份。

（三）语言的发展和使用并不是一个线性的过程,语言的非线性特征决定了对其发展的预测并不能完全采用线性的思维。

1. 在尼尔基镇的城市化进程中,达斡尔语的社会功能在不断衰减,汉语的强势势态越来越明显。但是,我们不能就简单地下结论说在城市化进程中少数民族的母语就一定会走向衰败乃至消失。因为在调查中我们了解到,也有很多从小在尼尔基镇生长的达斡尔族人,他们儿时习得的是汉语,并且一直工作生活在尼尔基镇这个汉语占优势的区域内,可是,随着年龄的不断增大,在与周围的达斡尔人的交往中,潜藏在他们内心深处的民族意识觉醒并不断加强,他们自觉地重新学习并掌握了自己的母语,并且坚定地使用并维护着她。

2. 达斡尔族是一个没有文字的民族,但是其语言和文化的传承却并未中断,强烈的母语感情和民族意识致使他们在家庭、社区保持、传承、延续着自己的语言和文化。

3. 在城市化进程中,包括达斡尔族在内的各个少数民族都将受到强烈冲击,采取任何保守回避的态度都是不明智的。我们可以从尼尔基镇达斡尔族在城市化进程中语言的选择与实践中找出城市化进程中语言演变的规律,并从中归纳和总结出应对策略,从而使我们可以更加从容面对城市化进程的挑战,共同建设和谐的语言与文化环境。

第四章 莫旗中小学校达斡尔族语言使用状况

第一节 莫旗中小学校达斡尔族教师语言使用状况

一 前言

　　任何一个语言群体内部由于各种不同的背景会造成语言使用上的差异,其中包括语言结构和语言功能上的差异,职业的不同则是造成一种语言产生变异或使用功能各异的一个重要因素。本节对腾克镇中心校、阿尔拉中心校和莫旗达斡尔族中学三校达斡尔族教师的语言使用情况进行了调查分析。试图从职业因素的角度来探讨莫旗达斡尔族语言的功能变异,进而分析作为教师的达斡尔人的语言使用特点。调查主要以位于莫旗阿尔拉镇马当浅村阿尔拉中心校,位于莫旗尼尔基镇纳文东大街的达斡尔族中学,以及位于腾克镇的腾克镇中学的达斡尔族教师作为我们调查的重点。因为这三个学校历来以招收达斡尔族学生为主,达斡尔族教师是学校的主体教师。调查过程中某些达斡尔族教师也曾说到在教学语言中达斡尔语的使用情况,但这三个学校的达斡尔族学生即使是出生并成长于农村的学生,由于从上小学起就接受汉语教育,或由于目前达斡尔族的聚居区也有不少的汉族人,他们的汉语水平比起他们的长辈们要高许多,一般上学后很快就能够适应学校的课堂汉语教学情境,因此,课堂上使用达斡尔语的情况也越来越少。

二 样本的选取及基本情况分析

(一)样本的选取

　　我们采用随机抽样调查的方法在三个学校的达斡尔族教师中进行了调查,在调查初期,我们很快就发现该群体与我们调查的其他群体在职业上的差异:因教师受教育的程度普遍较高,无论是对调查问卷的问题的理解,还是对问卷中问题的思考深度,以及填写答案质量等方面都表现出较高的水平。调查样本整体质量较高。在三个学校共收回问卷48份,均为有效问卷。

(二)样本基本情况分析

1. 性别比例:共48人,男17人,占总数的35%;女31人,占总数的65%。
2. 年龄分布情况:年龄层次主要集中在21-30岁、31-40岁、41-50岁这三个年龄阶段。
3. 居住情况:样本中85%为学校所在地出生,由于各种原因由其他地方迁入者占15%。
4. 文化程度:文化程度普遍较高,94%的人为高中以上文化程度,这与调查对象所从事的职业有关。

三 样本统计与分析

(一)母语使用情况

1. 家庭成员的民族及语言使用情况

表 4-1　　　　　　　　　　　　　　　　　　　　单位:人(%)

	民族		使用语言		
	达族	其他民族	只用达语	只用汉语	汉语和达语
祖父辈	24(92%)	2(8%)	19(73%)	4(15%)	3(12%)
父辈	55(87%)	8(13%)	35(57%)	6(10%)	20(33%)
配偶	20(77%)	6(23%)	13(46%)	4(14.5%)	11(39.5%)
兄弟姐妹	1(100%)	0	1(100%)	0	0
儿辈	31(97%)	1(3%)	13(41%)	11(34%)	8(25%)
孙辈	0	0	0	0	0

从上表可以看出,从祖父辈到孙辈,被调查者主要以达族为主,达族的平均比例为91%,其他民族比例较小;从语言使用情况来看,只用达语的平均比例为63.4%,只用汉语和汉达混用的所占比例大致相当,分别为17%和22%,并且达语使用情况与使用者的辈分之间没有规律性。

2. 个人达语的掌握情况

表 4-2　　　　　　　　　　　　　　　　　　　　单位:人(%)

是否习得	是 43(98%)			否 3(2%)	
习得时间	自然习得40 (93%)	小学阶段0	中学阶段0	工作后2 (5%)	其他1 (2%)
习得途径	长辈传授29 (42%)	交际中19 (28%)	学校12 (17%)	其他9 (13%)	
掌握程度	非常精通7 (16%)	比较熟练24 (56%)	一般8 (19%)	不太好2 (5%)	能听不会说2 (5%)

在本问卷中只有3人填写不会达语,仅占总数的2%,绝大部分人都会达语,说明达语在所调查地区的覆盖面比较广。被调查者的达语绝大多数是自然习得的,占93%,工作以后或其他途径学会达语的分别占5%和2%。虽然大部分人都会达语,但非常精通的人不多,只占总数的16%,大部分人只到比较熟练的程度,占56%,认为自己达语水平一般的人占19%,认为自己达语水平不太好的人占5%,还有5%的人认为自己只能听懂意思。

3. 个人在不同场合达语的使用情况

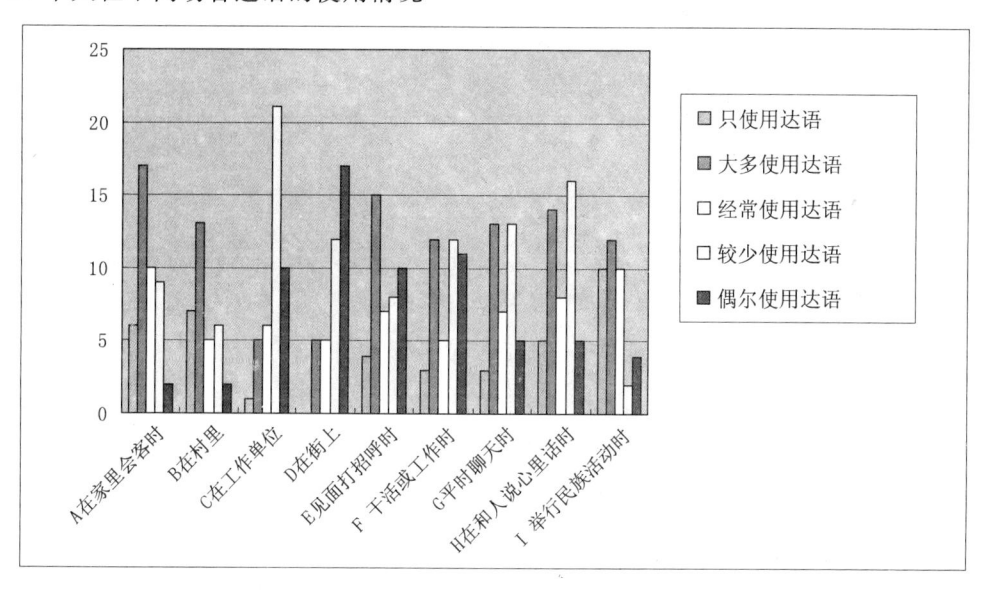

图 4-1

只使用达语的场合在举行民族活动时呈现出一个高峰,大多使用达语的状况在家里会客时呈现出一个比较高的峰,在工作单位和在街上呈现出一个低谷。而在工作单位和在街上呈现出高峰的是较少使用达语的状况。说明在较正式的场合,被调查者还是更愿意选择使用汉语。从图4-1我们还可以看到,干活或工作时、平时聊天时以及在说心里话时,大多使用达语和较少使用达语所呈现的峰值基本相当,说明在这三种情况下,两种语言都会经常使用。

4. 使用达语动机和途径

表 4-3 单位:人(%)

使用达语动机	适合生活交际 13(27%)	对母语有感情 32(67%)	因为习惯 21(44%)	周围人的影响 20(42%)	为了保持达语 18(38%)	不会其他语言 0
接触达语途径	日常谈话 42(88%)	广播 3(6%)	电视 3(6%)	电影 1(2%)	故事 5(10%)	其他 2(4%)

从上表显示的数据来看,使用达语最主要的动机是因为对母语的感情。对于教师这一特殊群体而言,他们比其他人更能理解民族语言在民族文化传承中的重要性,所以对母语的感情较之其他群体来说可能更具理性。

有88%的人认为接触达语的途径主要是日常生活,说明在该地区的日常生活中使用达语的频率还是比较高的,但在广播、电视、电影等场合接触到达语的几率非常小。此外,在故事中接触达语的比率稍高一些,说明达语的保持主要靠口耳相传的形式。

5. 达斡尔族母语单语人情况

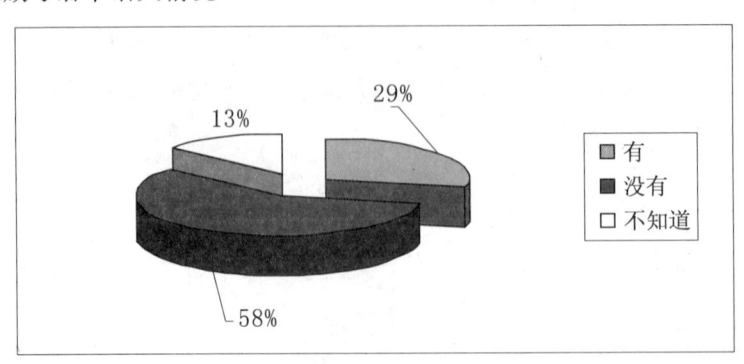

图 4 - 2

认为有达语单语人的 13 人,占 29%,认为没有达语单语人的 26 人,占 58%,不知道的 6 人,占 13%。从图中可以看出,当地的达语单语人比例非常少,绝大部分人能够熟练使用达汉双语。

下面分析关于单语人数量、成因及评价等详细情况。

表 4 - 4　　　　　　　　　　　　　　　　　　　　　　　　　　　单位:人(%)

数量	很多 1(7%)	较多 0	较少 5(38%)	很少 6(46%)	几乎没有 0
年龄	60 岁以上 11(69%)	40-50 岁 3(19%)	20-30 岁 0	10-20 岁 0	10 岁以下 2(13%)
形成单语原因	生活范围小 4(22%)	与汉人接触少 7(39%)	没上学 5(28%)	其他 2(11%)	
对他们的看法	真正的达族人 1(7%)	继承传统文化 10(67%)	符合传统习惯 4(27%)		
与双语人的区别	没区别 1(5%)	观念 5(23%)	接受信息 10(45%)	就业 3(14%)	其他 3(14%)
对双语的认同感	很认同 6(46%)	认同 5(38%)	较认同 0	不认同 2(15%)	
学习汉语的态度	非常愿意 6(35%)	愿意 7(41%)	会比不会好 2(12%)	不愿意 2(12%)	无所谓 0

对于单语人的数量 46% 的人选择很少,38% 的人选择较少,只有 7% 的人认为达语单语人有很多。认为单语人的年龄主要在 60 岁以上,占单语人的 69%,40-50 岁的占 19%,而还有一些单语人是 10 岁以下,占 13%,这说明单语人的分布状况呈两边大中间小的状态,这与社会接触有关,老人与小孩接触社会比较少,因此母语保持比较好。形成单语的原因是与汉族人接触比较少,生活范围狭窄。人们对于这样的人群民族认同感比较强,认为他们是真正继承达族传统文化的人,他们的言行举止符合达族的传统习惯。但同时认为他们与达汉双语人在接受信息上和观念上及就业上都有区别,尤其在接受信息方面有近一半的人认为会对其造成影响。我们又通过假设被调查者本人为单语人来考察他们对双语的认同感,发现不认同的人数仅占 15%,很认同和认同的人数占到了 84%。非常愿意和愿意有机会学习汉语的人占到了 76%。

6. 对达语的态度

人们对达族语言的认同感比较强,96% 的人都希望下一代人继续使用达语。

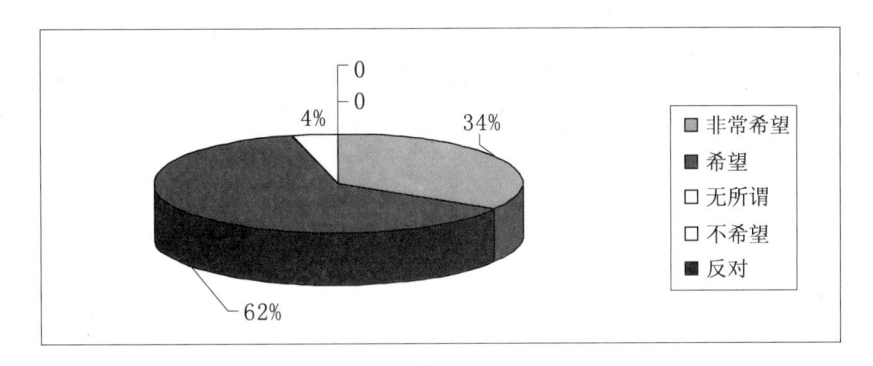

图 4-3

（二）双语使用情况

1. 多种语言和文字的熟练程度

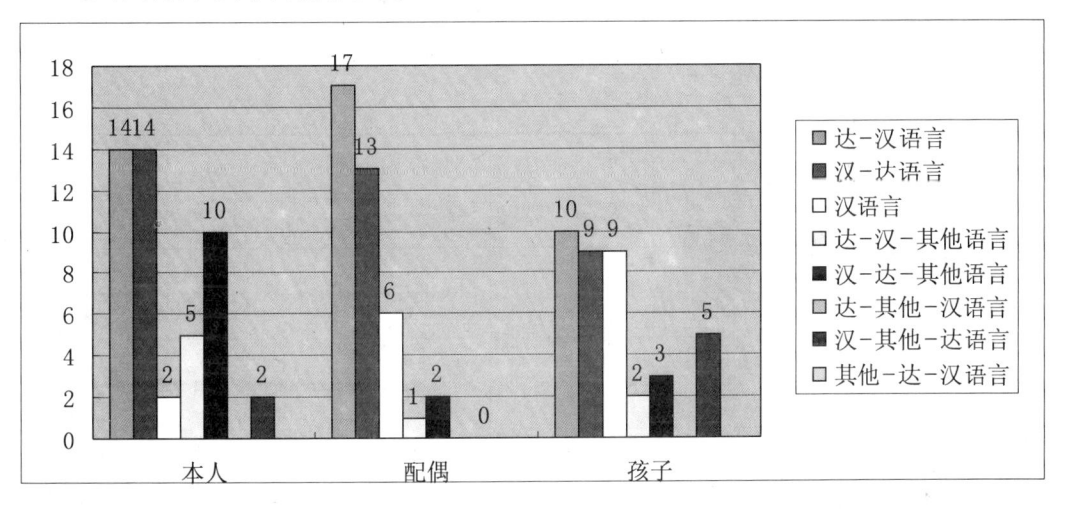

图 4-4

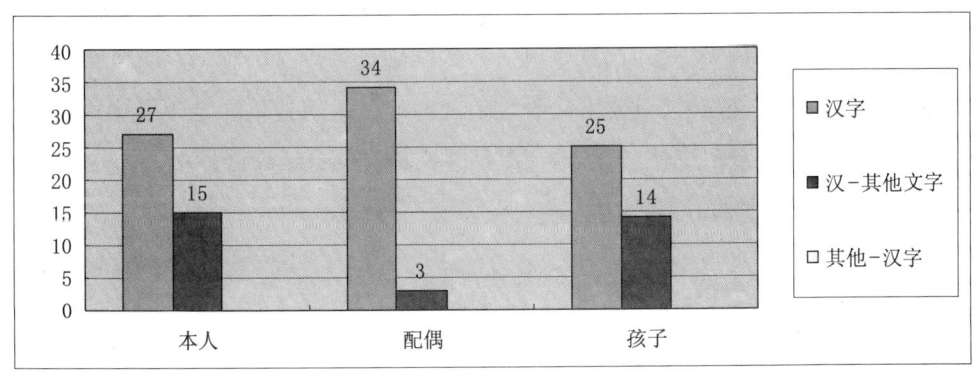

图 4-5

从图中可以看出，被调查者使用汉语和达语的情况相当，而配偶和孩子以达语为主要语言的情况较多。对于文字，本人、配偶及子女最熟练的文字都是汉字。

2. 本人的双语习得途径、使用场合及认同态度

表 4 - 5　　　　　　　　　　　　　　　　　　　　　单位：人（%）

习得途径	自然习得 19(23%)	在学校里 43(52%)	通过民族接触 17(21%)	其他 3(4%)	
认同态度	很好 47(72%)	没什么感觉 9 (14%)	没办法，自己不想这样 4(6%)	其他 5(8%)	
使用场合	家里 34(28%)	村里 41(34%)	集市里 29(24%)	工作单位 11(9%)	其他 6(5%)

双语的习得途径以学校教育为主，占 50% 以上。以自然习得和通过民族接触习得为辅，分别占 20% 以上。70% 以上的人认为兼通双语很好，非常适应现在社会发展。因为被调查者都是教师，绝大多数又是用汉语授课，所以能切身体会到双语的便利及必要。从表中可以看出，双语在家里村里和集市里的使用比例基本相当，说明达汉双语已经成为生活中的两大交际语言。

3. 家人及周围人的双语使用情况

表 4 - 6

	爷爷辈	父辈	兄弟姐妹	儿子辈	孙子辈	同辈或较亲近的人	20岁以下	政府官员	同事	生意人
只使用达语	28	20	12	7	6	4	1	1	5	1
只使用汉语	1	2	1	3	2	5	12	12	9	11
达汉各一半	1	4	11	8	13	6	3	3	7	4
达语多于汉语	3	6	8	12	7	6	6	6	6	5
汉语多于达语	0	0	5	6	6	12	13	13	11	16

从表中可以看出：在跟不同的人交谈时，被调查者所使用的语言情况很不一样。只使用达语的情况主要出现在跟爷爷辈的人交谈时，其次为跟父辈和兄弟姐妹交谈时，而跟 20 岁以下、政府官员、同事和卖东西的人交谈时，只使用达语均呈现最低谷。同样，在跟 20 岁以下、政府官员、同事和卖东西的人交谈时，只使用汉语均呈现高峰。说明达语在老年人中保持比较好，在公共场所、单位等地一般很少使用达语，在跟孙辈交谈时就会达汉语都用。

4. 汉语的使用情况

表 4 - 7　　　　　　　　　　　　　　　　　　　　　单位：人（%）

听说能力	任何情况都能交流 46(84%)	听看电视 8(15%)	简单交际 1(2%)	只能听懂简单话 0		
汉字水平	流利书面写作 44(79%)	阅读报纸 12(21%)	填表写短信 0	只能写姓名和简单的词 0	只能读简单招牌 0	只能听说不能书写 0
内部思维语言	达语 8 (16%)	汉语 26(52%)	汉语和达语 15(30%)	其他语言 1(2%)		

从表中可以看出被调查者的汉语听说能力普遍较强，有 84% 的人在任何情况下都能顺利

交流，能够流利地进行书面语写作和能够阅读书、报纸、杂志和一般公文的达到了100%，并且有52%的人用汉语进行思考，这跟被调查者的职业和他们的受教育程度有很大的关系。

5．当地达族人的汉语与汉族的汉语的差别及表现

表 4-8　　　　　　　　　　　　　　　　　　　　　　单位：人（%）

与汉语母语人的差别	一样 37(77%)		有些不同 11(23%)		很大不同 0	完全不同 0
与汉语母语人差别	语音 19 (35%)	词汇 14 (26%)	语法语义 3(6%)	语气态度 2 (4%)	思维方式 9 (17%)	完全一样 7 (13%)

从表中可以看出：当地的达族人认为自己的汉语与汉语母语人一样的人占77%，只有23%的人认为自己的汉语与汉语母语人的汉语有差别。从表中可知，这种差别主要表现在语音上。从访谈中得知，有些达族人虽然汉语表达能力很强，但由于长期在民族地区生活，加之母语影响，所以他们所说出的汉语在音调上与普通话有差别。

6．达汉双语人的达语与达语单语人的达语的差别

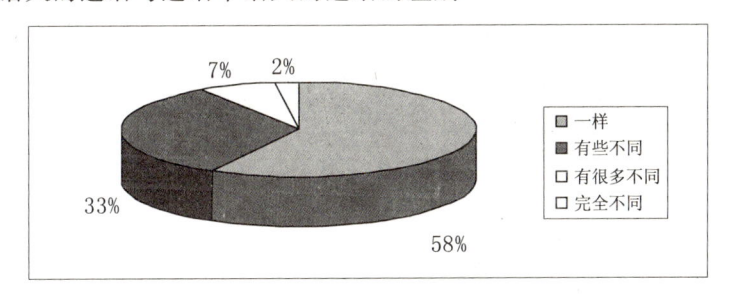

图 4-6

如图所示：认为自己的达语与达语单语人的达语完全一样的人占58%；33%的人认为自己的达语与达语单语人的达语有一些不同，但差别不大；有7%的人认为自己的达语与达语单语人的达语有很多不同，还有2%的人认为自己的达语与达语单语人的达语完全不同。

（三）语言接触与语言转用情况分析

1．与居住区内汉族和其他民族交往状况

表 4-9　　　　　　　　　　　　　　　　　　　　　　单位：人（%）

汉族数量	很多 13(28%)	较多 16(34%)	不太多 13(28%)	较少 5(11%)	没有 0
与汉族关系	很好 22(45%)	不错 24(49%)	一般 3(6%)	紧张 0	很差 0
其他少数民族	鄂温克 47(30%)	鄂伦春 31(20%)	蒙古 43(28%)	朝鲜 23(15%)	其他 11(7%)
与其他少数民族关系	很好 23(50%)	不错 22(48%)	一般 1(2%)	紧张 0	很差 0

从表中可以看出，被调查者中有62%的人认为当地的汉族比较多，当地还有很多其他少数民族，如鄂温克族、鄂伦春族、蒙古族、朝鲜族等，各个民族所占比例也相当，并且在民族关系上，无论是跟汉族还是当地的其他少数民族，近100%的人认为民族关系不错。

2．与其他民族双语人的交际用语

表 4 - 10　　　　　　　　　　　　　　　　　　　　　　　　　　　　单位:人(%)

汉族懂达语人数	很多 8(17%)	较多 21(44%)	不太多 16(33%)	较少 3(6%)	没有 0
与汉语双语人交际	达语 14(27%)	汉语 16(31%)	达语多于汉语 12(24%)	汉语多于达语 9(18%)	
与其他民族双语人交际	达语 21(53%)	汉语 3(8%)	其他民族语 10(25%)	汉语多于达语和其他民族语 5(13%)	达语多于汉语或其他民族语 1(3%)

有61%的被调查者认为当地懂达语的汉族人比较多,但即使有相当多懂达语的汉族人,当地达族人与他们交往时也基本使用汉语或使用汉语多于达语。但与其他少数民族双语人交往时使用最多的还是达语。

3. 达语的造词能力

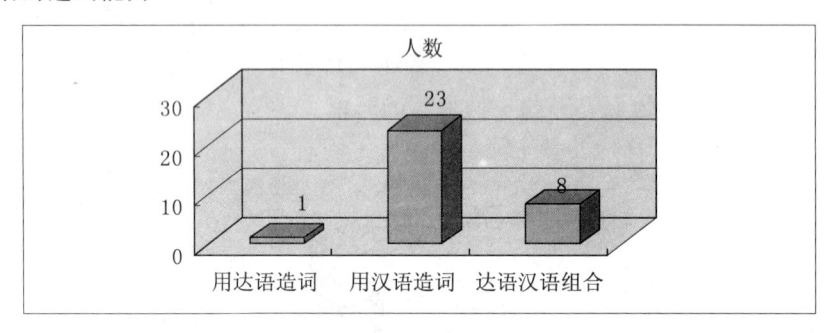

图 4 - 7

如图可以看出,如果碰到达语中没有的新词与句子时,被调查者会首先选择用汉语造词,也有一部分人会用达语和汉语组合造词,但几乎没有人会选择用达语造词,说明达语的造词能力不强,同时也反映出人们对汉语的认同。

4. 语言转用情况的考察

表 4 - 11　　　　　　　　　　　　　　　　　　　　　　　　　　　　单位:人(%)

达族汉语单语人	有 29(67%)	没有 12(28%)	不知道 2(5%)			
数量	很多 6(23%)	较多 11(42%)	较少 7(27%)	很少 1(4%)	几乎没有 1(4%)
年龄	60岁以上 0	40-50岁 1(3%)	20-30岁 8(22%)	10-20岁 16(44%)	10岁以下 11(31%)
如何与汉族区分	姓名 12(33%)	生活习惯 1(3%)	汉语 5(14%)	长相 12(33%)	交谈 5(14%)
语言与汉族比较	一样 22(79%)	有些不同 6(21%)	很多不同 0	完全不同 0	
算不算达族	可以 19(68%)	不地道 8(28%)	不可以 1(4%)	不知道 0	

如表中所示:有67%的人认为有达族汉语单语人,他们的年龄集中在10岁到20岁和10岁以下,一般通过长相、姓名和交谈能够把这些人与汉族人区别开,且有79%的人认为他们所说的汉语已经与汉族人说的汉语完全一样了。对于这些人,达族人还是对他们采取比较宽容的态度,有68%的人认为他们仍然可以算作达族人,但也有28%的人认为他们起码不是地道的达族了。

(四)语言文字观和民族态度

1. 语言态度

表 4 – 12　　　　　　　　　　　　　　　　　　　　　　　　　　　　　单位:人(%)

对达汉双语同胞	羡慕 6(15%)	很好 21(51%)	很正常 12(29%)	无所谓 2(5%)
对不愿说达语同胞	可以理解 8(17%)	无所谓 6(13%)	有些不习惯 18(39%)	反感 14(30%)
对不会说达语的同胞	可以理解 23(58%)	无所谓 7(18%)	觉得不应该 8(20%)	瞧不起 2(5%)
双语同胞与您说汉语	可以理解 11(26%)	无特别感觉 18(43%)	别扭,不舒服 11(26%)	讨厌 2(5%)
	一直用达语交谈 13(35%)	转用汉语 17(46%)	要求他用达语 6(16%)	不想再交谈 1(3%)
对双语同胞	愿说达语 20(50%)	愿说汉语 8(20%)	多用达少用汉 10(25%)	少用汉多用达 2(5%)

如上表数据所示:我们假设被调查者不会达语但遇到一个既会说达语又会说汉语的达族同胞,被调查者有一半以上表示会两种语言很好,说明他们还是非常愿意掌握民族语言的;而假设其家人或邻居中有在外打工或从事其他活动的,回到家乡后不再愿意说达语时,选择频率最高的是感到有些不习惯,其次是反感,认为可以理解和无所谓的总共只占到30%,说明被调查者普遍认为自己的民族语言不能轻易丢弃;但是对于不会说达语的达族人,被调查者则普遍采取宽容的态度,有58%的人认为可以理解。

当问及有达汉双语同胞与您说汉语时,选择频率最高的是无特别的感觉,其次是可以理解,这说明当地掌握达汉双语的人非常多,而且他们之间已不再局限于只用达语交谈,达汉两种语言都是他们的主要交际语言。在这种情况下,只有35%的人表示会坚持使用达语交谈,而有46%的人表示会转用汉语。被采访者自身对会达汉双语的达族人首选的交际语言是达语,占50%,这在前面已经说到有其习惯的原因。

2. 对下一代的母语要求

表 4 – 13　　　　　　　　　　　　　　　　　　　　　　　　　　　　　单位:人(%)

孩子不用达语	很不应该 15(33%)	不应该,但无奈 24(52%)	适合发展 6(13%)	无所谓 1(2%)
对下一代学达语	非常希望 23(55%)	希望 19(45%)	无所谓 0	不希望 0
孩子达语水平	流利交际 22(54%)	一般交流 19(46%)	简单交流 0	
孩子学习达语途径	长辈传授 33(61%)	孩子之间交流 11(20%)	学校教育 6(11%)	其他 3(5%)
孩子的达语保持	比以前进步 4(12%)	与以前没变化 20(61%)	比以前退步 9(27%)	

对于下一代人的母语要求,认为孩子不会达语不应该,但又很无奈的占到了一半以上,有52%,认为很不应该的占33%,由此可以看出,被调查者希望下一代能将达语继续保持下去。

被调查者对于下一代人学习达语的愿望还是相当强烈的,非常希望和希望孩子学习达语的达到了100%;并且希望孩子的达语水平能够进行流利交际和一般交流的总数所占比例也同样达到了100%。

对于孩子学习达语的途径,被调查者中有61%的人认为主要靠长辈传授,而对于孩子之间相互交流、学校教育等方式,被调查者并不持乐观态度;因为被调查者中有61%的人认为孩子在上了汉语学校后,达语并没有进步,甚至还有27%的人认为孩子的达语比以前反而退步了。

3. 达族人对文字创制的态度

表 4-14　　　　　　　　　　　　　　　　　　　　　　　　单位:人(%)

有无必要创制文字	非常有必要 28(68%)	没必要 7(17%)	无所谓 6(15%)	
文字形式	拉丁字母 8(38%)	斯拉夫字母 0	满文字母 4(19%)	其他形式 9(43%)
拼音文字	适合学习 15(65%)	不如满文字母 2(9%)	不如其他形式 6(26%)	
文字用途	学校课本 7(21%)	牌匾标语 4(12%)	记录民间文学 22(65%)	其他 1(3%)

以上反映了达族人的文字观,认为应该给达语创制文字的占 68%,有 43% 的人认为可以采取其他形式,38% 的人希望采用拉丁字母的文字形式;对于现在的达斡尔族的拼音文字有 65% 的人认为适合达族人学习使用。对于文字的用途,一半以上的人希望能够用它来记录民间文学故事和在学校课本中使用。

4. 对民族态度的考察

表 4-15　　　　　　　　　　　　　　　　　　　　　　　　单位:人(%)

与异族结婚是否影响夫妻感情	不会 32(76%)	可能会 8(19%)	肯定会 2(5%)	
对孩子配偶其民族的希望	达族 19(44%)	汉族 1(2%)	其他民族 2(5%)	无所谓 21(49%)

教师们的婚姻观念比较开放,只有 19% 的人认为达族人与其他民族结婚可能会影响夫妻感情,有 5% 的人认为一定会影响,而 76% 的人都认为与异族结婚不会影响夫妻感情。在当地,各民族互相通婚的现象非常普遍,形成了他们比较开放的婚姻观念。不过还是有 44% 的人希望自己孩子的配偶能够是达族,但有 49% 的人对此问题抱开放的态度,认为无所谓。

四　结　语

从以上调查数据可以看出,莫旗教师的语言使用和语言态度等特点十分显著:

1. 普遍来说,由于大多数教师出生于莫旗这片土地,他们自小耳濡目染,受到达斡尔族传统文化的熏陶,在这样一个良好的母语氛围中习得了达斡尔语。因此,当他们长大成人后,即使离开了母语环境,也照样很好地保持了母语能力。何况样本中绝大多数至今仍身处他们从小生长的地区,母语能力不仅没有衰减,反倒由于平时一定的使用频率,还有了一定的提高。同时,由于接受汉语教育时间较长,他们也较早和较深地接受了汉文化影响,并由于职业特点,在汉语书面语水平上高过其他职业的达斡尔族群体。可以说,他们是达斡尔族中水平较高的达汉双语人。

2. 由于较高的文化程度,他们一般都具有较强的语言认同意识,无论对母语还是对汉语都具有较为客观的科学态度和清醒的理性认识。在家庭氛围中,可以尽量营造母语环境,也能够清醒地认识到汉语作为中国各民族的族际用语和在各方面的重要地位。同时,他们对达斡尔族文化的传承和发展关注程度高于民族内部其他群体。他们对自己的民族文化如何继承和保持,以及如何发展,都有较多的甚至是较为独特的看法。

3. 作为教育工作者,莫旗达斡尔族教师更多的是关注教育领域的问题。教师们提出了许多非常具有针对性的建议和意见,其中包括对莫旗达斡尔族母语教育方面的某些较为实用的具体措施。同时,也清醒地认识到少数民族应自身加强和提高整体素质,继承和发扬传统文化中的优秀成分。另外,出于职业的敏感,绝大多数教师都建议尽快制定达斡尔族文字并大力普及,以使达斡尔族语言与文化得以传承和发展。

第二节 莫旗达斡尔族中学生语言使用状况

一 前言

学生是语言使用的一个特殊群体。他们的民族语言使用程度、使用范围、熟练程度及对民族语言的态度往往关系到这个民族的语言的未来发展趋势。此外,他们对本民族的语言还起着传承的作用,对于达斡尔语这种没有文字的语言来说情况更是如此。那么当前达斡尔族学生本民族语的保持现状如何？表现出哪些新的特点？其汉语的使用情况又如何？达斡尔族学生双语的形成原因是什么？对这些问题的关注促使我们对达斡尔族学生语言使用情况及特点进行了调查,并在调查结果的基础上进行了分析。

二 调查的实施及样本的选取

我们调查的对象是三所学校的在校生,这三所学校是阿尔拉中心校、腾克镇中学、达斡尔中学。阿尔拉中心校在莫旗阿尔拉镇马当浅村,学校现有369名学生,13个教学班。达斡尔中学位于莫旗尼尔基镇纳文东大街,现有32个教学班,1740名在校生。腾克镇中学位于腾克镇。我们采用的方法是问卷调查,调查问卷有少数是学生在监督下自填,绝大多数是和调查人配合而共同完成的。

本次调查共收回有效问卷132份。分别的阿尔拉中心校的22份、腾克镇中学18份、达族中学92份。其中,初中生111人,小学生21人。因为所有问卷题目均为汉文,有些问题对小学生来说,理解起来稍嫌困难,会影响到我们问卷的效度,因此我们没有大范围地选择小学生,而以中学生为主。

三 样本的统计与分析

(一)学生的双语情况

我们通过调查发现,达斡尔族学生中达汉双语人的比例高达94%,只有8人是不会达语的。这些双语学生在不同的场合随交谈对象的不同而选择使用哪种语言或交替使用两种语言。我们从下表中可以看出来:

表 4-16　　　　　　　　　　　　　　　　　单位:人(%)

	学生和他们交流时使用的语言		
	达语	汉语	汉语和达语
爷爷辈	173(69.8%)	42(16.9%)	33(13.3%)
父辈	131(57.2%)	35(15.3%)	63(27.5%)
兄弟姐妹	16(44.4%)	8(22.2%)	12(33.3%)

表 4-16 显示学生在家庭环境中和不同的人交流时选择使用达语、汉语或达汉语兼用及各种语言的使用比例。

事实上,达斡尔族是一个全民双语型民族,他们兼用多种语言的现象由来已久。

当然,达斡尔族也存在着少量的达语单语人。下表显示的就是学生对达语单语人数量、年龄层次及原因的看法:

表 4-17　　　　　　　　　　　　　　　　　单位:人(%)

单语人数量	很多 4(9%)	较多 6(13.6%)	较少 18(40.9%)	很少 16(36.4%)	几乎没有 0
单语人的年龄层次	60岁以上 15(27.3%)	40-50岁 17(30.9%)	20-30岁 4(7.2%)	10-20岁 14(25.5%)	10岁以下 5(9%)
不会其他语言的原因	生活范围狭窄 12 (20.3%)	接触民族少 19 (32.2%)	没上过学 23(39%)	其他原因 5(8.5%)	

从年龄层次看,学生认为达语单语人主要是40-60岁的人,这部分人所占的比例达58%。他们只会说达语的原因:一是没有受过教育,二是很少接触其他民族,三是生活环境闭塞。与其说是没有学会其他语言,不如说是没有必要学习其他语言。

(二)学生对自己双语能力的评价

1. 对自身达语能力的评价

从图 4-8 可以看出学生对自己达语能力的评价:

从达语的掌握程度来看,认为非常精通的有23人,占19%,认为比较熟练的有67人,占53%。如果我们不严格区分精通和熟练,那这个比例就会达到72%。还有19%的学生认为自己掌握得一般,另有少数人(9%)认为自己掌握得不好。当然我们不排除存在着学生自报偏高的情况。但无论如何,多数学生对自己的达语能力总体上是认可的。

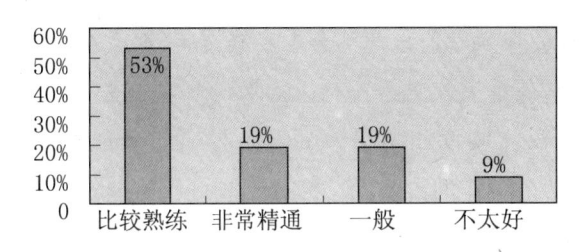

图 4-8

我们的调查结果显示,莫旗地区的达语的确是保存得比较好的。这个地区除了主体民族达斡尔族以外,还有汉族以及鄂温克族、鄂伦春族、蒙古族、朝鲜族等其他少数民族。不仅这些少数民族兼用达语,而且散居的汉族也有一部分说达语。达斡尔语在莫旗地区显示出顽强的生命力。

2. 对自己汉语能力的评价

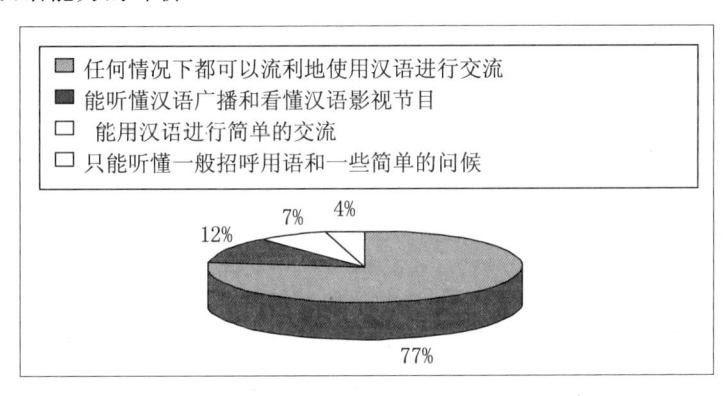

图 4-9

被调查人对自己的汉语能力基本上也是认可的。从上图中可以看出来,他们绝大多数人(77%)认为自己在任何情况下都可以流利地使用汉语进行交流,只有4%的学生认为自己的汉语能力不行。汉语程度好大概和他们从小就接受汉语文教育有关,以至于大多数学生不仅使用汉语交流而且已经习惯于在思考问题时也用汉语或达语汉语同时使用。越来越普及的汉语文教育使大多数同学自信地认为自己的汉语和汉族人说的汉语没什么区别。然而在调查中我们也发现约有1/3以上(35%)的学生认为自己的汉语还是和汉族人说的汉语不同。这种不同表现在:语音和声调方面、说话的语气和态度方面、用词的难易程度方面以及达汉语的语码转换方面(说汉语的时候不小心说出达斡尔语)。双语人在习得第二语言时,其水平很难达到母语人的水平。

3. 双语的不平衡性

对双语人来说,其两种语言的能力不是均衡发展的,其中一种语言的发展要好于另一种语言。也就是说,其双语能力是不平衡的。这种不平衡性主要表现在四个方面:

①双语单文型(没有把英语考虑在内)。达斡尔语是没有文字的语言,而汉语是有文字的,所以学生们掌握的是两种语言,一种文字。这和国内有文字的少数民族情况是不同的,有文字

的少数民族,一般来说即使在入学前孩童不会本民族文字,那么在小学阶段开设的民族语文课程也会让少数民族学生掌握本民族文字。对达斡尔族学生来说,他们没有本民族文字可学,他们入学后学的是汉文,用汉文阅读和书写。所以他们对自己的汉字能力是肯定的(见表4-18),能利用汉字进行书面语写作的占66%,能阅读书、报纸、杂志和公文的占近23%,两者相加达到近90%。这种双语单文型和以前的达族双语人也是不同的,以前许多达族人也同时能用达汉语两种语言进行交流,但许多人是看不懂汉文的,更谈不上用汉文书写了。再就是有些老人,他们的双语单文情况是能用达汉语交流,看不懂汉文,但能看懂满文。

表4-18 学生的汉字掌握水平　　　　　　　　　　　　　　单位:人(%)

能很好地进行书面语写作 88(66.7%)	能阅读书、报纸、杂志和一般公文 30(22.7%)	只可以用汉语填表和写信 7(5.3%)
只能写自己的姓名和简单的词 4(3%)	只能读简单的标语或商店的招牌 3(2.3%)	只能听说不能读写 0

②两种语言能力的不平衡性。尽管大多数学生能用两种语言进行交流,但他们对这两种语言的掌握程度是不一样的。学生们掌握的多种语言的熟练程度排列如下:

达、汉(29%)-达、汉、其他(28%)-汉、达、其他(23%)-汉、达(11%)-汉(6%)-汉、其他(3%)。这里的其他语言,指的是英语。对大多数学生来说,掌握的最熟练的依然是自己的母语。换句话说,达语好于汉语的比汉语好于达语的学生多。

③同为双语人,其母语水平的不平衡。也就是说,都是达族学生,但他们的达语水平也有差异。造成这种不平衡的原因一是因居住地和来源地的不同。来自农村的达族学生其达语水平比城镇学生的达语水平高。我们在调查中发现,腾克镇学生的达语说得比较好,只有一个学生达语说得一般,经过调查我们发现,这个学生的妈妈不是达族。在达族中学,来自腾克的学生的达语水平也比周围同学高。而达斡尔中学位于尼尔基镇,这个镇已经不属于农村了。达族中学的学生中,达语说得比较好的以来自农村的居多。原因二是和家庭环境有关,比如我们在调查中发现有个学生达语很一般,这个学生的爸爸是教师,妈妈是公务员,因此很可能他们在家庭中以说汉语为主。还有个学生只能听不能说,这个学生的爸爸是满族,妈妈是鄂温克族,外婆是达族,严格说来,他已经不是达族了。有趣的是,达语不太好的这些学生普遍认为自己的汉语水平很高。一种语言使用熟练与否,与使用该语言的环境密切相关。缺乏语言的使用环境,则该语言必然要弱化、退化。

④双语使用的不平衡性。双语人并不是平均使用两种语言。他们在不同的场合使用两种语言的概率是不一样的。(见表4-19)

表4-19　　　　　　　　　　　　　　　　　　　　　　　　　单位:人(%)

	只使用达语	大多使用达语	经常使用达语	较少使用达语	偶尔使用达语
在家里	29(23.6%)	43(35%)	28(22.8%)	10(8.1%)	13(10.6%)
在村里	24(21.1%)	45(39.5%)	25(21.9%)	11(9.6%)	9(7.9%)

在学校	1(1.3%)	6(7.8%)	3(3.9%)	36(46.8%)	31(40.3%)
在集市	5(4.7%)	8(7.5%)	5(4.7%)	38(35.5%)	51(47.7%)
见面打招呼	23(19.2%)	22(18.3%)	10(8.3%)	29(24.2%)	36(30%)
干活时	17(15.5%)	15(13.6%)	23(20.9%)	16(14.5%)	39(35.5%)
平时聊天时	12(10.3%)	33(28.4%)	22(19%)	23(19.8%)	26(22.4%)
说心里话	30(25.2%)	24(20.2%)	16(13.4%)	20(16.8%)	29(24.4%)
举行民族活动	27(23.7%)	32(28.1%)	27(23.7%)	12(10.5%)	16(14%)

上表显示的是在不同场合使用达语的人数及百分比。我们看到，在家里、在村子里、举行民族活动时，使用达语居多，在学校和集市上以及打招呼时、干活时以使用汉语居多。我们可以得出一个大致的结论：在相对封闭的场合，以使用母语为主，在开放性的场合，以使用汉语为主。在聊天和说心里话时，使用汉语和使用达语是差不多的，或许这取决于聊天的内容，说话人的亲密程度，谈话的私密程度，谈话的地点等因素。

（三）达斡尔族中学生的母语习得及保持原因考察

1．习得时间

从习得达语的时间上来看，有93%是从小就会的，因此这种习得是靠口耳相传和在交往中自然习得的。数据的统计结果也证明了这一点：认为靠长辈传授的有88人，占63%，在和本族人交往中学会的有49人，占35%，两者合计占98%。事实上，在母语习得的过程中，这两者往往是不可分的。（见下图）特别是对没有文字的民族来说，言传身教是尤为重要的，在教会孩子语言的同时，也让他们了解、继承了本民族的历史、传统、文化、道德和习俗。

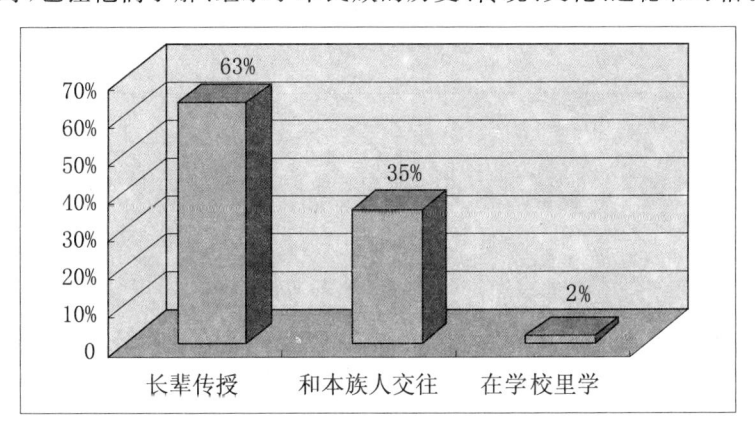

图4-10 达语的习得途径

2．达斡尔族中学生母语保持较好的原因

①对本民族的认同感，有强烈的传承本民族语言的意识

a．一种语言能否保持下来，和语言的情感价值不无关系

语言自身蕴涵着丰富的情感价值。比如我国的客家人就有"宁卖祖宗田，不卖祖宗言"的说法，他们不管到什么地方，都一直顽强地沿用方言乡音。试想，如果一个人不爱自己的语言，对母语没有任何感情，他是不会积极主动地有意识地保持一种语言的。有些少数民族地区的

青少年因为本民族社会经济发展相对落后,觉得说本民族语会被人看不起,所以不愿意学,不愿意在外人面前说,这种情况持续下去,必然会引发母语的弱化甚至消失。

达斡尔族青少年对本民族语言有强烈的认同感。我们曾就学生使用达语的动机做了调查。

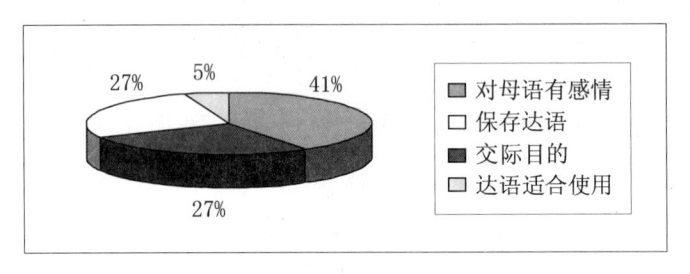

图 4-11 使用达语的原因

有41%的学生认为使用达语是出于对母语的热爱,甚至还有27%的学生认为,是为了保持母语。也正因为如此,他们对打工回来不再说达语的同胞总觉得不习惯,甚至感到反感。当他们面对达汉双语人时,更希望是用达语而不是用汉语交流。

b. 对下一代学习达语的态度

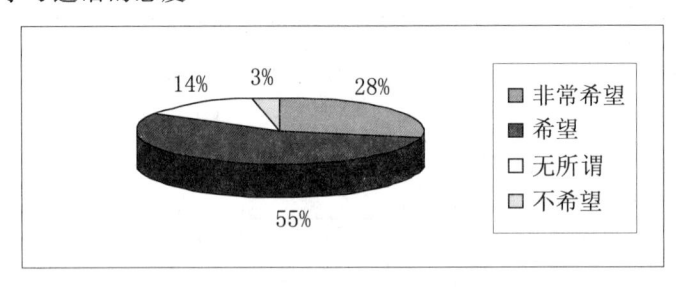

图 4-12

当被问及希望不希望下一代学达语时,有28%的学生回答说非常希望下一代学习,还有55%的学生回答说希望下一代学习,这样两者合计占83%。没有一个学生反对下一代学达语。他们不仅希望自己的孩子学达语,而且希望他们学好。在他们看来,对孩子发展最重要的语言是达语,其次才是汉语或其他语言。他们认为,达语是自己的母语,为了继承达族的传统文化,身为达斡尔人应该而且必须会达语。

c. 如何保持达语

当被问及如何才能更好地保持达语时,大多数学生认为必须在家庭内部使用达语,这是保持达语的一个重要途径。事实上不仅对达斡尔语是这样,对其他少数民族语言也同样。有学者的研究已经注意到这一点了[1]。还有的学者认为"无论儿童在什么地方上学,都应该使用母语或家庭语言"[2]在母语的保卫战中,父母作为儿童母语主要的甚至是唯一的输入来源,他们

---

[1] 于善江《从奥克兰华人日常对话看语码转换和母语保持》语言教学与研究,2006年第4期。
[2] W.F.麦凯等《双语教育概论》严正、柳秀峰译,光明日报出版社,1989年。

在家庭环境下的语言选择以及他们与孩子交谈时采用的策略,对母语保持将起到决定性的作用。对达斡尔语这种没有文字的语言来说,更是如此。如果孩子在上小学前没有学会达斡尔语的话,换句话说,如果父母在家庭内部不使用达语并且不对孩子说达语的话,那么孩子以后学会的可能性就很小了。因为从小学开始,他们就要接受汉语文教育了,不可能像有文字的民族那样上民汉双语课程。这对达斡尔语的保持是非常不利的。所以有的学生提出建议希望学校要专门开设达语课,而且要尽快地为达斡尔语创立文字形式。

d. 对达语单语人的看法

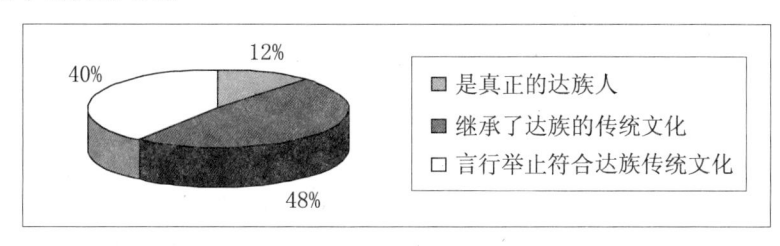

图 4-13

学生对达语单语人的看法也反映出他们对母语和传统文化的感情。他们认为达语单语人继承和代表了达族的传统文化,是真正的达族人。

② 莫旗采取积极的措施来保护达语

一种语言能否保持下来,仅靠民间自发的努力是不够的,必须要有当地政府各级部门的鼓励、参与和支持。学校是保持达语的一个有力阵地。在达族中学,我们看到,为了弘扬和挖掘民族文化,开展了一系列校园文化建设,这些活动包括:用达语演讲和讲故事比赛,达斡尔族歌曲演唱比赛等等。莫旗广播电视台还每天早晚用达汉两种语言播放莫旗新闻。莫旗还有达族学会,致力于研究达族语言文化,学会还定期出版刊物。这些措施无疑对保护达族语言起到了积极的作用。

(四)达斡尔族学生的第二语言习得及原因考察

1. 第二语言(汉语)的习得

双语人获得双语的途径是多种多样的,有的得于双语家庭,有的源于双语社会,有的源于学校教育。对达斡尔族学生来说,他们的第二语言(汉语)是怎么习得的呢?

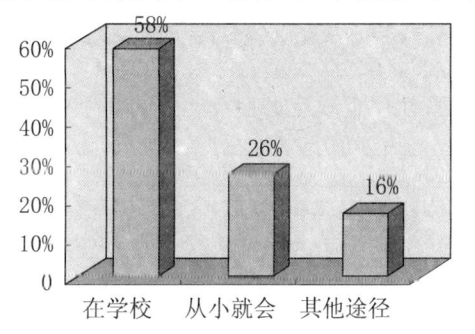

图 4-14

从表中可以看出,他们主要是通过学校教育这一途径学会汉语的。也有一部分同学是在家里学会的,有少部分同学是通过和汉族人接触学会汉语的。

2. 达斡尔族学生双语成因分析

①开放的双语观念

在调查中我们发现,学生们对双语采取了积极的认可态度。有90%以上的学生认为兼通双语是非常适应现代社会发展的。所以他们愿意再多学一门语言。(见下图)

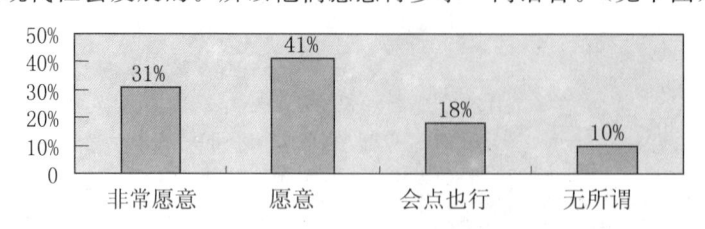

图 4-15 学习其他语言的态度

他们选择再学一门语言的理由是:单语人在上学就业以及接收信息等方面还是有不同的。(见下表)

表 4-20   单位:人(%)

单语人和双语人的区别	没区别 10(20.8%)	观念不同 7(14.6%)	接收信息不同 11(22.9%)	就业上学不同 19(39.6%)	其他不同 1(2.1%)

因为语言的社会功能的大小是不同的。人们总是愿意选择一种信息量大,使用面广的语言。汉语由于使用的人口多,历史文献多,早已成为各民族语言中的"强势语言"。[①] 这种强势语言必然影响到人们对语言的选择。汉语在族际交流中的作用越来越突出,所以得到少数民族的认可。马学良先生曾说"现在民族间的来往日益频繁,都离不开交流思想的语言……而多民族共同交际语汉语,就更为重要了。"[②] 如果说达斡尔族中学生说达斡尔语是因为语言的情感价值的话,那他们说汉语则更多地是出于实用价值。有学者研究指出:一个人能否恰当地使用某种语言……会影响他进入某些宝贵资源的制造和分配的机会,而一旦进入,就可以参与这些宝贵资源的制造和分配,因而从中受益[③]。达斡尔族学生认为学会了汉语在上学就业等方面有很多优势,这大概是他们学习汉语的主要动机。时至今日,只会一种语言在发展越来越迅速、交流越来越频繁的社会将失去竞争能力,导致巨大的生存压力。

②重视教育和人才培养

达斡尔族是文化素养深厚并注重教育的民族。达族的民族教育发展水平始终居我国各民族教育之先进行列,这与达族兼用各种语言密切相关。达斡尔族的学校教育始于17世纪70年代。达斡尔族的家长千方百计送子女入学,为了子女上学,不惜卖地、卖牲畜,或借款。这种

---

① "强势语言"的概念见戴庆厦先生《语言竞争与语言和谐》,语言教学与研究,2006年第2期。
② 马学良《维护母语发展历史文化》贵州民族研究,1998年第1期。
③ 转引自于善江《从奥克兰华人日常对话看语码转换和母语保持》语言教学与研究,2006年第4期。

优良的教育传统,使达斡尔族涌现了一批中高级知识分子。至 1945 年,达斡尔族中等学校毕业生已达五六百名,大学生达百余名[①]。我们在调查中发现,许多中学生的父母都是初中以上学历,甚至在祖父母当中也有初高中学历的。(见下表)这在边远的农村并不多见。

表 4-21

	年龄	职业	文化
祖辈	51—60 岁的 12 人 60 岁以上的 45 人	均为农民	小学 10 人,初中 13 人,高中 5 人
父辈	31—40 岁的 71 人 41—50 岁的 71 人 51—60 岁的 8 人	农民 82 人,教师 5 人, 公务员 10 人,其他 5 人	小学 18 人,初中 56 人, 高中 8 人,高中以上 6 人

重视教育的传统使达斡尔族善于学习其他民族的语言和文化。

③民族关系融洽

达斡尔族是一个互助好客的民族,他们和周围的汉族以及其他少数民族如鄂温克族、鄂伦春族、蒙古族、朝鲜族等关系非常融洽。这种融洽的关系既有利于其他民族学习达语也有利于达斡尔族学习汉语。学生们对民族关系的评价见下表:

表 4-22　达族与汉族的民族关系评价　　　　　　　　　　单位:人(%)

民族关系	非常融洽	处得不错	关系一般	关系紧张	关系很差
人数及百分比	41(31.3%)	67(51.1%)	22(16.8%)	0	1(0.08%)

表 4-23　达族与其他少数民族的关系评价　　　　　　　单位:人(%)

民族关系	非常融洽	处得不错	关系一般	关系紧张	关系很差
人数及百分比	47(35.6%)	60(45.5%)	24(18.2%)	0	1(0.07%)

④传播媒体的发展对汉语学习的影响

随着民族地区广播和电视事业(比如村村通电视工程)的发展,加大了汉语传播的力度和速度。现在莫旗(莫力达瓦达斡尔族自治旗)有广播电视台一座,除转播中央电视台新闻外,早晚用达汉两种语言播放莫旗新闻。在达斡尔中学每周三的第 8 节利用闭路电视播放爱国主义影片,每天晚七点住宿生收看新闻联播,这些措施都推动了汉语的学习。

⑤婚姻观

达族学生认为和其他民族结婚对夫妻感情没有太大的影响。这种婚姻观势必会影响到语言的学习。事实上,达斡尔族始终提倡外婚制。与使用另一种语言的外民族通婚,容易兼用另一种语言。

---

① 资料和数据引自莫力达瓦达斡尔族自治旗志。

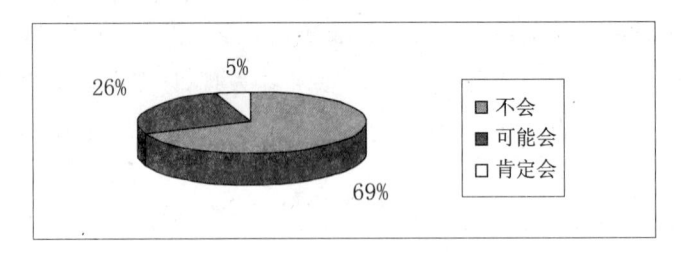

图 4-16

四　结　语

通过上文的分析,我们看到了达斡尔族学生的语言使用现状。在当今汉语这种强势语言的巨大影响下,达斡尔族学生的达语保持总体上看是不错的。但同时也有几个问题引起了我们的关注和深思。

问题一,面对达语的弱化我们该怎么办。我们曾问到学生达语的保持状态如何、达语究竟能保持多长时间,只有17%的学生认为达语保持得很好,大多数学生对达语现状并不太乐观。他们的理由是:达族儿童从小受的是汉语教育,现在在班里同学们很少说达语,只说汉语。还有些达族孩子只能听达语,而不会说达语。20世纪80年代中期,有些达族小学授课时还夹有达语,以便于学生理解,而现在学校授课几乎完全使用汉语。他们在学校没有使用达语的环境,而在家里,学生也不是常说达语,他们最常说达语的对象是家里和村里的老年人。即使在会达语的学生当中,他们的达语水平也不如上代人。许多学生认为自己的达语没有老年人说得好,因为不熟练,所以达语说得很慢。还有的学生因为达语掌握得不好,在说达语的时候常常借助于汉语,说达语的时候夹杂着汉语。这个问题不是达斡尔族这一个少数民族面临的问题,它具有普遍性。许多少数民族地区的人在掌握汉语文后,提高了文化素养,掌握了科学技术,改善了生活条件。但与此同时,母语的水平却降低了。这是一对矛盾。如何在不丢失母语的情况下双语并进,求得和谐发展,这将是今后一个时期理应认真探讨和解决的问题。因为一种语言的丢失,将会使这个民族的文化遭受不可挽回的损失。马学良先生曾说:"语言和文化是互相关联的,一个民族语言的消失,同时也意味着这个民族的文化也随之消失。这固然是一个民族文化的损失,也是中华民族整体文化的损失,而且是不可补偿的损失。"[1]一个民族的语言是这个民族整个社会和历史的表现形式。在民族文化的所有形式中,民族语言是它的使用者的最明显的标志,对民族精神的培养、民族心理的产生、民族习惯的保存和发展起到了非常重要的作用。正如德国著名语言

---

[1] 马学良《维护母语发展历史文化》,贵州民族研究,1998年第一期。

学家洪堡特所说："民族的语言就是民族的精神,民族的精神就是民族的语言,语言与民族精神千丝万缕地联系在一起。"

问题二,从学生接触达语的途径看,(见下图)他们主要是通过日常谈话和听故事。而通过听广播看电视看电影接触到达语的比例则少之又少,三者总计才10%,这告诉我们要想有效地保护一种语言,应充分利用各种媒体,扩大该语言的使用范围,加大其覆盖面。上文我们曾提到,莫旗电视台用达语播送莫旗新闻,这对达语的保持当然是有利的。但是,从播放时间长短上看,一个旗的新闻能播放多长时间呢？应该是不会太长的。仅仅靠每天播放新闻来保持达语,还远远不够。而且仅仅靠本族人来保持一种语言,力量也稍显单薄。少数民族的母语保持问题,已经不仅仅是他们自己的事情了。应该动员各方力量,为少数民族的语言保持做一份贡献。

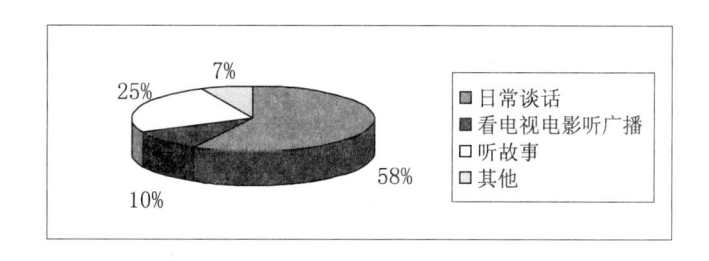

图 4-17 接触达语的途径

问题三,关于达斡尔族文字创制的问题。现代社会里,书写是越来越重要了,创立文字有助于保存达族语言和文化。在清代达族人学习满文、汉文用于记录整理传统的民族民间口头文学。有许多达斡尔族人,曾试图创制达斡尔文字,他们有的用满文拼写达斡尔语,有的以斯拉夫文为字母形式。现在所使用的是"达斡尔语记音符号",它是具有文字效用的辅助工具,对搜集记录达斡尔族文化遗产,进行达语文学艺术创作有积极的促进作用。但它毕竟不是正式的文字。我们调查发现有60%的学生认为创制文字是非常有必要的,有了文字就可以记录民间文学故事,可以编写达语教材,可以用于政府牌匾、标语等。因此要想更好地保持达语,创制适合达族人学习的文字势在必行。

达斡尔族中学生的双语现状研究只是一个个案,我们希望通过这个个案的研究,能够给其他人口较少民族提供借鉴作用。毕竟目前少数民族语言的弱化是一个普遍的问题。"而民族语文对民族发展的重要性不仅过去、现在是不可取代的,而且在今后相当长的历史时期内也是不可取代的"。[①] 有鉴于此,我们应更加重视少数民族语言,充分发挥其在各个领域里的作用。

---

① 何俊芳《也论我国少数民族的语言转用问题》,民族研究,1999年第三期。

第三节　莫旗达斡尔族中学生英语学习动机调查分析

一　问题的提出

我国少数民族不仅人口众多,而且分布很广,全国各省、自治区、直辖市都有少数民族居住,从少数民族自治区、自治州、自治县/旗到民族乡的各级少数民族自治地区的面积占全国面积的64%。在地理位置上,大多少数民族聚居区都位于经济相对落后的偏远地区。在我国现代化进程日益加快的今天,广大少数民族也正以越来越开放的态度积极加入到这一进程中来。作为与外界沟通的直接工具,汉语和外语的学习已经得到广大少数民族的重视。外语在民族地区的普及程度,将意味着外国文化、国外先进的理念和管理经验以及先进技术在当地的接受程度,从而影响该地区现代化进程的速度。从一定意义上说,少数民族地区外语教学成功与否,将对我国少数民族地区也就是对我国一半以上国土的经济发展起着举足轻重的作用。因此,研究少数民族地区英语教学规律,提高少数民族学生英语水平,其意义已经超出单纯的教学研究的范畴。

与汉族地区相比,我国少数民族地区的英语教学有着其自身的特点。首先,我国55个少数民族中,绝大多数拥有自己的语言,其中有些民族内部还同时使用两到三种语言。据调查,尽管一些少数民族已经转用汉语,但许多少数民族在生活中仍然使用着本民族语言,同时,由于生活和工作的需要,他们也兼用汉语。也就是说,这些会说母语的少数民族学生在开始学习英语之前,已经掌握至少两种语言。国外早有三语学习研究专家指出,三语习得并非在二语习得的基础上简单地加上第三语言。与二语习得相比,三语习得的过程以及人们习得三语的思维方式和认知方式都有着自己非常明显的特点。其次,从文化角度看,我国各少数民族都有着独特的民族文化,他们的宗教信仰也各有不同。这些民族自身的宗教和文化特点,在一定程度上影响着民族学生学习英语的态度,并且影响着他们的思维方式和认知方式,进而对他们的三语学习产生影响。同时,这些独特的民族文化又都不是孤立存在的,它们都浸润于一个更大范围的中华文化的影响之中。很显然,这种双语、双文化背景下的英语学习明显有别于我国主体民族汉族学生的英语学习规律。

要了解英语学习规律,首先应该对影响学习的因素有所了解。一般而言,影响英语学习成效的因素很多,从社会角度考虑,不同的社会环境和社会背景可能会对学习成效产生很大的影响;从教学的角度看,教师的语言能力、教学态度、认知水平甚至个人魅力等等都有可能导致学生习得外语成效上的总体差异;同时,教学大纲、测试机制以及教材的选用等等都可能对学生的英语学习产生很大的导向作用,从而对他们的学习成效产生巨大的影响。然而,在大体相同的社会环境下,在总体水平相差不大的教师群体的指导下,在同样的教学大纲和测试机制下,学习成效在很大程度上取决于英语学习者个体的情况,比如年龄、性格、认知能力、情感因素、学习动机和采取的学习策略等等。其中,学习者的学习动机又扮演着极其重要的角色。"学习动机不仅是促使学习的诱因,还是促使学习者不断努力的源泉。它直接影响学习者的学习策略、学习时间、学习效果乃至最终的学习结果。事实上,所有外语学习过程中所牵涉的因素,在某种程度上都以动机为前提。"(刘亚宁,2001)国内外许多二语习得的研究者都非常重视对学习者的学习动机与学习策略的研究。本节将从社会心理学和认知心理学的角度出发,通过对比的方法,对我国少数民族中学生的英语学习动机进行调查分析。

2006年五一节前后,我们赴达斡尔族聚居区内蒙古自治区莫力达瓦达斡尔族自治旗调研时,发现一个有趣的现象,当地达族群众似乎普遍认为达族学生学英语不难,甚至一些达族学生也反映他们学英语较其他同学有优势。而在与英语教师的座谈中,老师们又反映达族学生英语成绩并不突出,事实上,到汉语地区时间不长(初中一年级时才从达族聚居的乡镇来到县城尼尔基镇并开始用汉语交流)、汉语程度欠佳的达族学生,他们学习英语反而比普通学生更为吃力。很显然,这是由于英语课的授课语言主要为汉语的缘故,汉语程度不好自然会影响学生对所学内容的了解。那么,母语为达语、达汉两种语言同样流利的达族双语学生,他们的英语学习情况又如何呢?他们的双语双文化背景对英语学习是否有影响?他们的学习动机和学习策略是否自有其特点,这些特点又是否直接导致他们学习成绩的不同?他们的母语达斡尔语和第二语言汉语以及目的语英语分属阿尔泰语系、汉藏语系和印欧语系,三种语言的亲疏远近对三语习得有何影响?他们学习英语之前形成的双语能力对其思维有没有影响?如何发生影响?这些问题引起了我们的极大兴趣并促使我们将研究方向锁定在双语学生的英语学习上。

本节是对上述问题研究的第一步,即对达族双语学生的学习动机进行调查分析。

二　研究背景

20世纪50年代以来,二语习得研究者就对学习者动机研究给予了极大的关注。尤其是近一、二十年来,动机研究更是取得了长足的进步。研究者们不仅从社会心理学的角度研究学习者动机因素,而且从认知角度分析动机因素对二语习得的影响。

早年的研究从社会心理学的角度出发,确认了两个动机因素:融合性动机和工具性动机(Lambert & Gardner,1959)。所谓融合性动机,指的是学习者的学习动力来自对目标语语言本身及其文化的兴趣;工具性动机是与学习者个人前途直接相关的因素,如升学、就业等的需要。近年来,认知心理学家扩大了动机研究的视角,从心理学领域引进了更多新的动机因素。

主要有:认知需要和情感需要(Ausubel 1968;Maslow 1970);期望值和效价(Bandura 1993;Schunk 1991;Vroom 1964);目标定向(Ames 1992;Pintrich 2000);结果归因(Weiner 1979;Platt 1988);学习目的(Deci 1992;Gardner 1985;Wen et al 1997);自信心(Clement et al 1994;Horwitz 1991)和努力程度(Gardner 1985)等(文秋芳 2002)。其中期望值和效价的理论是动机心理学最有影响力的理论之一。该理论认为,个体完成各种任务的动机是由它对这一任务的期待以及对这一任务所赋予的价值(效价)决定的(秦晓晴,文秋芳 2001)。

本节根据前人的研究成果,结合本课题的研究特点,将从以下几方面对达斡尔中学达族双语学生和汉族学生的学习动机进行对比:融合性动机、工具性动机、情感需要、效价、自信心和从众心态。

三 研究方法

1. 调查对象

达斡尔中学是莫旗唯一的民族中学,位于莫旗旗政府所在地尼尔基镇(通用语言为汉语普通话)。目前有从初一至初四共 32 个教学班,学生约 1800 人,面向全旗招生,其中 50% 来自乡镇小学,50% 来自县城小学,约 60% 为达斡尔族学生,其余为汉族和其他少数民族。由于该校达族学生集中,我们将研究对象锁定为达斡尔中学学生。

考虑到初中四年级学生接触英语时间较长,对英语学习体会较深,因此本课题将研究对象锁定为初四学生,他们将于两个月后参加初中升高中的升学考试。在初四的达族学生中,有相当一部分生长于旗镇,已经完全转用汉语,不符合本课题研究范围。在总共 6 个班的学生中,共选出符合条件的双语学生 70 余人,其中 15 人做了试测,课题组在此基础上对问卷进行了必要的修改,然后请其余的双语学生回答问卷,共收回有效问卷 49 份。相应地,课题组在初四年级的几个班中也随机选定汉族单语学生 50 余人并收回有效问卷 49 份。

2. 调查工具及数据处理

调查工具主要包括两种:内蒙古呼伦贝尔盟初中升高中统一考试试卷和中学生英语学习情况调查问卷。其中内蒙古呼伦贝尔盟初中升高中统一考试试卷由呼伦贝尔盟教育局请专家设计,考察考生口语以外的各项技能的掌握情况;中学生英语学习情况调查问卷由本课题组自行设计,主要来源是美国外语学习动机研究专家 Oxford 教授的参考问卷以及我国英语学习策略研究专家文秋芳教授的相关问卷,并根据对师生的座谈、访谈以及对莫旗达斡尔族语言使用情况调查了解到的情况进行了必要的修改,个别题目汉族学生和达族双语学生的问卷有所区别,两份问卷内容基本相同,如达族学生问卷在"情感需要"部分增加了"为达族学生争气"和"将来为达族建设做贡献"两个选项。两份问卷都由两部分组成:1)学生的基本情况;2)有关学习动机的问题。除第一部分学生的基本情况外,其余采用李克特氏量表(Likert Scale)的五点评分法,分值越低表示自己对有关陈述赞同程度越高。1分为非常赞同,2分为赞同,3分为基本赞同,4分为不太赞同,5分为不赞同。

所有数据均输入电脑,运用社会科学统计软件(SPSS)进行分析,主要分析方法为描述性统计分析和T-test统计分析,对比两组数据是否有统计意义上的差异。

四 结果分析与讨论

1. 受试者基本情况如下

表4-24 调查对象基本情况表

民族	性别		学生来源		在县城居住时间	
	男	女	城	乡	五年以上	四年以下
汉族	25	24	36	13	36	13
达族	12	37	13	36	13	36

注:学生来源:"乡"指小学毕业于乡镇学校,"城"指小学毕业于旗镇小学。

从表中可以看出,两组样本性别比例差别较大,达族双语受试者女生占多数,为37人,汉族男女生各占一半;学生来源差异也较大,达族组来自旗镇的学生不到一半,汉族组36人,超过70%。

表4-25 达族学生母语水平情况

达语能力		
熟练	比较熟练	一般
22	16	11

大部分受试达族学生母语程度较好,比较熟练和熟练者为38人,约占总数的80%。

表4-26 达族受试者家庭母语使用情况

只用达语	达语多于汉语	汉语多于达语	只用汉语
19	19	11	0

所有受试者家庭均为双语环境,且大部分主要使用达语,使用达语多于汉语和只用达语的达38个家庭,约占总数的80%。

2. 受试者2006年中考成绩如表4-27

表4-27 受试者中考成绩

	平均	中值	众数	最小值	最大值	样本方差
汉族	76.5	81	68	22	114	450
达族	69.8	74	63	31	104	342.47

从成绩上看,汉族学生明显优于达族学生。这与选题确定前从民间得到的印象相左,但与

英语教师们的印象吻合。根据课题设定的计划,本节将考察达族双语学生成绩不尽如人意的原因是否与其学习动机有关。

3. 关于学习动机的数据与分析

如上所述,本节对学习动机的分析分为融合性动机、工具性动机、情感需要、效价、自我效能和从众心态六大类,它们所包括的问题如下:

表 4 - 28 受试者学习动机调查

融合性动机	1. 对英语语言本身感兴趣(9,10,12) 2. 对英语国家的文化感兴趣(2,5)
工具性动机	1. 近期目标:升学、就业的需要(1,7,8) 2. 长远需求:出国、将来专业需要(3,4)
情感需要	1. 表层的成就感:老师、家长、同学的赞许(11,17) 2. 深层的使命感:为民族、国家而学(13,14)
效价	1. 外语学习的重要性(6) 2. 外语学习的艰巨性(18)
自我效能	对外语学习的自信心(19,20)
从众心态	从众、父母要求(15,16)

(1) 描述性统计分析

按以上分类进行的描述性统计如表 4 - 29

表 4 - 29 受试者学习动机检验数据

		平均值	标准差	标准误差	T 检验 P 值(双侧)
融合性动机	汉族	2.4612	1.0434	0.1491	0.901
	达族	2.4367	0.8848	0.1264	
工具性动机	汉族	2.1276	0.7957	0.1137	0.117
	达族	1.8929	0.6654	9.51E - 02	
情感需要	汉族	2.4337	0.8065	0.1152	0.084
	达族	2.1735	0.6638	9.48E - 02	
效价	汉族	1.7857	0.9186	0.1312	1.000
	达族	1.7857	0.7569	0.1081	
自我效能	汉族	2.1531	1.0714	0.1531	0.696
	达族	2.2347	0.9901	0.1414	
从众心态	汉族	3.2755	1.3581	0.194	0.195
	达族	2.949	1.1051	0.1579	

1) 融合性动机和工具性动机:表 4 - 29 显示,两组样本的融合性动机平均值相近,都接近于 2.5,表明汉族学生和达族学生对英语语言和文化本身都有一定的兴趣,但两组学生融合性动机平均值都明显高于各自的工具性动机平均值(汉族 2.13,达族 1.89),说明两组学生的工具性动机对他们英语学习的影响都大于融合性动机。

关于融合性动机和工具性动机对成功的外语学习者的影响孰大孰小的问题,不同的研究者有不同的看法。Gardner 认为,融合性动机比工具性动机对成功的二语学习影响更显著,因为二语学习者的最终目的不仅要发展语言能力,而且要达到与目标文化的"心理融合",这样的学习者能为达到目标而坚持不懈地努力(Gardner,1985)。后来,Gardner & Mac Intyre(1991)在研究中发现,工具性动机对于外语学习的影响并不比融合性动机弱,尤其是在外语学习的初、中级阶段。Brown(2000)认为,成功的外语学习者是以上两种动机的结合(温爱英 2005)。而高一虹对中国大学生英语学习动机的研究表明,中国大学生的外语学习过程不是简单的对目的语及其所承载的文化的融合过程,而是母语与目的语的掌握、母语文化与目的语文化的理解相辅相成、共同提高的过程(高一虹 2003)。我们认为,本案中,调查对象多为在外语环境(而非二语环境)下接触英语仅 4 年的初、中级学习者。在目前中国人才成长的大环境下,这些出生并成长于偏远地区的初中学生,绝大多数人的出路在很大程度上仍取决于他们 3 年后在高考中的表现,能否考上大学和能否考上好的大学决定着他们进一步的发展。因此,不难理解,这一阶段的学习者,其学习动力更多地来自于对他们的命运息息相关的工具性动机:升学、就业和出国发展等。我们同意 Brown 的观点,即成功的外语学习者应将这两种动机有效地结合起来,使两种动机共同作用于学习者的学习过程。利用适度的融合性动机,快乐、有效地学习;在遇到困难时,调动起与自身利益关系更为密切的工具性动机,克服困难,坚持不懈。在不同的学习阶段,对于不同的语言技能的掌握,两种动机有可能表现出此消彼长的现象,所发挥的作用也可能有所不同,外语教师和学习者均应根据具体情况做相应的调整。

2)情感需要:汉族学生和达族学生情感需要一项的平均分都较低,分别为 2.43 和 2.17,都低于中间值 2.50。这表明,总体而言,处于青春期的初中生,自我意识较强,对老师、家长以及同学的评价比较关注。对达族学生而言,在他们的内心深处还有着为振兴民族而努力的强烈的使命感,这与我们调查当地民族语言使用情况及语言态度以及与师生的座谈所了解到的情况相一致。有关情感需要与学习成效之间的关系,专家们也有不同的看法。有人认为相关性不大(文秋芳 2002),也有人认为,学习者通过与他人的比较形成自我概念,并对自己的学习能力和在别人心目中的地位形成主观自我评价和意识,即自我形象。自我形象的好坏直接影响着学习者对自己学习能力的评估并进而影响学习结果。在本课题中,由于影响学生学习成绩的因素还有很多,因此不能简单地把这一因素与学习成绩进行相关性分析就妄下结论。

3)效价:所谓效价,指的是对某一任务所赋予的重要性以及对完成该任务的艰巨性的认识。表 4-29 显示,两组样本效价的平均值完全相同,都远远低于其他动机因素。很显然,两组学生都非常认同英语的重要性,也认识到英语学习并非朝夕之功。但该动机因素与学习成效是否有相关性以及如何将该动机因素转化成学习者的学习动力仍有待于进一步研究。

4)自我效能:自我效能的概念由心理学家班杜拉提出。他认为,人对自己是否能够成功进行某一成就行为的主观判断。人的行为受行为的结果因素与现行因素的影响。行为的结果因素即行为发生后所得到的反馈,这种反馈影响着学习者对自己以及对以后行为的期待(张大均 1999)。两组样本平均分均较低,总体而言,受试者似乎对自己成功完成学习任务有足够的信心。

5) 从众心态：不论是汉族组的 0.328 还是达族的 0.295,都明显高于其他因素的数值。说明两组受试者的学习目的都比较明确,并非从众行为。

(2) T-test 检验分析

表 4-30　T-test 检验

题号	1	2	3	4	5	6	7	8	9	10
t 检验 p 值	0.013	0.676	0.017	0.744	0.758	0.841	0.585	0.41	0.467	0.933
汉族均值	2.61	2.27	2.37	2.16	2.53	1.71	1.41	2.12	2.49	2.67
达族均值	1.98	2.37	1.80	2.08	2.61	1.67	1.49	2.31	2.31	2.65
t 检验 p 值	0.013	0.676	0.017	0.744	0.758	0.841	0.585	0.41	0.467	0.933
题号	11	12	13	14	15	16	17	18	19	20
汉族均值	1.63	2.35	2.76	1.73	3.10	3.45	3.61	2.25	2.22	2.08
达族均值	1.71	2.24	1.88	1.65	2.57	3.33	3.45	2.33	2.45	2.02
t 检验 p 值	0.669	0.681	0.001	0.668	0.053	0.678	0.54	0.58	0.364	0.768

1) **融合性动机**：表 4-29 显示,融合性动机的双侧检验值高达 0.90,几乎可以说,两组数据出自同一样本。生活在同一地区的学生,由于他们接触英语的课堂环境和社会环境大致相同,因此,他们对于英语语言和英语文化的态度基本一致。

2) **工具性动机**：两组数据平均值的差为 0.23,有差异,但不是显著差异(双侧检验值为 0.11,>0.05)。有意思的是,在每题的 T-test 检验中,第 1 题"考高中和考大学需要"和第 3 题"将来出国需要"都显示为显著差异(双侧检验值分别为 0.013 和 0.017,<0.05)(见表 4-30)。这反映了两方面的问题。首先,由于受试的达族学生多数来自农村,对他们而言,升学意味着就业的保障,因此,在他们的学习过程中,升学动机扮演着比另一组学生更为重要的角色；另一方面,这也反映了达斡尔族非常开放的心态。这不仅是由于他们的居住地莫旗与经济较为发达的黑龙江省仅一江之隔,交通便利,与外界交往甚多,更是由该民族的历史文化积淀所形成的民族心态所决定。历史上,达斡尔族的远祖契丹人早在 10 世纪以前便开始以渔猎和游牧业为主,并兼营农业等其他生产活动。作为契丹后裔的达斡尔族沿袭了先民契丹人多种形式的经济生产方式。由黑龙江流域迁徙至嫩江流域后,农耕活动得到长足的发展(丁石庆 1998)。同时,由于不同经济形式之间商品交换的需要,还较早出现了商品交易,达斡尔族甚至成为联系满族等主体民族与鄂温克等少数民族的纽带。因此,相对于其他地理位置偏僻、经济形式单一的少数民族,达斡尔族对于外来文化的心态显得更为宽容、开放。这一点,对于达斡尔族学生英语学习无疑起着积极的作用。

3) **情感需要**：两组数据平均值相差为 0.26,有差异,但不显著(双侧检验值为 0.084,见表 4-30)。应该指出,这个差异来自问卷设计的缺陷。两份问卷这一部分的第 13 题题目不同。汉族学生问卷为:学好英语可以让班上同学羡慕我;达族学生问卷为:学好英语可以为达族学生争气,设计该题原意是为了检测学生对自我形象的关注程度,但显然这两个问题的平均值没有可比性。然而从达族生该题的平均值只有 1.92 来看,达族学生有很强的民族情感,同时希望通过自己的表现为本民族争光。民族情感成为达族学生学习英语的一个重要的动机之一。

情感需要动机另外几个问题的 T-test 值均未显示有显著差异(见表 4-30)。

4) **效价**：效价的双侧检验值为 1,两组数据完全来自同一样本。两组学生都能认识到英语的重要性,同时对英语学习的艰巨性也有相同的认识。

5) **自我效能**：双侧检验值为 0.696,没有显著差异。且两组学生自我效能平均值都较低,分别为 2.15 和 2.23,表明他们对自己能否学好英语都有足够的信心。然而,根据上文所述,有专家认为自我效能与学习者原先的行为结果有关。也就是说,学习者原先的学习效果影响他们对自己以及自己以后行为的期待,原先学习效果好的学习者相信自己能够成功地进行学习活动,因而具有较高的自我效能感。但在本案中,两组学生的学习成绩差异较大,是什么原因促使他们具有相同的自我效能感呢?

专家指出,自我效能的形成与学习者的社会关系有关。它的形成是一个复杂的自我说服过程,同时还受社会的不同来源(如他人看法、评价、鼓励等)的影响(Williams,2000)。经过访谈和座谈,我们了解到,当地群众普遍认为达族学生学习英语不难,主要原因是他们认为他们的母语达斡尔语与英语有相似之处,达族学生的英语发音显得比汉族学生来得地道,这必然大大增强他们英语学习的自信心。另外,当地电视台还定期播放达斡尔族名人访谈的专题片,这些生于斯长于斯的成功人士的现身说法无疑也大大强化了学生们对自己成功的预期。在这样的社会环境下,达族学生整体形成较好的自我效能就不足为奇了。

6) **从众心态**：双侧检验显示,两组样本没有显著差异。

五 结语

分析性描述统计分析表明,总体而言,受试学生的融合性动机、工具性动机、情感需要、效价动机以及自我效能等动机因素都较明显。他们对英语语言及西方文化表现出浓厚的兴趣,同时,在目前形势下,与其前途、命运关系更为密切的工具性动机的影响也非常强烈;两组学生对自己在群体(班级)中的形象都有较高的关注度,对于对自己影响较大的人群(同学、老师、家人等)的评价较为敏感,对于能否成功完成英语学习的任务有较强的自信心,并且能够充分认识到英语学习的重要性和艰巨性;他们对英语的目的、目标和艰苦的过程都有较为清楚的认识,并非盲目的从众行为。

T-test 检验表明,整体上,两组学生在上述几类学习动机因素方面没有显著差异。其原因可能是,即便是来自农村达族聚居区的达族学生,由于他们在县城已经居住了至少四年(初中一年级至四年级),接触英语及西方文化的课堂环境和社会环境与当地汉族大致相同,因此他们看待英语语言与文化的态度与汉族基本一致。个别问题显示出的显著差异,表明了达族学生家庭环境的特点以及他们对外来文化的开放态度。至于在大致相同的学习动机影响下,两组受试学生为何在学习成绩上显示出较大差异呢?这是否说明学习动机与学习成绩没有相关性呢?我们认为,毫无疑问,学习动机与学习成绩具有相关性。至于学习动机诸因素间如何相互发生作用,学习动机诸要素又是如何对学习者的学习态度、策略及学习过程产生影响从而影响其学习成效,学习动机与影响学习成效的其他因素如学习者的学习策略、他们的社会文化背景等等如何互相影响,这些都有待于进一步研究。应该认识到,英语学习是一个复杂的过程,影响学习成效的各因素相互作用、共同作用于学习成果。

在本个案中,两组受试学生学习动机基本一致,但他们的学习成绩差异显著,达族学生成绩低于汉族学生,显在的客观原因可能有以下几点:

1．学习英语时间长短不同。由于达族学生多数来自农村小学,小学阶段从未接触英语;而县城小学在三年级即开设英语课。上初中后,家在县城的同学绝大多数在周末及寒暑假都参加各种英语补习班,学习英语的时间大大多于达族学生。

2．家庭背景不同。整体而言,受试达族学生父母文化程度普遍较低,对学生在英语学习方面的直接影响小。而汉族学生父母文化程度普遍较高。

3．考试内容不够全面、客观。作为本次研究的主要工具之一的初中升高中统一考试,尽管由专家统一命题,但由于种种原因,对于外语学习而言非常重要的技能之一的口语能力并不在考核范围之内,而口语能力恰恰是达族学生在外语学习的听、说、读、写等几个技能中掌握得明显比汉族学生强的一项。因此,仅凭这样一次考试成绩就断言达族学生学习成效不如汉族学生是不够客观的。

4．使用教材未考虑双语双文化学生的特点。由于使用的是全国统一的英语教材,从语言形式到内容都是以汉语和汉文化为导向,针对汉、英两种语言对比以及汉文化和西方文化的异同编写,适合于汉语和汉文化背景的学生利用已有知识接受,却未必能够充分利用双语学生思维更为活跃的特点。

5．教师因素。据调查,达族中学的英语教师绝大多数是汉族,授课语言是汉语和英语(初级阶段以汉语为主),势必会影响一些汉语程度不够好的学生对学习内容的了解。另外,如果老师也会达语,那么在授课过程中就能够自觉对三种语言进行对比,指导学习;同时还可以针对达族文化特点,导入西方文化。

6．本次研究的缺憾:有专家指出,学习结果包括语言能力和认知能力的提高。本研究未能对两组受试对象的认知能力进行考察,故而所作分析可能有所偏颇;另外,由于条件所限,对学生的学习成绩进行对比时使用的是一次考试成绩而未能考虑他们在相同时间段内成绩提高的幅度,也可能影响分析的客观性。

　　总之,尽管关于学习成绩与动机之间是否呈显著的正相关,几乎所有二语习得的动机研究者都得出了一致的肯定的结论(温爱英 2005),但本个案的调查分析结果却表明,具有大致相同的学习动机的两组受试的学习者,其学习成绩却可能有较大差异,这充分体现了三语习得规律的复杂性,因此,不能想当然地套用二语习得理论来指导三语的教与学。鉴于我国三语习得涉及的人数之多,影响面之广以及学习者母语情况差异之大,把三语习得当作一门独立的学科进行研究,已经到了刻不容缓的地步。

第五章　莫旗达斡尔族语言现状及成因分析

第一节　莫旗达斡尔族的语言结构特点

　　莫旗是我国达斡尔族的四个方言区之一。莫旗境内的达斡尔族使用的方言称作布特哈方言。布特哈方言主要分布范围是嫩江上游和讷莫尔河及诺敏河流域等地区,包括内蒙古自治区莫力达瓦达斡尔族自治旗,鄂伦春自治旗以及黑龙江省甘南县,讷河县,嫩江县,德都县和瑷珲县等地。使用人口约5万,下分讷莫尔,纳文,瑷珲,墨尔根等四个土语。① 在达斡尔语的四个方言中,布特哈方言是使用人口最多、分布地域最广,且受其他语言影响相对较少,保留固有特点较多的一个方言。20世纪50年代创制达斡尔文字时,有关专家学者曾协商决定以布特哈方言为基础方言,以布特哈方言纳文土语为标准音。20世纪80年代初,有关专家学者曾以此为标准规范制定了拉丁字母的达斡尔语记音符号。莫旗境内的几个土语之间也有一些小的差异,但主要区别于语调、某些语音和词汇使用频率等方面,但与其他方言区相比,这种差异几乎可以忽略不计。以下以纳文土语为例,对莫旗达斡尔族的语言进行简要介绍。

一　语音特点

（一）元音系统

1. 短元音

有6个短元音,即 a、o、ə、e、i、u 等。大致可图示如下:

---

① 达斡尔语其他三个方言的区域划分、人口数量以及土语情况大致如下:齐齐哈尔方言主要分布在黑龙江省齐齐哈尔市郊区、富裕县、龙江、内蒙古自治区布特哈旗、阿荣旗等地区,使用人口约5万,下分江东,江西,富拉尔基三个土语。海拉尔方言主要分布在内蒙古自治区呼伦贝尔盟鄂温克自治旗南屯、白音塔拉、莫克尔图和海拉尔市,使用人口约2万,下分南屯和莫克尔两个土语。新疆方言主要分布在新疆维吾尔自治区塔城、霍城、乌鲁木齐等市、县,使用人口约6000人,下分塔城、霍城两个土语。

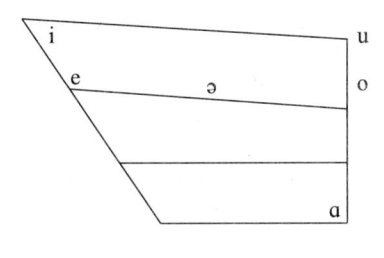

图 5-1　元音舌位图

2. 长元音

有 6 个与短元音相对应的长元音：aa、oo、əə、ee、ii、uu。它们与短元音互相对立，区别词义，是独立的 6 个音位。如：

a～aa 对立词例：

bas	又、再	baas	粪便
bad	猪鬃	baad	体格
nar	太阳	naar	顺斜
artʃ	拿去	aartʃ	酸奶渣
xag	裂开	xaag	糠

o～oo 对立词例：

tos	油	toos	权力；尘土
tol	顶柱	tool	底
bolgaa	煮熟	boolgaa	弄下来
xol	远	xool	糊、粘
tʃas	雪	tʃaas	纸

ə～əə 对立词例：

əməl	南	əməəl	鞍子
nəm	弓	nəəm	纸盒
əd	扶	əəd	乳凝结
nətʃ	靠	nəətʃ	去开

e～ee 对立词例：

| dʒetʃ | 堆 | dʒeetʃ | 第二 |

i～ii 对立词例：

is	九	iis	肥皂
ʃir	拧开	ʃiir	理会、在乎
xitʃ	害羞	xiitʃ	去做

u～uu 对立词例：

| xul | 剩 | xuul | 吹 |

| dur | 卖 | duur | 满，聚集 |
| kur | 到达、够 | kuur | 呼呼（刮大风声） |

3. 复合元音

有 6 个复合元音：ai、oi、əi、ui、au、əu。其中 ai、oi、au、əu 4 个复合元音只出现在词的第一音节，而 əi、ui 两个复合元音则可出现在词的任何音节。

这一点新疆方言及海拉尔方言与布特哈方言基本保持一致。而齐齐哈尔方言则与上述方言有较大的区别。齐齐哈尔方言只有 au、uə 这两个复合元音。上述三个方言中的 ɑi、oi、ie 一般情况下分别同齐齐哈尔方言中的长元音 ææ、œœ、ii 相对应（词例见前）。

4. 借词元音

在达斡尔语布特哈方言纳文土语中，除上面所述的 12 个基本元音及 6 个复合元音以外，还有几个借词元音。它们是在其他语言的影响下，由于吸收借词而逐渐在语音系统中稳定下来的音位。这些语音成分已经成了达斡尔语音系统中不可缺少的组成部分，在一定程度上丰富并提高了达斡尔语音系统的表现力。在布特哈方言纳文土语中，这些借词元音主要是受汉语的影响而产生的。其中包括了短元音：y、ʅ、ɚ；长元音：yy；复合元音：yɑ、ye。它们曾经历了一个由固有元音替代，自由变读而后逐渐过渡到完全借用的发展过程。

（二）辅音系统

达斡尔语布特哈方言纳文土语的辅音系统由单辅音、腭化辅音、唇化辅音等组成。

1. 单辅音

共有 19 个单辅音音位：b、p、m、w、f、s、d、t、n、l、r、dʒ、tʃ、ʃ、j、g、k、x、ŋ 等（详见下表）。①

表 5－1　辅音表

发音部位 发音标 发音部位		双唇	唇齿	舌尖前	舌尖中	舌尖后	舌叶音	舌面音	舌根音
塞音	不送气	b			d				g
	送气	p			t				k
塞擦音	不送气						dʒ		
	送气						tʃ		
擦音	清		f	s			ʃ		x
	浊	w						j	x
鼻音		m		n					ŋ
边音						l			z̧
颤音						r			

f 和 ŋ 是两个借词辅音，主要用于满语或汉语借词的拼写。其中，f 只出现在词的首音节，

---

① 引自恩和巴图：达斡尔语和蒙古语，内蒙古人民出版社，1988 年，130 页。

ŋ多出现于词末。在早期的满语借词或汉语借词中,f多由p或b替代,ŋ则多由n替代。(具体词例参见第六章第一节)

2. 腭化辅音

共有11个腭化辅音:bj、pj、mj、dj、tj、nj、lj、rj、gj、kj、xj。它们是区别意义的独立的辅音音位:

am	口、嘴	amj	生命
al	杀	alj	哪个
bod	想	bodj	草场
tab	穿透	tabj	五十
gər	火把	gərj	房子
gar	出去	garj	手
tal	平原	talj	放
maŋgə	有本事的	mjaŋgə	千
dald	顶针	djald	晚、迟
xat	捆	xjat	破、碎
kaal	原因、借口	kjaal	网兜
kor	毒	kjor	蜂蜜
gaal	天晴	gjaal	间隔开
boku	洗涤	bjoku	镀

3. 唇化辅音

共有13个唇化辅音:bʷ、mʷ、dʷ、tʷ、nʷ、lʷ、sʷ、gʷ、kʷ、xʷ、dʒʷ、tʃʷ、ʃʷ。如:

məər	吃(贬义)	mʷəər	车辆
dar	压	dʷar	下边
xad	山崖	xʷad	男亲家
kaa	窗户边	kʷaa	院子
xal	姓、氏族	xʷal	炕
dʒaar	麝香	dʒʷaar	拌、搅
tʃaak	月国	tʃʷaak	青草
taal	喜爱	tʷaal	数
sar	月	sʷar	跳蚤

(三)其他

1. 重音

重音一般固定地落在词的首音节上,但重音没有区别词义的作用。由于重音一般都固定在词的首音节上,致使第一音节以后音节中的某些元音或辅音常出现弱化或在构词构形过程中脱落的现象。

2. 元音和谐律

同阿尔泰语系许多语言一样,达斡尔语也存在着元音和谐现象。与同语族的其他语言相比,达斡尔语的元音和谐仍然保持得比较完整,并有其自己的特点。布特哈方言纳文土语的元音依据它们在元音和谐中的不同特点可分为独立元音(指词的首音节的短元音和各音节的长元音及复合元音,即所谓清楚元音)和依附元音(指处于非第一音节的短元音,即所谓不清楚元音或弱化元音)。在布特哈方言纳文土语中除了三个借词元音以外,其余18个元音都可以充当独立元音,而依附元音只有ə、i、u 3个。独立元音的和谐规律可列成下表[①]:

表5-2 元音和谐律表

	阳性	阴性	中性
第一音节	a ai o oi e aa au oo ee	ə əu uu əə iə ui	i ii u
非第一音节	aa　　oo ii uu ee ui əi	əə ii uu ei ui əi	aa oo əə ii uu ee ui

布特哈方言纳文土语中的依附元音是由第一音节的元音的唇型的圆展及前面的辅音的性质所决定的。具体可描述为:ə用于第一音节的独立元音为展唇元音的词中;u用于第一音节的元音为圆唇元音的词中(包括oi和ui等);i用于辅音 dʒ、tʃ、ʃ、j 后,它的使用同词的第一音节独立元音的性质无关。

词干元音与附加成分元音的和谐同上述独立元音与依附元音之间的和谐的特点相同,即由词干元音或某些词干末辅音决定附加成分元音的性质。概括地说,就是由阳性元音组成的词干后附加阳性元音类附加成分,由阴性元音组成的词干后附加阴性元音类附加成分,以腭化辅音或 dʒ、tʃ、ʃ、j 等结尾的词干附加以 ee 起首的附加成分,没有阳、阴、中性变体的附加成分,它们不存在和谐问题。

二 语法特点

1. 名词

①数

最常使用的数为单数与复数。复数的附加成分主要有-sul、-nur、-tʃeen、-r 等四种,其中,-sul是使用最广泛的复数附加成分。它可以附加于表示人或物的名词之后。如:

əʃkəə(叔叔) + sul = əʃkəəʃul　　　　叔叔们

[①] 引自恩和巴图:达斡尔语和蒙古语,内蒙古人民出版社,1988年,157页。

xukur(牛) + sul = xukursul　　　　牛群
bitəg(书) + sul = bitəgsul　　　　书籍
əulən(云) + sul = əulənsul　　　　云彩

-nur 一般只用于表示人或拟人化的事物的名词之后。如：

dəu(弟弟) + nur = dəunur　　　　弟弟们
ag(哥、兄) + nur = agnur　　　　哥哥们
gutʃ(朋友) + nur = gutʃnur　　　　朋友们

-tʃeen 具有构词和构形的双重功能,附加了-tʃeen 的词既可表示人的集合体,同时又表示复数。如：

batgən(布特哈) + -tʃeen = batgəntʃeen　　　　布特哈达斡尔人(们)
kotun(城市) + -tʃeen = kotuntʃeen　　　　城市人(齐齐哈尔达斡尔人)们
nowun(嫩江) + -tʃeen = nowuntʃeen　　　　嫩江人(们)
doogin(多金(莫昆)) + -tʃeen = doogintʃeen　　　　多金莫昆人(们)

有时,-tʃeen 只表示复数,没有构词的作用。如：

ganbul(干部) + tʃeen = gabultʃeen　　　　干部们
ʃyeeʃən(学生) + tʃeen = ʃyeeʃəntʃeen　　　　学生们

-r 的使用范围有限,它主要附加于少数表示人的名词之后。如：

kəku(孩子、儿子) + r = kəkur　　　　孩子们
utʃiikən(小的) + r = utʃiikər　　　　小孩子们
ugin(姑娘) + r = ugir　　　　姑娘们

上述复数附加成分,还可以重叠使用。重叠的次序一般是-nur 后可重叠使用-r,-sul,但在-sul 之后则不能重叠使用-nur,-r。①

在达斡尔语各方言中,上述复数附加成分的语音形式和语法功能基本一致。只有新疆方言稍有差异,表现在其他方言的复数附加成分-sul,-nur 在该方言里的变异为-dəl(-dul),-nər(-nur);-tʃeen 表示复数的语法功能弱化,而主要起构词作用;在重叠使用的复数附加成分中,-nər(-nur)和-dəl(-dul)重叠使用的现象几乎不存在。

②格

名词除具有共有主、领属、宾格、凭借格、界限格、共同格等基本格形式外,还具有程度格、确定方位格、不定方位格、由来格、方向格、目标格、定格等非基本形式等语法范畴。(达斡尔语各方言名词的附加成分及其语法功能基本相同,只在个别格的语音形式上略有变异。)②

---

① 例详见 5.2.3。
② 引自恩和巴图:达斡尔语和蒙古语,内蒙古人民出版社,1988 年,216 页。

表 5-3　格及其附加成分表

名称 附加成分 结尾			短元音及辅音	腭化辅音	长元音　复元音
基本格	主格		与名词词干相同		
	领格		-ii (-ui)		-ji
	与位格		-d		
	宾格	1	-ii, (-ui)		-ji
		2	-iiju　(-uiju)		-ju
	凭借格		-aar/-oor/-əər	-eer	-jaar/-jəər
	界限格		-aar (s)/-oor (s)/-əər (s)	-eer (s)	-jaar (s)/-jəər (s)
	共同格		-tii		
非基本格	程度格		-tʃaar/-tʃəər		
	确定方位格	1	-kaakəl/-kəəkəl		
		2	-kaakii/-kəəkii		
	不定方位格	1	-aatən/-ootən/-əətən	-eetən	-jatən/jəətən
		2	-aakul/-ookul/-əəkul	-eekul	-jaakul/jəəkul
	由来格		-aataar (s)/-ootaar (s) /-əətəər (s)	-eetaar (s) /-etəə r (s)	-jaataar (s) /-jəət-əə r (s)
	方向格		-daa/dəə		
	目标格		-maaji		
	定格		-n		

2. 形容词

性质形容词有表示性质特征的强化或弱化形式,由-tʃir(-tʃirəə)等构成,如:

xig-tʃir　　　　稍大的

xig-kən

xig-lbin

ningəə-tʃir　　　更薄点的

ningəə-kən

ningəə-lbin

xar-tʃir　　　　黑色的

xar-kən

xar-lbin

sain-tʃir　　　　好点的

sain-kən

sain-lbin

```
    ʃar-tʃir            浅黄色的
    ʃar-kən
    ʃar-lbin
```

3. 代词

人称代词的第一人称复数有包括式和排除式之分，第三人称代词有近指和远指之分。如：

```
manax      maanəig     maaɲəig     我们的
bədnax     biadnəig    biadnəig    咱们的
tərəx      tərəig      tərəig      他的（指远）
inix       iniig       iiniig      他的（指近）
```

4. 数词

数词有 xəd 以外，tʃakən，xuluu 等也可与十位数以上的基数词组合表示概数。如：

xorin xəd　　二十几个　　　　xorin tʃakən　　二十几个
dʒaouxəd　　一百多个　　　　dʒau xuluu　　一白多个

5. 动词

动词可大致分为表示实在词汇意义的实义动词和表示各种不同语法意义并起辅助作用的虚义动词，其又可分为代动词、概称动词、助动词和联系动词等。各类动词均具有式、体、态等语法范畴。

①式

动词的式分陈述式、祈使式等。其中陈述式又分现在—将来时、现在进行时、过去时、过去进行时等时态。每种时态都有相应的人称形式。

表 5-4　动词陈述式各时态附加成分表

时态	肯定式 第一式	肯定式 第二式	否定式
现在—将来时	-bəi (-wəi)	-n	ul 与动词肯定二式
现在进行时	dʒaabəi(-ʒaawəi)	-dʒaan	ul 与动词肯定一式
过去时	-sən	-laa～lii	动词一式与 uwəi; ul; əs 等
过去进行时	-dʒaasən	-dʒaalaa～-dʒaalii	ul 与动词

②体

动词中可用附加成分表示的体的形式主要有反复体、暂短体、趋向体、完成体等。此外，也有一些通过分析形式等表示的不同体形式。

表 5-5　动词各体态附加成分表

体态	附加成分
反复体	-dʒoo/-tʃoo

暂短体	-la/-lə
趋向体	-ir/-uir;-jiir/-jir/;-iitʃ/-uitʃ/;-tʃ
完成体	-tʃik/(-dʒik)

③态

动词的态分主动态、使动态、被动态、互动态等。除主动态外，均有各自特定的附加成分。

表 5-6 动词各情态附加成分表

情态	附加成分
主动态	动词原形
使动态	-lgaa/-lgee;-gaa/-gee;-aa/-əə/-oo/-ee
被动态	-rd
互动态	-ltʃ

三　词汇特点

根据学者不同时期多次语言调查的结果来看，达斡尔语布特哈方言中达斡尔语独有词约占20%以上。与蒙古语同源的词占50%以上，其中不乏蒙古语族语言的古老词汇。与满—通古斯语同源的词占10%左右，这些一般被认为是满语借词，它们至今仍活跃在达斡尔语布特哈方言中，甚至在其他方言里也可看到音义相同或相似的满语词语。说明这些满语词语可能是在清代中期以前，或者说达斡尔族内部还未出现目前这种人口分布格局之前时就已经从满语或其他通古斯语中借入的。这些满语词语分布非常广泛，有的使用频率很高。甚至有些已经不被一般达斡尔人认为是从满—通古斯语族语言中借入的词语。[①]

汉语借词占10%左右。根据借入时间的不同，一般把达斡尔语中的汉语借词分为早期和近期两类。所谓"早期汉语借词"是指达斡尔语还比较统一，还未出现社会分化时期的汉语借词。它们是在17世纪初叶到18世纪中叶这100多年的时间内通过满语间接地进入达斡尔语中的。而近期汉语借词指清末民初以后借入的。和早期汉语借词相比，近期汉语借词有着这样的特点：1.不再通过满语间接借入，而直接从汉语中借入；2.数量大；3.分布广；4.借得快；5.对达斡尔语影响大且深。[②]

与达斡尔语其他方言相比，布特哈方言除了保留部分固有词及古词外，还具有一定的方言词，这些方言词主要是达斡尔族各方言群体分化后形成的具有地方色彩的词，以及由于地理距

[①] 参见丁石庆：《论达斡尔语中的满语借词》，载《满语研究》，1990年第1期；丁石庆：《双语族群语言文化的调适与重构——达斡尔族个案研究》，中央民族大学出版社，2006年。

[②] 参见丁石庆：《关于达斡尔语中的早期汉语借词——兼谈清代达斡尔语与满汉语言关系》，载《汉语与少数民族语言关系》，中央民族学院学报(增刊)1992年；丁石庆：《达斡尔语早期汉语借词再探》，载《满语研究》，1993年第2期；丁石庆：《双语族群语言文化的调适与重构——达斡尔族个案研究》，中央民族大学出版社，2006年。

离形成的同一词根的变异形式等。以布特哈、齐齐哈尔、新疆方言为例:

布特哈方言	齐齐哈尔方言	新疆方言	汉义
samaaʃkee	dʒawaa	samaʃke	萨满法衣
ʃogoo	ʃawaa	ʃogo	猎鹰
mori	məri	mori	马
orki	ərk	orki	扔
xoir	xuir	xoir	二
tasəg	bar	tasəg	老虎
əigəən	əldʒig	əigən	驴
lurgeebəi	xakumailbəi	bəilbəi	跳舞

某些词在词义或使用范围等方面存在着方言差异。如:

布特哈方言	齐齐哈尔方言	汉义	新疆方言	汉义
bəs	bəs	宽皮腰带（或袍子上扎的宽布带）	bəz	腰带（泛指所有腰带）
bakərt	bakərt	木耳	bakərt	蘑菇
tʃapərt	tʃapərt	蘑菇	tʃapərt	木耳
nuwur	nugur	同志、朋友	nugur	同志
xundəl	xundul	横的	xundul	横的（兼指嘴或嘴唇）

第二节 莫旗达斡尔族语言使用类型

根据以上各章的调查数据综合分析,莫旗达斡尔族的语言使用情况大致可分为母语型,兼用型,转用型三种,每类又具有不同的亚型。从数量分布上说,三种语言使用类型的人群大约呈枣核状:母语型和转用型人群位于两端,人数较少;兼用型人群居中,占较大的比例。可以说,莫旗达斡尔族基本上以使用达斡尔语和汉语两种语言为主,莫旗是较为稳定的双语使用区域。不同语言使用类型人群的特征、语言使用特点及其成因则各异。

一 母语型

母语型主要以60岁以上无教育背景的老人、40岁以上虽有教育背景但因各种原因导致"复盲"的人群及部分学龄前儿童三类人群为主。主要分布于达斡尔族聚居村落和个别以达斡尔族和鄂温克族杂居的村落,与汉族和其他少数民族接触极少。职业上以农民为主,文化程度普遍较低。

母语型人群由于生活半径较小,语言交流主要限于家人或同胞成员之间。在他们居住的村落范围内达斡尔语为强势语言,或为族际交际语,即使是与村落范围内长期生活的少量其他兄弟民族村民接触,也因交际对方大多是一些兼通达斡尔语的双语人,交流上仍使用达斡尔语。

上述三类人群分别代表了母语型人群的三个亚型。第一类人群因为年龄较大、身体不好等原因不便外出行动。他们大多数时间主要居住于村落范围内或家庭环境里。他们以达斡尔语为唯一的交际工具,达斡尔语口语水平较高,可看作是典型的母语型人群,同时也是达斡尔族传统文化的主要传承者。

第二类人群的特点在于虽普遍具有汉语文学校教育背景,但由于他们接受汉语文教育时间一般不长(平均三到四年),所学汉语文基础知识不甚扎实,加上后来毕业回村务农,长时间失去巩固汉语文基础和继续学习汉语的条件,致使他们的汉语文出现了"复盲"现象。由本来可能发展为兼用型潜质者重新"回归"到母语型人群行列。从语言使用特点上说,他们的母语能力因"童子功"基础,加上长期生活在母语环境较好的区域而获得了长足的进展,母语口语水平与第一类人群接近。他们可视为是在向兼用型发展初期就"回归"为母语型的人群。

第三类人群主要包括部分学龄前儿童。他们普遍具有自小主要生活在上述区域,上学前主要由属母语型人群的父母或祖父母们抚养长大的经历或相关背景。由于特殊的背景,他们从小在单纯的母语文化环境中自然习得达斡尔语,并受到浓厚的达斡尔族文化的熏陶和洗礼,为他们母语水平的发展奠定了重要基础。与前两类人群不同的是,由于他们的年龄尚小,智力发育不甚完善,他们的母语口语水平还很低。但他们是具有语言能力发展潜质的群体。如果在上述居住区域和语言环境中继续生活,随着年龄的增长,他们的母语口语水平将会有极大的提高。另一方面,随着入学后接受汉语文教育时间的增加,他们会逐渐成长为极富发展前景的双语人。他们可视为具有潜质的母语型向双语型过渡的人群。

综上,莫旗达斡尔族母语型人群具有三种亚型,他们主要生活在村落范围内,以达斡尔语为唯一的交际工具。生活圈狭小、文化程度较低、与外民族尤其是汉族接触极少等是母语型人群形成的主要原因。

二 兼用型

从调查数据来看,莫旗达斡尔族兼用达斡尔语和其他语言主要是汉语的人群占据绝大多数,其中又分为达斡尔语/汉语兼用型(简称"达汉型")、汉语/达斡尔语兼用型(简称"汉达型")和达斡尔/汉语/鄂温克语兼用型三个亚型。

我们对每个被调查人及其配偶、子女的双语情况进行了具体调查,获取了以下表格中的调查数据。

表 5-7 被调查人与配偶及子女双语情况

		双语亚型比较					
		被调查人		配偶		子女	
		达/汉	汉/达	达/汉	汉/达	达/汉	汉/达
聚居区	哈力	68.60%	5.10%	90.50%	7.10%	67.50%	2.50%
	特莫呼珠	90.60%	3%	93.80%	3.10%	75.80%	14.50%
	怪勒	53%	5%	52%	4%	32%	13%
	提古拉	68%	11%	73%	27%	64%	27%
	腾克	46%	11%	22.80%	1%	22%	2%
	宜和德	76%	21%	83%	17%	61%	27%
散杂居区	伊斯坎	84%	10%	88%	12%	75%	8%
	哈达阳	57.60%	15.20%	75%	22.50%	28.90%	52.60%
	西瓦尔图	68%	9%	51%	15%	34%	15%
	杜克塔尔	42.80%	33.30%	42.80%		14.30%	66.70%
	尼尔基	24%	34%	29%	26%	11%	55%
	额尔根浅	26.67%	60%	15%	70%	16.67%	50%

此次调查的大多数被调查对象以成年人为主,并以中年人为绝大多数。以上统计数据反映了以下几种情况:

其一,城市化程度最高的杂居乡镇-尼尔基镇和散居村落额尔根浅村的被调查对象以汉达型双语人为主,而配偶的情况稍有不同。其中尼尔基镇以达汉型为主,而额尔根浅村则以汉达型为主。这两个点的达斡尔族人口比例都较小,汉族人口较多,两个调查点的汉语均占据强势地位,尤其是在社区范围内汉语是绝对强势语言。

其二,其他所有调查点的成年被调查对象,包括被对调查对象的配偶中达汉型双语人占主体。调查数据显示,这些调查点的达汉型双语人占据优势,甚至有些村落的达汉型双语人与汉达型双语人的数量和比例较为悬殊。进一步证实了在这些乡镇村落达斡尔语在家庭和社区范围内绝对的强势语言地位。

其三,子女双语调查数据反映了两种情况,一种反映了聚居村落和部分杂居村落以达汉型为主。其中,哈力、特莫呼珠、伊斯坎等村落的达汉型双语人数据普遍显示较高。另一种则反映了典型散杂居区的双语人中以汉达型较为普遍的现象。

综合以上数据,我们可以大致概括出莫旗达斡尔族中兼用型人群具有以下几个特点:

1. 数量较大

莫旗达斡尔族中兼用型人群是整个达斡尔族中的主体,占据绝大多数。这和达斡尔族历史上重视教育,重视知识的民族传统有关。清代,莫旗是满汉文化荟萃,最早开始满汉文学堂教育的达斡尔族地区之一。许多达斡尔族子女通过满汉文学堂教育成长为满达双语人或满达汉多语人。清后期,达斡尔族地区普及汉文教育,更多的达斡尔人普遍获得了汉语教育的机会,出现了一批兼通汉语文的双语人。新中国成立以后出生的莫旗达斡尔人多数都至少受过初等汉语文教育,其中也有相当一批获得汉语文高等教育的双语人。他们中有许多由此而离开乡村来到尼尔基镇,甚至去到更远的地方学习、生活和工作。

2. 地域、职业、年龄分布较广

从调查所得数据来看,三种居住格局的各个乡镇村落都程度不同地存在着兼用型人群。只是因居住环境等原因兼用型人群不同的亚型的分布情况有所不同。聚居区和部分杂居区的乡镇村落一般以达汉亚型为主,城镇杂居区和散居区一般以汉达亚型为主。职业上也存在着多样性,各类职业人群中均存在不同亚型、数量不等的双语人。总体上,达汉亚型人群以农民为主体,汉达亚型人群则以干部、工人、教师、公务员、学生等人群为主体。从年龄分布上看,各年龄段都有不同亚型的双语人。一般来说,35 岁以上的人群以达汉型为主,35 岁以下的多以汉达型为主。

3. 语言观和文化观念较为开放

莫旗达斡尔族兼用型人群中,大多数自小在浓郁的母语文化环境中受到达斡尔族传统文化的熏陶,由于从小学起开始接受学校的汉语文教育,从书本等其他多种渠道也同时受到汉文化的浸染,促使他们逐渐成长为谙熟两种文化的双语人。由于这样的语言习得背景和特殊经历,他们的语言观和文化观较之母语型人群更为开放,接受各种信息的渠道更为多样,也更易感受不同文化之间的异同,并经受不同文化间的冲撞、沟通等心理历程,进而接纳其他民族文化的先进成分。尤其是那些后来由于各种原因长期生活在较为开放的多民族杂居乡镇村落的兼用型人群更具此特点。

此外,此次调查中我们还对兼用型中的第三个亚型即兼通达汉或达鄂汉语言类型人群进行了具体调查。该语言使用类型人群主要居住于杜拉尔鄂温克民族乡的部分村落。这是一个特殊的语言使用类型,人数较少,其中又有不同的亚型。图 3-33 中的数据显示,各种亚型中的双语情况有所不同,还可细分为达汉、汉达、达汉鄂、达鄂汉、鄂达汉、汉达鄂等次亚型。数据显示了各次亚型的不同比例。其中,被调查对象和配偶及子女中兼通三种语言的分别高达84%、73%、82%;以达斡尔语为第一熟练语言的分别占 78%、36%、36%;而以汉语为第一熟练语言的较少,分别占 11.2%、0、9%,其中,配偶的比例说明这样的家庭环境里不可能有汉语的位置。这里要特别关注的是以鄂温克语为第一熟练语言的比例分别为 11%、64%、55%,其中,配偶和子女的数据高于以达斡尔语和以汉语为第一熟练语言的比例,尤其是配偶的情况更是如此。根据婚姻调查材料显示,该村内达斡尔族与鄂温克族通婚的家庭占据相当比例,由此可知,该村达斡尔族与鄂温克族联姻家庭环境内主要是达斡尔语和鄂温克语双语场域,父母经常使用这两种交际语,在这种家庭环境中成长的子女自然会逐渐习得经常使用的达斡尔语和鄂温克语这两种语言。

兼用型人群在语言使用上有许多共性,那就是都能够程度不同地运用两种不同语言,并在两种语言之间进行语码转换。但各亚型人群也存在不同特点,如对因两种语言熟悉程度不同而以更熟练的一种语言为思维语言,在语码选择的深度和自由度上可能由于自己的语言能力也有所不同。如达汉型人群可能会更多地使用母语中的固有词,或交替使用固有词和汉语借词。而汉达型人群可能经常使用与汉语相应的新借词,在固有词和借词之间更多地会选择借词;在双语使用过程中,可能会更多地穿插某些汉语词汇或相应的言语形式。

综合以上情况可以看出,兼用达斡尔语和汉语的双语人群是占莫旗达斡尔族中人口数量最多、分布范围最广、语言观和文化观念较为开放的群体,他们由此也获得了许多母语型和转用型人群所不具备的多种优势。莫旗良好的母语文化环境和接受长期的汉语文学校教育,以及莫旗宽松和谐的社会大环境造就了兼用达斡尔语和汉语的双语人群,而与鄂温克民族乡部分兼通母语的鄂温克族居民的杂居和长期接触,则是"另类"兼用型人群形成的主要原因。

三 转用型

莫旗达斡尔族中有一部分已转用汉语的人群,他们由于各种原因没有完全获得母语能力,自小使用汉语,成为达斡尔族语言使用上的"另类"人群。其中,没有任何母语能力的人我们称为"全部转用型",只能听懂简单词语或会话的称为"基本转用型"。前者完全等同于汉语母语人,后者母语听说能力有限,以使用汉语为主。

转用型人群一般以分布于散杂居区者居多,尤以城市化程度较高的尼尔基镇及诸如红彦、宝山、汉古尔河、登特科、塔温敖宝、卧罗河等达斡尔族散居乡镇的青少年为多。尼尔基镇是莫旗政府所在地,是莫旗境内城市化程度最高的乡镇。镇内汉族人口比例较高,约占全镇总人口的74.2%。达斡尔族人口比例仅为10.4%。其他达斡尔族散居乡镇人口比例更低,一般都在10%以下,宝山镇达斡尔族人口比例最低,仅为0.5%。在这些乡镇中,汉语无论在家庭还是在社区范围内,都是绝对的强势语言。

两个亚型的形成各有其因。完全转用型人群一般出生、生活、工作在汉族比例较高的散杂居乡镇村落,自小在汉语环境里长大,没有或很少接触母语环境和母语人。基本转用型人群形成的原因较为复杂。他们有些自小出生或生活于达斡尔族居多的乡镇村落,曾有过习得母语的经历和背景,但后来因各种原因离开了这个环境,尽管儿时在家庭和社区范围内自然习得了达斡尔语,但由于基础不够牢固,加上远离达斡尔语环境时间较长,随着时间的流失而逐渐淡忘母语。还有些人自小虽然生活在散杂居乡镇村落或其他城市,但因家里有老人,或父母在家庭环境里母语保持意识较强,常说达斡尔语,使他们逐渐"听得"了达斡尔语,从而可听懂部分词语和日常简单会话。

综上,莫旗达斡尔族中转用型人群分布于莫旗达斡尔族人口比例较小的乡镇村落和城市区的尼尔基镇,根据转用程度可分为全部转用型和基本转用型两个亚型,年龄以20岁以下的青少年居多。缺失家庭和社区母语环境是转用型人群形成的主要原因。

第三节 莫旗达斡尔族语言场域

莫旗达斡尔族语言场域可从家庭、社区两个角度进行观察和分析。其中,家庭语言场域又可细分为家庭母语场域和家庭双语场域,社区语言场域也可相应地细分为社区母语场域和社区双语场域等。

一 家庭语言场域

1. 家庭母语场域

家庭是一种语言使用的最小场合和母语传承的重要环境。对个体来说,家庭是一个人获得母语能力及母语能力成长的重要条件。对一个语言集团来说,家庭也是母语保持的最后堡垒。莫旗达斡尔族的家庭母语传承环境或家庭母语氛围如何、家庭主要成员的母语能力、他们的母语认同感和母语保持意识,以及各成员在家庭环境中母语使用频率大小等等,是本节关注和重点考察的问题。

家庭环境中的母语场域决定于家庭成员个人及彼此交际用语中母语使用的频率、比例大小等因素。我们从以下调查数据统计及对比中可对莫旗达斡尔族家庭母语场域有所了解。

表 5-8 家庭内个人母语使用情况

		只使用达语	经常使用达语	较少使用达语	偶尔使用达语
聚居区	哈力	34.50%	61.40%	1.70%	2.50%
	特莫呼珠	55.80%	41.00%	3.2%	
	怪勒	46%	50%	4%	6%
	提古拉	39%	54%	4%	4%
	腾克	27.60%	63%	6%	3%
	宜和德	35.20%	49%	9%	6%
散杂居区	伊斯坎	50%	47.10%	2.90%	
	哈达阳	38%	58%	4%	
	西瓦尔图	18%	76%	8%	
	杜克塔尔	38.90%	61.10%		
	尼尔基	14.40%	55.80%	25%	14.40%
	额尔根浅	41.94%	29.03%	16.13%	12.90%

上表数据显示,无论是聚居区,还是在散杂居区,以"只使用达语"和"经常使用达斡尔语"的情况占据绝大多数,说明达斡尔语在家庭环境里占据绝对强势地位。下图综合这两

项数据可看出,从聚居区到杂居区再到散居区,达斡尔语在家庭环境内的分布曲线总体上呈渐降趋势,尼尔基镇和额尔根浅村为最低的两个点,基本符合莫旗达斡尔族的人口分布格局。但我们又发现达斡尔族与鄂温克族杂居的两个村落,即伊斯坎村和杜克塔尔村的数据值得关注:在所有乡镇村落中,这两个村的这两项数据显示为最高和次高,杜克塔尔村甚至为100%。

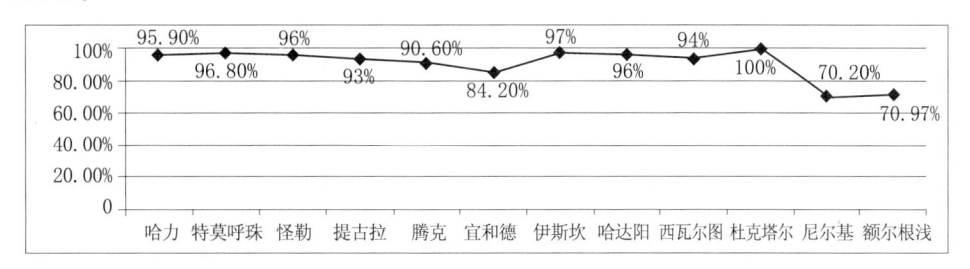

图 5-2 各居住区"只使用达语"和"经常使用达语"数据曲线

我们再看以下家庭内部各成员之间的交际语言构成的家庭母语场域的达斡尔语功能分布情况。

表 5-9 家庭成员之间母语使用情况

		与祖父辈	与父母辈	与配偶	与兄弟姐妹	与儿子辈	与孙子辈
聚居区	哈力	90.70%	90.70%	95.10%	76.80%	93.30%	
	特莫呼珠	90%	91%	88%	89%	76%	
	怪勒	88.60%	77.50%	61.00%	67.50%	63.60%	75.00%
	提古拉	96%	88%	57.70%	69%	65.20%	89%
	腾克	85%	60%	37%	48%	53%	60%
	宜和德	75.40%	70%	48%	52.90%	40.20%	25.40%
散杂居区	伊斯坎	94.10%	88.90%	100%	83.30%	92.00%	100%
	哈达阳	55%	51%	76%	59%	47%	56%
	西瓦尔图	14.90%	68%	46.80%	17%	60%	8.50%
	杜克塔尔	100%	100%	85.70%	86.20%	86.20%	100%
	尼尔基	67.90%	50.70%	35.40%	23.10%	15.10%	14.30%
	额尔根浅	63.64%	40%	14.29%	21.05%	28.57%	

上表数据中除了西瓦尔图村的数据稍显特殊外,大多数家庭成员之间的交际语还是以达斡尔语为主。总体上,与长辈的母语使用频率一般高于平辈,而对晚辈的母语使用频率普遍低于与长辈的母语交际频率,但却又普遍高于平辈,其中也有个别特例,个中原因需要深入分析。

从以上相关调查数据可知,在莫旗,无论是聚居区,还是杂居区的达斡尔族家庭均具有良好的母语交际环境,家庭成员之间也基本上以达斡尔语作为主要交际用语,构成了较强的母语场。甚至在尼尔基这样城市化程度较高,且达斡尔族人口只占10%的居住区,在家庭环境中,达斡尔语的使用也占较高的比例。从统计数据中也可看出,在家庭环境中,母语使用的比例和频率的大小或多少取决于家庭中年龄层次的分布状况,即母语使用的比例和频率与年龄成正比,即年龄越大,或家庭中年龄大的老人越多母语使用的比例和频率越高。尼尔基镇的调查数据最具此特点。

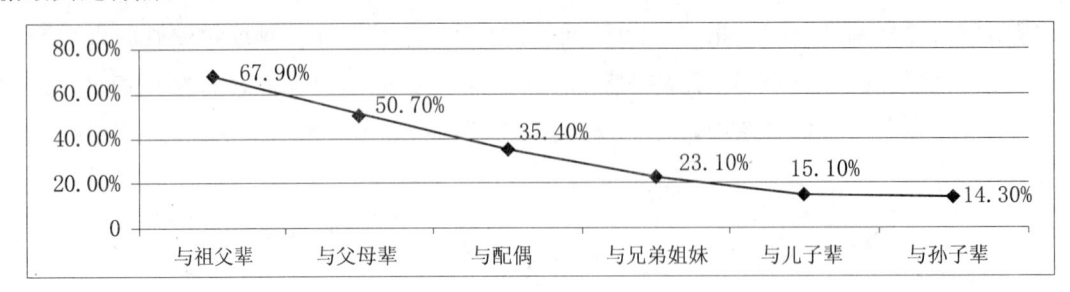

图 5-3 尼尔基镇家庭成员之间母语使用比例

与祖父辈 67.90%　与父母辈 50.70%　与配偶 35.40%　与兄弟姐妹 23.10%　与儿子辈 15.10%　与孙子辈 14.30%

2. 家庭双语场域

家庭双语场域的形成与双语人的双语能力相关，同时也和家庭各成员的双语能力相关。我们在调查过程中发现，莫旗达斡尔族中兼通双语的现象较为普遍，但在两种语言的使用范围、频率上有一定不同，可细分为达/汉和汉/达两种双语亚型。据此，我们对每个被调查人及其家庭成员中的配偶、子女等的双语能力进行具体调查，获取了以下调查数据。

表 5-10 被调查人与配偶及子女双语能力

		双语亚型比较					
		被调查人		配偶		子女	
		达/汉	汉/达	达/汉	汉/达	达/汉	汉/达
聚居区	哈力	68.60%	5.10%	90.50%	7.10%	67.50%	2.50%
	特莫呼珠	90.60%	3%	93.80%	3.10%	75.80%	14.50%
	怪勒	53%	5%	52%	4%	32%	13%
	提古拉	68%	11%	73%	27%	64%	27%
	腾克	46%	11%	22.80%	1%	22%	2%
	宜和德	76%	21%	83%	17%	61%	27%
散杂居区	伊斯坎	84%	10%	88%	12%	75%	8%
	哈达阳	57.60%	15.20%	75%	22.50%	28.90%	52.60%
	西瓦尔图	68%	9%	51%	15%	34%	15%
	杜克塔尔	42.80%	33.30%	42.80%		14.30%	66.70%
	尼尔基	24%	34%	29%	26%	11%	55%
	额尔根浅	26.67%	60%	15%	70%	16.67%	50%

上表数据显示，聚居区达斡尔族母语人的个体双语使用情况有一定的共性，即被调查人中以达斡尔语为主，汉语为辅的个体占主导地位，而且无论年龄大小基本一致。杂居区则各有不同，其中，伊斯坎、西瓦尔图两村落的情况与聚居区相似或基本一致，哈达阳的情况则与聚居区有小的区别，即主要表现为子女们的双语使用中汉语的使用频率明显高于达斡尔语。杜克塔尔村和尼尔基镇的达斡尔族则表现为以汉语为主，达斡尔语为辅的个体较为普遍。散居区的情况与杜克塔尔村的情况类似，但汉语使用多于达斡尔语的情况较为普遍，且被调查人和配偶使用汉语多于达斡尔语的情况远高于其他居住区，而子女使用汉语多于达斡尔语的频率与哈达阳、杜克塔尔、尼尔基等基本持平。

由以上调查数据可推断达斡尔族社区双语场域中的双语人的基本情况,除了散杂居区的哈达阳、杜克塔尔、尼尔基、额尔根浅等调查点外,其他调查点社区范围内的双语使用无论年龄大小,基本上以达斡尔语为主,以汉语为辅。也就是说,总体上莫旗达斡尔族中以达汉亚型双语人居多。

下表是各乡镇村落双语使用情况调查数据的综合对比。数据显示,尼尔基镇的家庭双语使用情况比例较高,杜克塔尔村为次高,而散居村额尔根浅村也紧随其后。

表 5-11 家庭双语使用情况

	家庭双语使用情况					
聚居区	哈力	特莫呼珠	怪勒	提古拉	腾克	宜和德
	34.20%	20.80%	23%	21%	42%	28%
散杂居区	伊斯坎	哈达阳	西瓦尔图	杜克塔尔	尼尔基	额尔根浅
	21.70%	28%	40%	55.10%	79.80%	51.70%

二 社区语言场域

1. 社区母语场域

我们将居住区作为一个社区来看,那么,聚居区的达斡尔族村落就是一个相对稳定的语言社区。该社区的达斡尔语使用情况可反映整个聚居区达斡尔族母语使用的基本情况。考虑到此次调研点主要分布于农村,我们设定了诸如村落、干农活(或工作)、举行民族活动等几个社区环境。另外,我们还想通过诸如日常谈话、讲故事和其他传播媒体等语言场景来了解达斡尔族的社区母语环境。

表 5-12 社区(村落范围内)母语使用情况

		只使用达语	经常使用达语	前两项合计	较少使用达语	偶尔使用达语
聚居区	哈力	31.90%	62.90%	94.80%	1.70%	3.40%
	特莫呼珠	33%	67%	100%		2.10%
	怪勒	42%	56%	98%	2%	
	揭古拉	43%	57%	100%		
	腾克	27%	63%	90%	6%	3%
	宜和德	40%	50.30%	90%	7%	3.90%
散杂居区	伊斯坎	48.60%	45.80%	94.40%	2.90%	2.90%
	哈达阳	15%	48%	63%	24%	13%
	西瓦尔图	38%	49%	87%	13%	
	杜克塔尔	44.80%	48.20%	93%	6.80%	
	尼尔基	16.50%	43%	59.50%	17.70%	22.80%
	额尔根浅	9.68%	35.48%	45.16%	48.39%	6.45%

表 5-13 社区（干活或工作时）母语使用情况

		只使用达语	经常使用达语	前两项合计	较少使用达语	偶尔使用达语
聚居区	哈力	40.70%	45.30%	86%	7.40%	5.60%
	特莫呼珠	23.10%	59.40%	82.50%	13.20%	4.40%
	怪勒	27%	40%	67%	23%	10%
	提古拉	39%	50%	89%	7%	4%
	腾克	21%	53%	74%	18%	7%
	宜和德	33.30%	42.40%	75.70%	9.80%	9.80%
散杂居区	伊斯坎	48.60%	45.80%	94.40%	2.90%	2.90%
	哈达阳	16%	48%	64%	16%	21%
	西瓦尔图	18%	61%	79%	19%	7%
	杜克塔尔	34.40%	34.40%	68.80%	10.30%	6.80%
	尼尔基	2.10%	29.20%	31.30%	28.10%	40.60%
	额尔根浅	12.90%	45.16%	58.06%	6.45%	25.81%

表 5-14 社区（举行民族活动时）母语使用情况表

		只使用达语	经常使用达语	前两项合计	较少使用达语	偶尔使用达语
聚居区	哈力	37.40%	48.70%	86.10%	10%	4.30%
	特莫呼珠	61.70%	35.10%	96.80%	3.20%	
	怪勒	53%	41%	94%	4%	1%
	提古拉	46%	46%	92%	7%	
	腾克	43%	42%	85%	7%	8%
	宜和德	47%	33.60%	81%	7.80%	7%
散杂居区	伊斯坎	58.80%	38.30%	97.10%		2.90%
	哈达阳	33%			15%	10%
	西瓦尔图	32%	49%	81%	17%	3%
	杜克塔尔	29.40%	58.80%	88.20%		11.80%
	尼尔基	15.20%	24.20%	39.40%	15.20%	19.20%
	额尔根浅	32.26%	35.48%	67.74%	6.45%	9.68%

以上三表数据中，前两项的数据普遍都很高。说明在达斡尔族聚居村落这一社区环境里，达斡尔人的母语使用频率很高。一方面由于这些村落一般都是达斡尔族较为古老的聚居村落，在这里，达斡尔族在人口数量及分布密度上均占据优势地位。另一方面，由于这些村落一般都位于离城区较远的地方，有些甚至位于交通不便的偏远山区，和外界交往较少，外民族一般也很少进入这些以达斡尔族为主体的村落。因此，这里很自然地形成了达斡尔族的母语使用区域。

另外，以上表格的统计数据中，除了城市化代表乡镇尼尔基镇和散居村落额尔根浅村的个别数据有些特殊外，杂居村落的达斡尔人在村落范围内的达斡尔语使用频率并不亚于聚居村落，甚至有些村落的母语使用数据还超过了聚居村落。如伊斯坎村虽然是达斡尔族与鄂温克族杂居的村落，但由于特殊的民族历史背景，这里的鄂温克族一般都不会鄂温克语，实际上他们的第一语言或最熟练的语言是达斡尔语，或可说他们已转用达斡尔语。因此，他们在该村社区环境中,实际上增加了使用达斡尔语的人口数量和频率。另外一个达斡尔族与鄂温克族杂居的村落是杜拉尔鄂温克民族乡的杜克塔尔村,虽然该村的达斡尔族在数量上不占多数,且该村有许多使用鄂温克语的鄂温克族村民,但由于鄂温克族数百年来生活在莫旗这个以达斡尔族为主体的民族文化氛围中,且由于特殊的达鄂民族接触历史背景,这里的鄂温克族除了使用本民族语言外,也能够熟练地使用达斡尔语,且两个民族联姻的家庭高于其他达斡尔族村落。这里的鄂温克族自小就自然习得了鄂温克语和达斡尔语,有许多又经过学校学得了汉语,因此,该村的鄂温克族中有许多兼用多种语言的多语人。

综上,我们不难看出,无论是莫旗聚居区还是杂居区的达斡尔族村落社区的母语环境调查数据都较为接近。也就是说,在村落这样一个社区范围内,达斡尔族母语人使用达斡尔语的情况非常普遍,进一步证实了在莫旗达斡尔族社区母语环境保持较好。

我们还对在社区范围内的母语接触环境进行了调查,设立了诸如日常谈话、听广播、看电视、看电影、讲故事等场景收集数据,从而对社区范围内的达斡尔语环境有了更进一步的了解。

表 5-15 母语接触环境

		日常谈话	听广播	看电视	看电影	讲故事
聚居区	哈力	96.70%	4.20%	5%	6.70%	25%
	特莫呼珠	100%	2%	3%	1%	7%
	怪勒	100%	11%	2%	7%	24%
	提古拉	69%	3%	6%	9%	11%
	腾克	92%	7%	11%	11%	38%
散杂居区	伊斯坎	79%	2%	5%	5%	9%
	哈达阳	91%	9%	8%	7%	25%
	西瓦尔图	98%	6%	15%	13%	28%
	杜克塔尔	88%	6%			
	尼尔基	94.50%	3.10%	3.10%	0.80%	7.80%

上表数据显示,由于达斡尔族没有沿袭传统的文字形式,上述各调查点的达斡尔族母语人主要是通过日常谈话和讲故事等口语渠道进一步强化母语听说能力的。其中,无论是聚居区还是散杂居区以日常谈话渠道接触母语途径的数据最高,通过听故事的渠道获得母语强化的数据次之,而通过媒体传播渠道接触母语的数据则普遍偏低,说明莫旗在媒体传播工作中使用达斡尔语的概率很低。但额尔根浅村的情况有些例外,经过调查得知,该村的达斡尔族人口比例较小,一般达斡尔族除了内部使用达斡尔语外,某些达斡尔人渴望通过媒体渠道来接触母语,因此,被调查者中有许多经常收听和收看莫旗电台或电视台在固定时间内播放的有限的达斡尔语节目。

2. 社区双语场域

由于无法对两种语言在使用频率和使用程度上做出具体的量的调查和统计,因此,我们省略了双语亚型情况及其具体细节的差异的调查与对比。其中,农村区的"单位"主要指在村委会等集体组织的活动,"其他"则主要指除了列表中的场合外的各种乡镇村落范围内的聚居场合。

表 5-16 社区双语使用情况表

		双语使用场合			
		村里	集市	单位	其他
聚居区	哈力	44.20%	58.30%	20%	17.50%
	特莫呼珠	29.20%	56.30%	16.70%	13.50%
	怪勒	29%	23%	13%	12%
	提古拉	21%	48%	2%	7%
	腾克	49%	42%	28%	11%
	宜和德	39%	40%	25%	14%
散杂居区	伊斯坎	19.60%	45.70%	8.70%	4.30%
	哈达阳	34%	24%	9%	5%
	西瓦尔图	68%	60%	23%	4%
	杜克塔尔	79.30%	48.20%		6.80%
	尼尔基	32.30%	19.40%	49.20%	21%
	额尔根浅	79.30%	55.20%		6.90%

以上数据表明，社区范围内的双语使用情况随环境开放程度不断增大而增加，集市上双语使用比例最高。

从表中可以看出，在越开放的场所使用双语的情况越频繁，但这些场所中双语的使用实际上也由于居住格局的不同而不平衡。聚居区的达斡尔人在村里和集市里的双语使用比例较高，说明这几种最主要的活动场所他们都在程度不同地使用两种语言，达汉双语已经成为他们生活中的两大社区交际语言。但家庭环境里一般主要使用母语即达斡尔语。而散杂居区的达斡尔人在双语使用上则除了具有聚居区的一般特点外，还有一个重要特点就是在家里的双语使用比例明显高于聚居区。说明散杂居区达斡尔人家庭语言环境发生了一定的变化，汉语的使用比例正在不断增加。

综上，莫旗达斡尔族语言场域中，家庭是母语的主要激励源，也是母语得以传承的重要寓所。从主观上，莫旗达斡尔族绝大多数都将在家庭使用母语视为传统和习惯，并力图在该环境里更多地营造浓厚的母语文化氛围，使家庭所有成员都能够在这样一个传统而内敛的有限环境中既习得纯正的母语，同时也内化一套达斡尔族传统文化模式。从统计数据中可以看出，大多数家庭都极力推崇母语，无奈时也努力采用双语的方式与家庭成员中的母语能力较弱者交流，极力排斥母语以外的单语交际形式。社区是家庭语言场合的延伸和扩展。莫旗的大多数社区范围是双语的激励源，主要是达斡尔语和汉语这两种语言相互竞争的平台。在这个范围内，达汉两种语言经过激烈斗争，彼此取得了各自存在的地位和分布范围。另外，达汉两种语言也在相互博弈的进程中达到了功能上的相互补充，使达斡尔族的现代语言生活更具活力，也使莫旗达斡尔族社会功能语言分布格局更趋合理。

第四节 莫旗达斡尔族语言文字观

无论生活在哪种居住区中,达斡尔人掌握双语的现象都非常普遍。不同的语言态度会导致母语感情、语言选择等语言观念的不同,甚至会影响到语言的保持和发展。本节选取哈力村作为聚居区的代表,哈达阳村作为杂居区的典型。试图通过两个典型调查点的相关数据的对比,研究不同居住区达斡尔族群体语言态度的差异。以这两个调查点作为样本分析,是因为根据调查数据,在同类居住区中,哈力村和哈达阳村对母语的情感因素均高于其他村镇,但面对社会发展,他们的思想又相对开放。这种对母语的忠诚和积极适应社会的开放思想不但能使一种语言很好地得以保持和传承,同时也能在激烈的社会竞争中得到发展。因此我们分别将哈力村和哈达阳村作为聚居区和杂居区的代表来进行研究。

在涉及语言态度的调查问卷中主要包括"对母语单语人的态度"、"对下一代母语水平的希望"、"对双语人的态度"、"对语言转用的态度"、"对文字创制的态度"以及"对族际婚姻的态度"等几个方面的问题。

一 对母语单语人的态度

由于生存环境较为封闭,使得一些达斡尔人与外界接触不多,再加之受教育程度有限,所以莫旗各个村镇都存在母语单语人。在哈力村,有39%的人认为存在母语单语人,且各个年龄段都分布有该类人群,其中以30－50岁之间的人居多。在哈达阳村有30%的人认为周围存在母语单语人,年龄主要集中在60岁以上。可以看出哈达阳母语单语人群的年龄段偏高,双语现象也更为普及。

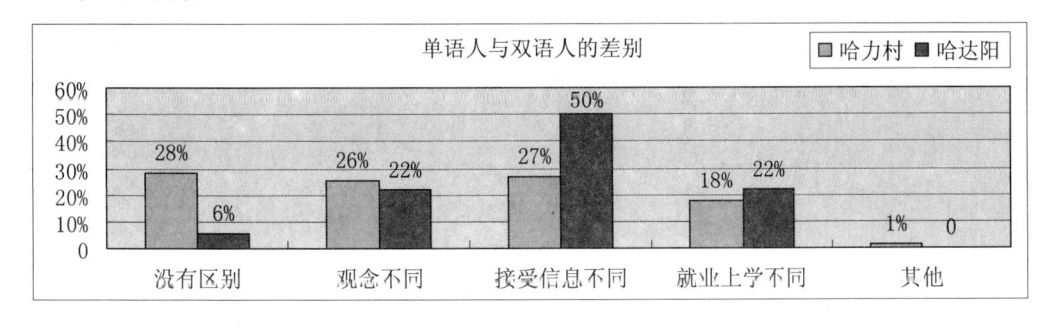

图 5-4 单语人与双语人的差别

差别类型	哈力村	哈达阳
没有区别	28%	6%
观念不同	26%	22%
接受信息不同	27%	50%
就业上学不同	18%	22%
其他	1%	0

对于单语人和双语人之间的差异,无论是哈力村还是哈达阳村,认为在观念、就业上学等方面存在不同的比例都差不多。但是在"接受信息"上,哈达阳村所占比例就要高出许多。这是因为作为杂居区,哈达阳村双语现象更为普遍,在现实生活中,他们能更深切地感受到单语

人与双语人在信息接受方面存在的差别。

虽然单语人和双语人在观念、接收信息、就业上学等个别方面存在差别,但从整体上来讲,单语人和双语人之间是否存在差别?哈力村认为二者没有差别的为28%,而哈达阳则为6%。可以看出只要是达斡尔人,不论会几种语言,在哈力村人的眼中差别都不大,而在哈达阳村人的观念中则是有差别的。这反映出哈力村人强烈的民族意识,他们对本民族成员的认同感比哈达阳要强。

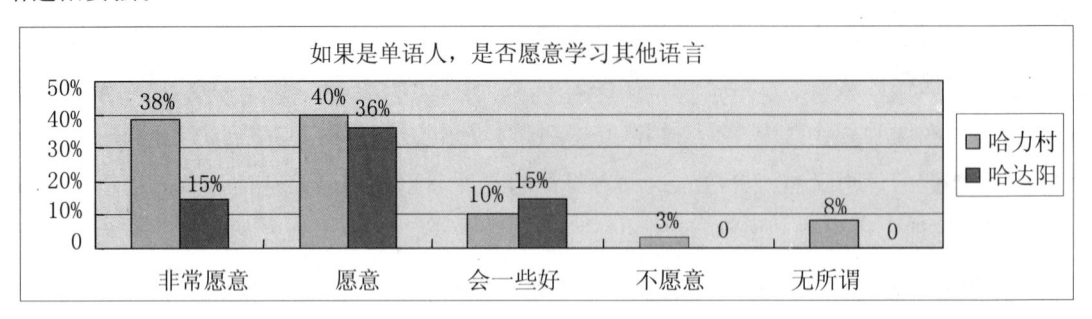

图 5-5 单语人对学习双语的态度

在现今社会仅仅掌握母语已不能很好地适应社会发展,所以在条件允许的情况下,达斡尔人希望学习其他语言的热情都比较高。在调查中,哈力村非常愿意子女学习其他语言的比例为38%,哈达阳村仅为15%。表示"不愿意学习其他语言"和"无所谓"的比例在两个村中都比较低。可以看出达斡尔人积极适应社会发展的开放态度。相比而言,哈力村学习其他语言的愿望更为迫切一些。

二 对孩子母语水平的希望

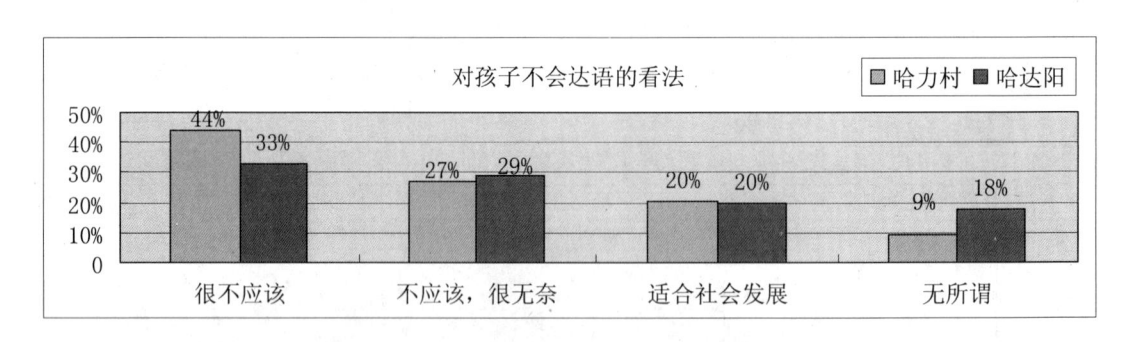

图 5-6 对子女不懂母语的态度

在学习其他语言越来越普遍的情况下,达斡尔人的后代中已有部分人不会使用母语。面对这种现象,两个村子的人们都认为不应该。哈力村持否定态度的为71%,哈达阳村为62%。从中可以看出达斡尔人对母语的深厚感情,他们不希望本民族语言在后代中失传。相比之下,哈力村对母语的情感因素要高一些。虽然对母语很忠诚,但部分达斡尔人又能感觉到语言转用似乎将成为一种潮流和趋势,所以有20%的认为不会母语是适应社会发展的表现;对语言转用持"无所谓"态度的比例在哈达阳要高于哈力村。这是由于哈达阳村为杂居区,语言转用现象更为普遍而导致的,但从中也反映出哈达阳村对母语社会功能所持有的保留态度。

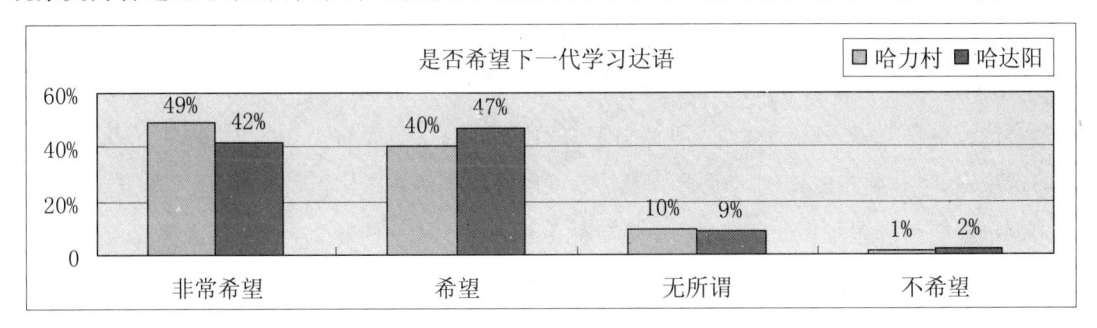

图5-7 对子女学习母语的态度

基于对母语的强烈情感,达斡尔族并不愿意后代忘却本民族语言,所以对下一代学习母语持肯定态度的在各个选项中都是最高的。在"非常希望"一项中,哈力村的比例高于哈达阳村,而在"希望"一栏中,哈达阳村的比例则高于哈力村。可以看出无论是聚居区还是杂居区,达斡尔人普遍希望子女学习母语的心理,但聚居区人群的希望更为殷切一些。

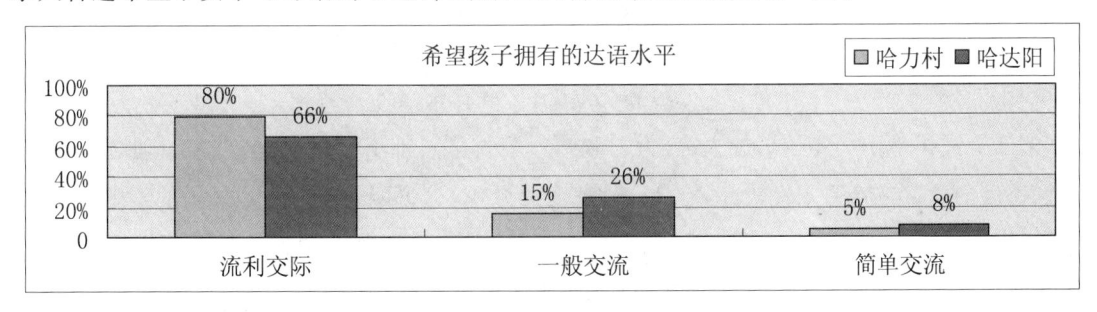

图5-8 对孩子母语水平的期望值

希望孩子母语达到的水平,我们分为从高到低三个等级进行测试。结果显示,希望孩子达到"流利交际水平"的,两个村所占比例都比较高,哈力村为80%,哈达阳村为66%。达到"一般交际水平"和"简单交流"的,哈达阳村高于哈力村。这反映出达斡尔人普遍希望子女能够获得较高的母语交际水平,但杂居区人群对子女母语水平的要求相比聚居区而言要略低一些。

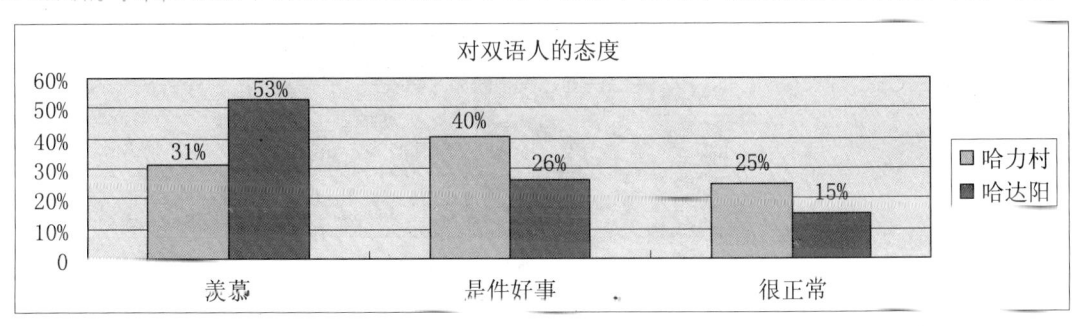

图5-9 对双语人的态度

三 对双语人的态度

双语人在工作生活中可以获得更多的方便,这一点已成为共识,所以无论是哈力村还是哈达阳村,都比较羡慕双语人。相对而言,哈达阳村的比例要高于哈力村。在认为"是件好事"、"很正常"的选项中,哈达阳村的比例又低于哈力村。可以看出生活在杂居区的哈达阳村人一方面羡慕双语人,希望能够掌握更多的语言,但另一方面又不认为它是一件好事,不认为这种现象很正常。从中折射出了哈达阳人既希望掌握双语但又排斥双语、极力保持母语的复杂矛盾心理。

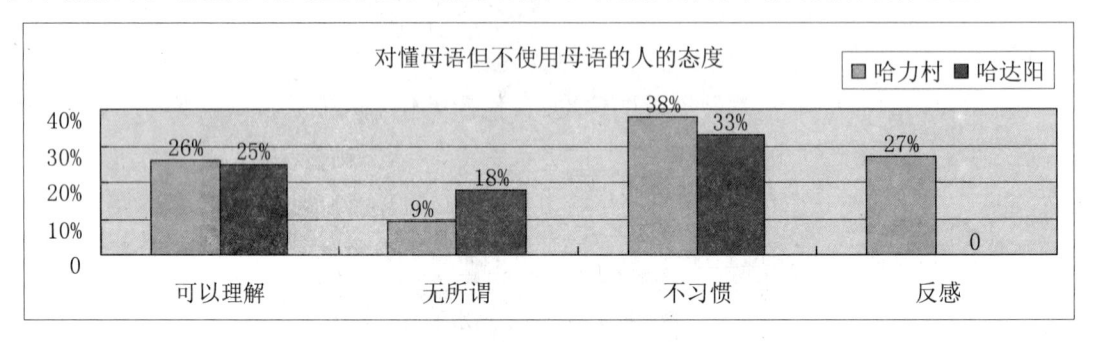

图 5-10 对懂母语但不使用母语的人的态度

对于会达语而不使用达语的人,哈力村和哈达阳村虽然都不太习惯,但也表示理解。持"无所谓"态度的比例在哈达阳村较高,持"反感"态度的为0。这说明达斡尔人对母语的情感很深,他们对会母语而不使用母语的人表现出不习惯。但社会的发展必然会导致这种现象产生,所以达斡尔人又表现出宽宏的气度,对这种现象表示理解。相比而言,哈达阳村的态度更为开放一些。

四 对语言转用人的态度

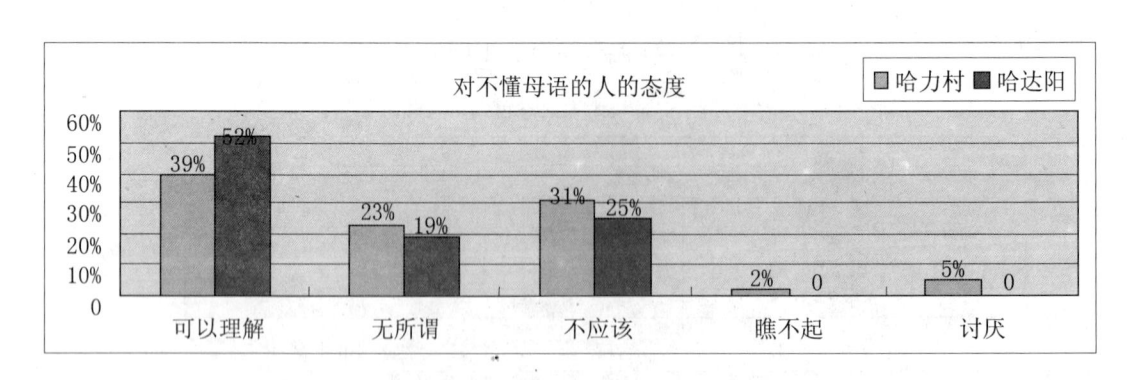

图 5-11 对转用型人群的态度

在个人实现社会化的过程中,有部分达斡尔人已经不会母语的情况,哈力村和哈达阳村都表示可以理解,并且哈达阳村所占比例要高于哈力村。但是认为"不应该"、"瞧不起"、"讨厌"的比例又低于哈力村。可以看出达斡尔人在社会发展过程中既对母语怀有的忠诚但同时又积极适应社会的开放心理。相比而言,哈力村对母语的情感因素更高一些。

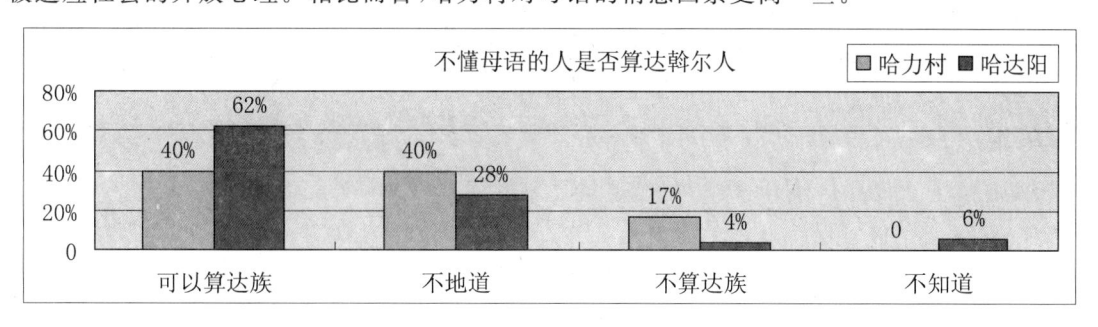

图 5-12 对转用型人群的认同态度

应该如何看待不会母语的达斡尔人呢？他们算达族吗？持肯定态度的在哈力村低于哈达阳村,而认为"不地道"和"不算"的比例哈达阳村又高于哈力村。这反映出哈力村对母语的情感因素较深,他们把语言的掌握与否作为判断达斡尔人的主要标志之一。

五 对文字的态度

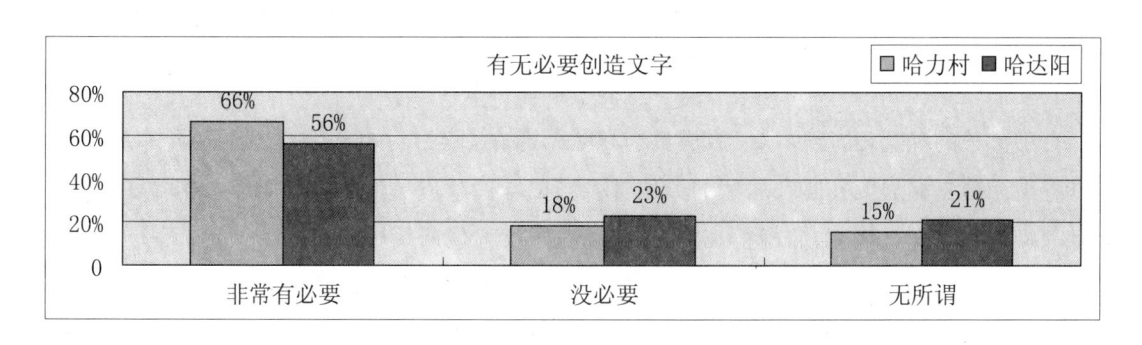

图 5-13 对文字的态度

文字是记录语言的书写符号系统,它可以更好地保存和传承民族文化。对于创制本民族文字,哈力村的呼声较高,占到 66%。哈达阳村认为没有必要和无所谓的比例则要略高一些。可以看出作为聚居区的哈力村的民族文化传承意识比哈达阳村要强。

六 对族际婚姻的看法

婚姻在成年人的生活中占有非常重要的地位,选择族际婚姻就意味着一方需要接受、适应另一方的语言文化,以便顺利实现再社会化的过程。但是在适应对方语言文化的同时,自己的

族际婚姻观

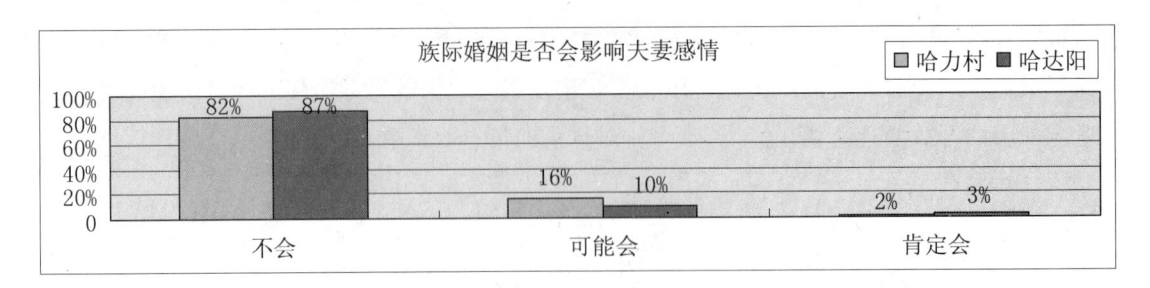

图 5-14 族际婚姻观

母语文化必然会受到影响。所以对族际婚姻的看法可以反映出一个民族对本民族文化的认同感如何。

在该项调查中,哈达阳村认为族际婚姻不会影响夫妻感情的占 87%,略高于哈力村的 82%。认为可能会影响的比例又低于哈力村。这反映出哈力村对族际婚姻的排斥态度较哈达阳村要强烈一些。

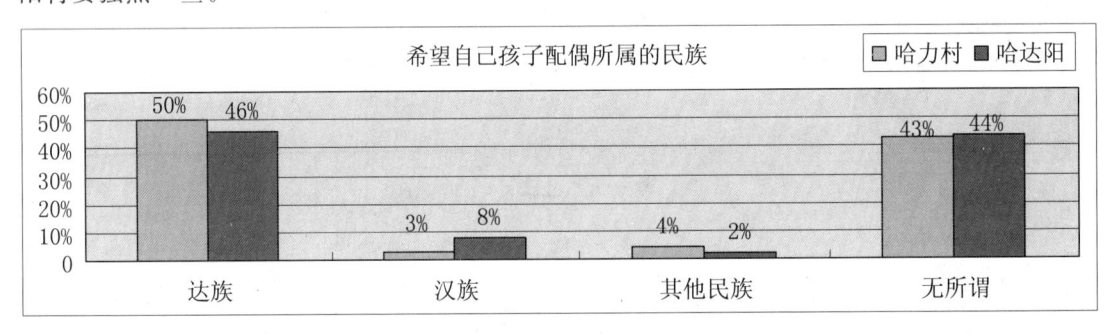

图 5-15 对子女配偶民族的要求

对于孩子的配偶,希望以本民族成员为嫁娶对象的,哈力村占到 50%,哈达阳村为 46%。可以看出无论是聚居区还是杂居区的人们都希望以本民族成员作为嫁娶对象。但是由于目前孩子的婚姻都是自己作主,父母很难包办,所以对子女配偶所属民族很多人又持"无所谓"的态度。在哈力村的比例为 43%,哈达阳村为 44%。通过对比可以看出哈力村对本民族的认可态度更为肯定,而哈达阳相对要低一些。这与哈达阳村是杂居区,他们选择本民族成员为嫁娶对象的可能性较小不无关系。

综上,通过比较,可以看出无论是聚居区还是杂居区,达斡尔人对母语的情感都非常深厚。他们认为母语单语人才是真正的达斡尔人,是达斡尔族语言文化的传承者;他们普遍希望子女能够学会本民族语言并达到流利交际的水平;对于子女不会母语的现象,认为是不应该的;对于本民族中不会母语的人虽然表示出理解,但又觉得不习惯;他们希望创制出本民族文字,以便更好地传承民族文化;在婚姻生活中,他们希望以本民族成员为嫁娶对象。然而在社会进程中,达斡尔人又认为子女不会母语是适应社会的一种表现;除了母语以外,他们希望学习其他语言;对于族际婚姻,在一定程度上采取了认可态度。种种现象都可以反映出达斡尔族既对母语怀有深厚的感情,希望能够很好地传承民族文化,但在社会发展的洪流中,又审时度势,积极调适自己的心理,采取宽容开放的语言态度。在聚居区和杂居区的对比中,可以看出哈力村对母语的情感因素要高于哈达阳村,而哈达阳村对双语现象则更为肯定,语言态度更加积极开放。

第五节 莫旗达斡尔族语言能力测试

一 词汇测试表结构说明

此次调查的语言能力测试是分两个步骤进行的:先对年龄35岁以上的母语单语人(或粗通汉语的双语人)进行词汇大纲的调查测试。词汇大纲中按人体器官、衣物、家具、天文地理、动物、植物、工具、金属,以及一般代词、数量词、称谓词、方位词、时间词、形容词、动词、连词、虚词、杂类词等分为不同类别,共计两千余词。调查过程中先了解测试者的总体情况,并判断是否是语言测试的合适人选。确定测试者的标准主要是年龄、职业、文化程度、母语能力情况、汉语能力情况,以及生理、心理特征情况等其他条件。首先对测试者进行相关背景、社会阅历等方面的调查询问,并进行问卷的填答,在填表过程中继续观察和判断是否符合语言测试。确定后便按语言测试表进行逐词测试,期间也适当地采用提问题的方式,以测试其话语能力。由于涉及到语言能力,必须要由熟悉达斡尔语言的人来进行测试。对不同年龄段的人进行测试,有不同的目的:对年龄较大的单语人的测试,主要看达斡尔族固有的词原有的面貌,并以他们的词语测试结果为基础和主要参照标准。因为这类人群很少使用其他语言,他们的达斡尔语较为纯正,也基本代表了达斡尔语布特哈方言的基本结构。这部分工作进行完毕后,再从他们熟练使用的词汇中挑选出约700个常用词汇对35岁以下的人群进行试验测试,并重点对20岁以下的学生进行测试,以观察达斡尔语在年青一代中的实际使用情况。

筛选出来的695个词语中,以固有词为主,也有某些已经借入较久的满汉语借词,如满语有关2-12月份的称呼:二月 dʒuəbee;三月 jalənbee;四月 dujinbee;五月 sundʒabee;六月 niŋgunbee;七月 nadənbee;八月 dʒakənbee;九月 ujinbee;十月 dʒuanbee;十一月(满)onʃinbee;十二月 dʒorgunbee 等,这些词已经是达斡尔语最常用的词。又如一部分汉语老借词,如部分亲属称谓:叔父 ʃuuʃuu;姑姑(父之妹)gugu;姑父(父之妹夫)guujee;祖父 jeejee;祖母 taitii;曾祖父 laojəəjəə;曾祖母 laotaitii 等;某些特殊称谓词:单身汉 paotul 等;部分借自满汉语的常用物品:火柴(取灯儿)tʃudən、糖 satən、钱(满)dʒigaa 等;部分借自汉语的植物名称:麦子 mais;稻子 kans①;蘑菇 muəegəə;蒜 suanaa 等。这些词也都已经成为了达斡尔人口语中

---

① 该词的音变形式为 kans＜kand＜xandao(旱稻)。其中早期汉语借词形式 kand 至今还保留在新疆达斡尔语方言中。

的常用词语。(详见附录)

因为我们在这些人群中进行语言能力测试时按照35岁以上和35岁以下的人群分开按不同的词汇表进行的调查和测试,其结果没有互比性。因此,我们的分析也分两个部分进行。35岁以上的人群的词汇大纲的调查记音的结果可反映达斡尔族成年人的实际语言能力,也反映了莫旗布特哈方言的特点,其相关情况已在第一章概述中有所介绍。35岁以下人群的语言能力测试的结果则反映了莫旗年轻一代的母语能力,以及今后达斡尔语的基本发展趋势,其统计与分析将在本章中作为莫旗达斡尔族青少年语言发展趋势的典型例证予以介绍和分析。

二 语言能力测试对象基本情况

调查组对不同类型的达斡尔人进行了词汇调查和词汇测试,他们包括聚居区、散杂居区的单语(达斡尔语)人、达汉双语人。下表是对各乡镇村落达斡尔语能力测试情况一览表(2000余词汇大纲调查者)。

表 5-17 词汇大纲被调查者基本情况

原属乡镇	调查地点	姓名	性别	年龄	职业	文化程度	人数
阿尔拉镇	哈力村	孟公孝	女	72	农民	文盲	1
腾克镇	腾克村	鄂英祥	男	66	农民	小学	2
		孟仁朋	男	39	农民	高中	
	怪勒村	郭高娃	女	54	农民	初中	2
		郭忠荣	男	48	农民	小学	
	特莫呼珠村	敖德荣	男	73	农民	小学	1
	提古拉村	鄂金山	男	82	农民	小学	1
	伊斯坎村	敖守愿	男	67	农民	小学	2
		敖玉孝	女	67	农民	小学	
哈达阳镇	哈达阳村	杜振平	男	60	农民	高中	2
		鄂白玉	女	58	农民	初中	
汉古尔河镇	额尔根浅村	何恩玉	男	61	农民	小学	1
总计	8						12

我们共对4个乡镇所辖的8个村屯中年龄在39岁以上(最大的为82岁)的8男4女共计12个人进行了词汇大纲的调查记录。12个人职业均为农民;文化程度情况为文盲1人,小学7人,初中2人,高中2人。

在以上词汇大纲的调查中发现,40岁以上的人基本都能说出695个词汇,只是反应速度上稍有差异。一般来说,年龄大的人,生活在聚居区时间较长的人反应速度快于其他人。因此,我们以这些词汇作为进一步调查的基础依据,对35岁以下的人进行了词汇能力的测试。实际进行695词汇表被测试者共20人,基本情况见下表。

表 5－18 语言能力被测试者基本情况

测试地点	姓名	性别	年龄	职业	文化程度	人数
哈力村	苏丽琴	女	28	农民	初中	3
	敖玉刚	男	31	农民	初中	
	郭立明	男	29	农民	初中	
阿尔拉中心校	敖世龙	男	13	学生	小学	4
	鄂海娟	女	13	学生	小学	
	德利	男	16	学生	初中	
	敖然	男	16	学生	初中	
腾克村	孟若南	女	15	学生	初中	2
	郭青	女	14	学生	初中	
怪勒	鄂伟英	女	35	农民	高中	6
	郭丽	女	33	农民	高中	
	郭巧玉	女	27	农民	初中	
	郭吉明	男	35	农民	初中	
	郭军杰	男	23	农民	高中	
	鄂小芳	女	14	学生	初中	
宜和德村	鄂青青	女	14	学生	初中	5
	鄂秀英	女	13	学生	小学	
	吴文涛	男	12	学生	小学	
	敖峰	男	12	学生	小学	
	杨浩	男	11	学生	小学	
总计						20人

我们对五个调查点的男女各 10 人进行了词汇测试,其中,各年龄段情况为:21—35 岁 8 人,10－20 岁 12 人;职业情况为:8 个农民,12 个学生;文化程度为:高中 3 个;初中 11 个,小学 6 个。

三　测试结果数据统计与分析

我们将语言能力测试结果根据测试者对所测词汇的敏感度、流利程度、反应速度等分为四类,分别用 1.2.3.4(以下分别称作 1 类、2 类、3 类、4 类)数字表示:1. 流利说出且反应迅速;2. 流利但反应稍慢;3. 滞后非流利说出;4. 完全不知道。其中,1 类的多少是我们确定被测试者母语熟练程度的主要依据。2 类词则属于主要参照依据,因为该类词是被测试者经过短暂的时间停顿后流利说出的,也属于比较熟悉的词汇。3 类词"滞后非流利说出"的前提为,在被测试者的大脑母语词库里确有被测试的词,但由于各种原因没能像 1 类那样立即说出,大致有以下几个原因:其一,被测试者曾经十分熟悉所测试的词,但后来因长期不用而淡出记忆,经过回忆想起并说出;其二,被测试者确实熟悉但不曾常用所测词语,经较长时间回忆后说出;其三,被测试者曾经常听别人使用所测试的词,但测试时不能够马上说出,经提示后想起并说出,其熟悉程度明显不如前两类。

表 5-19 被测试者背景及测试结果统计

被测试者背景					测试结果统计				
姓名	性别	年龄	职业	文化程度	1	2	前两项合计	3	前三项合计	4
1.郭吉明	男	35	农民	初中	573(82.4%)	43	616(88.6%)	61	677(97.4%)	18
2.鄂伟英	女	35	农民	高中	590(84.9%)	43	633(91.1%)	36	669(96.3%)	26
3.郭丽	女	33	农民	高中	568(81.7%)	45	613(88.2%)	57	670(96.4%)	25
4.敖玉刚	男	31	农民	初中	539(77.6%)	41	580(83.5%)	53	633(91.1%)	62
5.郭立明	男	29	农民	初中	537(77.3%)	35	572(82.3%)	45	617(88.8%)	78
6.苏丽琴	女	28	农民	初中	545(78.4%)	23	568(81.7%)	58	626(90.1%)	69
7.郭巧玉	女	27	农民	初中	595(85.6%)	57	652(93.8%)	23	675(97.1%)	20
8.郭军杰	男	23	农民	高中	522(75.1%)	10	532(76.5%)	143	675(97.1%)	20
9.德利	男	16	学生	初中	419(60.3%)	44	463(66.6%)	113	576(82.9%)	119
10.敖然	男	16	学生	初中	423(60.9%)	33	456(65.5%)	83	539(77.6%)	156
11.郭青	女	14	学生	初中	452(65%)	54	506(72.8%)	60	566(81.4%)	129
12.敖世龙	男	13	学生	小学	416(60%)	27	443(63.7%)	69	512(73.7%)	183
13.鄂海娟	女	13	学生	小学	421(60.6%)	8	429(61.7%)	64	493(70.9%)	202
14.孟若南	女	15	学生	初中	389(56%)	39	428(61.6%)	146	574(82.6%)	121
15.鄂小芳	女	14	学生	初中	388(55.8%)	44	432(62.2%)	99	531(76.4%)	164
16.鄂青青	女	14	学生	初中	376(54.1%)	10	386(55.5%)	72	458(65.9%)	237
17.鄂秀英	女	13	学生	小学	324(46.6%)	45	369(53.1%)	126	495(71.2%)	200
18.吴文涛	男	12	学生	小学	322(46.3%)	50	372(53.5%)	168	540(77.8%)	155
19.敖峰	男	12	学生	小学	304(43.7%)	23	327(47.1%)	124	451(64.9%)	244
20.杨浩	男	11	学生	小学	313(45%)	8	321(46.2%)	83	404(58.1%)	291(41.9%)
总计					9016	682	9698	1683	11381	2519
均值					450.8	34.1	484.9	84.15	569.05	125.95

第一项词汇测试统计结果显示,最高的约能说出 595 个词(7 号),占 85.6%,最低的能够说出 304 个词(19 号),占 43.7%,二者之间相差为 291 个词。

前两项词汇测试结果统计数据显示,最高的能够说出 652 个词(7 号),约占总数的 93.8%;最少的能够说出 321 个词(20 号),约占 46.2%。二者之间相差 331 个词。

前三项统计数据分析:最高的达 677 个词(1 号),占总数的 97.4%,最低的为 404 个词(20 号),占总数的 58.1%。二者之间相差 273 个词。

第四项的统计数据显示,最低不能说出的为 18 个词(1 号),占 2.6%;最高不能说出的为 291 个词(20 号),占 41.9%。二者之间相差 273 个词。

词汇测试表中的第一项信息十分重要,并可以此为基础确定测试者的达斡尔语的词汇量及熟练程度,在对比测试者之间的语言能力时也最有价值。以第一项词汇测试统计结果为例,20 人的测试结果很明显地分为三个层次,第一层次为 500 词以上到 600 词以下者,第二层次为 400 词以上到 500 词以下者,第三层次为 300 词以上到 400 词以下者。其中,第一个层次共 8 人(1 号到 8 号),年龄为 23～35 岁之间的农民,文化程度在初中以上。第二层次共 5 人(9

号到 13 号),年龄为 13~16 岁之间的学生,以初中生居多。第三层次共 7 人(14 号到 20 号),年龄为 11~15 岁之间的学生,以小学生居多。

第一层次被测试者中 1 类词汇测试数据最高者(7 号)为莫旗腾克镇怪勒村 27 岁女性村民,文化程度为初中。2 类词的测试结果也是所有测试者中最高的,前三类词汇合计数据 675,仅比数据最高者 1 号(677)差 2 个。该层次被测试者中 1 类词汇测试数据最低者(8 号)同为莫旗腾克镇怪勒村男性村民,文化程度为高中。该测试者主要特点是 3 类词,即经过提示后才能够说出的多达 143 个,是第一层次中 3 类词数据最高者。但其前三项总数据却仅比 1 号仅差 2 个。实际上,在第一层次中,无论是从 1 类词汇,还是前三类词汇合计数据来看,1 号、2 号、7 号的情况基本上都差不多,年龄相同或相近,文化程度、母语习得背景和时间也基本接近。

第一层次中前三类词汇合计掌握词汇最多者(1 号)也是莫旗腾克镇怪勒村村民。在所测试的 695 个词汇中,前三项总计 677 个,其中,1 类词 573 个,二类词 43 个,三类词 61 个。仅有 18 个词属于完全不懂的词,它们是:49. 颧骨 tintərt、78. 神经 mədrəl、154. 玄孙 ʃomul、221. 亿 tumun tum、251. 瓢儿(水瓢)barotʃ、294. 灶门nəər、296. 灶神 dʒʊʊl、394. 公马 ərktʃən、421. 种绵羊 kotʃ、431. 鹤 toguloor、484. 弓弦 kurtʃ、487. 犁铧 andʒaas、495. 锡 tuwunaa、620. 祭奠 tailəg、632. 却 xaaree、643. 经常 unʃurtə、651. 到底 əluuni、694. 信仰 sudʒir。在这 18 个词中,有关人体生理器官词汇 2 个,亲属称谓 1 个,数词 1 个,家庭用具等名称 2 个,动物词汇 3 个,猎业词汇 1 个,农业词汇 1 个,金属词 1 个,宗教词汇 3 个,虚词 3 个。

第二层次被测试者中 1 类词汇测试数据(包括前二类和前三类词汇)最高者(11 号)为腾克镇腾克村初中二年级女学生。第 1 类词汇的数据只占总词汇表的 65%,共 452 个词汇,比第一层次的最高测试数据者 7 号差了 143 个词。1 类测试者中最低者(12 号)的测试数据与第一层次的最低者(8 号)也相差 106 个词。该层次各测试者之间的测试数据相差不大,各种情况也基本相同,基本反映了莫旗聚居区达斡尔族中学生的母语情况。

第三层次测试者中 1 类词汇测试数据最高者(14 号)也是腾克镇腾克村初中二年级女学生。其 1 类词汇测试数据仅占词汇总表的 56%,但前三类词汇的测试数据却占总词汇表的 82.6%。该层次中 1 类词汇测试数据中最少者(19 号)是小学五年级学生,其能够流利说出且反应迅速的词汇不到整个测试词汇表的 50%,仅为 43.7%。这也是所有被测试者 1 类词汇测试数据最低者。该层次各测试者前三类词汇测试数据与第一层次测试者相比有一定差距,但多数与第二层次测试者相差不大,甚至有些还超过了某些第二层次的测试者。说明莫旗达斡尔族中小学生的母语水平基本接近。

被测试者中掌握词汇最少者(20 号)为莫旗额尔河乡宜和德村的小学生,男,11 岁。在所测试的 695 个词汇中,4 类词语为 291 个,约占整个词汇表的 41.9%,而在能够说出的所有词语中 404 个词中还有 83 个词语是经过提示才说出的,真正能够流利说出且反应速度较快的仅有 313 个词,不到整个词汇表的一半。20 号测试者上述完全不懂的词汇分布于各组各类,但大致可归为以下几类：

1. 某一类词或其中的细类词，如：23. 腋下 soo、24. 肚脐 kuis、25. 臂 miir、26. 肘 intʃiən、28. 手腕 bagəldʒaar、32. 脚踝 sak、33. 脚背 urum、34. 脚后跟 dʒaodʒaa、35. 膝盖 tualtʃig、36. 皮肤 ars、38. 肋骨 xabirəg、41. 唾液 ʃullu、43. 眉心 saniku、44. 眼睑 kurməlt、45. 眼窝 oruŋgu、46. 小腿 ʃirəm、47. 腿肚子 baltʃə、48. 头顶 xor、49. 颧骨 intərt、50. 嘴唇 xollə、51. 下巴 əruu、52. 喉结 boluŋkuu、53. 咽喉 xoil、54. 气管 huaam、55. 小腹 daus、57. 旋儿 xurgə、58. 太阳穴 tʃokən、59. 指叉（虎口）tani、60. 小舌 kumə、61. 腭 tannə、62. 痣 bələg、63. 皱纹 xonees、64. 脑髓 ogu、65. 后颈窝 xəamər、66. 关节 uj、67. 筋 ʃirbəs、70. 肺 aorki、71. 胆 tʃultʃəə、72. 肝 xələg、73. 肠子 gərtəs、75. 脾 dəluu、76. 膀胱 xodoosə、77. 骨髓 ʃiməg、78. 神经 mədrəl、227. 衣襟 əŋgə、230. 鞋帮 olloon、231. 皮袄 dəəl、232. 布 bur、238. 衣领 dʒibkəət、239. 袖子 kantʃ、241. 衣袋 xoluŋku、242. 腰带 bəs、243. 补丁 dalaas、251. 瓢儿（水瓢）barotʃ、255. 菜刀 bodao、270. 笼子 suŋkudəə、275. 斧子 sugu、276. 筛子 ʃirk、277. 锥子 ʃəugu、279. 烟袋 dair、280. 烟袋锅 aigəə、281. 烟荷包 kartrəg、282. 耳环 garəg、288. 围墙 kəədʒin、290. 窗户 tʃoŋk、291. 门闩、窗闩 ʃəurt、292. 墙 duusəə、294. 灶门 nəər、295. 灶坑 dʒooŋk、296. 灶神 dʒool、298. 粮食 am、300. 篱笆 kuʃee、301. 柳条 bargaas、302. 栅栏 xaadie、303. 门槛 basrəg、304. 檩子 niroo、305. 柱子 tuaaləg、306. 椽子 ʃargəl、310. 星星 xod、311. 云 əulən、312. 雷 xonnul、313. 闪电 talee、320. 霜 tʃaudur、321. 雾 manən、322. 露 suidur、323. 雹子 baani、325. 山岭 dawaa、327. 尘土 tuaarəl、329. 平原 tal、330. 江 mur、331. 海 dalii、332. 湖 naur、334. 溪 dʒad、335. 井 xodrəg、336. 泉 bulaar、338. 彩虹 ʃeeruu、339. 山谷 xaalii、341. 沙子 ʃiltaar、348. 附近 olloon、349. 东 garkui、350. 南 əməəl、351. 西 wanəgui、352. 北 xuainə、355. 元宵节 katʃin、363. 十五（阴历）xarbəntaw、366. 古代 ward、369. 将来 atʃdaa、373. 前年 ordʒwoon、392. 马鬃 dəəlbur、393. 种马 adirəg、394. 公马 ərktʃən、395. 骟马 art、397. 母牛 unee、401. 母猪 məgədʒ、402. 野猪（公）aidaar、406. 狍子 dʒuur、409. 野鸭 nuagəs、410. 野兽 gurəəs、412. 狮子 arslən、413. 豹子 miard、414. 熊 atirkaan、417. 黄鼠狼 soolgee、420. 种牛 bag、421. 种绵羊 kotʃ、422. 鹅 galoo、423. 鸟 dəgii、424. 猫头鹰 umiil、427. 鸽子 tuutgee、428. 雀 tʃiitʃməəl、429. 啄木鸟 tontrookii、430. 布谷鸟 gəkuu、435. 蜻蜓 təməəni、436. 蜘蛛 ataakii、437. 蚂蚁 suigaldʒin、438. 蜜蜂 guug、444. 鲤鱼 murgu、445. 鲫鱼 kaiku、446. 大草根鱼 amur、447. 小草根鱼 ontʃool、448. 鱼鳞 xaitʃ、449. 鱼刺 xaus、450. 鱼鳔 xumpaaliŋku、451. 鱼网 aləg、462. 稻子 kans、463. 荞麦 xaol;aləm、464. 荞麦皮 xannəl、467. 糠 xaagə、468. 松树 nars、469. 白桦树 tʃaalbaan、470. 种子 xur、471. 芽 gulgu、472. 根 undus、473. 枝 gəsuu、474. 叶 lartʃ、475. 鞍子 əməəl、476. 鞍翅 kabtaal、477. 鞍屉 toku、478. 缰绳 ʃurbuuri、479. 马嚼子 xadaal、马肚带 doroon、81. 马镫子 durəəŋgii、482. 鞭子 minaa、483. 弓 nəm、484. 弓弦 kurtʃ、485. 箭 som、486. 犁 saur、487. 犁铧 andʒaas、488. 铁锹 kuldur、489. 锯子 kiroo、493. 银 muŋguu、494. 铜 gauli、495. 锡 tuwunaa、496. 颜色 ungu、503.

紫 xəlg、504. 褐 koŋgə、533. 弯 mukulien、534. 直 tənnən、535. 斜 əlləʃ、546. 穷 jadgu、552. 聪明 sərd；ʃuur、553. 调皮 tʃəlmii、554. 老实 ʃolun、555. 勤快 tʃitʃeen、556. 懒惰 dʒalkoo、567. 唱 daul、583. 嚼 dʒeldʒil、584. 舔 doloo、586. 吐 bəəldʒ、595. 甩 laʃ；larki；sadʒ、601. 拔 ut、602. 揪 is、604. 救 aitoo、609. 讲解 ailaa、614. 放牧 adool、615. 打猎 aolaa；beitʃ、666. 蛋（带壳）əndug、677. 黄油渣 dʒəəgər、679. 稷子米 aosəm、684. 脾气 aaʃ 等。

2. 该年龄段较少使用的词语，如：144. 儿媳 bər、146. 客人 aneekee、150. 丈夫 ərgən、151. 妻子 əmgun、153. 曾孙 domul、154. 玄孙 ʃomul、159. 表嫂 bul bərgən、161. 妯娌 xuajaan、162. 岳父 xadəmtʃaa、163. 岳母 xadəmwəə、164. 干爹 barisən atʃaa、165. 干妈 barisən əwəə、167. 亲家 xuada、179. 农民 tareetʃin、180. 牧民 adootʃin、181. 英雄 batur 等。

3. 生僻词，如：109. 每 kurtʃin、110. 各、到处 birgii、144. 168. 祖宗 xodʒoor、169. 长辈 dʒag、170. 寡妇 bəlibsən、171. 媒人 dʒautʃ、173. 疯子 gərən、175. 乞丐 goirəntʃ、688. 坟墓 bagən 等。

4. 某些数词，如：201. 六十 dʒar、202. 七十 dal、203. 八十 naj、204. 九十 jər、205. 一百 dʒau、206. 第一 nəkdəər、207. 第二 ʃoirdaar、208. 第三 guarbdaar、209. 第四 dutəər、210. 第五 tabdaar、211. 第六 dʒərgoodaar、212. 第七 doloodaar、213. 第八 naimdaar、214. 第九 jisdəər、215. 第十 tabdaar、216. 一千 miaŋgə、217. 一万 tum、218. 十万 xarb tum、219. 百万 dʒao tum、220. 千万 miaŋ tum、221. 亿 tumun tum、222. 最末 nialk、223. 半（一半）duli 等。

5. 早期满语借词，如：378. 正月 aniesar、379. 二月（满）dʒuəəbee、380. 三月（满）jalənbee、381. 四月（满）dujinbee、382. 五月（满）sundʒabee、383. 六月（满）niŋunbee、384. 七月（满）nadənbee、385. 八月（满）dʒakənbee、386. 九月（满）ujinbee、387. 十月（满）dʒuanbee、388. 十一月（满）onʃinbee、389. 十二月（满）dʒorgunbee。

6. 抽象词语，如：619. 后悔 yəmʃ、683. 命运 ʃobi、685. 礼节 jos、686. 办法 arəg、687. 利益 aiʃ、692. 历史 sudur、694. 信仰 sudʒir、695. 民族 aimən 等。

7. 大部分虚词，如：622. 可不 uldəə、623. 如果 boloosoo、624. 于是 tigə、625. 那么 tigəəsəə、626. 所以 təndəə、628. 马上 ədəəti、629. 先 ətəə、632. 却 xaaree、640. 一点点 amkaan、641. 差一点儿 əsəl、642. 已经 gəəmutʃ、643. 经常 unjurtə、645. 慢慢 aadʒee、646. 快快 amaamaa、648. 勉强 araan、649. 仍旧 əkəl、650. 必须（满）urunnaku、651. 到底 əluuni 等。

8. 文化词，如：182. 萨满 jadgən、620. 祭奠 tailəg、671. 谜语 taoli、673. 舞春（叙事体诗）utʃun、674. 口弦琴 mukuleen 等。

四　结　语

综合以上测试结果统计数据，我们可看出以下莫旗35岁以下的达斡尔族青少年的语言能

力及其主要特点:

1. 掌握词汇的熟练程度主要表现为年龄上的差异,即掌握词汇多少及熟练程度随年龄大小由高到低呈渐降趋势。如以被测试者第一层次到第三层次第一类词汇测试结果中的最高者为例可构成下图:

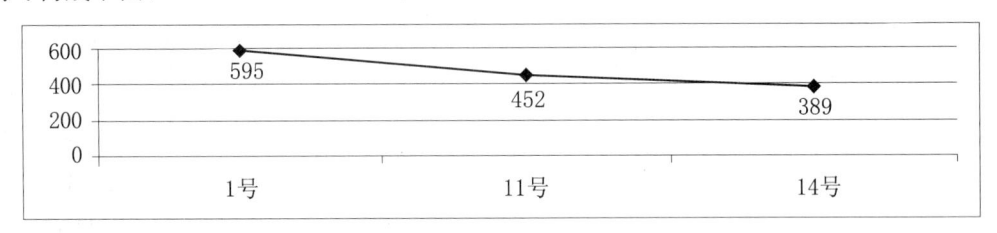

```
600 ┤ ♦595
400 ┤        ♦452
200 ┤                ♦389
  0 ┤
     1号      11号      14号
```

图 5-16 三个层次 1 类词汇的语言测试结果曲线

数据显示,21 岁以上至 35 岁以下的成年人和 20 岁以下的中小学生对 1 类词汇的掌握的数量上有一定差距,而中学生和小学生之间则无明显差距,在语言能力上基本可归为一类。根据我们之前对 35 岁以上人群的 2000 余词汇大纲的调查结果进行综合对比,可推断,莫旗达斡尔族 35 岁以上人群的母语能力基本处于熟练以上水平,35 岁以下人群的语言能力可划分为两个层次,21 岁至 35 岁的人群可归入基本熟练水平,而 20 岁以下的青少年则属于一般水平。

2. 母语能力与母语习得背景和时间长短有密切关系。被测试者们普遍自述,那些小时候经常使用的词汇即使后来不常用也不易忘。由此看来,是否自然习得也是鉴别一个人母语能力高低的重要标准。此外,语言能力也会随着环境的变化而有所变化。如离开母语环境的时间越长越容易淡忘某些词汇,并逐渐丧失母语能力。

3. 文化程度是语言测试中的一个十分重要的条件。在词汇测试过程中,我们发现,理解词汇的水平在一定程度上也取决于文化程度的高低。许多文化程度不高的人包括小学生在词汇量和对词义的理解方面都存在着明显的差异。

4. 莫旗境内的达斡尔族青少年的母语能力和其父母的达斡尔语能力以及家庭和社区的母语环境有密切关系。在语言测试中我们发现,许多语言能力较强的被测试者的父母的语言能力也很强。据被测试者自述,在其家庭环境内达斡尔语是使用频率较高的语言,家庭各成员的母语感情较为浓厚,并具有较强的母语保护自觉意识。

5. 由于达斡尔族没有文字,致使达斡尔语的传承和发展受到了一定限制。尤其是某些反映达斡尔族传统文化特色的词汇随着社会文化及时代的变迁正在逐渐消失,测试结果数据也部分反映并证实了这一现实。

第六节 制约莫旗达斡尔族语言现状的相关因素

影响莫旗达斡尔族语言现状的因素较多,也较为复杂,从母语保持、语言兼用、语言转用等

角度来看,可大致概括为以下几个方面:

一 母语保持的相关因素

(一)相对封闭与集中的民族人口分布格局

莫旗是自清初达斡尔族由黑龙江北岸南迁嫩江以来人口最为集中、分布范围较广的地区之一,也一直是达斡尔、鄂温克等民族聚居之地。甚至到清光绪末年之前,莫旗人口的绝大多数仍为上述两个民族的成员,只有极少数的鄂伦春、汉、满等其他民族成员。清末,由于清廷实行开禁招垦与"移民实边"的政策,大批汉民才迁入西布特哈地区。至民国初年,汉族人口超过总人口一半以上。此后,汉族人口逐年增加。但大多数汉族居民主要居住于尼尔基镇附近,或在达斡尔族聚居区或散杂居区内独立建村,与达斡尔族杂居或散居的仅占很少一部分。

达斡尔人自古以来在居住上依山傍水,这种特点比较突出地反映在达斡尔族以父系组织结构为特点的哈拉与莫昆制度及哈拉与莫昆的名称上。达斡尔族的哈拉与莫昆的名称主要来源于达斡尔族世居地黑龙江上中游一带祖先曾居地的山川地名,其体现了达斡尔人对所处的特定自然环境的适应。因此,达斡尔族的哈拉与莫昆制度在一定程度上也反映了达斡尔人早期的传统居住方式。实际上,不但在黑龙江流域居住期间,而且迁居嫩江流域之后,达斡尔族最初的居住方式仍然受其制约。如在嫩江流域一代,在清中叶以前,一直延续着这种传统居住方式。当时,每一个氏族都有自己哈拉莫昆的宗屯以及由此形成的子屯、孙屯。如郭布勒哈拉建了洪果尔津、满那、莫热、塔文浅、哈力、大博尔克、昂提、杜尔本浅、色力克、达瓦第、特尔莫等屯,并从上述屯落分化出斡多胡台、那音、孔果、满乃博尔克、霍洛尔丹、乌尔西格、阔奇、南营西屯等。苏都尔哈拉建了乌尔科、霍勒托辉、查哈阳、比台、额依勒尔、绰尔嘎勒等屯落,并由这些屯落分化出甘南县的楚尔嘎拉、沃勒奇、呼珠乌尔科等新屯。精克日哈拉人建了嘎布喀、梅斯勒、德日莫呼尔、岗恩、色力克、莫古尔等屯,尔后由这些屯落分化出甘南县的梅斯勒、嘎树哈等屯。瓦然哈拉人建了西拉金、博荣等屯,尔后由此分化出萨玛街、额尔根沁、库木尔西拉金等屯。德都勒哈拉人建了温察尔、阿彦、德都勒、音沁等屯,后来由此分建了两间房(又名杜拉斯尔特)屯等。这些传统居住习惯甚至沿袭到了今天,如莫旗腾克镇的特莫呼珠村以敖拉哈拉为主,原霍日里村以鄂嫩哈拉为主。这些达斡尔族聚居村落内不仅民族成分单一,且大家族家庭结构形式较多,甚至有的达到五世同堂。如特莫呼珠村有一个约50口人的家庭。年龄最大的90余岁,隔五代出生的重重孙子才不到3岁。如此封闭的聚居乡村,外民族甚至达斡尔族其他哈拉与莫昆的成员很难落户。由此,我们不难理解各调查点被调查对象以本土出生并长期生活于故土居多的原因了。

另外,聚居区的达斡尔族基本上沿袭着传统婚姻方式,即嫁娶基本上以本民族成员为主。村民一般以从事农业生产活动为主,很少外出打工,一方面是由于莫旗农民人均土地较多,土地可保证人们的一般生活需求,无须像南方农民一样出去打工挣钱。另一方面,反映了聚居区达斡尔族农民的"安土重迁"的意识非常浓厚。

上述居住格局对达斡尔族的语言使用尤其是母语的保持和母语环境的营造,以及母语强势地位的形成都产生了关键作用。主要表现在以下几个方面:其一,聚居程度直接对家庭母语的传承、沿袭以及使用起到了重要作用。实际上莫旗达斡尔族母语环境在很大程度上是由于达斡尔族人口聚居的程度较高而自然形成的。[①] 其二,对母语环境产生了十分重要的保护作用。人口聚居程度高,也在一定程度上使得母语广泛使用,并营造一种频率较高的母语场域成为一种可能。由于该语言场域的成员具有较高的母语使用频率和水平,使得母语获得使用和发展的活力。无形中对母语环境起到了一定保护作用。其三,这种居住格局也营造了一种具有显著而富有特色的母语文化氛围,这种氛围也为在这个氛围内生活和成长的人受到传统文化的熏陶和浸染,成为一个地道的母语文化人创造了条件。

莫旗的自然地理环境也在某种程度上对达斡尔族的母语保持起到了一定的保护作用。莫旗达斡尔族绝大部分分布于嫩江西岸,在修建尼尔基水利枢纽工程前,莫旗达斡尔族与外界的交流也因嫩江的一江之隔而受到很大的局限,由此也使达斡尔族传统文化得以保持原貌。达斡尔人的语言也因嫩江而获得了一种天然的保护屏障。此外,该方言区的达斡尔族中以聚居于偏僻的农区为多,他们与外界的交往因交通、语言障碍等原因相对于其他方言区较少,在这里达斡尔语成为达斡尔族内部成员之间及与其他民族之间的主要交际语言。

以上是母语保持的总体环境,如果就莫旗达斡尔族个体母语能力差异进行仔细分析,其实也不难看到居住环境在其中所起的重要作用。

表 5-20 各调查点被调查对象基本情况对比

	调查点	居住方式		职业				文化程度				
	乡镇村落	本地	迁居	农民	学生	公务员	其他[②]	文盲	小学	初中	高中	高中以上
聚居区	哈力	91%	9%	51.7%	44.8%		3.4%	1.7%	33.6%	53.8	8.4%	
	特莫呼珠	91.7%	8.3%	61.5%	23%		15.4%	1%	29.2%	56.3%	11.5%	2%
	怪勒	75%	25%	63.8%				2.3%	44.2%	41.9%	11.6%	
	提古拉	82%	18%	68%	21%		10.5%		18%	68%	14%	
	腾克	84%	13%	34%	58%		8%	2%	20%	64%	1%	
	宜和德	91.2%	8.8%	50%	44%		6%		42%	48%	7%	4%

---

① 对莫旗达斡尔族杂居村落要做具体分析。达斡尔族与汉族杂居的村落和与鄂温克族杂居的村落情况有很大不同。如两个与鄂温克族杂居的村落的达斡尔语环境均很好,甚至超过了其他达斡尔族聚居村落;而与汉族杂居的情况也有不同,如西瓦尔图村和哈达阳村相比,两个村虽均为主要与汉族杂居的村落,但由于两个村落的地理位置,交通发达程度等原因,两个村熟练使用母语的人数比例有很大的不同。同为杂居村落,西瓦尔图村熟练使用达斡尔语的人数比例远远高于哈达阳村。

② 这里的其他包括教师、工人等。

	伊斯坎	80.6%	19.4%	86%	14%		6%	26%	57%	11%	
散杂居区	哈达阳	89%	11%	41%	51%		8%	1.5%	24%	62%	9%	3%
	西瓦尔图	100%		49%	9%		17%		26%	60%	9%	9%
	杜克塔尔	60.4%	39.6%	58.8%	17.6%		23.5%		25%	50%	25%	
	尼尔基	89%	11%	0%	19%	55%	26%			20%	16%	64%
	额尔根浅	84.38%	15.62%	88%	4%	4%	4%	3%	35%	49%	10%	3%

根据相关调查材料,莫旗达斡尔族聚居乡镇村落母语保持最好,其次为杂居乡镇村落,城市区和散居区较差。母语保持层次以聚居、杂居、散居等居住格局依次排序。居住环境是制约个体母语保持能力高低的一个重要条件。其中,是否本土出生或是否长期生活在母语环境较好的乡镇村落更是制约个体母语能力高低的重要因素。表5-20数据显示,各调查点的达斡尔族绝大多数出生并一直生活在原乡镇村落,少部分迁居的达斡尔族也多出生于莫旗本土,只是由于嫁娶、投奔亲戚等原因而陆续迁居这些乡镇村落的(部分因工作、上学等原因迁居尼尔基镇)。由此可以概括地说,无论任何居住区域的达斡尔族均以本地居住者居多,即本地出生者占绝大多数,尤其是聚居区的达斡尔族居民更是如此。即使是处于城乡接合部,作为城市区代表的尼尔基镇的达斡尔族居民也以在莫旗境内出生者为多。这种格局形式反映了莫旗达斡尔族基本上仍沿袭着传统居住习俗。正是由于这种居住环境,才有了部分达斡尔族母语型人群生存的空间。

从职业角度来讲,总体上,农民母语保持最好,乡村教师次之,公务员再次之,学生最差。这也是由于农民和乡村教师大多主要居住和长期生活、工作于母语环境较好的地区,而公务员的母语能力则因离开母语环境的时间长短而各异。学生大多正值智力发展和学习知识期间,对母语的认知还处于感性阶段。其中,部分学生经常离开乡村到社区母语环境较差的尼尔基等城镇求学,也是母语能力较低的原因之一。

从文化程度来讲,小学文化程度者母语口语保持最好,初中文化程度者次之,高中文化程度者再次之,高中以上文化程度者最差。这是由于目前达斡尔族母语保持较好的人群以居住于农村的农民为主,达斡尔族农民中虽然文盲较少,但文化水平普遍不高,以小学文化程度居多。大多数达斡尔族农民因普遍没有获得较多的接受汉语教育的机会,因此,汉语文水平也较低。由于莫旗农村不设高中,大多数乡村的初中教育师资和教育水平也有限,一般达斡尔族家庭都愿意将子女送到教育设施更优越及教育水平更高的尼尔基等城镇中学就读。因此,接受学校教育时间越长,文化程度越高的人,也就意味着其接受汉语教育的时间越长,同时,也有可能离开母语环境的时间就越长。

从调研数据和语言测试数据来看,莫旗达斡尔族使用语言的情况视年龄不同而各异。除了个别地区外,年龄由大至小,语言保持能力逐渐弱化。一般来说,50岁以上的基本能熟练使用达斡尔语,并以其为主要交际工具。其中也有数量相当的人兼通汉语,但汉语的使用频率和熟练程度都不及达斡尔语。50岁至40岁年龄段的达斡尔族是双语群体中占比例较大的群体,而这些人大多出生于聚居区或母语环境较好的乡镇村落,同时又有良好的接受汉语教育的背景,文化程度基本上在初中以上,甚至有些由出生地走向城镇,转换了自己的身份。30岁至20岁年龄段的达斡尔人中大多出生于改革开放时代,由于环境的变化,在他们接受学校教育的过程中接触的各种信息较多,尤其是媒体的语言即汉语对他们影响较大。汉语的使用范围、频率,以及使用深度都较之其他年龄段的要多,汉语水平也普遍较高。因此,这部分人一般也有更多的机会走出乡村到尼尔基或大中城市读书、就业等。

(二)宽松的区域自治环境及和谐的民族关系

我国是一个社会主义国家,同时也是多民族、多语言的国家。国家和政府对少数民族实行民族区域自治政策,自治地方在各方面都有语言保持的优势条件及环境。莫旗建立于1958年,是全国达斡尔族唯一的自治地方,在该自治区域达斡尔族是主体民族。在莫旗范围内,达斡尔语也是使用频率较高,有一定社会地位的语言之一。国家的相关法律条例也保障了达斡尔语的地位,《莫力达瓦达斡尔族自治旗自治条例》和《莫力达瓦达斡尔族自治旗民族教育条例》(见附录)都有关于语言文字使用和语言教育方面的相关条例。

从历史上看,达斡尔族和周边民族的关系一直以和谐共处为主旋律。无论是与鄂温克族、鄂伦春族的民族关系,还是在清代与满族的关系,清末民初后与汉族的关系等都一样。尤其是近半个世纪以来,达斡尔族与周边兄弟民族团结奋进,协同发展,共同为莫旗的繁荣做出了各自的贡献。我们在调查中也较为关注民族关系专题的调查内容,并收集了相关调查数据。我们将民族关系分为融洽、一般、紧张等三个级别来让被调查者进行选择。从相关调查数据来看,大多数被调查者中选择了第一项,只有极少数人选择了第三项。调查数据证实,莫旗达斡尔族与其他兄弟民族的关系以团结和谐占主导地位。这种民族关系氛围也为作为主体民族的达斡尔族的语言地位的确立及使用提供了较为宽松的社会环境。

表 5-21 民族关系

调查点		与汉族的关系			与其他少数民族的关系		
	乡镇村落	融洽	一般	紧张	融洽	一般	紧张
聚居区	哈力	75%	25.2%	0	75%	23%	2%
	特莫呼珠	62.70%	36.5%	0	77.80%	22.2%	0
	怪勒	86%	14%	0	74%	18%	8%
聚居区	提古拉	79%	21%	0	93%	7%	0
	腾克	75%	24%	1%	76%	23%	1%
	宜和德	73%	25%	2%	84%	14%	2%
散杂居区	伊斯坎	80%	19%	1%	77%	21%	2%
	哈达阳	72.70%	26.5%	0	88.60%	11.4%	0
	西瓦尔图	79%	21%	0	83%	17%	0
	杜克塔尔	96.40%	3.40%	0	91.70%	6.8%	1.5%
	尼尔基	89.20%	10%	0.8%	91.70%	6.8%	1.8%
	额尔根浅	81.20%	18.8%	0	90.30%	6.45%	3.2%

(三)着力营造的母语氛围

一个民族或集团的母语的使用与客观环境固然有很大关系,但和母语人的主观态度及语言心理关系更为密切。如果民族或集团的全民都具有浓厚的母语保持意识,并在此基础上着力营造母语环境,对母语的传承和沿袭肯定会有帮助。我们在母语使用动机的调查中发现,莫旗农村区良好的母语环境一方面确实和人口较为集中,达斡尔族作为自治旗的主体民族的地位等客观因素相关,但达斡尔族母语人主动使用达斡尔语,着力营造母语环境的努力和具体行为更起到了关键作用。

表 5-22 个体母语使用动机对比

		适合生活交际	对母语有感情	受周围人的影响	为了保持达语	不会其他语言	其他
聚居区	哈力	28.10%	56.10%	57.90%	44.70%	17.50%	
	特莫呼珠	26%	42%	70%	24%	4%	33%
	怪勒	35%	55%	51%	62%	13%	
	提古拉	11%	24%	28%	4%		
	腾克	13%	59%	35%	41%	19%	8%
	宜和德	30%	56%	45%	41%		16%
散杂居区	伊斯坎	8%	25%	24%	13%		30%
	哈达阳	20%	48%	56%	25%		62%
	西瓦尔图	23%	51%	47%	30%	28%	
	杜克塔尔	24.10%	62%	48.20%	41.30%	3.40%	
	尼尔基	20.30%	43.10%	24.40%	7.30%	4.90%	
	额尔根浅	25%	67.86%	21.43%	32.14%		

上表中的数据虽然由于问题本身的主观性,加上又属复选题或自由选题,带有较为复杂的主观色彩。但统计数据中达斡尔族母语人基于母语感情基础之上使用达斡尔语言的数据普遍较高,更难能可贵的是,尤其是农村区的许多达斡尔人的母语保持和保护意识也很强烈。

由于努力营造的母语环境也使得达斡尔族母语人可自小就在浓厚的母语和传统文化氛围中自然习得达斡尔语。

表 5-23 个体母语习得背景对比[①]

		习得时间		习得途径			
		学前	小学阶段	长辈传授	交际中	学校	其他
聚居区	哈力	99.20%	0.80%	83.50%	23.10%	1.70%	
	特莫呼珠	100%		95.80%	14.60%		
	怪勒	100%		99%	1%		
	提古拉	83.33%	16.67%	83.33%	16.67%		
	腾克	90%	5%	78%	35%		
	宜和德	95%		95%			

[①] 由于有些问题为复选题或自由选题,因此数据统计中可能会出现大于或小于100%的情况。下同。

	调查点					
散杂居区	伊斯坎	100%		86.50%		
	哈达阳	88%	10%	66%	27%	4%	3%
	西瓦尔图	98%	2%	98%	19%		
	杜克塔尔	97%	3%	100%	28%		
	尼尔基	89.80%	3.90%	85.60%	28%	3.40%	1.70%
	额尔根浅	100%		92.86%	7.14%	3.57%	

上表所列数据显示，无论是聚居区还是散杂居区，无论是从事何种职业的达斡尔人，绝大多数都是在家庭环境中通过长辈的口耳相传逐渐自然获得母语能力的。他们一般是在学前就已经习得母语，并在与长辈或同胞的交际中逐渐达到熟练水平的。如在聚居区的特莫呼珠村、怪勒村，杂居区的伊斯坎村，散居区的额尔根浅村，学前习得母语的人数比例高达100%。在聚居区的哈力村，杂居区的西瓦尔图村、杜克塔尔村等学前习得母语人的比例也接近100%。相关数据显示最低的提古拉村学前习得母语的人数也占所调查对象的83%以上。部分调查点的达斡尔人是在小学阶段或通过学校途径习得的达斡尔语，这里需要说明的是，他们并不是通过学校教育学会的达斡尔语，而是通过学校这个途径获得了习得母语的交际环境，并通过与族胞学童的接触和交往中逐渐习得母语的。他们大多有较特殊的经历或背景，或是从小出生于远离达斡尔族聚居区的其他地方，后来又回到了达斡尔语环境较好的地区，或是出生于异族联姻的家庭等。由此我们可以断定，在莫旗，熟练掌握达斡尔语的人母语基础较为扎实，在这种环境中成长起来的达斡尔人的母语能力一般都很强。他们对自己的母语能力也持较为自信的态度。

表 5-24　个体母语能力主观评价对比

	调查点	精通	比较熟练	一般	不太好	能听不会说
聚居区	哈力	38.70%	47.90%	11.80%	1.70%	
	特莫呼珠	22.20%	62.20%	15.60%		
	怪勒	38%	51%	9%	2%	
	提古拉	41%	37%	22%		
	腾克	21%	54%	18%	2%	
	宜和德	40%	35%	21%	4%	
散杂居区	伊斯坎	71.40%	22.90%	5.70%		
	哈达阳	24%	39%	18%	11%	8%
	西瓦尔图	43%	38%	19%	2%	
	杜克塔尔	36%	50%	11%	3%	
	尼尔基	20.30%	43.10%	24.40%	7.30%	4.90%
	额尔根浅	24.14%	34.48%	27.59%	3.45%	10.34%

从表格显示的数据并综合前两项数据可看出，无论是何种居住格局的达斡尔人，熟练掌握达斡尔语的人占多数。从聚居区到杂居区再到散居区，熟练掌握达斡尔语的人总体上呈渐降的趋势。聚居区的达斡尔人，认为自己母语能力处在非常精通和较为熟练的人占整个被调查者的75%以上。其中，认为自己的母语水平处于非常精通者也占有相当的比例。散杂居区的情况较为复杂，同处于杂居区的几个调查点的情况各有不同。杂居区中的伊斯坎村是一个特

例。这是一个以达斡尔族与鄂温克族为主的杂居村落,村内居住的鄂温克族不会鄂温克语,但大多兼通达斡尔语和汉语,且达斡尔语是他们的第一语言和在村内使用最多的族际语。由此增加了村落范围内达斡尔语的实际使用人数和使用频率。该村达斡尔人对自己的母语水平普遍较为自信,前两项数据(即熟练以上水平人数)合计竟然超过了聚居村落。另一个达斡尔族与鄂温克族杂居的杜克塔尔村,熟练使用达斡尔语的人数比例也超过了聚居区的提古拉、腾克、宜和德等村落,这可能和该村处于较为偏僻,交通不便的地理位置,以及该村鄂温克族也兼通达斡尔语等情况相关。杂居区的西瓦尔图村,熟练使用达斡尔的人数比例与杜克塔尔村接近,也超过了上述几个聚居村,可能与该村达斡尔族的语言观较为保守,以及对达斡尔语的保护意识较为浓厚等相关。杂居村落的哈达阳村也可视为一个特例。该村熟练使用达斡尔语的人数比例低于其他杂居村落,甚至低于作为莫旗乡镇城市化的典型代表——尼尔基镇,这和该村处于较为开放、交通较为便利的地理位置,村内达斡尔族的人口比例均小于其他杂居村等有密切关系。相关调查数据及材料证实,该村开始出现城市化趋势。散居区的额尔根浅村,达斡尔族人口约占总人口的11%,熟练使用达斡尔语的人数比例最低属于较为正常的现象。

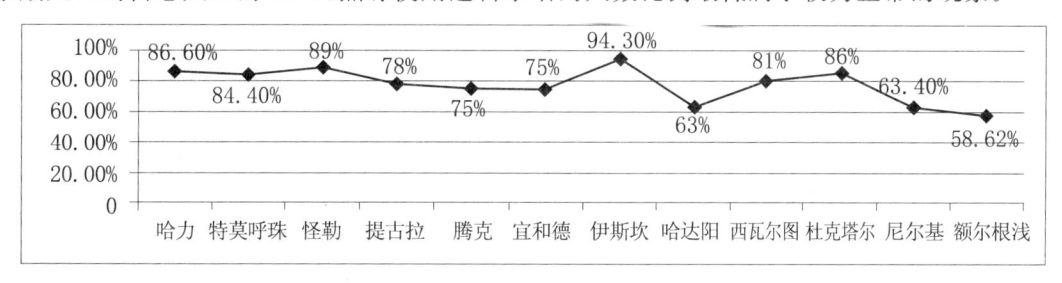

图 5-17 各乡镇村落达斡尔语熟练以上程度的比例

另外,我们在语言能力测试时也发现,母语环境也在很大程度上对母语人的语言能力具有重要影响。

表 5-25 四位初中生语言能力测试情况对比

姓名:孟若南	姓名:鄂小芳	姓名:鄂青青	姓名:郭青
编号:14号	编号:15号	编号:16	编号:11号
性别:女 年龄:15	性别:女 年龄:15	性别:女 年龄:15	性别:女 年龄14
文化程度:初二	文化程度:初三	文化程度:初三	文化程度:初二
职业:莫旗达中学生	职业:莫旗达中学生	职业:莫旗达中学生	职业:腾克中心校学生
原籍:腾克镇腾克村	原籍:腾克镇怪勒村	原籍:额尔河乡宜和德村	原籍:腾克镇腾克村
389 39 146 121	388 44 99 164	376 10 72 237	452 54 60 129

以上4位学生同为初中生,基本同龄,且小生活在达斡尔族聚居村落。但11号掌握的词汇量要多于其他三位同学,其语言测试敏感度及反应速度也与其他三人有别。其缘由为她一直没有离开聚居区,而其他三位已在位于尼尔基镇的达斡尔中学读书两年或三年,在上学期间只是隔一段时间或学校放假时才会回家。据被调查者自述,在尼尔基镇母语环境较差,大多数情况下主要使用汉语。在莫旗读书两三年后达语能力普遍有所下降。而11号则由于与家人

朝夕相处,学校又以达斡尔族学生为主,除了上课时间外,平时大多以达斡尔语为主,尤其是在家庭环境内保持较高的听说达斡尔语的频率。

此外,相关章节的调查数据显示,达斡尔族在各乡镇村落的社区范围内也在努力营造着母语环境。如在莫旗长期居住的其他兄弟民族许多都兼通达斡尔语,甚至分布于巴彦鄂温克族乡的鄂温克族几乎全部转用并高度认同达斡尔语。其他与聚居区达斡尔族邻近的村落中的汉族、朝鲜族、蒙古族也都基本兼通达斡尔语。这些也都从另一方面证实了莫旗良好的达斡尔语环境。

二 双语使用的相关因素

(一)具有语言兼用的历史传统

达斡尔族语言兼用的历史较早,而莫旗达斡尔族语言兼用的历史则可追溯至清代。17世纪初,达斡尔族某些部族南迁至嫩江流域后,和临近的满族有了较多的交往。后来,在这一带创办了满文学堂和私塾。许多达斡尔人在军政合一,耕种相兼的八旗组织中做官当兵,与满族官兵朝夕相处,习练骑射,共语满话。一些兼通满文满语的民间艺人也在乡村百姓中讲授通过满译的一些汉族古典史书经典,章回小说等。所有这些,对传播满族文化和普及满文满语都起到了十分积极的作用。同时,也推动和影响了布特哈地区达斡尔族文化和教育事业的发展。从17世纪以来,达斡尔人学习和使用满文满语长达三个世纪之多。在达斡尔地区形成的满达双语现象,也为满语满文的普及和发展提供了多元基础。达斡尔人习用满语并逐渐兼通满语大致经历了以下过程:第一,达斡尔族自南迁嫩江流域之后,地理位置上更加接近满族地区,与满族人民接触日益频繁,民间的交往使一部分达斡尔人逐渐熟悉了满语;第二,清朝政府利用达斡尔等民族的哈拉、莫昆制度编制八旗,相当数量的达斡尔族子弟在八旗服役,与满洲人朝夕相处,耳濡目染,习练满语满文,渐熟异语。因为在八旗制度下的达斡尔族文武官吏及兵士,若通满语文,则晋升或奖赏机会多多,也形成了达斡尔人学习满语文的一种原动力。如达斡尔等族的子弟在满族贵族设立的满文学舍中经过"专习清文",肄业三年,如果"文理精通",则可"不拘闲散,具准赴吏部考取笔帖式"。如果"文理粗通,"弓箭可造,则"听其在本旗挑补领催、兵丁。"[①]而"不能清语,概不拣选。"[②]第三,与清朝贵族积极设学,专师教育,在达斡尔族地区设立的满文学堂和私塾的设立有极大关系。达斡尔族地区施行教育最早开始于清康熙年间。康熙三十四年(1695年)因黑龙江将军萨布素提出了在墨尔根城设立义学堂的设学倡议,被清廷所采纳:"⋯⋯礼部议复,黑龙江将军萨布素等疏言,墨尔根地方两翼,应各立学,设教官一员,

---

[①] 清世宗实录,卷86页1328。
[②] 清世宗实录,卷138页1979。

新满洲诸佐领下,每岁各选幼童一名,教习书艺,应如所请。从之。"[①]此后,黑龙江将军衙门所在地墨尔根城设立了八旗学堂,达斡尔族子弟自此有了接受教育的机会。起初只是为数有限的官员和旗人的子弟才能入学,随着官设学堂的不断增加,达斡尔族学员也略有增加。后来由于这种教育设施不能满足需要,各达斡尔族地区乡村纷纷办起私塾,集资聘请教授满文的教师。使大量的达斡尔族子弟均获得了接受教育的机会。当时清朝贵族施行的是国语—满语教育,在八旗学堂里教授的主要是满语满文。而采用的教材大多是用满文校译的汉语史书经典、文学名篇,如《三字经》、《千字文》、"四书五经"、《名贤集》、《圣谕广训》、《列国志》、《诗经》、《通鉴纲目》等。尽管后来随着满族贵族统治的衰亡,以及满文国语地位的逐渐衰退,兼通满语满文人才逐渐减少,以及汉文学校的兴办,使满语满文以及后来"达呼尔文"的推行和普及都受到了很大的影响,但满文学堂、满文私塾这种性质的教育形式在达斡尔族地区一直延续到20世纪30年代初期,有些地方则晚至40年代中期;第四,一部分兼通满语文的知识分子的成长为达斡尔族民间普及满语文创造了条件。随着上述各种渠道的语言传播方式,满汉文化逐渐在达斡尔族中渗透,最终成为一种显形的文化现象和文化积淀,在达斡尔族文化形成及其发展过程中始终起着十分重要的作用。

清末,达斡尔族中一部分精通满语文的双语人开始使用满语文或在满文字母基础上创制的"达呼尔文"撰著、创作文学作品,为我们留下了一批珍贵的文化遗产。如晚清学者华灵阿用满文撰写的《达斡尔索伦源流考》,色愣额光绪年间编的《稽古录》,穆腾阿咸丰年间编撰的《演练炮阵图说楹联录》,长顺在光绪年间编修的《吉林通志》,布特哈正黄旗十八牛录达斡尔人胡格金台用满语文记录整理的《达斡尔故事》等。其中,敖拉·昌兴的一些满、汉、达斡尔语作品等较为著名。他曾在15岁用满语文创作完成其处女作和成名作——《京路记》。之后还用满语文创作了诗歌、散文、游记等多篇作品,较为有名的是散文游记《官便漫游记》,其中记录的21首满文诗歌中,除了5首为佐领富阿明创作外,其余16首均为敖拉·昌兴所作。

清代达斡尔族接受满语影响的同时,也通过满语文间接地受到了汉语的影响,如当时通过满语借入吸收了部分汉语借词。这部分所谓的早期汉语借词,除了在语音结构形式上与满语借入的相应的汉语借词保持高度一致外,在达斡尔语中均表现为单义性,而在满语中却表现为多义词或同音词。这种现象在很大程度上说明了语言接触与相互影响过程中,不同语言之间的接触范围、文化交流内容以及深度不尽相同。由于达斡尔人在通过满语借入这些汉语借词时,达斡尔族与汉族之间还未发生广泛而直接的接触与交往,因此,达斡尔族对与这些汉语借词在语音形式上相同(或相近)的或在语义内涵上彼此存在某种联系的事物(或概念)还不甚了解。由于还不能建立起这些事物或概念之间的相互联系,因此,在借用关系上就远不如同汉族及其文化接触已久的满族人使用这些汉语借词时更为广泛、深入和系统。此外,我们还可以找到一些能够证实清末以前达斡尔语与满语及汉语之间所存在的不同关系的佐证。如蒙古族在

---

① 清圣祖实录,卷166。

南征宋朝时蒙古书面语从汉语中直接借入了表示"钱、金钱、货币、纸币、通货"等语义内容的词语 dʒovos "交子（钱）"（又叫做"关子"或"令子"）。该词表示的是曾流行于宋初商人之间表示一种流通纸币，应属早期汉语词。与蒙古族同语族并在历史上曾存在某种渊源关系的达斡尔人却并没有从蒙古语中间接地借用这个词，而是从满语中吸收了与此相应的 dʒəɣaa "钱"一词（恩和巴图 1988）。这样的例证我们还可从其他方面找到，如阿尔泰语系中的蒙古诸语与突厥诸语拥有许多共同的早期汉语借词，而与这些汉语借词相关的词语大多数在达斡尔语中或表现为固有词或满语借词等形式。

上述语言现象证实，在清代，达斡尔族接受汉族文化的影响，并逐渐吸纳汉族文化成分也是通过满族文化为纽带和重要桥梁的。

自清中期以后，陆续迁居莫旗的汉族在将汉族许多先进文化方式传入到莫旗的达斡尔等少数民族的同时，也从语言上极大地影响了达斡尔等语言的发展。尤其是清末以后，由于满族贵族统治地位的日益衰落，原来在莫旗等达斡尔族地区盛行的满族"国语骑射"教育形式也日渐退化，而汉语私塾和汉语学堂教育则兴起并逐渐代替了满语文教育。但由于当时莫旗境内的汉族人口总体上不占优势，达斡尔族多数居住于交通不便，较偏僻的农区，因此，达斡尔族中仍有大量不通汉语的人。根据一些达斡尔族老人的回忆录记载，"因那时达斡尔族学生不懂汉语，直接教授汉文根本无法接受。而必须先学满文满语，再以满文作跳板，旁注汉文，用达斡尔语讲授。"[①] 学校和私塾教授满文时，"上课先学满文字头字母，再学满文音节，都是死记硬背，没有统一的标准教材，凭私塾教师手头有什么教什么，这些书有满文译写的《三字经》、《千字文》、《明贤集》、《朱子格言》、《神童诗》、《尺牍》等，还有"四书五经"、《三国演义》的片段。"[②] 当时一些主管教育的上层人士在达斡尔族地区调查时也不得不发出如下感慨："达呼（斡）尔长于满文，短于汉语"，教员授课"教法殊多不合，不通汉语居三分之二"。"应加强汉文教学。"[③]

自 20 世纪 50 年代以后这个地区的汉语普及率逐步增加，近几十年来达-汉双语现象发展较快，尤其是城市杂居区的部分达斡尔族已经转用汉语。

几个世纪以来，莫旗达斡尔族受汉族文化的影响颇深，这也表现在普遍兼用汉语等方面。现在在莫旗范围内，无论是聚居的达斡尔族乡镇村落，还是散杂居区的达斡尔族，几乎没有不兼通汉语的达斡尔人。

（二）对汉语和汉文化的高度认同

达斡尔族对汉语及汉文化高度认同早在清代就初露端倪。有清一代，达斡尔族一部分知识人士的人名系统中就有一部分满-汉双语人名，表现为正式名字用满语或汉语，而字号则一般用汉语。

---

① 那顺保：伪满时期的腾克学校，载莫力达瓦达斡尔族自治旗政协文史资料委员会编：《达斡尔族自治旗文史》，1990年第 2 期，119—131 页。

② 那顺保：伪满时期的腾克学校，载莫力达瓦达斡尔族自治旗政协文史资料委员会编：《达斡尔族自治旗文史》，1990年第 2 期，119—131 页。

③ 那顺保：伪满时期的腾克学校，载莫力达瓦达斡尔族自治旗政协文史资料委员会编：《达斡尔族自治旗文史》，1990年第 2 期，119—131 页。

如以下清代一部分达斡尔族文武官吏在采用满语命名的同时,还用汉语起名、字、号等。

人名(满语)	氏族(达斡尔语)	字、号(汉语)
多隆阿	胡拉特	礼堂
巴扬阿	敖拉	玉农
穆腾阿	郭布勒	瑞亭
色楞额	郭布勒	石友
芬车	德都勒	佘亭

还有一些人采用了满语、达斡尔语、汉语双语人名,同时又用汉语取字号,如:

满语或达斡尔语	汉语	字、号
阿锡塔	喜常	五亭
阿勒巴	福德	善修
卓仁托布	孟海顺	汇川
卓仁台	德全	子厚
索保	郭文兴	雅亭
鄂腾格	松盛	云涛
尔恒巴图	杜双寿	佐臣
马尔嘎	翊虞	凯章
嘎尔地	荣福	善亭
穆克德	文盛	子彬

当然,生活在清中期及以后的许多达斡尔人也有更多的人喜欢直接以汉语单语命名,如:海全、明庆、爱绅、爱隆、爱祥、爱钧、富庆、富亮、垣龄、鄂英、鄂龄、荣源、恩福、增禄、德福、常明、双德等。

清末后,达斡尔族中尤其是一部分文人,模仿汉族文人的姓名特点,在姓、名之外取字、号更成为一种时尚。如:

姓名(达语或汉语)	曾用名(达语或汉语)	字或号
敖拉·昌兴	阿拉布拉坦	治田(芝田)
苍吉扎布	苍明顺	和忠
郭道甫	墨尔森泰、墨尔色	道甫、浚黄
鄂长顺	敖旷久	旷久
郭瑞喜	梅耶铁	芝亭
孟定恭	索米子宏	镜双
巴彦克西格	敖巴彦	俊升
乌如恭博德	庆元	同甫
朱尔纲	卿永	子久

| 图穆尔托 | 陛全 | 云亭 |
| 海顺巴图 | 郭海保 | 汉臣 |

对汉语及汉文化认同的另一个方面则是随着达斡尔族地区的汉语及汉语文教育的普及,莫旗达斡尔人的达汉双语现象逐渐成为一种全民性的社会现象。民国初期,达斡尔族地区的学校教育的一个突出成果便是培养了大批精通汉语并谙熟汉文化的双语人。根据有关资料统计,这个时期,在现今莫旗境内的比较大的屯落均有小学,并已有了10余所完全小学,每所学校在校生均在百人左右,大多数都是达斡尔族子弟。在没有官办学校的达斡尔族屯落,仍继续开设私塾,村内达斡尔人集资聘请汉语教师教授汉语文。在小学教育逐渐普及的同时,这个时期的莫旗或临近地区开始出现了一些中等学校。如莫旗尼尔基镇等地开设的各种中等职业学校,主要招收蒙古、达斡尔族等民族的青年学生。此外,一部分经过初中等教育的达斡尔族青年通过各种途径继续获得了接受高等教育的机会。据不完全统计,到中华人民共和国成立前,该地区的达斡尔族中,已分别有近20名大学毕业生或在校大学生,其中还有留日生10余名。

由于达斡尔族与汉语、汉族文化的直接接触,一部分汉语借词由以往通过满语为媒介进入达斡尔语而改为直接从汉语中吸收或借入。因此,达斡尔语中的汉语借词数量逐渐增多,而且由于达汉文化之间巨大的反差使达斡尔语中吸收的汉语借词尽管在数量上不如满语借词,但分布的领域却极其广泛。

除了语言结构上的调适与重组外,与汉族社会文化直接接触后,达斡尔人也同样遇到了最初与满族文化直接接触后姓氏人名系统的调适与重构等问题。达斡尔人所遇到的一个问题就是达斡尔族的姓氏与汉族姓氏的调适和达斡尔族姓名文化的重构问题。对此,达斡尔人经过调适,采用了以下几种方法对达斡尔族的姓氏进行了部分调整,以适应汉语文化环境,达斡尔族姓氏的"汉化"一般主要采用以下方法,具体可分为几个步骤:首先是简化姓氏,使姓氏更接近汉姓,也就是说,从过去的较长的哈拉、莫昆名称改为与大多数单字汉族姓氏接近的相应形式,这种方法我们暂称作"首尾音谐音取字法"。这种方法是保留达斡尔族哈拉或莫昆全称的首音节或尾音节,并按其谐音取相应的同音或近音汉字。如:

表 5-26 达斡尔族姓氏汉化方法

哈拉	莫昆	首音节	尾音节	谐音汉字
aol	aol	ao		敖、山、单
	dodʒin	do		多
	jars	ja		阎
	sodur	so		索、苏
	kərdʒəə	kə		何
mərdən			mə	莫、孟
	saŋgar	saŋ		苍
	sandatʃ	san		苍
	tʃonloo	tʃon		苍

tom	to	to		陶
	tutʃin	tu		陶
	waran			乔
əsər		ə		鄂
	xəsər	xə		何
wor	wor	wo		沃
	dʒam	dʒam		张
onon	o	o		鄂、敖、吴、欧
dʒinkər	dʒin	dʒin		金
aldan	a	a		阿、安
ələt	ə	ə		鄂
xurlas	xu	xu		胡、康
nədi	nə	nə		讷
bukətu	bu	bu		卜
sudur	su	su		苏
uran	u	u		吴
sodur	so	so		索
ulis	u	u		吴
guobol	go	guo		郭
dədul	də	də		德
bilijaŋ			jaŋ	杨

除了以上两种方法以外,某些地区的达斡尔人还直接借入了部分汉族姓氏,如张、陶、白、邵、富等。

自从达斡尔人接受了满语文教育以后,尤其是达斡尔族的知识分子实际上接受了满-汉族双重语言与文化的影响,或者说他们是在母语文化以及满、汉语言文化的熏陶中逐渐成长起来的。我们从这个时期的达斡尔族文人们用满文字母的"达呼尔文"创作的文学作品中可感受到他们对汉文化的谙熟,也体现了他们在思想深处对汉文化的理解、认同甚至崇拜的心理趋向。如敖拉·昌兴的文学创作活动及其作品就反映了他对汉文化的精通。据有关学者研究,"阿拉布登精读并深刻钻研了中国历代经典书籍。对孔孟之道颇有研究。他的'乌钦'深奥,哲理性强。他对中国封建社会,君臣、父子、夫妇的道德关系和父义、母慈、兄友、弟恭、子孝及仁、义、礼、智、信等三纲五常;金、木、水、火、土五行的相生、相胜关系,领会透彻。他的'乌钦'是他世界观的全面反映。"[①]在他的诗歌创作中,"不仅常在诗中引用汉族的名人贤哲的事迹,而且将一些汉文古典名著加以消化和整理,用达斡尔语写成诗歌。"[②] 如《孔子赞》、《莺莺传》、《百年长恨》以及有关《三国演义》中各种人物赞颂诗。

在这个时期生活的其他达斡尔族文人们也都在他们的创作活动及其作品中体现了他们对汉文化精髓的谙熟与精通。如生活在这个时期的达斡尔族文人代表钦同普(1880~1938)用满

[①] 奥登挂、呼思乐译:达斡尔族传统诗歌选译,内蒙古人民出版社,1991年,前言,13页。
[②] 塔娜、陈羽云译:敖拉·昌兴诗选,内蒙古教育出版社,1992年,前言,9页。

文字母的"达呼尔文"创作了不少文学作品,虽然在语言和风格上颇具民族特色,但在表现形式上,以及某些内容上都能够明显看出其模仿汉语诗歌的痕迹,如目前认定的他的作品有:《渔歌》、《伐木歌》、《耕田赋》、《读书篇》、《酒戒》、《色戒》、《财戒》、《气戒》等在内容和表现形式上效法了渔、樵、耕、读、酒、色、财、气等汉族传统诗风。[①]

此外,各乡镇村落语言态度的调查数据也从某种程度上说明了达斡尔族对汉语及汉文化的高度认同。

(三)全民汉语文教育背景

达斡尔族历来就有崇尚教育的优良传统,尤其注重早期家庭语言教育。有关文献记载:"达古尔蒙古,乃一北方游牧民族。最初尚无文字,虽经以元朝蒙古之盛,世祖忽必烈汗于北京提倡文字及宗教,仍未能普及于边疆。鄂嫩河一带地方,迨至元朝灭亡,同时其文字及宗教亦随之消灭。今是蒙文,乃于清朝康熙、雍正、乾隆年间(由于对蒙古政策确立民族分治),根据元朝时期遗留之文字,加以正式规定满洲文及蒙古文普及于王公贵族之间,其后乃渐于一般蒙古社会。至于达古尔蒙古,乃由清初均无倥偬之秋,从事征讨,效命疆场。彼时公私文书,仅用汉文及满文。且于康熙三十四年(1695年)以来,将军萨布素奏请,设旗人义学于墨尔根城(黑龙江志稿卷二十四学刊),只接受满文之教育。对蒙文则向不通行。因此,达古尔蒙古一般社会,向见满文至列国志、三国演义、西游记、通鉴纲目、三字经等书籍。达古尔蒙古,即以此类之书籍为唯一的教育利器,常有精通满文人士,以口头译成达古尔蒙古语,到处讲演前记书籍,颇受社会一般人之欢迎。而且有人将满文书籍以满洲文字字母书成达古尔蒙古语者,尤为有志向者所爱读。此在过去教育上,效力颇为显著。惟蒙文于康熙年间尚未制成,未及于达古尔蒙古间。迨嘉庆元年,将军宗室永琨,选齐齐哈尔八旗子弟二十人,从龚学习汉文,如三合便揽、五经四书等。其在古代,达古尔蒙古之教育,极为单纯,父兄对子弟口述指授,以适应游牧社会环境之简单教育。如子弟年龄达五六岁时,由父兄教以数目,及至六七时,夏季虽牧羊之牧童,至野外草地游戏,享受大自然优美景象,以髀骨之戏(达古尔蒙古语曰萨克那德背),摆种种样式及以种种方法竞技,亦有大人参加焉。惟聪慧者,多获胜利。此种游戏颇能练习算术之加减乘除。如若骑御射猎诸事,则任儿童于自然环境中以游戏方式习而得之。此所谓历史传说的单纯教育者是也。"[②]清代以来,达斡尔族的家庭教育与学校教育紧密结合,形成了具有一定合力的教育手段,从而极大地促进了达斡尔族教育事业和文化的发展。据有关统计资料表明,达斡尔族是我国人口较少,但文化教育水平较高的北方少数民族之一。在新中国成立前,留学生的比例就比较高,其中以留学日本、俄罗斯及前苏联、蒙古国等为多。1990年全国人口普查表明,全国达斡尔族文化程度较高,每千人中大学及中学文化程度的有430.6人,其中大学文化程度的有31.4人,高中文化程度的有130.9人,初中文化程度的有268.4人,大学文化程度的

---

① 奥登挂、呼思乐译:达斡尔族传统诗歌选译,内蒙古人民出版社,1991年,前言,17页。
② 何维忠:达古尔蒙古嫩流志,载《达斡尔资料集》编辑委员会、全国少数民族古籍整理研究室编:《达斡尔资料集》(第二集),民族出版社,1998年,149—150页。

比例名列全国56个民族的第9位。大大高于全国平均水平。高中和初中文化程度的比例也明显超过全国平均水平,分别位居全国第7位和第6位(见表)。据1990年统计,达斡尔族15岁及15岁以上人口文盲率大大低于全国平均水平,为10.03%(全国平均水平为22.21%)。[1]

从莫旗达斡尔族双语人的第二语言习得途径来看,目前,莫旗达斡尔族居住区的汉语环境也日趋广泛和稳定,达斡尔族双语人的汉语习得途径也日趋多样化。

表5-27 达斡尔族双语人第二语言习得时间及习得途径[2]

		第二语言(汉语)习得途径			
		自然习得	学校教育	日常接触	其他
聚居区	哈力	24.80%	68.40%	17.90%	0.90%
	特莫呼珠	7.30%	86.50%	7.30%	1%
	怪勒	25%	69%	27%	5%
	提古拉	9%	64%	27%	
	腾克	24%	70%	26%	4%
	宜和德	43%	32%	23%	0.80%
散杂居区	伊斯坎	21%	58%	21%	0
	哈达阳	23%	52%	21%	4%
	西瓦尔图	19%	68%	30%	
	杜克塔尔	27.50%	44.80%	55.10%	
	尼尔基	37.10%	57.60%	33.30%	11.40%
	额尔根浅	17.60%	73.50%	14.70%	

上表数据显示,多数人的第二语言即汉语主要在学校里通过教育途径学得,也有部分人在自然环境中与汉族接触过程中习得。其中聚居区中的宜和德村的自然习得数据高达43%,这和该村落的周边环境均为汉族村屯有关。另外,杂居乡镇村落中的杜克塔尔村和尼尔基镇的达斡尔族的汉语自然习得数据也较高,和这两个调查点的人口分布中汉族人口较多有关。令人注意的是,处于散居村落的额尔根浅村的汉语习得数据有一定特点,表现在通过学校教育习得汉语的人数最高,而自然习得人数则相对较低,接近于聚居区的某些村落。显示了该村的达斡尔人可能在观念上相对保守,与汉族接触的范围不甚广泛,甚至与汉族之间有一定的社会心理距离,但总体上说明汉语的传播范围在日益扩大。

三 语言转用的相关因素

(一)某些居住区母语环境的缺失

莫旗达斡尔族中的语言转用人群主要集中于散居区的部分达斡尔族乡镇村落和尼尔基

---

[1] 沈斌华、高建纲:中国达斡尔族人口,内蒙古大学出版社,1998年,141—143页。
[2] 本题为复选题,故所得数据百分比之和大于100%。

镇。其中,尼尔基镇的语言转用人群的数量最大。尼尔基镇汉族人口占绝对多数,与达斡尔族高度杂居,汉语在城区范围内占据绝对强势地位。同时,作为重要的传媒形式又以强有力的态势推动着汉语的传播和渗透。在城市化进程较早的尼尔基镇,语言转用现象也发生得较早。以下我们以尼尔基镇的调查数据为例,来分析语言转用人群母语环境缺失的原因。

居住在尼尔基镇中的达斡尔族居民,由于受到城市环境的影响,达斡尔族的母语水平出现了普遍下降的趋势。即使在占样本总数88.3%的母语为自然习得者中,母语精通者明显低于杂居村落,更低于聚居村落。根据调查材料,尼尔基镇达斡尔族中转用汉语者的年龄主要分布在30岁以下,30岁以上的转用者也比其他的达斡尔族居住区要多,甚至在60岁以上的人中也存在着语言转用者。图3-43的数据显示,在儿时听达语故事这种接触母语途径的样本数据远远不及杂居村落与聚居村落。这说明在城市化开始较早的尼尔基镇,以传统方式来传承母语的作用已经处于极度弱化的状态,靠口耳相传的达斡尔语民间故事、民歌等方式被城市中各种各样的信息传播方式所淹没。这种传统的母语传承方式也越来越多地演变成了学习汉语的一种方式。

表3-74显示,在尼尔基镇家庭环境中,达斡尔语的使用比例随着年龄与辈分的降低而降低,而汉语和达-汉双语的使用比例则随之上升。随着辈分的降低,家庭环境中使用汉语的比例逐渐增大。双语使用情况则是在儿子辈达到了最大百分比值,只使用汉语的比例则在孙子辈中达到了最大值。表3-82显示,即使在与民族内部的双语人进行交际时,随着交际对象的年龄的不断降低,汉语的使用比例也呈升势。

从表3-75可以看出,尼尔基镇社区范围内仅使用达斡尔语单语的比例也很低,达斡尔语的使用频率随社区开放性而呈极度降势。说明在尼尔基镇,达斡尔语的使用功能正在不断衰减。特别是在开放的社会环境中,达斡尔语已经失去了族际通用语的功能。

此外,父母的语言态度导致了尼尔基镇的达斡尔族青少年的语言使用出现了两种情况:一部分人由于受家长对母语深厚感情的影响,会刻意在家庭和一些社团中使用和保持自己的母语。而另一部分人的家长会更多地考虑到汉语的社会功能,从而影响到孩子,使他们在交际中有意回避使用自己的母语,或者完全转用了汉语。

(二)族际婚姻

截至1996年,全莫旗有7565个少数民族与汉族组成的混合家庭,占当年家庭总数的12.54%。[①]我们对尼尔基镇的具体调查数据也表明,有41.67%的人的配偶为其他民族,其中汉族就占了其中的35%。证实了达斡尔族与其他民族间的通婚率非常高。在尼尔基镇这个城市化较早的地区,达斡尔族与汉族组成的家庭也在某种程度上加快了母语环境的缺失。表3-74显示,尼尔基镇达斡尔族家庭成员组成方面有以下特点,在祖辈和父辈中达斡尔族均占到80%以上;配偶中其他民族的比例增加较为明显;在年轻一代中异族婚姻家庭的比例更高。

---

① 莫力达瓦达斡尔族自治旗史志编纂委员会,《莫力达瓦达斡尔族自治旗志》,内蒙古人民出版社,1998年,第185页。

表明在尼尔基镇的达斡尔族家庭中,异族通婚的现象较为普遍。据调查,在尼尔基镇的达斡尔族家庭中,与祖父辈和父辈的交际语仍以达斡尔语为主,随着达斡尔族和汉族通婚情况的日益普遍,平辈以配偶为界限,汉语在家庭里的使用比例大为上升,晚辈中儿孙辈的汉语比例更是大大超过了达斡尔语的使用比例。另外,即使在与祖父辈与父辈交际中,汉语和双语的比例也远远高于聚居区。

(三)汉语单语文教育背景

达斡尔族在历史上曾经使用过以满文字母为基础的"达呼尔文",20世纪80年代曾推行过一套以拉丁字母为基础的记音符号。现在达斡尔族没有一种统一的文字。而是转用其他民族的文字(主要是汉字)。正是由于文字的限制,使得达斡尔族的双语教育少了一个重要的基础,因此,在学校教育方面,整个莫旗都没有一个明确而正规的双语教育计划和课程设置。各乡镇村落的调查数据显示,达斡尔族子女上学后,学校环境对孩子的母语能力的影响是相当大的。被调查人普遍认为上学后,孩子的母语能力有所退步。尤其是那些由母语环境及较好的地区到尼尔基镇等城市上学后有明显的退步。这与达斡尔族没有文字而一直无法开展正规的双语教育,多年来始终实行汉语单语教育背景有密切关系。

第六章 莫旗达斡尔族语言发展趋势

第一节 莫旗达斡尔族语言结构的演化趋势

莫旗达斡尔族所处的布特哈方言区历史上曾是与满族及汉族较为邻近的地区，在许多方面深受满汉文化的影响。因此，布特哈方言区的达斡尔语多受这两种语言的影响。其中，满语的影响早于汉语，且许多早期的汉语借词大多也是由满语借入的。可以说，在历史上，或确切地说是在达斡尔语没有受到汉语直接影响之前，达斡尔语已经间接地受到了汉语的影响，这种影响是通过满语为媒介产生并逐渐稳定下来的。莫旗达斡尔族所使用的达斡尔语已经形成了一种特殊的方言，尤其是近些年来受汉语影响出现了一些变化。

一 借词元音趋于稳定

在达斡尔族语言接触史上，满语和汉语对达斡尔语产生了十分重要的影响。另外，与达斡尔族长期相互接触的过程中，鄂温克语和鄂伦春语也对达斡尔语程度不同地产生了局部影响。如达斡尔语布特哈方言中的几个借词元音，主要就是在汉语的影响下，由于吸收借词而逐渐在语音系统中稳定下来的音位。这些语音成分已经成了达斡尔语音系统中不可缺少的组成部分，在一定程度上丰富并提高了达斡尔语音系统的表现力。在布特哈方言纳文土语中，这些借词元音主要是受汉语的影响而产生的。其中包括3个短元音、1个长元音和2个复合元音：

y	dʒaŋdʒyn～dʒaaŋdʒu	将军	tʃyns～tʃuns	裙子
ʅ	sʅintʃee	自行车	sʅin	司令	sʅliuudii	自留地
əʳ	əʳmoos	二毛子(混血儿)	əʳtʃii	二尺	əʳtiidʒau～əltiidʒau	二踢脚
yy	dʒyy	局	yyʃii	玉石	ʃyytaan	学堂
ya	iiyan	医院	weiʃəŋyan	卫生院	daŋyan	党员
ye	dʒye	侄	yebin	月饼	dʒuŋʃye	中学

以上借词元音曾经历了一个由固有元音替代，自由变读而后逐渐过渡到完全借用的发展过程。此外，汉语中的舌尖后元音 ʅ，也属于这种情况，但比起上述几个元音来它可能不太稳定。它多出现在以舌尖后辅音 tʂ、tʂʰ、ʂ、ʐ 等音后。如：tʂʅtʂʅ 值日、tʂʰʅ 尺、ʂʅʂʅ 实习、ʐʅbən 日本等。

由于大量借入汉语词汇,达斡尔语的元音和谐率因受到汉语借词元音的影响而受到破坏。此外,某些原有的元音在发音上也逐渐向汉语靠近。

二 辅音 f 和 ŋ 的音位性质更加明显

在布特哈方言里,f 这一辅音最早通过满语借词影响到达斡尔语,在清代达斡尔语中的满语借词中还主要以 p 或 b 来替代。如:

满语	达斡尔语(满语借词)	汉义
forgon	porgon	季节
fafurʃambi	pafurʃibəi	奋发
fafulambi	palbulbəi	禁止
falabumbi	palbuubəi	放逐
fafun	pabun	法律

汉语	达斡尔语(汉语借词)	汉义
fuma	pumaa	驸马
fatsʅ	paas	法子
fu	puu	伏
fəitsʰui	pəisui	翡翠
fəitsʅ	pəis	妃子
toufu	duəəb	豆腐
pandəŋ	bandən~bandəŋ	板凳
təŋtʂan	təndʒən	灯盏
taiwaŋ	taiwan	大王
loŋtʰou	lont	笼头
tatʂʰaŋ	taatʃan	大氅
pəitɕiŋ	bəətʃin	北京
fəŋxuaŋ	puuxuan	凤凰

而在汉语借词尤其是新的汉语借词中,f 和 ŋ 已逐渐成为一个比较稳定和普遍使用的两个辅音音位。如:

汉语	达斡尔语(汉语借词)	汉义
fən	fən	分
fəitɕi	fəitʃii	飞机
fayan	faayan	法院

| fənxoŋ | fənxuŋ | 分红 |
| nautʂoŋ | nautʃuŋ～nautʂuŋ | 闹钟 |

f 和 ŋ 这两个辅音在不同的方言里表现情况不尽相同。如在齐齐哈尔方言中，f 也是一个借词辅音，但比起其他方言来更为稳定，更为常见。而 ŋ 在齐齐哈尔方言中则不是借词辅音音位，它是该方言中独立的一个辅音音位。f 这个辅音在海拉尔和新疆方言中仍然表现为不稳定，一般多由 p 或 b 来替代。ŋ 在新疆方言中是很早就已经普遍使用并十分稳定的一个借词辅音音位，并已经影响到一些固有词中 n 的发音。这可能是由于长期受突厥语尤其是哈萨克语中 ŋ 的影响和汉语新疆方言（或西北方言）中 n 与 ŋ 不分（均发作 ŋ）的缘故。

三 汉语中的 tʂ、tʂʰ、ʂ、ʐ、ts、tsʰ 等辅音处于过渡状态

除 f 和 ŋ 两个借词辅音在布特哈方言中比较稳定以外，汉语中的 tʂ、tʂʰ、ʂ、ʐ、ts、tsʰ 等辅音在布特哈方言借入的老汉语借词中一般都由与其相接近的辅音替代，甚至很多人将此作为达斡尔语的固有词来看。而新借词中则开始出现了读音上的分化现象。一般来说，在兼用型的达汉亚型人群中仍使用某些相近的辅音替代，但在汉达亚型尤其是青少年人群中的读音则基本上与汉语一致。如：

tʂ～dʒ～tʂ 对应词例：

汉语	达汉型读音	汉达型等读音	汉义
tʂaŋ	dʒan	tʂaŋ	丈、帐
tʂadau	dʒaadu	tʂadau	铡刀
tʂaŋpʰaŋ	dʒaŋpən	tʂaŋpʰaŋ	帐篷
watʂuan	wadʒan	watʂuan	瓦砖
tʂauli	dʒaul	tʂauli	笊篱

tʂʰ(tɕʰ)～tʃ～tʂʰ(tɕʰ) 对应词例：

汉语	达汉型读音	汉达型等读音	汉义
tʂʰɿtɕʰi	tʃitʃii	tʂʰɿtɕʰi	赤旗
tʂʰəntɕʰi	tʃəntʃii	tʂʰəntɕʰi	陈旗
tʂʰəŋɕiaŋ	tʃəŋxian	tʂʰəŋɕiaŋ	丞相
tʂʰuan	tʃoon	tʂʰuan	船
tʂʰɿ	tʃii	tʂʰɿ	尺
tɕʰiou	tʃol	tɕʰiou	球
tɕʰaŋdau	tʃanduu	tɕʰaŋdau	强盗
tɕʰiətsɿ	tʃəs	tɕʰiətsɿ	茄子

ṣ(ɕ)～ʃ～ṣ(ɕ)对应词例：

汉语	达汉型读音	汉达型等读音	汉义
ṣupao	ʃuubal	ṣupao	书包
ṣɿtɕiaŋ	ʃiidʒan	ṣɿtɕiaŋ	石匠
ṣɿɕi	ʃiiʃiləgu	ṣɿɕi	实习
ṣɿpu	ʃiipu	ṣɿpu	市布
ṣuatṣɿ	ʃuas	ṣuatṣɿ	刷子
ṣɿxui	ʃiixoi	ṣɿxui	石灰
ṣɿtsɿ	ʃiis	ṣɿtsɿ	柿子
ɕiaŋlu	ʃaŋlu	ɕiaŋlu	香炉

ẓ～r～ẓ对应词例：

汉语	达汉型读音	汉达型等读音	汉义
ẓənmen	rənmin	ẓənmen	人民
ẓɿbən	rəbən	ẓɿbən	日本
tṣɿẓɿ	dʒirə	tṣɿẓɿ	值日
ẓɿwəi	rənwəi	ẓɿwəi	人委
ẓəntan	rəntan	ẓəntan	仁丹
ẓoŋji	runji	ẓoŋji	绒衣
ẓənau	rəənu	ẓənau	热闹
fuẓuŋ	puurun	fuẓuŋ	芙蓉

ts(tsʰ)～s～ts(tsʰ)对应词例：

汉语	达汉型读音	汉达型等读音	汉义
tsɿliau	səəliao	tsɿliau	资料
tsɿtɕin	səətʃin	tsɿtɕin	资金
ɕitsaŋ	ʃiisaŋ	ɕitsaŋ	西藏
koŋtsuo	kunsuo	koŋtsuo	工作
tsɿtian	sition	tsɿtian	字典
tsʰɿtian	siidian	tsʰɿtian	词典
tsʰɿun	ṣun	tsʰɿun	寸
tsʰɿai	ṣan	tsʰɿai	才
kautsʰu	kɑusuu	kautsʰu	高醋
titsʰau	tiisau	titsʰau	体操

以上语音替代现象目前仍在莫旗达斡尔族中的年龄较大的母语型、部分兼用型中的达汉亚型及居住于杜拉尔鄂温克民族乡的达斡尔族人群中存在，而在汉达型人群中或在青少年中

读音上与汉语基本上接近了。①

四　某些固有词逐渐淡出族人的记忆

随着时间的流逝,以及社会的发展,达斡尔族文化发生了历史性的变迁,许多达斡尔族传统的民俗古风也有了部分内容上及形式上的变化,甚至某些古老的礼仪也逐渐消失或被某些新的形式所替代。随之,与其相关的词语也逐渐淡出人们的记忆。在进行词汇大纲的调查过程中,许多达斡尔族母语能力较强的老人也对某些词汇或记忆模糊,或敏感度下降,或需要经过长时间多次多角度的提示才能够说出。尤其在 35 岁以下的年龄段人群中进行语言能力测试时感觉更加明显。如以下词就是我们从 23 - 35 岁年龄段的词汇测试中提取出来或普遍回答不出的或需经过多次提示后才能说出的:34. 脚后跟 dʒaodʒaa、41. 唾液 ʃullu、43. 眉心 saniku、44. 眼睑 kurməlt、45. 眼窝 oruŋgu、46. 小腿 ʃirəm、47. 腿肚子 baltʃə、49. 颧骨 tintərt、52. 喉结 boluŋkuu、53. 咽喉 xoil、54. 气管 huaam、57. 旋儿 xurgə、58. 太阳穴 tʃokən、59. 指叉(虎口) tani、60. 小舌 kumə、61. 腭 tannə、64. 脑髓 ogu、65. 后颈窝 xəamər、66. 关节 uj、67. 筋 ʃirbəs、78. 神经 mədrəl、109. 每 kurtʃin、110. 各、到处 birgii、154. 玄孙 ʃomul、168. 祖宗 xodʒoor、169. 长辈 dʒag、171. 媒人 dʒautʃ、220. 千万 miaŋ tum、221. 亿 tumun tum、231. 皮袄 dəəl、245. 碗架子 tabtaar、251. 瓢儿(水瓢) barotʃ、273. 顶针 dallə、276. 筛子 ʃirk、294. 灶门 nəər、296. 灶神 dʒool、302. 栅栏 xaadie、306. 橡子 ʃargəl、322. 露 suidur、327. 尘土 tuaarəl、355. 元宵节 katʃin、379. 二月(满) dʒuəəbee、380. 三月(满) jalənbee、381. 四月(满) dujinbee、382. 五月(满) sundʒabee、383. 六月(满) niŋgunbee、384. 七月(满) nadənbee、385. 八月(满) dʒakənbee、386. 九月(满) ujinbee、387. 十月(满) dʒuanbee、388. 十一月(满)onʃinbee、389. 十二月(满) dʒorgunbee、392. 马鬃 dəəlbur、393. 种马 adirəg、394. 公马 ərktʃən、395. 骟马 art、402. 野猪(公) aidaar、421. 种绵羊 kotʃ、424. 猫头鹰 umiil、429. 啄木鸟 tontrookii、431. 鹤 toguloor、446. 大草根鱼 amur、447. 小草根鱼 ontʃool、448. 鱼鳞 xaitʃ、449. 鱼刺 xaus、450. 鱼鳔 xumpaaliŋku、476. 鞍翅 kabtaal、477. 鞍屉 toku、478. 缰绳 ʃurbuuri、479. 马嚼子 xadaal、480. 马肚带 doroon、481. 马镫子 durəəŋgii、487. 犁铧 andʒaas、495. 锡 tuwunaa、620. 祭奠 tailəg、632. 却 xaaree、643. 经常 unʃurtə、651. 到底 əluuni、685. 礼节 jos、687. 利益 aiʃ、694. 信仰 sudʒir 等。

以上词汇主要集中在以下几个方面:1. 古词、生僻词;2. 某一类词的细类词;3. 某些动植

---

① 在新疆、海拉尔方言中普遍存在莫旗达汉型双语人的语音替代现象。但在齐齐哈尔方言区的达斡尔人的口语中却普遍存在着固有音和汉语借词语音自由变读的现象,充分说明在这个方言区上述汉语辅音正处于一种过渡状态,它们有可能较之其他方言区会更早地稳定于该方言的辅音系统中。

物名称;4. 某些工具名称;5. 某些常用的满语借词;6. 许多虚词和抽象词;7. 个别亲属称谓等。

五 汉语借词的数量将进一步增大，借入速度也将更加迅速

由于莫旗达斡尔族全民性质的达汉双语能力，加之达斡尔族没有自己的双语教育学校，正式工作场合、正规的官方文件，以及与外界各种渠道的沟通主要通过汉语进行，双语的使用中，汉语的使用范围越来越广，使用频率也越来越高，达斡尔人的母语逐渐退缩到家庭环境和聚居区的村落范围内使用。由此造成了达斡尔语不仅在功能上萎缩，同时其造词能力也趋弱。我们对此在部分调查点也做了相关的调查，调查结果证明90%以上的双语人在遇到一个新词或母语中没有的言语形式时，首先想到的是借用自己熟悉的汉语中相应的词汇或表达形式。其次想到的是用汉语和达斡尔语结合的方式造词，仅有很小一部分人打算采用母语造词方法进行表达。

表 6-1 创制新词的方法

调查点	直接用汉语借词	用汉语+达斡尔语方式造词	用达斡尔语造新词
怪勒	97%		3%
宜和德	90%	6%	4%
哈达阳	92%	8%	

大量兼通汉语的达斡尔族双语人采用如此手段借用汉语词汇，那么就意味着所有达斡尔语中没有的新词都可能将由汉语借词替代。长此以往，甚至还可能出现某些固有词与汉语借词共用，并逐渐向汉语借词过渡的现象。达斡尔语中的汉语借词的数量和使用频率的发展趋势由此可见一斑。

同时，随着改革开放的继续深入，以及媒体语言的广泛传播和普及，达斡尔语借入外来词的数量必将有大幅度增长。许多近年里来出现的新词术语达斡尔语一般都采用汉语中相应的外来语借词形式，基本上以汉语为媒介吸收大量外来语借词。

此外，随着汉语影响的不断扩大，达斡尔语的语法结构可能也会受汉语语法影响，使达斡尔语法结构出现类型上的接近或混合语形式。但目前这种趋势不是很明显，只是在兼用型汉达亚型人群或部分青少年兼用型人群中可见到部分特殊的形式。

第二节 莫旗达斡尔族语言功能发展趋势

莫旗达斡尔族语言功能的发展趋势与各类型人群的具体语言使用情况有极大关系，综合

各方面材料,我们认为,莫旗达斡尔族语言功能的大致发展趋势可概括如下:

一　各类型及亚型人群的量变特征显著

1. 母语型人群将极度萎缩

莫旗达斡尔族中母语型人群的数量本来就不大,而且几种亚型还会有不同的发展趋势。其中,较为稳定的是那些40岁以上的年龄层。随着年龄较大的部分人群数量的自然减少,语言使用空间将进一步萎缩并趋于消失。部分学龄前儿童则随着他们的成长及入学后接触汉语、学习汉语的频率增加,他们会逐步脱离母语型队伍,而逐渐加入到兼用型人群的行列。

母语型人群的形成具有特殊的原因,它是保守、封闭、与外界隔绝的产物,已经不符合目前莫旗城市化进程发展趋势。

2. 兼用型人群稳定发展,各亚型人群的结构将发生变化

从目前莫旗达斡尔族语言使用现状来看,兼用型各亚型人群尤其是兼用达斡尔语和汉语的人群较为稳定,并将会有更大的发展。各亚型人群中,达汉亚型人群在数量上、分布范围上将稳中有降;反之,汉达亚型人群则会逐渐增加。随着汉语的日渐普及和媒体的传播速度加快,兼通鄂温克语的达斡尔人的数量也将锐减。

3. 转用型人群将有大幅度增加

与母语型人群正好相反的是,莫旗达斡尔族中转用型人群将随着城市化进程的加速,以及莫旗环境的进一步开放,将似滚雪球般增加。尤其是城镇的青少年在语言转用型的人群中的比例会大幅度持续增加。

二　母语在农村家庭和社区语言环境中的地位暂无实质性动摇,但潜存危机

从莫旗达斡尔族各居住区的语言使用情况统计数据来看,达斡尔语使用的情况不太平衡,除了城市区的尼尔基镇和散居区的额尔根浅村外,聚居区的达斡尔族家庭内部总体上仍以母语为主,社区范围内的大多数场合基本上以母语为强势语言,但也有许多例外和特殊的情况,表现在不同年龄段、不同家庭背景、不同职业的使用情况不太平衡。这些均是语言发展中的某些潜在的变化因素,尤其是青少年人群母语使用的下降趋势更为明显。此外,家庭环境和社区环境中双语使用范围和频率也逐渐扩大,尤其是由达汉型向汉达型的转型也给未来的母语使用和发展带来新的危机和新的问题。

三　汉语在城市区和散居区将继续巩固并强化其优势地位,并会将其优势地位逐渐延伸至农村区

由于汉族与达斡尔族人口比例的巨大反差,莫旗城市区和散居区的社区范围内,汉语是绝对的强势语言,包括在部分达斡尔族家庭内部也以汉语为主。从农村区达斡尔族汉语的习得途径也可以看出,部分聚居区的达斡尔族村民汉语的自然习得数据较高,说明这些村落的邻近或周边环境汉族人口比例上升,形成对达斡尔族聚居村落的包围。另外,某些杂居区的乡镇村落汉语自然习得数据也较高,和这些村落的汉族与少数民族人口分布格局密切相关。由此可见,汉语作为第二语言,在达斡尔族地区已经基本普及,尤其是学校教育背景使达斡尔人的汉语水平更有了根本的提高。其中,传播媒体语言的渗透,以及城区与散居区达斡尔族对汉语优势地位的认同无形中也起到了推波助澜的作用。据此我们可以预测,莫旗城市区和散居区,包括部分杂居区的达斡尔人的汉语水平的提高幅度要大于母语,汉语在莫旗达斡尔族城市区及散居区各种场合的强势语言地位将进一步得到强化,其优势地位将逐渐延伸至农村区。

第三节　城市化对莫旗达斡尔族语言发展的影响

一　莫旗城市化进程简介

城市化,英文作 urbanization,又称城镇化、都市化等,指人类生产和生活方式由乡村型向城市型转化的历史过程,表现为乡村人口向城市人口转化以及城市不断发展和完善的过程。城市化是人类社会经济发展到一定阶段的必然产物。

社会学家认为,城市化是一个城市性生活方式的发展过程,它意味着人们不断被吸引到城镇中,并被纳入城镇的生活组织中去,而且还意味着随城镇发展而出现的城镇生活方式的不断强化。[①]城市化水平的测度是从量的方面对城市化做出的评价,目前最为常用的测度方法是"单一指标法",即通过某一项最具代表性或最明显的、最便于分析的指标来描述城市化水平,如非农业人口占总人口的比重、人均 GDP 所应达到的水平等。其中,目前最为常见的单一指标就是城市人口比重,这也是世界上公认的衡量城市化的指标。

---

① 周一星,《城市地理学》,商务印书馆,第 60 页,1995 年。

城市化的作用表现在诸多方面。首先,城市化将促进城市本身政治、经济、基础设施、科学技术等方面的现代化,从而最终达到城市人口享有高度的物质与精神文明。其次,城市化又可以通过把农村人口转变为城市人口,使劳动力、资金、生产资料等要素流向整合能力强大的城市,从而产生强大的集聚效应,达到提高生产效率、吸纳农村剩余劳动力、缓解社会压力,平衡地区间差异,提高人民生活水平,消除城乡二元结构差异等目的。再次,城市化的聚集效应和扩散效应会带来社会环境、人口格局的变化。最后,城市化无疑还将对居民的思维方式、观念、意识等精神世界造成巨大冲击。

莫旗进行的较大规模的乡镇合并也属于城市化具体举措之一。2006年,全旗撤并7个乡镇。撤并比例为41.17%。目前,莫旗整体城市化率为24.52%。此次乡镇合并是为了"……精干乡镇主体数量,转变乡镇政府职能,减轻财政负担,加强农村基层党组织和政权建设,促进乡镇规范行政行为,改进工作方式,提高城镇化水平,更好地为城乡快速、健康、统筹、协调、持续、科学的发展服务"。[1]随着这次乡镇合并的实施莫旗城市化迈入了一个新的阶段。

就整个莫旗的城市化进程而言,尼尔基镇是莫旗城市化发展最迅速的地区。在2006年乡镇合并后,作为莫旗的四个中心镇之一,尼尔基镇在莫旗经济发展中仍然有着举足轻重的地位。早在1921年,尼尔基就已经成为了莫旗的行政中心,较早具备了城市化的初步条件。数十年来,尼尔基镇的城市规模逐渐扩大,人口也不断增长。目前,尼尔基镇的人口是莫旗各乡镇中最多的,城市化率为48.15%,[2]城市化水平正处于诺瑟姆"S"形发展曲线认为的城市化水平在30%—75%之间的发展阶段,其特征表现为城市化进程加快,城市化全面展开。尼尔基镇属目前莫旗城市化最快的乡镇之一,可称作城市化生长期或发展态。而尼尔镇区则可作为莫旗所有达斡尔族乡镇城市化进程中发展态的典型代表。

哈达阳镇是莫旗典型的民族杂居乡镇。2006年乡镇合并后的哈达阳镇由原额尔和乡、哈达阳镇合并组建。哈达阳镇南北为嫩江铁路所贯穿,境内设哈达阳、哈力图、黑山3个火车站。另外,全镇有着较为发达的公路网,不但有额红公路贯穿全境,而且实现了村村通路。汉族人口约占全镇总人口的41.2%(2007年)。截至2007年,哈达阳镇的非农业人口达到1116人,城市化率为18.08%。处于诺瑟姆曲线的"城市化准备阶段",即城市化水平在10%—30%之间。其特征是城市化进程相当缓慢,属城市化的发生阶段,可称作城市化初期或准发展态。在莫旗所有乡镇中处于城市化进程中的中间状态。哈达阳镇可作为莫旗所有达斡尔族杂居乡镇城市化进程中准发展态的典型代表。

腾克镇是以达斡尔族为主体的少数民族乡镇。撤乡并镇后人口居住格局没有改变,人口比例也几乎没变,只是行政上的合并。该镇20世纪70年代前几乎都是达斡尔族,70年代后

---

[1] 以上摘自《关于呈报〈莫旗达斡尔族自治旗乡镇机构改革实施方案〉的报告》,2006年7月11日。
[2] 在这里计算城市化率之所以选用非农业人口而不用城镇人口是因为:"中国对于市镇非农业人口的资料保存较为完整,延续性好,可比性强,同时市镇非农化水平与城镇化水平具有很强的相关性,二者的发展曲线走势基本上是平行的,故而市镇非农化水平也能在很大程度上反映出不同年份城市化水平的个性特征。(周一星,2006)"

汉族人口逐渐增多。截至2007年，腾克镇非农业人口为1121人，城市化率为7.6%，属城市化的初级阶段，可称作城市化的萌芽期或初始态，在莫旗所有乡镇中处于城市化进程中的启动状态。腾克镇可作为莫旗所有达斡尔族聚居乡镇城市化进程的典型代表。

随着国家和社会主义建设发展步伐的加快，莫旗的城市化进程总体上是稳步前进，逐渐发展的。而进入本世纪以来，莫旗城市化进程速度明显快于以往任何一个时期。尤其值得特别强调的是，2001年6月投入建设的国家"十五"计划批准修建的大型水利工程项目，也是国家实施西部大开发战略的标志性工程项目之一的尼尔基水利枢纽工程的竣工，为整个莫旗和尼尔基镇带来了巨大的经济和社会效益。作为水库所在地的尼尔基镇，更是利用这次难得的机遇加快了城市化的发展，利用尼尔基水利工程公路补偿资金，修建了新线尼-莫段二级公路。形成了以尼尔基镇为中心，以111国道为主动脉，尼-查等12条旗乡道路为支线的公路交通网络。使得尼尔基镇作为莫旗中心镇的聚集效应和扩散效应都得到了极大的加强。与此同时，从水库开始修建以来，上万外来水库建设人员进入到尼尔基镇，随着他们而来的是又一次巨大的商机和外来信息、观念以及生活方式的冲击。到2004年，莫旗以尼尔基中国达斡尔民族园为代表的旅游景区已达13处，全年旅游人数达到18万人次，旅游收入达3350万元。现在随着尼尔基水库建成后，将形成500余平方公里的湖面，为尼尔基发展环湖旅游提供了广阔的前景。

哈达阳镇由于位于铁路交通和公路交通的站点，交通发达，对外联系的通道比较顺畅，开放的时间较早，其城市化发展的潜力是较大的。除了与外界联系比较便利外，哈达阳镇的通信等设施也相对完善，1996年全镇入户电话就已经达到300部，村村通电。另外，到2003年，全镇有线电视入户率达80%，生活用燃气普及率达90%。[①] 基础设施的完善也为哈达阳在未来城市化进程中加快发展提供了有利的条件。特别值得一提的是，在哈达阳发现国内的唯一蛋白质岩矿，经探测储量1亿多吨，辽宁的一个实业集团拟总投资5000万元，在哈达阳镇建年产10万吨蛋白页岩加工企业，一期已投资500万元，厂房已基本建完，2006年初已经投入生产，这也是哈达阳进一步发展经济加快城市化进程的一个良好契机。

腾克镇所处环境历来是莫旗较为封闭保守的山区之一，也是达斡尔族人口密度最大的区域之一。但由于作为达斡尔族聚居区的特殊历史背景，与上述两类乡镇相比，在各方面发展较为滞后。但在莫旗整体城市化进程及上述两类乡镇发展的影响下，必定将出现新的变化。

二 城市化对莫旗达斡尔族语言发展的影响

目前，莫旗各乡镇城市化进程存在着明显的不平衡性，以上三个乡镇代表了莫旗下辖乡镇城市化进程的三个不同阶段。城市化的阶段性特征实际上与不同居住格局下莫旗达斡尔族的

---

① 资料来源：内蒙古新闻网，http://news.nmgnews.com.cn/hm/article/20050420/50826_1.html。

语言的社会功能的不同发展模式十分吻合。也就是说,城市化的不同阶段实际上也代表了目前莫旗达斡尔族语言使用上的三个不同发展模式。如代表城市化进程发展阶段的尼尔基镇处于汉达亚型区,代表城市化准发展阶段的哈达阳镇处于达汉亚型区,代表城市化发展初期的腾克镇处于母语保持区。以往,城市化曾对莫旗不同居住格局类型的达斡尔族的语言使用和发展产生过程度不同的影响,而如今,莫旗城市化已进入整装待发的快车道,更将在以下几个方面对达斡尔族的语言发展产生空前的影响:

1. 城市化将增加达汉语言接触的范围及深度

我们从城市化率的计算方式可知,非农业人口在总人口中的比例是一个至关重要的参数。或者说,城市化意味着莫旗城乡之间将会发生一定规模的人口流动。向外流动的人口数量将会增加非农业人口在总人口中的比例,实际上也在某种程度上决定了城市化的程度。而另一种人口流向,即外来人口流动到相对封闭的乡镇,则意味着原居住区人口分布格局将会发生变化,同时也意味着外来人口及其文化对该乡镇的冲击。尼尔基镇是莫旗旗政府的所在地,在城市化进程中走在全旗的最前沿。其所具有的中心城镇的集聚效应会吸纳周围越来越多的人进入到尼尔基镇。同时,其固有的扩散效应又使得这里的文化随着进城返乡的达斡尔族影响到其他地区。这都将带动周围村镇方方面面的变革。而从语言接触的角度来讲,无论是何种流向的人口流动,都会进一步扩大莫旗不同民族之间的语言接触和交往范围,尤其是达斡尔语与汉语接触的深度。在语言的深度接触中,尼尔基等发展态乡镇首当其冲:汉语将继续在社区环境中扮演绝对强势地位的角色,并最终将可能极大地消弱达斡尔语的社区语言地位,使其退缩至达斡尔族的家庭环境。以哈达阳镇为代表的准发展态乡镇达汉语言深度接触的结果将使社区范围内的强势语言—达斡尔语的社会地位极度衰变而成为弱势语言,而汉语的强势地位继续得以强化。以腾克镇为代表的启动态乡镇在达汉两种语言的深度接触中则表现为两种语言在社区范围内争夺强势地位的博弈中平起平坐,并逐渐出现汉语的强势倾向。

2. 城市化将进一步改变达斡尔族的语言观念

诚然,城市化会给莫旗各乡镇带来一定的社会环境的改善和显著的经济效益,但更重要的变化或者说是根本性的变化则是心理上的一系列变化。其中包括选择强势语言或主流语言,甚或对今后个体实用的语言等态度方面。随着城市化进程及社会环境的变化,以及达汉语言接触深度的加深,莫旗达斡尔族在语言选择上,尤其是对子女的母语教育方面会做出相应的抉择。由于客观现实,除了特殊场合外,他们一般会选择使用汉语,而大量达斡尔族父母在家庭环境中也更多地使用汉语,或有意识向汉语倾斜,甚至某些父母可能会逐渐放弃在家庭环境中使用母语,以使子女从小轻装上阵,避免过多的学习负担。他们认为母语的学习是一种负担,甚至认为眼前母语没有用处,对子女上学、择业、晋升官职等毫无利用价值等。一部分母语感情较为浓厚的,具有强烈的母语保护意识的达斡尔人面对这样的局面也会做出尴尬和无奈的选择。

3. 城市化将催生达斡尔族新的转用型人群

由于以上两个方面的影响,在莫旗达斡尔族中会迅速涌现出一批转用型人群。尤其是在以尼尔基镇为代表的发展态乡镇和以哈达阳为代表的准发展态乡镇中转用型人群数量将有大幅度的增长。

综上,我们认为,城市化近期将对莫旗达斡尔族的语言结构及语言功能的量变演化起到显著的推波助澜的作用,其中,传播媒体在将汉语向偏僻乡村广泛传播和渗透中的作用不可忽视。而远期将对达斡尔族语言结构的质变和语言社会功能类型的转换等产生潜移默化的作用。

附　　录

附录一　访谈录

1. 与时任腾克镇领导（达斡尔族）的谈话

问：我们这次来莫旗主要是调查达斡尔语言的使用状况。腾克是达斡尔族聚居乡镇。来之前，我们对腾克镇的总体情况有了一些了解，但还不全面。希望您能够介绍一下腾克镇的情况。

答：腾克镇是以达斡尔族为主体的少数民族乡镇，全镇总面积为1560平方公里。这个地方原来没有村庄，这是建水库后的移民村落，原来是七个村。撤乡并镇的时候，并成了三个行政村，分别是腾克村、怪勒村和霍日里村。现在的腾克镇是新镇。只有20多户朝鲜族，现在也合并到了腾克村。合并后村民居住格局没有改变，只是行政上的合并。该镇目前人口总数为13600人，达族有4800多人，20世纪70年代前这里几乎都是达族，70年代后汉族人口逐渐增多。

问：那20多户朝鲜族过去是独立的一个村吗？

答：原来叫延宾村，是朝鲜族屯，后来并到腾克村了。中霍日里叫腾克村，前霍日里和后霍日里叫霍日里，伊斯尔和怪勒并了以后叫怪勒村，所以我们现在行政上是三个村。

问：这样一合并，那各村达族的人口比例是不是发生变化了？

答：人口比例几乎没变，还是原来的。目前汉族人口统计数据还不全。有的姑娘嫁汉人，还有的外来的汉人在当地找媳妇。这样，有一小部分汉族人，主体民族还是占大多数。

问：这里是莫旗达斡尔族比较聚居的地方，汉族人口是怎样进入腾克的？

答：七几年时，大量的人口流入，像河北和山东的，因为那边搞计划生育，抓得比较严。咱们这边要开发，那时候陈永贵当副总理。后来莫旗包括鄂伦春自治旗这几个少数民族自治旗搞清流，遣送盲目流动人员，清流搞了好几年。把他们集中到一起，遣送到原籍。送回去一次，他们又回来了。再送，他们又回来了。最后没有精力再送他们了。这个地方的汉族人口绝大多数都是七几年以后来的。

问:乡镇合并后,是把汉族和达族安排在一起住吗?

答:没有,撤并乡镇以后,农民还是在原来的居住地住,因为耕地和生产条件都改变不了。所以所谓撤并乡镇无非就是把行政结构改了,其实还是现状。撤并乡镇主要考虑的是行政开支。另外,民族人口比例基本没变。前霍日里纯是达族,后霍日里是汉族村,后霍日里的汉族来的时间比较长。

问:汉族村的人来这儿多长时间了?

答:一百多年了。

问:一百多年了? 听他们的达语说得非常好。

答:非常好,不亚于我们达斡尔族。还有些汉语说得反倒不如达斡尔语好。因为他们从小就在这儿长大的。达斡尔语几乎都成母语了。汉族村的周围都是民族村,汉族村的人口比例也比较小。跟前后村交流都得用达语。达斡尔族中年龄特别大的或年龄特别小没上学的,没接触过汉语,都不会汉语。一般中年人说汉语没问题。

问:现在机关干部里面达斡尔族比例占多少?

答:60%多。

问:人数有多少?

答:全体职工有40多人,达斡尔族比例占60%以上。

问:领导班子的情况呢?

答:有两个汉族。书记是汉族,还有秘书。

问:他们都说达语吧。

答:因为书记父亲是汉族,母亲是达族,所以他也说达语。他随母亲报(民族)。我们镇长说达语稍微困难点。他母亲是汉族。

问:他是在哪儿长大的?

答:尼尔基。您这次主要是调查达斡尔族的语言情况,是吗?

问:是的,一个民族的生存状态尤其是文化的保持状态,首先应该看这个民族的语言,没有语言了,这个民族可能就没有什么特点。我们想了解目前这里的达斡尔语是什么状况。我们已经去了阿尔拉镇的哈力村,那边的小孩说达语也都没问题。这地方也应该差不多。我们调查了几个达斡尔族聚居村,证明达斡尔语保持很好。我们调查的结果不像有些人说的那样,一个民族没有文字它的语言会很快消亡。当然,没有文字,语言的保持确实很难。我们觉得,莫旗针对达斡尔族也要赶紧实施一些什么措施。我们想从语言的调查切入,再了解相关的文化(非物质文化和基础教育)内容,当然也包括经济方面的调查。也就是先调查语言的情况,看看到底莫旗达斡尔族的语言目前的使用现状,后续调查中再重点考虑其他内容。文化保持中这个指标(语言)非常重要,如果没有语言,其他的东西很难保留。语言是很重要的因素。

答:现在这里的学生上学期间,授课都用汉语,但是课下学生基本都用达语交流,但是学的还是汉文。我们还有个民族幼儿园,老师和小孩也都用达语交流。

问：因为它没有文字,有文字可能是另外一种情况。

答：这里是达斡尔族聚居区,我们说达语还是比较多。

问：可以说说您个人的语言情况吗?

答：我一直在莫旗街里长大,从小学到中学都学汉文。

问：那您的达斡尔语是怎么学会的?

答：我父母都是达族。我们在家交流都用达语。我们家达语交流非常广泛。但是和汉族人交流的时候我们说的都是汉语。

问：您觉得您的达语到什么程度?

答：我不熟练。听可以,说不好。我不太愿意说(达语),说不好,怕别人笑话。

2. 与时任腾克镇怪勒村领导的谈话

问：想问一下,你们家有几代人?

答：我也说不好。

问：都在这里吗?

答：都在这里。

问：那您在家里是不是都说达斡尔语?

答：全说达斡尔语。我儿子出去当兵,往家打电话,也都说达斡尔语。不能把民族的语言忘掉,应该说达斡尔语,又不是不会说,他从小就有这个意识,就说达斡尔语。

问：他当兵几年了?

答：刚几个月。我曾去过南方少数民族地区,像云南傣族地区。他们保留自己的语言的意识就比较强。咱们少数民族对少数民族的事还是比较感兴趣的,我当时对这个问题还比较注意。一会儿,您抽时间到我们老爷子家去采访一下。老爷子是有名的达斡尔人,脾气倔强,儿子们都这么大了,说骂就骂,说打就打,是典型的达斡尔族人,老爷子还属于民间艺人,能唱能说。我们也可以把老爷子接来,他是很传统的达斡尔人,他的生活方式跟过去达斡尔人很像。

问：晚上和他老人家好好聊聊。那我们就抓紧时间调查吧。去怪勒村,能走几家算几家吧。两人一组调查吧。语言测试先不做,晚上有时间再测,现在就填表(问卷)。

答：语言测试没问题,您能说出来的,估计他都能答出来,除了新词或达斡尔语中没有的词外。

问：您能举个例子吗?

答：比如说"罪犯、犯罪"等。那是外来语。因为我们这里犯罪的人少,所以没这个词。

3. 与腾克镇一位汉族干部的谈话

问:您是汉族?

答:对,我是汉族。

问:首先谈谈您家里的情况。您祖上就是本地人吗?家一直在这里?

答:我是在腾克土生土长的。

问:但是祖上都是汉人,是吗?

答:祖上都是汉人,我母亲是满族,父亲是汉族。

问:家里也从来没有达斡尔族?虽然这个地方有很多达族人。

答:没有。因为那时候工作需要,我父亲在这里上班,周围都是达族,他上班期间也是从不懂达语到慢慢熟悉达语,但我父亲只能听不会说。

问:他是在工作的过程中逐渐熟悉达语的?

答:对,他在达族地区工作了14年。

问:也就是说他确实是在工作中逐渐熟悉达语的,不是受老人的影响,因为老人都是汉族,不会说达语。那母亲呢?

答:母亲是满族,会说达语。因为她出生的地方也是达斡尔地区。

问:那您家挺有意思,一直生活在达族地区,但却从来没有跟达族通婚,一辈一辈也没找过达族儿媳妇什么的?

答:您是说我家吗?

问:对,就您家。

答:找过,我大嫂就是达族。

问:哦,现在的嫂子是达族。就是您这辈,以前没有?

答:以前没有。我爱人也是达族。

问:您哥哥和您找的都是达族媳妇。

答:因为都是参加工作啥的。

问:那您嫂子和爱人的达语应该没有问题吧?

答:对,没有问题,她们都是从小就会的。

问:这是您家里人的。下面问一下您本人的达语情况,您的达语是从小受父母的影响多,还是在生活中工作中受同事的影响,或者是现在受您爱人和嫂子的影响?

答:我主要是儿童期间跟小朋友一块玩,学习期间跟同学交流学会的,因为他们都是达族。在家里根本就不说达语,只说汉语。

问:当时父母对您学达语有什么看法吗?

答:他们也没什么看法,因为有用。

问:他们也知道您在跟小朋友学达语?

答:对,因为那是自然而然学会的,不用故意去学。

问:那您当时的情况就是回家说汉语,跟同学说达语。

答:对,因为同学就跟您说达语,无意识就学会了。

问:那您从开始学到能够简单沟通是从几岁到几岁?

答:从八岁开始基本学到十五岁。通过一起玩的同学、小朋友的语言、表情、动作以及环境自然就学会了。比如说:让我走,本来我不懂达语"走"的意思,那他就有一个行为,我就知道他说的话就是让我走的意思;或者让我把茶杯拿来,只说达语,通过动作我就知道了达语"拿"的意思,就通过玩的这种行为,这个词在我脑子里就留下了深刻的印象,慢慢就学会了。在家从小就说汉语,但上学后学校的学生几乎没有汉族,都是达族,跟这些同学玩,玩的过程中自然就学会了。

问:这种情况一直持续到您十五六岁?

答:对,到十五六岁的时候我转学到了一个汉族乡镇,转到了登特克,我在那里读了初中,这个时候就基本全用汉语了,因为在家也都说汉语,在学校学生也都说汉语。

问:那这个时候达语忘了吗?

答:忘了一些,还会说,但表达特别笨。语调什么的都不太自然了。

问:这个时候基本就没有说达语的机会了?

答:对,所以达语中经常说的那些话都没忘,但不经常说的那些基本都忘了,像"水缸"、"桦木"等这些不常说的就忘了,或者也是因为小时候就没接触过这些词,像"吃饭"、"睡觉"这些常说的就没忘。

问:那是个汉族中学,当时那个中学有达族学生吗?

答:有二十多个。

问:有会说达语的吗?

答:有会说的。

问:那您会找机会跟他们说达语吗?

答:我跟他们在一起时也说,就说那些我还没忘的句子。

问:那当时您的感觉是什么?会格外亲切吗?

答:当时会达语特别好,同学都很羡慕,因为两种语言都会说,跟汉族同学玩的时候说汉语,跟达族同学交流就用达语。

问:您当时在汉族同学中很受人羡慕?

答:对。当时在达族同学中我也比较受欢迎。因为我会点达语,他们就把我当成本民族人了。

问:当时学校中的二十多个达族学生有特殊政策吗?在学习上以及生活上。

答:他们的学习都一般,比较淘气。

问:那他们这种情况是因为他们来自乡镇的学校,基础比较差吗?

答:对,学校的环境还可以,应该是本身素质的原因,跟达族的大环境有关系,跟家庭、民族有关。

问:当时您跟他们说达语有没有说家乡话的亲切感,就像去外地上学说家乡话?

答:有点亲切感。比如他想欺负我,一看会说达语,就会觉得是自己的同胞,就不但不欺负我,而且很愿意跟我交朋友。

问:您是从腾克出来的,用达语跟他们交流就像是说自己的家乡话,就是觉得我老家那边也是这么说的。

答:对,有这种感觉。而且怎么说呢,那边的人跟这边的总有些亲戚关系。因为这个民族亲戚跟亲戚成婚的也比较多。

问:那再谈一下现在的家庭情况,您的嫂子和爱人都是达族,您跟爱人在家里用达语说话吗?

答:我们经常用达语说话。

问:达到一个怎样的程度呢?日常生活以及说心里话?

答:所有的情况几乎都用达语。现在我跟朋友或村干部沟通以及谈事的时候,觉得用汉语就特别笨。您看我现在说汉语也特别笨。

问:我倒没觉得。是您自己表达笨还是担心对方的汉语水平,怕自己说出的话对方不能完全理解?

答:我觉得我自己表达比较笨,所以同样的事我就用达语说。

问:是不是用达语一说马上双方都明白了?

答:反正用达语表达起来特别快,经常说就成了习惯了,而用汉语就比较慢。汉语我会说,但说得不算太标准。咱们达族的播音员播音时用的达语跟普通说话就不一样,有些词就用达语说,而我说话时有的词就达不到那种水平,就用汉语说。

问:就是说您的话中还是使用了大量的汉语词,不像传统的达语那样。

答:对,不是传统的达语。像有时候开一些传统的达族会议,用传统的达语,一下子说好多达语,有些话我就理解不透。比如"人民"这个词在平时生活中根本不会说到,"腾克镇广大人民"如果在广播中用达语说就听不懂,因为平时生活中根本就不用。

问:对,我们口语一般都说老乡、大妈、大娘什么的。

答:说口语达语还可以,但要说标准达语,我这个水平还是不行,还没达到那种境界。

问:那您哥哥和嫂子的情况呢?您嫂子是达族人,她的达语怎么样?

答:我嫂子达语还可以。

问:您哥哥报的是汉族还是满族?

答:我哥哥报的是汉族。我哥哥和我姐姐都会说达语,我姐姐说得比我笨,她上班早,离开了腾克。

问:他们学习达语的过程跟您相似吗?

答:都是跟我一样,小时候接触同学什么的学会的,不用故意去学它。比如您在这里工作两年了,只要脑子反应快点,愿意去学,愿意去说,愿意模仿它的语气,马上就可以学会。即使不愿意学的人也能听明白。

问:那您跟您的哥哥、姐姐在家交谈用达语吗?

答:不用。因为他们都在旗里上班。我的姐夫是汉族,根本就不说达语,但现在达斡尔族说什么话他能听明白,说简单的也能说。

问:那就是说在您这辈之间就很少说达语,主要以汉语为主?

答:对,很少说,我一回家都跟我说汉语,因为都是汉族嘛。

问:说达语也能懂,但就不绕那个弯了。

答:对,不绕那个弯了。

问:您哥哥和嫂子之间说达语吗?

答:他们有时候说汉语,有时候说达语。

问:说达语有您跟您爱人频繁吗?

答:没有,好像没有。

问:那您这个家庭还有好几种状况。

答:对。像我爱人有时候用达语说我就用达语回答她。

问:那您要用汉语说呢?

答:那她也得用汉语回答我,汉语她也会说。

问:比如您张口跟她说话,说的是汉语,她在自然情况下一般用汉语答还是达语答?

答:用汉语答。

问:那再继续往下交流呢?是用达语还是汉语?

答:我们有时候说着汉语,觉得很笨就都改成达语了。

问:就是说着说着汉语突然就改用达语了?

答:对。

问:那有说着达语突然改用汉语的情况吗?

答:那种情况很少。

问:一般是说汉语突然改用达语?

答:对,因为说汉语感觉比较慢。

问:我明白了,您是说用汉语交谈的时候可能就有说不下去的情况,两个人就马上都转用达语了。

答:对。

问:那如果用达语的话就会一直说到这个事情结束?

答:对。比如在说人体的时候,说到"肝"、"肾"、"脾"这些东西。这些东西在达语中不经常说,所以说起来就很笨,就在达语中直接穿插进汉语,说"肝疼"什么的,就把"肝"这个词直接用汉语代替了。达语中也有这个词,但表达起来就比较慢,所以达语中经常穿插一些汉语词。

问:这应该比较正常,可能达族的年轻人比您使用的汉语词还多。

答:对。现在谈工作上的事,如果别人用达语跟我说,我就用达语回答他们,如果他们用汉语,我也就用汉语回答,因为我们单位汉族人也不少。

问:刚才您提到在政府工作这个环境中,那就是跟汉族干部用汉语,跟达族干部用达语。

答:但是我们这里在开会布置任务的时候,不管是达族领导还是汉族领导,都用汉语,但基本都能听懂。

问:那就是稍微正式的场合大家都用汉语。

答:对,因为有听不懂的,要照顾汉族。但如果用达语的话我就能听懂,我刚上班的时候有一个镇长,汉语说得特别笨,一开会就用达语说,比如说工作安排什么的,但是有一个汉族干部,他就听不明白,我就可以听懂。他就是过后再问,然后别人再跟他解释。现在就不是了,开会都是用汉语落实工作。

问:那下来后在实际的操作过程中,您感觉是用汉语多还是用达语多?就是说开完会了,该各自干事去了,这个时候的交流就是跟汉族干部用汉语,跟达族干部用达语,您感觉哪个用得更多?

答:就我在腾克工作这么多年,我就是跟达族干部说达语,跟汉族干部说汉语。

问:哪个频率更高一些?

答:我觉得各占一半吧。

问:转换的过程还熟练吧?

答:还可以,没有问题。比如我前几天去安徽合肥,跟我同行的是一个莫旗的达族干部,我们不熟,刚开始他用汉语跟我说,我也不知怎么就用达语跟他说,一路我们就都用达语交谈。这么算来我还是用达语的时间比较长。

问:那就是后来再没有用汉语,两人就很默契地一路用达语交谈?

答:对,他还说我达语说得挺标准。因为他是达族。

问:最后一个问题我们谈一下您对孩子的语言态度的情况。孩子现在的语言是什么情况?孩子多大了?

答:大孩子今年16岁了。达语会说,汉语也会说。

问:他的达语和汉语的水平跟您十五六岁时差不多吗?

答:我感觉差不多,达语也能达到我当年的水平。因为他从小就会说达语。

问:那跟您的情况就特别像?他是跟谁学的?

答:跟父母,因为他的母亲是达族,还有他的达族爷爷。

问:您也教他了吗?

答:我没教他,他自然就学会了。

问:最基本的词汇他是跟妈妈学的还是跟小朋友学的?

答:还是跟妈妈学的。像"吃东西"啊、"穿鞋"啊,这些日常的词都是跟他妈妈学的。

问:那他那时候的汉语怎么样?

答:达族的儿童从小都只说达语,汉语都是上小学后才学。

问:那您16岁的这个孩子最早接触的是达语,他的母语就是达语,跟您的情况还不一样。

答:因为我的家庭是汉族家庭,所以从小说汉语,上小学后才说达语。我的孩子是达族家庭,从小说达语。

问:那您的孩子户口报的是达族?

答:对,达族。

问:那就是他母亲教他基础词汇,那他儿童时期跟小朋友接触也一直在学达语吧?

答:对,上学之前就一直在学达语。

问:那他在上学之前接触汉语了吗?

答:汉语一般都是上学以后接触的,上一年级以后开始接触的。

问:在上学之前您就没有教他汉语吗?

答:简单的也教。像"爸爸"、"妈妈"、"吃饭"、"喝水"等。

问:他的汉语水平跟同样六七岁的汉族小孩相比是不是要低一些?

答:对,低一些。家庭环境不一样。

问:我明白了,就等于说您的孩子就跟一个地道的达族小孩的语言过程类似。

答:对。

问:就是说他的汉语的正规学习是从小学一年级开始的。

答:对。他的汉语一般都是从老师那儿学的。因为一年级老师都用汉语教。

问:这个地方的汉族孩子要用汉语表达简单的意思还是可以的吧?

答:对,达族的小孩从学前班到一年级、二年级到整个小学这个过程都可以用汉语说,再有他可以通过看电视学习,电视剧啊、动画片啊,不都是用汉语吗,所以他们的汉语进步很快。现在很多达族小孩说汉语比他们的父母说得好,而且有的达族甚至不会说达语,尤其是旗里的人。

问:那您的孩子在尼尔基镇的中学学汉语和达语都没有问题吧?

答:都没有问题。

问:语文成绩也不错?

答:对,语文成绩也行。

问:对于孩子未来的发展,您觉得哪种语言对他来讲更重要一些?

答:我觉得还是应该精通汉语,但是也不要丢掉达语这个传统语言。

问:为什么?是因为您妻子的原因还是您在工作中对达语的接触以及对达语的感情?

答:因为汉语对于以后的学习以及各方面都很重要。

问:对,汉语是这样的,但您也说达语也不要丢?

答:对,因为毕竟是达族人,自己的语言应该会说。

问:那如果当时随您报汉族呢?我的意思是是否有这样的原因就是因为生活在达族这样一个大环境中,达语也是生活中所需要的,所以也不要丢。

答:至于民族随父亲还是母亲都无所谓,主要就是生活在这样一个少数民族乡镇,少数民族旗,大部分都是少数民族,并且少数民族还能受到一些照顾,所以希望他也不要丢掉少数民族语言,汉语更要学好。

问:那您觉得达语的学习对孩子以后会有帮助吗?比如像您在工作中这样。

答:应该有帮助,如果在本地,对于工作、学习什么的,都应该有帮助。如果出了莫旗,去了北京就用不上了,但是自己民族的语言还是应该会。

问:那孩子跟爷爷奶奶交流用汉语吧?

答:对,用汉语。用达语也能接受。

问:爷爷奶奶这辈也能听懂达语?

答:能听懂,我母亲能听懂。我母亲小时候也在达族地区待过,也能说几句。但他们一般用汉语沟通,姥姥姥爷是达族,就用达语沟通。两种语言都会。

问:就像您在工作中一样,上一个电话是汉语,下一个电话就是达语。孩子现在的外语成绩怎么样?

答:外语成绩一般,不算太好。

问:我个人觉得孩子在这两种语言环境的成长对外语学习也有好处。

答:好像他说外语比汉族孩子还快点儿。

问:因为他从小就已经接触了第二种语言了,已经有了这种意识,也就是再学一种语言。

答:对。

问:基本情况就这么多,您看您还有什么要跟我们说的?我自己觉得问得挺全。

答:对,您问得挺全。我的达语其实也不太好,跟老人比有些词就不会说。

问:那也不能这么说,跟同龄的达族人比就比较客观,您的达语应该还是挺不错的,跟老人不能比,尤其还有不会汉语的单语人,那就更不可比了。就像汉族人一样,同样是汉族,年轻人跟老人沟通也有困难,有些词也不说了。您看看还有什么特别想跟我们介绍的情况,可以再说说本地汉族的情况。

答:也没有什么别的情况了。就是莫旗这个地方的达语也分类,不同乡镇的达语也不一样,比如我们那边有个哈达阳,那个地方的达语就跟我们不一样,新疆那边的达语也跟我们不一样,新疆那边的带了维吾尔族的口音。像我这个达语也不是特意去学的,就是跟朋友在一起玩,自然而然就会了。在读书的时候我还走了一段,初中时我去了登特科,然后就在家待业了两年。

问:那两年在哪儿?

答:在街里,那两年根本就没说达语。

问:那就是在登特科读完中学后就一直在街里待了两年。那这个情况刚才没有谈到。

答:在街里期间,有些达语我说起来就有些笨了。

问:就是在街里期间达语说得少。

答:对,说得少,因为我们家里没人说。

问:那时候家里人,爸爸妈妈都在那里?

答:对。

问:没在腾克,都在街里住?

答:对,他们在街里住。这样我说达语就有点笨了,上班以后,我就分到腾克来上班,我坐在办公室,别人就用达语交流,我有的能听懂,但说得笨,后来经过下乡、跟人接触什么的,不到半年就全捡起来了,而且小时候在玩时没有学到的东西也补充进来了。

问:像"人民"什么的,那词汇又扩充了?

答:对。

问:孩子的爷爷奶奶现在没在腾克? 还在街里吗?

答:对。中间有一个走的过程。

问:像您前面说的小时候跟同学一起玩学达语,那时是在腾克吧?

答:对,那时候是在腾克。

问:那时候孩子的爷爷奶奶也在腾克?

答:对。

问:那后来你们全家人都搬到街里?

答:全家搬到登特克,又搬到街里。

问:哦,全家搬到登特克,又搬到街里。

答:对,我也就跟着转学。

问:那老人搬到街里就再没回来?

答:对,他们没回来,一直住在街里。

问:孩子的姥姥姥爷呢?

答:他们在这儿。

问:您爱人是本地人?

答:对,本地人。

问:那您是分到这儿以后找的对象?

答:对,到这儿后找的对象。

问:那工作家庭都解决了,您还是又回到了老家。那老人要是想老家了也可以过来看看,也有落脚的地方,挺好的。那哥哥他们现在也在这儿吗?

答：他们不在这儿，在街里。

问：那还行，还可以陪陪老人。

答：我还有个弟弟也在街里。

问：那哥哥弟弟都跟老人在一起，他们住在一起吗？

答：跟我弟弟在一起。

问：哦，在弟弟家呢。弟弟，弟媳呢？

答：弟媳是汉人。我弟弟达语说得就笨了。

问：比您姐姐还笨吗？

答：比我姐姐笨。

问：听都没问题，是吗？

答：对，听没问题。

问：说不好听的话，比如骂他一句他也能听懂？

答：对，骂人的话他能听懂。

问：那孩子是跟爷爷奶奶长大，是吧？没跟姥姥姥爷一起？

答：孩子小时候在腾克读书，后来就去街里上学了。

问：那孩子没课了能回爷爷奶奶那儿吗？

答：没课了就回这里了。

问：街里那么多亲戚呢。

答：这不是孩子喜欢在自家待着嘛。

4. 与腾克村一位蒙古族村民的谈话

问：刚才我们主要做的是问卷调查，现在，我们想再细问一下您家里的情况和语言情况。首先问一下，您祖上父母都是蒙古牧民吗？他们的语言情况怎样？

答：对，他们都是蒙古族，他们会蒙语，汉语，达斡尔语也会。

问：他们的汉语和达语的水平跟蒙语相比怎么样？

答：蒙语最好，达语和汉语相比，汉语要好一些，说达语时感觉嘴有点笨。

问：祖上都是住在杜拉尔吗？

答：我是六岁到杜拉尔的，我们以前在赤峰。

问：那先谈一下在赤峰的情况。您们在赤峰时父母会达语吗？

答：不会，一点也不会。

问：那您也不会吧？

答：不会，就是六岁过来才学会的。

问：那您父母那时讲的是蒙语和汉语。您从父母那里最先学会的是蒙语？

答：对，最先讲的是蒙语。

问：那您六岁上小学之前接触汉语了吗？

答：对，汉语会一点。

问：是父母教的吗？

答：不太清楚了。

问：六岁时全家从赤峰搬到杜拉尔，搬迁的原因是什么？

答：好像是因为那个地方太贫穷了。

问：那现在赤峰还有亲戚吗？

答：还有叔叔，伯伯，好多亲戚都在那边。

问：到杜拉尔后达族人就多了，还有鄂温克族，蒙古族还有吗？

答：蒙古族就有几个。

问：那就是来这儿后父母跟他们接触就会达语了？

答：对，也是接触的时间长了就会了。

问：上小学就在杜拉尔？几岁上的？

答：对，上学比较晚，都七八岁了。

问：那到杜拉尔后还没上学之前已经学达语了？

答：对，已经学了。

问：那时候跟谁学，父母都不会啊。

答：对，父母不会，主要就是跟朋友一起玩的时候学的。

问：就是跟小孩一起玩慢慢就学会了。那上小学之后就开始正规学习汉语了，就在杜拉尔上的，那这个时候达语还在继续学吗？

答：达语还在继续学习。

问：那达语怎么学？就是下课吗？下课他们说达语？

答：对，就是一起玩的时候学，他们都说达语。

问：那个时候父母也在学习达语吧？

答：对，父母也是接触村子里的人。

问：您有兄弟姐妹吗？他们也跟您的整个情况都差不多？

答：有。他们跟我的情况都差不多，来以前都说蒙语。

问：那你们都在学习达语，父母兄弟姐妹都在学，在家的时候还是只说蒙语，有说达语的时候吗？有没有回家沟通交流一下学到的达语？

答：很小的时候好像不说达语，大了才说。

问：那一进这个家门就是蒙语，汉语基本也不说，汉语就学校上课用？

答：大了在家也说汉语，达语也说。

问:大了就是指上了中学,那达语跟谁说,跟父母还是跟兄弟姐妹?

答:跟父母说得很少,跟姐妹比较多。

问:那就是主要还是说蒙语,有时候也说汉语,跟兄弟姐妹也说达语。

问:那时你们蒙、汉、达三种语言都会,平时日常生活,比如叫父母吃饭这样的情况一般用什么语言?

答:还是用蒙语。

问:那您没出嫁以前,在杜拉尔姐妹们之间说悄悄话、心里话和重要的事情都用什么语言?

答:好像蒙语和达语都用。

问:就是说生活中有好多事情已经全部用达语说?

答:对。

问:您先前说在杜拉尔蒙族人很少,那出了家门之后讲蒙语的人应该很少,就只能在家讲,那蒙语会不会忘?尤其跟您在赤峰时一起长大的伙伴相比,会不会忘记一些句子、用语?

答:对,几乎出了家门就不讲蒙语。有些也会忘。

问:您后来回过赤峰吗?

答:没有,我的兄弟姐妹回去过。父母每年都回。

问:那您的蒙语基本就是跟父母说?

答:对,跟兄弟姐妹基本就用达语了,有时候也用汉语。我们这家人就是混着用。

问:那就是说在您这辈人中讲蒙语的人很少?

答:很少,基本就不讲了。

问:嫁到腾克村后,在婆婆家用达语的情况怎样?

答:基本都用达语。

问:您在家跟爱人、孩子交流用汉语吗?

答:孩子学话的时候我们都教他汉语。达语我们没教他,我们在家说达语时他自己学会的。

问:那您现在在家跟长辈或平辈说话时一般都用达语,是吗?

答:用达语。

问:您当时教孩子说话时用汉语是跟爱人商量后决定的,是刻意这样去做的,对吗?

答:对,我们觉得先教他汉语,这样他的口音正。

问:您孩子现在多大?

答:大的13岁,最小的6岁。

问:您当时刻意教他们汉语,达语也同时教吗?

答:对,就是跟他们说话时主要说汉语,但有时也用达语说话。

问:那他们学习这两种语言有先后吗?比如说有些词他是先会用汉语说还是先会用达语说?

答:也没有,我的最小的孩子现在就是,有时一句话半句达语,半句汉语。

问:您和您爱人之间呢?是用达语吗?

答:对,用达语。

问:您爱人汉语怎么样?

答:还可以。

问:在教孩子学汉语的时候,是您教得多还是您爱人多?

答:我教得多些,因为孩子跟我接触的时间长。

问:那就是说您跟孩子在一起时说的基本就是汉语?

答:对。

问:那他们也会说达语?

答:会说。

问:最小的孩子跟奶奶日常交流时也用达语吗?

答:最小的孩子用汉语多,一般都说汉语。

问:是因为一直教他汉语?

答:对,因为考虑到他将来上学。

问:最小的孩子报的是哪个民族?

答:随他父亲,鄂温克族。

问:他奶奶也是鄂温克族吗?爷爷呢?

答:他奶奶是达斡尔族。爷爷是鄂温克族。

问:那您也没有教孩子蒙语?鄂温克语也没有教?

答:没有,教了也没地方去说,鄂温克语懂得人少。

问:就是说最小的孩子跟爷爷奶奶爸爸妈妈都用汉语说话。那大孩子也是您从小就教汉语,他上学后,语文课上学汉语的东西是不是更容易接受一些?

答:应该是,他今年上初一了,一直学习成绩都不错,在班上都前几名。

问:您大孩子的达语也跟汉语一样在同时进步吗?

答:对。

问:那您跟大孩子现在说汉语多还是说达语多?

答:说达语多,长大了就说达语了。

问:那我总结一下:在对孩子的教育问题上,您夫妇二人达成共识:在孩子上小学之前主要教孩子汉语,为孩子正口音,孩子跟家里所有人交流都用汉语,达语就顺其自然发展,等孩子长大,进入学校开始接受正规的汉语教育之后,跟孩子交流反而改用达语。孩子达语的学习主要是跟周围的人还有小伙伴交流学到的吗?

答:对,因为周围达族人最多。

问:大孩子有没有在学校或外面听到一个达语词他不懂回来再问您的?

答:没有,从来没有。小时候爷爷奶奶说的有生一点的词也问过。

问:大孩子回家有说汉语的时候吗?

答:很少,还是说达语的时候多。

问:大孩子会蒙语吗?

答:不会,一点也不会,就是有时候回姥姥家跟他姥姥学几句。

问:您的鄂温克语是嫁到这里之前就会一点吗?

答:对,上学的时候跟同学学过几句。

问:当时在杜拉尔时有鄂温克族的同学,是吗?

答:对,他们也会达语、汉语,还有鄂温克语。

问:爷爷、爸爸报的是鄂温克族,他们会鄂温克语吗?

答:他们基本不会。

问:就是说他们的鄂温克语还没有您会得多?

答:对,好像是这样。

问:那爷爷祖上都是鄂温克族吗? 一直都在腾克村吗?

答:对,一直没有动过。

问:那您的妯娌都是达族吗? 都是从外地嫁来的吗? 她们也是来时都会达语吗?

答:对。

问:那你们日常生活交流都用达语吗?

答:对,都用达语。

问:大孩子学外语了吗?

答:学了。

问:那她的英语程度怎么样?

答:一般吧。

问:您觉得对孩子的这种语言教育对孩子的英语学习有帮助吗? 她学英语时有没有觉得又学一门外语,就像当时学达语一样,有一些相似之处?

答:没有。

问:那她有没有跟您说过她在学习中有一些比较难的地方?

答:没有,她爱学,成绩也可以。

问:您大孩子和最小的孩子之间交流应该是用汉语吧?

答:对,他们姐弟之间用汉语,因为小的刚开始学嘛。

问:姐姐有时候也用达语吧?

答:用,但很少。

问:那小孩子他现在基本用汉语,但达语应该也没问题吧?

答:没有问题。

问：是不是主要因为在腾克这个大环境中，周围都是达族，所以肯定长大要用到？

答：对，因为周围达族人多，如果汉族人多的话那就有问题了。比如那些从小就送到街里上学的达斡尔族小孩，现在就基本不会说达语了，只能听懂但不会说。

问：您觉得您自己作为一个多种语言的使用者，自己对于语言的学习，或者对于多种民族的感受，有没有一些自己的体会也可以跟我们聊一聊。

答：我这些语言都没有专门学过，都是自然学会的。

问：那您汉语也很好，汉语的书写能力以及认字能力怎么样？

答：还行吧。

问：那您读书、看报以及写信都没有问题，这些都是上小学和初中的时候老师在课堂上教的吧？

答：对。

问：对于孩子的发展，您从内心觉得哪种语言对孩子的发展更重要？

答：我觉得上学还是汉语用得多，所以汉语应该重要一些吧。

问：所以从小就教他汉语？

答：对，考虑到如果将来孩子去外地上学，达语就用不上了。不过还是要会自己的语言。

问：您觉得作为这个民族还是要学会自己的语言？

答：对，能学就学，自己的语言会还是好。

问：那您对孩子的达语有要求吗？长大后一定要精通还是顺其发展？

答：顺其自然吧，主要还是抓汉语。

问：我们在腾克村时调查到的一些情况跟您家里的情况不太一样，有个读一年级的孩子，他的汉语就不太好，家里从小教的也是达语。

答：对，像我这种从小就教孩子说汉语的不多。

问：就是说很多家庭并不从小就教孩子汉语，因为孩子上小学后自然要学，所以就上学后再说。

答：对，大多数都不教汉语，都是用达语。我是属于比较特殊的情况。

问：那您抓得还是挺紧的。主要是考虑到孩子的将来对吗？

答：对，孩子的口音还有将来的学习。

问：这个跟您自己的语言学习有关系吗？您的汉语比较好，那您在生活中是不是就有各种便利，接收信息比较方便等等，所以您觉得应该也教孩子学好汉语？

答：我是看到达斡尔人说汉语比较笨，所以我就教孩子从小学汉语。很多达族孩子到了初中以后口音还是不正，汉语很差。杜拉尔那边有几个村子的孩子汉语都很差，有些妇女也是说汉语说不好，感觉像是在用达语的调子说汉语。

问：那如果我们客观看问题的话，我们知道很多纯达族的人家不像您这样从小就教孩子说汉语，是否跟您不是达族人有关并且又会多种语言有关？

答:我感觉没有关系。还是因为从周围的情况看到的很多孩子说汉语说得不好,可能会影响孩子将来的发展这个角度考虑的。

问:那就是社会现实对您的影响您才这么做的?

答:对。

问:也就是说考虑到孩子将来要走出莫旗,所以汉语的听说读写各方面都要好。那您妯娌家的孩子呢,他们都是土生土长的达族人,他们教育孩子从小使用汉语吗?比如我们昨天见到的那个5岁的孩子。

答:他们还是说达语多,也没有受我的影响。但那个孩子经常跟我的孩子接触,他们天天在一起玩,就从我孩子那里学习汉语。

问:他们在一起的时候用达语吗?您的孩子有没有向他的小伙伴学习达语?

答:也在跟着学吧。因为我先教孩子的是汉语,别的孩子先学的是达语,所以一起玩的时候就有听不懂的情况,就互相学。

问:那谁跟谁学的成分多一些?

答:还是跟我孩子学汉语多,为了沟通、交流。

问:可是学会达语也同样可以交流,为什么不学达语呢?是您刻意要求孩子的吗?

答:没有要求。

问:那您的两个妯娌虽然汉语说得不是很好,但也会说,她们为什么不像您一样也教孩子汉语呢?您没有建议过她们吗?

答:建议过,她们有时候也跟孩子说汉语,但还是说达语的时候多说汉语的时候少。

问:还是您的眼光要长远一些。

答:因为有些孩子也说汉语,但口音不正,虽然上学后有人教,但还是从小学要扎实一些。刚学话的时候学口音正。

问:可以这样说吗,您孩子的母语是汉语。

答:可以这样说。

问:您两个孩子报的都是鄂温克族吧?

答:对。

问:腾克这儿鄂温克族不多吧?

答:不多,还是达斡尔族多。

问:您丈夫家祖上就是腾克的,不是后迁的,对吧?

答:对。

问:其实蒙语也挺有用的。

答:要是学了文字什么的就有用,在蒙古族地区有用,在家还有在腾克都用不上。

问:孩子上学有没有想过去街里(外地)上?

答:也想过,但条件不允许。

问:咱们这里的费用一年是多少?

答:这两年学费都免了,基本不用什么费用。

问:中午回家吃饭吗?

答:回家吃饭。花钱就是有时候买本子还有印资料什么的。

问:到街里花钱就多了,吃、住、学费。

答:对。

问:这边的学校我们还没有去。

答:对学校了解了解也不错。

问:学校我们都去,哈力村的我们已经去过了。

答:哈力那边也主要都是达斡尔,汉语也不太好。

问:这里的孩子上高中的多吗?

答:不多,很多初中毕业就不上了,小学毕业不上的也有。

问:那不上学干什么?

答:闲着。

问:您的大孩子今年也初一了,一晃也就要初中毕业了,孩子又是女孩,您对她有什么打算?

答:我还是希望她往上读,学习好就继续学,学习不好实在没办法也就只好不读了。

问:那您现在看她的学习怎么样?

答:还行,学习成绩各方面都挺好的。

问:高中的话就去哈达尔(音)上吗?

答:哈达尔的也有,去街里的也有。

问:去街里就是尼尔基一中?

答:有学习好的能考上哈达尔中学。

问:屯子里有吗?

答:好像没有。

问:屯子里近期有高中生吗?

答:好像没有,有也就一两个。

问:那不上学的话就去街里打工或者回家务农?

答:打工的也有,但几个月以后又回来了,主要在家务农,闲着的人比较多。

问:要是在街里上高中的话一年的费用肯定不少吧?一学期1000块够吗?

答:不够,街里光住宿一个月就两三百。

问:要是孩子到时候考上高中的话你们会供吗,就说这个女孩?

答:要是考上的话想办法也得供。小孩子现在在本地上学花费还小一些。

问:孩子上学减免学费跟民族有关吗?政策上有照顾吗?

答:也有关系吧,还有我们是搬迁户也有照顾。

问:那你们是看再过几年孩子上完高中能不能再往上读?

答:对。

问:就是不能再上,她的文化水平也够用了,想出去闯一闯也没有什么问题。她现在上初中,年龄太小,再就是文化水平还差一些。

答:对。

问:努力努力让孩子上高中,实在不行再看情况。

答:对,不行就让她学护士什么的。

问:对,高中毕业路就宽了。

答:初中毕业机会确实很少。

问:她自己现在有这个想法吗?就是将来考出去。

答:她自己也想将来出去上班挣钱。

5. 与时任西瓦尔图镇领导谈话

问:西瓦尔图镇的面积有多大?

答:596平方公里。

问:全镇人口数量,居民户数是多少?

答:18000人,3000多户。

问:其中达斡尔族人口比例是多少?

答:15个村中有4个达族村。

问:除了达族外还有什么少数民族?

答:还有鄂温克族,满族,朝鲜族。

问:鄂温克族人多吗?

答:不多。

问:此地有没有乡镇合并的事情发生?

答:目前没有,我们这个乡不能撤。

问:这是民族杂居乡镇吗?

答:是,其中汉族比例最高,其次是达族。

问:现在这里少数民族的生活水平怎样?

答:较其他乡镇来说相对富裕一些。

问:这里主要种植什么农作物?

答:大豆。

问:这里的达族人的达语和汉语水平怎样?

答:达语不如腾克和阿尔拉等地方的达族,但汉语说得要比他们好。

问:其他少数民族懂达语吗?

答:蒙古族和鄂温克族基本都懂达语。

问:这里达语的使用和尼尔基等达斡尔族散居区相比的话是什么情况?

答:比尼尔基的达斡尔语使用要多一些,但汉语的使用频率要低于尼尔基镇。

问:您觉得这里的达族哪个年龄段的人达语说得比较好?

答:40岁以上的人吧。我们的下一代,20来岁的年轻人说的比例要小一些,会说的比较少,能听懂就不错了。

问:您的家在哪,您妻子是什么族,她会说达语吗?

答:我家在尼尔基,妻子也是达族人,是宜斯坎乡人。我小时候会说达语,后来用得少了就说得笨了。你们这次主要是调查语言情况,是吗?

问:对,我们想了解一下莫旗达斡尔族的达语使用状况,通过此次调查,实事求是地收集一些数据来说明问题。

答:达语现状不太好,尤其是年轻人都不怎么说达语了。也就是达族人和达族人之间说,小孩基本都不使用达语了。我很担心以后达族的语言会消失。

问:那你们和孩子们交流都使用汉语?

答:有时候也说达语。和自己孩子说得多一些。主要是因为汉族人多,加上达族人又没有自己的文字,达族人的语言退化比较快。

6. 与宜和德村领导谈话

问:听说您是老村长了?

答:干了三十多年了。

问:您是这儿的老住户吗?

答:是。

问:在这儿住多少年了?

答:从祖辈来这儿大约有四百年了吧。

问:这儿的达族人都是老住户吗?

答:是。

问:此地年龄最大的老人有多少岁?人数多吗?

答:最老的有七八十岁。人数不多,就十个人左右。

问:有这样老人的人家一般都是四代人吧?

答:是。以前达族老人的寿命要更长,有的能活到九十多岁。以前吃的都是绿色食品,现在不是了。

问:听说这个村是莫旗所有达族村里最富裕的?

答:搬过来后住得比以前好了,但是消费高了,总的生活还行。

问:你们种植什么作物?

答:黄豆。咱们这儿的人会种庄稼,所以比其他地方收益好。隔一个江就是汉族,跟他们学习了一些经验。

问:这个乡一共多少个村?

答:14个。只有咱们这个村是达族村,原来是两个,现在并成一个了。还有华那旗村,在额尔河乡里,那是一半汉族一半达族杂居村。

问:这个村人口多少,有多少户人家,其中达族占多少比例,以及各个民族的比例是多少?

答:合并之后,全乡共220户人家,搬来20多户。人口800多人,达族人占98%,汉族只有4户人家。

问:这里距离江边多远?

答:2公里左右。

问:过江方便吗?

答:不太方便,没有桥,只能靠轮渡。

问:过一次江得多长时间?

答:10分钟。

问:那栋两层的小洋楼是村民的吗?

答:是村部,村办公室。

问:村子周围都是汉族?

答:是。

问:汉族怎样来到这儿的?

答:通婚,有两个是姑爷,还有一个是大夫在这儿工作。

问:他们来这儿多长时间了?

答:有二十多年了。

问:他们会达语吗?

答:能听懂,但不会说。

问:村里达族的汉语怎样?

答:因为周围都是汉族,汉语说得不错。

问:那个华那旗村的达族人的达语怎样?

答:还行。

问:那个村里的汉族人会说达语吗?

答:会。

问:那咱们村周围的汉族人会达语吗?

答:不会。

问:这个地方是一个被汉语包围的达语语言岛。

答:以前我们这个地方采取封闭政策,拒绝外来移民,为的是保护本民族的生存空间。

问:这儿有鄂温克族吗?

答:有,有几家人。

问:现在这儿的年轻人达语怎样?

答:都会说,连三四岁的小孩都会说。在外面读书的说得就差一点儿,回来能听明白,但不太会说。

7. 萨玛街鄂温克族村民1访谈

问:这里的鄂温克族和达族最大的区别是什么?

答:看不出什么区别。

问:也就是说语言和生活习惯差不多。鄂温克族人大概有多少户?

答:70多户。

问:现在你们家中的小孩达语都没有问题吧?

答:是。

问:哪个年龄段的小孩达语不行?

答:7—8岁、10来岁的孩子达语都不怎么会了。5—6岁的孩子去上学回来后就不愿意说达语了。能听懂,但就是不愿意说了。

问:为什么会这样?是因为他们觉得说汉语好吗?

答:因为接触的基本上都是汉族人。

问:那你们大人肯定都说达语吧?

答:是。

问:你们小孩都不会鄂温克语了吧?

答:不会。这里的鄂温克族都不会鄂温克语。

问:你们不懂鄂温克语了,如果有机会的话愿意学吗?

答:肯定想学的。不懂鄂温克语太憋屈了。去年我去(黑龙江省嫩江县鄂温克民族乡)兴旺乡,他们那儿的人说鄂温克语就说得非常好。大家都是一个民族的,我不会,挺尴尬的。

问:那是一个鄂温克民族乡吗?

答:是,但是鄂温克人不多,只有一两个村的人,但都会鄂温克语。

问:他们能说到什么程度?

答:说得非常流利,非常好。

问:您听得懂吗?

答:听不懂。

问:跟达斡尔语差得很多吗?

答:差得太多了。

问:那你们开会的时候说什么话?

答:汉语。

问:他们会达语吗?

答:基本上也会。

问:他们汉语怎样?

答:汉语说得更流利。

8. 萨玛街鄂温克族村民2访谈

问:您是本地人吧?

答:是。

问:请说一下您家里的情况。家里有些什么人?

问:爷爷、奶奶、爸爸、妈妈和老婆、孩子。

问:都是什么民族?

答:爷爷是鄂温克族,奶奶、妈妈都是达族,妻子是鄂温克族。

问:爸爸的年龄、职业和文化程度?

答:农民,小学。

问:儿子多大?

答:虚岁12岁。

问:您和父亲还有孩子用什么语言交流?

答:达语。

问:会鄂温克语吗?

答:不会。

问:您觉得您的母语是什么?

答:达语。

问:什么时候开始学习的达语?

答:从小开始。

问:怎么学会的?

答:在和家人还有达族人交流中学会的。

问:您现在达语到什么程度?

答:精通吧。

问:什么情况下使用达语?

答:在家里和村子里经常使用达语,在集市上使用汉语。和达族人交流,和人见面聊天,工作时,举行民族活动时以及内心心理活动都是使用达语。

问:使用达语的原因?

答:因为周围人都使用。

问:您觉得现在这个地方的达语状态如何?

答:保持得很好。

问:原因呢?

答:可能是因为达族人比较多吧。

问:您作为鄂温克族,你觉得达语的使用能持续多久?

答:不清楚。

问:你们鄂温克族为什么没学会鄂温克语呢?

答:主要原因是因为被汉化了吧。

问:您希望自己的子女继续使用达语吗?

答:非常希望。

问:您自己使用语言的情况如何?

答:熟悉的语言是达语和汉语,使用的文字是汉字。

问:您是怎么学会达语的?

答:从小就会。

问:您的妻子会几种语言?

答:达语和汉语,使用的文字是汉字。

问:您的孩子呢?

答:达语和汉语。使用汉字。

问:您同上辈人和同辈人说什么语?

答:达语。

问:如果政府里有鄂温克族同胞,您同他们说什么话?

答:达语和汉语都使用。

问:您同卖东西的人使用什么语言多?

答:达语。

问:您的汉语和汉字使用水平怎样?

答:流利。

问:思考问题时用什么语言?

答:基本上使用汉语。

问:您的汉语和汉族人说的汉语一样吗?

答:有一些不同。

问:不同在哪些方面?

答:语音上。

问:您说的达语和达族人说的达语一样吗?

答:一样。

问:此地的鄂温克族人多吗?

答:不多,达族人比较多。

问:鄂温克族和其他民族主要是达族的关系怎么样?

答:非常融洽。

问:您和既会达语又会汉语的人交流时用什么语言比较多。

答:达语。

问:您说自己不会鄂温克语,如果碰到一个既会鄂温克语又会达语和汉语的人,您是什么感觉?

答:羡慕。

问:您的孩子不会鄂温克语您有什么感想?

答:没办法。

问:如果一个既会达语又会汉语的人只是用汉语和您交流,您是什么感觉?

答:那就用汉语和他交流。

问:实际上,您最愿意用什么语言和他交流?

答:达语。

问:希不希望您的孩子学习鄂温克语?

答:非常希望。

问:您觉得对您的孩子现在最重要的语言是什么?

答:汉语。

问:如果孩子想学习鄂温克语,会通过哪种途径学习?

答:希望学校教孩子鄂温克语。

问:您认为有没有必要创制鄂温克文字?

答:应该有。

问:您觉得哪种类型的文字比较合适?

答:类似于蒙文。

问:如果你们和其他民族通婚对感情有没有影响?

答:没有。

问:那孩子随什么族?

答:无所谓。

问:您觉得目前莫旗的民族政策落实得怎样?

答:一般。

9. 萨玛街鄂温克族村民 3 访谈

问:可以问一下您的年龄,文化程度,家庭人数吗?

答(女):36,小学,共五口人,三个孩子。

问:您认为您的母语是什么?

答:达语。

问:您丈夫是什么族,年龄,文化程度?

答:达族,50,初中。

问:他都懂哪些语言?

答:达语和汉语。

问:您和他主要用什么语言?

答:达语。

问:您的孩子的情况?

答:大女儿16岁,二女儿14岁,小的10岁。

问:他们都报什么民族了?

答:老大和老小报的是鄂温克族,老二报的是达族。

问:在此之前有人专门来这儿调查过鄂温克族情况吗?

答:旗里举办过一回,没有其他的,你们学校来还是第一回。

问:这个地方有哪些可以吸引国家投资的产业?

答:我认为是饲料加工,发展畜牧业。

问:您认为,政府应对达斡尔族和鄂温克族落实哪些政策?

答:我认为应该减免对农民征收的各项费用,可适当收取农民的个人所得税。另外,对民族地区的生态环境的开采,对资源等方面都造成了相当大的负面影响,没有考虑到少数民族地区的具体情况,造成了一些破坏性的后果。另外一个问题是山东考生移民,这对人口较少民族影响很不利,实际是对少数民族教育权利的一种掠夺,应加强少数民族的自我保护意识。退耕还林政策要因地制宜,有的地方林业的收益要比农业大,那么就不能一味地退耕还林,可以考虑发展林业及其周边产业。

问:除了农业,此地有什么其他副业?

答:主要是畜牧业。我提议投资建一个饲料加工厂。

附录二　词汇测试简表

地点：　　　　　　　　　时间：　　　　　　　　　调查人：

注：以下数字分别表示： 1- 流利说出且反应迅速； 2- 流利但反应稍慢； 3- 提示后可流利说出； 4- 完全不知道。	姓名：　编号： 性别：　年龄： 文化程度： 职业： 原籍：		姓名：　编号： 性别：　年龄： 文化程度： 职业： 原籍：		姓名：　编号： 性别：　年龄： 文化程度： 职业： 原籍：	
第一组						
1. 头	xək					
2. 头发	xus					
3. 脸	niɑdəm					
4. 耳朵	tʃiki					
5. 眼睛	nid					
6. 鼻子	xɑmər					
7. 嘴	ɑm					
8. 牙齿	ʃid					
9. 舌头	xəli					
10. 肚子	kəəli					
11. 手	gɑri					
12. 脚	kuli					
13. 身体	bəj					
14. 眉毛	sɑrməlt					
15. 额头	mɑŋəl					
16. 脖子	kudʒu					
17. 脸颊	kɑtʃir					
18. 胡子	sɑgəl					
19. 肩膀	muur					
20. 肩胛	dɑl					
21. 胸脯	ərtʃuu					
22. 背	ɑrkən					
23. 腋下	soo					
24. 肚脐	kuis					
25. 臂	miir					
26. 肘	intʃiən					
27. 手掌	xɑləg					

28. 手腕	bɑgəldʒɑɑr										
29. 手指	xoroo										
30. 指甲	kimtʃ										
31. 拳头	bɑbəg										
32. 脚踝	sɑk										
33. 脚背	urum										
34. 脚后跟	dʒɑodʒɑɑ										
35. 膝盖	tuɑltʃig										
36. 皮肤	ɑrs										
37. 骨头	jɑs										
38. 肋骨	xɑbirəg										
39. 眼泪	nioməs										
40. 鼻涕	nios										
41. 唾液	ʃullu										
42. 血	tʃos										
43. 眉心	sɑniku										
44. 眼睑	kumətl										
45. 眼窝	oruŋgu										
46. 小腿	ʃirəm										
47. 腿肚子	bɑltʃə										
48. 头顶	xor										
49. 颧骨	tintərt										
50. 嘴唇	xollə										
51. 下巴	əruu										
52. 喉结	boluŋkuu										
53. 咽喉	xoil										
54. 气管	huɑɑm										
55. 小腹	dɑus										
56. 腰	duɑrən										
57. 旋儿	xurgə										
58. 太阳穴	tʃokən										
59. 指叉（虎口）	tɑni										
60. 小舌	kumə										
61. 腭	tɑnnə										
62. 痣	bələg										
63. 皱纹	xonees										
64. 脑髓	ogu										
65. 后颈窝	xəɑmər										
66. 关节	uj										
67. 筋	ʃirbəs										
68. 胃	gudʒəə										
69. 心	dʒurgu										
70. 肺	ɑorki										

71. 胆	tʃultʃəə											
72. 肝	xələg											
73. 肠子	gərtəs											
74. 肾	bɑsərt											
75. 脾	dəluu											
76. 膀胱	xodoosə											
77. 骨髓	ʃiməg											
78. 神经	mədrəl											
第二组												
79. 我	bii											
80. 您	ʃii											
81. 他、她	ter											
82. 我们	bɑɑ											
83. 咱们	bed											
84. 你们	tɑɑ											
85. 他们(近指)	əd(ən)											
86. 他们(远指)	təd											
87. 谁	ɑnin;xən											
88. 怎么样	xər											
89. 多少	jokie											
90. 几个	xəd											
91. 哪个	ɑli											
92. 哪里	xɑɑnə											
93. 自己	wəər											
94. 大家	xɑojɑɑrɑɑn											
95. 这	in											
96. 这样	əi											
97. 如此	əimər											
98. 那样	tii											
99. 那样的	tiimər											
100. 这里	in											
101. 这些	iikən											
102. 那个	tər											
103. 那里	tənd											
104. 那么	imər											
105. 什么	joo											
106. 什么样	jɑmər											
107. 为什么	juugoo											
108. 那些	tikəən											
109. 每	kurtʃin											
110. 各、到处	birgii											
111. 全、都	bolgu;gub											

第三组											
112. 父亲	atʃaa										
113. 母亲	əwəə										
114. 哥哥	akaa										
115. 弟弟	dou										
116. 姐姐	əkəə										
117. 妹妹	ujin dou										
118. 儿子	kukə										
119. 女儿、姑娘	ujin										
120. 人	xuu										
121. 小孩	utʃkər										
122. 男人	ər										
123. 女人	əmgun										
124. 男孩	noon										
125. 孙子	oməl										
126. 伯父	ʃig atʃaa										
127. 伯母	uguməə										
128. 叔父	ʃuuʃuu										
129. 姑妈（父之姐）	nainwəə										
130. 姑父（父之姐夫）	nainətʃaa										
131. 姑姑（父之妹）	gugu										
132. 姑父（父之妹夫）	guujee										
133. 姨母	naotʃoo										
134. 姨父	naotʃoo										
135. 舅父	əukəə										
136. 舅母	naotʃoo										
137. 侄儿（女）	dʒyy										
138. 外甥（女）	dʒəə										
139. 祖父	jeejee										
140. 祖母	taɪtɪɪ										
141. 嫂子	bərgən										
142. 弟兄	agdou										
143. 姐夫	awʃie										
144. 儿媳	bər										
145. 女婿	xurgun										
146. 客人	aneekee										
147. 单身汉	paotul										
148. 曾祖父	laojəəjəə										
149. 曾祖母	laotaitɪɪ										

150. 丈夫	ərgən											
151. 妻子	əmgun											
152. 夫妻	ərməədʒəər											
153. 曾孙	domul											
154. 玄孙	ʃomul											
155. 外祖父	nadʒəl jeje											
156. 外祖母	nadʒəl taiti											
157. 堂兄	ujəəl ɑkɑɑ											
158. 表兄	bul ɑkɑɑ											
159. 表嫂	bul bərgən											
160. 连襟	badʒ											
161. 妯娌	xuɑjɑɑn											
162. 岳父	xadəmtʃɑɑ											
163. 岳母	xadəmwəə											
164. 干爹	barisən atʃɑɑ											
165. 干妈	barisən əwəə											
166. 亲戚	tursən											
167. 亲家	xuɑdɑ											
168. 祖宗	xodʒoor											
169. 长辈	dʒag											
170. 寡妇	bəlibsən											
171. 媒人	dʒautʃ											
172. 傻子	ʃugul											
173. 疯子	gərən											
174. 聋子	koŋgoo											
175. 乞丐	goirəntʃ											
176. 鬼	bon; ʃurkul											
177. 神	baarkən											
178. 猎人	mərgən											
179. 农民	tareetʃin											
180. 牧民	adootʃin											
181. 英雄	batur											
182. 萨满	jadgən											
第四组												
183. 一	nək											
184. 二	xoir											
185. 三	guarb											
186. 四	durbu											
187. 五	taawu											
188. 六	dʒirgoo											
189. 七	doloo											
190. 八	naim											
191. 九	is											

192. 十	xarb	
193. 十一	xarb nəg	
194. 十五	xab xuojir	
195. 二十	xurin	
196. 二十一	xurin nək	
197. 二十五	xurin tawuu	
198. 三十	gotʃ	
199. 四十	dutʃ	
200. 五十	tabi	
201. 六十	dʒar	
202. 七十	dal	
203. 八十	naj	
204. 九十	jər	
205. 一百	dʒau	
206. 第一	nəkdəər	
207. 第二	xoirdaar	
208. 第三	guarbdaar	
209. 第四	dutəər	
210. 第五	tabdaar	
211. 第六	dʒərgoodaar	
212. 第七	doloodaar	
213. 第八	naimdaar	
214. 第九	jisdəər	
215. 第十	tabdaar	
216. 一千	miaŋə	
217. 一万	tum	
218. 十万	xarb tum	
219. 百万	dʒɑo tum	
220. 千万	miaŋ tum	
221. 亿	tumun tum	
222. 最末	nialk	
223. 半(一半)	duli	
224. 单	kaltəg	
225. 双	dʒuuru	
第五组		
226. 衣服	warkəl	
227. 衣襟	əŋgə	
228. 裤子	xakur	
229. 鞋	saib	
230. 鞋帮	olloon	
231. 皮袄	dəəl	
232. 布	bur	
233. 被子	nəmbəs	

234. 褥子	dərdʒəə	
235. 枕头	dərəb	
236. 帽子	magəl	
237. 毛巾	xuŋku	
238. 衣领	dʒibkəət	
239. 袖子	kantʃ	
240. 扣子	tortʃ	
241. 衣袋	xoluŋku	
242. 腰带	bəs	
243. 补丁	dalaas	
244. 碗	tʃadʒuk	
245. 碗架子	tabtaar	
246. 筷子	sarp	
247. 锅	tuwaa	
248. 柴	tulee	
249. 盖子	daib	
250. 盘子	dais	
251. 瓢儿（水瓢）	barotʃ	
252. 盆子	tunper	
253. 桶	tulmaa	
254. 刀	ontʃ	
255. 菜刀	bodao	
256. 桌子	ʃirəə	
257. 凳子	bandən	
258. 扫帚	xəsuur	
259. 镜子	bulku	
260. 绳子	dəəs	
261. 火柴	tʃudən	
262. 灯	dəndʒən	
263. 磨石	lək	
264. 锁头	anuku	
265. 杯子	tʃomoo	
266. 瓶子	lunk	
267. 缸	dʒiismaal	
268. 抽屉	tatku	
269. 梳子	sannə	
270. 篦子	suŋkudəə	
271. 针	dʒuu	
272. 线	ʃilaas	
273. 顶针	dallə	
274. 剪子	kaitʃ	
275. 斧子	sugu	
276. 筛子	ʃirk	

277. 锥子	ʃəugu											
278. 烟	dɑŋə											
279. 烟袋	dɑir											
280. 烟袋锅	ɑigəə											
281. 烟荷包	kɑrtrəg											
282. 耳环	gɑrəg											
283. 戒指	gurtʃrəg											
284. 手镯	bɑree											
285. 家	gəri											
286. 院子	gɑɑdəg											
287. 村	ɑil											
288. 围墙	kəədʒin											
289. 门	əud											
290. 窗户	tʃoŋk											
291. 门闩、窗闩	ʃəurt											
292. 墙	duusəə											
293. 灶	xuɑlki											
294. 灶门	nəər											
295. 灶坑	dʒooŋk											
296. 灶神	dʒool											
297. 烟囱	xolli											
298. 粮食	ɑm											
299. 菜园	kərdʒəə											
300. 篱笆	kuʃee											
301. 柳条	bɑrgɑɑs											
302. 栅栏	xɑɑdie											
303. 门槛	bɑsrəg											
304. 檩子	niroo											
305. 柱子	tuɑɑləg											
306. 椽子	ʃɑrgəl											
第六组												
307. 天	təŋər											
308. 太阳	nɑr											
309. 月亮	sɑr											
310. 星星	xod											
311. 云	əulən											
312. 雷	xonnul											
313. 闪电	tɑlee											
314. 风	xəin											
315. 雪	tʃɑs											
316. 冰	məis											
317. 水	os											
318. 火	gɑli											

319. 雨	xuar												
320. 霜	tʃaudur												
321. 雾	manən												
322. 露	suidur												
323. 雹子	baani												
324. 山	aol												
325. 山岭	dawaa												
326. 土	baləg												
327. 尘土	tuaarəl												
328. 地	gadʒər												
329. 平原	tal												
330. 江	mur												
331. 海	dalii												
332. 湖	naur												
333. 河	gooli												
334. 溪	dʒad												
335. 井	xodrəg												
336. 泉	bulaar												
337. 泥	ʃaur												
338. 彩虹	ʃeeruu												
339. 山谷	xaalii												
340. 石头	tʃooloo												
341. 沙子	ʃiltaar												
第七组													
342. 上面	dəər												
343. 下面	door												
344. 外面	bəəd												
345. 里面	duatər												
346. 前面	əməl												
347. 中间	duand												
348. 附近	olloon												
349. 东	garkui												
350. 南	əməəl												
351. 西	wanəgui												
352. 北	xuainə												
353. 现在	ədəə												
354. 春节	anie												
355. 元宵节	katʃin												
356. 天（日）	udur												
357. 前天	kətʃig												
358. 昨天	udiʃ												
359. 今天	inudur												
360. 明天	buuni												

361. 后天	tʃaadʒ									
362. 除夕	butun									
363. 十五(阴历)	xarbəntaw									
364. 早晨	ərt									
365. 傍晚	arkoo									
366. 古代	ward									
367. 从前	ordon									
368. 今后	xuɑinar									
369. 将来	atʃdaa									
370. 年	xoon									
371. 今年	inxooni									
372. 去年	nidaani									
373. 前年	ordʒwoon									
374. 春	xaur									
375. 夏	nadʒir									
376. 秋	namər									
377. 冬	ugul									
378. 正月	aniesar									
379. 二月(满)	dʒuəəbee									
380. 三月(满)	jalənbee									
381. 四月(满)	dujinbee									
382. 五月(满)	sundʒabee									
383. 六月(满)	niŋgunbee									
384. 七月(满)	nadənbee									
385. 八月(满)	dʒakənbee									
386. 九月(满)	ujinbee									
387. 十月(满)	dʒuanbee									
388. 十一月(满)	onʃinbee									
389. 十二月(满)	dʒorgunbee									
第八组										
390. 牲畜	adus;mal									
391. 马	mori									
392. 马鬃	dəəlbur									
393. 种马	adirəg									
394. 公马	ərktʃən									
395. 骟马	art									
396. 牛	xukur									
397. 母牛	unee									
398. 绵羊	xoni									
399. 山羊	imaa									
400. 猪	gagə									
401. 母猪	məgədʒ									
402. 野猪(公)	aidaar									

403. 狗	nog									
404. 猫	kəkəə									
405. 狼	guskəə									
406. 狍子	dʒuur									
407. 老鼠	atʃiktʃaan									
408. 鸡	kɑkrɑ									
409. 野鸭	nuagəs									
410. 野兽	gurəəs									
411. 老虎	tɑsgə									
412. 狮子	arslən									
413. 豹子	miɑrd									
414. 熊	atirkaan									
415. 鹿	bugu									
416. 狐狸	xuunig									
417. 黄鼠狼	soolgee									
418. 兔子	taoli									
第九组										
419. 家畜、家禽	tədʒəələg									
420. 种牛	bag									
421. 种绵羊	kotʃ									
422. 鹅	galoo									
423. 鸟	dəgii									
424. 猫头鹰	umiil									
425. 喜鹊	saadʒig									
426. 燕子	dʒildʒmaa									
427. 鸽子	tuutgee									
428. 雀	tʃiitʃməəl									
429. 啄木鸟	tontrookii									
430. 布谷鸟	gəkuu									
431. 鹤	toguloor									
432. 蛇	mogu									
433. 虫	xorgu									
434. 蝴蝶	bəəlbəət									
435. 蜻蜓	təməəni									
436. 蜘蛛	ataakii									
437. 蚂蚁	suigaldʒin									
438. 蜜蜂	guug									
439. 苍蝇	dairgun									
440. 蚊子	ʃomool									
441. 尾巴	səuli									
442. 翅膀	aʃkii									
443. 鱼	dʒaus									
444. 鲤鱼	murgu									

445. 鲫鱼	kaiku										
446. 大草根鱼	amur										
447. 小草根鱼	ontʃool										
448. 鱼鳞	xaitʃ										
449. 鱼刺	xɑus										
450. 鱼鳔	xumpaaliŋku										
451. 鱼网	aləg										
第十组											
452. 花	ilgaa										
453. 草（杂草）	əus										
454. 麻	ols										
455. 庄稼	taree										
456. 玉米	susaam										
457. 麦子	mais										
458. 葱	əl										
459. 蒜	suanaa										
460. 木耳	bakərt										
461. 蘑菇	muəəgəə										
462. 稻子	kans										
463. 荞麦	xaol;aləm										
464. 荞麦皮	xannəl										
465. 小米	nareem										
466. 豆子	bortʃoo										
467. 糠	xaagə										
468. 松树	nars										
469. 白桦树	tʃaalbaan										
470. 种子	xur										
471. 芽	gulgu										
472. 根	undus										
473. 枝	gəsuu										
474. 叶	lartʃ										
475. 鞍子	əməəl										
476. 鞍翅	kabtaal										
477. 鞍屉	toku										
478. 缰绳	ʃurbuuri										
479. 马嚼子	xadaal										
480. 马肚带	doroon										
481. 马镫子	durəəŋgii										
482. 鞭子	minaa										
483. 弓	nəm										
484. 弓弦	kurtʃ										
485. 箭	som										
486. 犁	saur										

487. 犁铧	ɑndʒɑɑs										
488. 铁锹	kuldur										
489. 锯子	kiroo										
490. 钉子	tibkəəs										
第十一组											
491. 铁	kɑsoo										
492. 金	ɑlt										
493. 银	muŋguu										
494. 铜	gɑuli										
495. 锡	tuwunɑɑ										
第十二组											
496. 颜色	ungu										
497. 红	xulɑn										
498. 黄	ʃirəg										
499. 蓝	ʃilɑɑn										
500. 黑	xɑr										
501. 白	tʃigɑɑn										
502. 绿	kuk										
503. 紫	xəlg										
504. 褐	koŋgə										
505. 酸	dʒusun										
506. 咸	dɑsun										
507. 硬	kɑtən										
508. 软	dʒəulən										
509. 深	guəən										
510. 浅	gəgəən										
511. 大	ʃig; xig										
512. 小	uʃkən										
513. 长	ort										
514. 短	xuɑkər										
515. 新	ʃinkən										
516. 旧	kɑutʃinɑ										
517. 厚	dʒudʒɑɑn										
518. 薄	ningəən										
519. 远	xol										
520. 近	wɑirlkən										
521. 宽	ɑu										
522. 窄	nɑɽin										
523. 快	xourdun										
524. 慢	guɑidɑn										
525. 高	xundul										
526. 低	boguni										
527. 粗	buduun										

528.	细	narin									
529.	热	xalon									
530.	冷	Kuitun;daar									
531.	凉	gənsun									
532.	热	xaloon									
533.	暖	dulaan									
534.	直	tənnən									
535.	斜	ələʃ									
536.	圆	tukreen									
537.	尖	xudʒuur;ʃor									
538.	轻	xuŋgəkən									
539.	重	xund									
540.	多	bɑrɑɑn									
541.	少	utʃəkən									
542.	好	sɑn									
543.	坏	moo									
544.	肥	tɑrgun									
545.	富	bɑjin									
546.	穷	jɑdgu									
547.	年轻	dʒɑloo									
548.	老(人老)	sɑrdi									
549.	漂亮	sɑikən									
550.	贵	kɑton									
551.	便宜	kiɑnd									
552.	聪明	sərd;ʃuur									
553.	调皮	tʃəlmii									
第十四组											
554.	老实	ʃolun									
555.	勤快	tʃitʃeen									
556.	懒惰	dʒɑlkoo									
557.	说	əl									
558.	看	udʒ									
559.	听	soŋ									
560.	走	jɑo									
561.	坐	sɑu									
562.	躺	kərti									
563.	跑	gui									
564.	跳	xəsur;kɑree									
565.	笑	xinəəd									
566.	哭	wɑil									
567.	唱	dɑul									
568.	来	ir									
569.	去	itʃ									

570. 留	dot											
571. 出来	gar											
572. 进去	war											
573. 拿来	atʃir											
574. 要	ao											
575. 开	nəə											
576. 沸	batʃil											
577. 关	dɑr											
578. 吃	id											
579. 喝	oo											
580. 拿	ao											
581. 咬	əŋku											
582. 啃	xadʒ											
583. 嚼	dʒeldʒil											
584. 舔	doloo											
585. 闻	xuunu											
586. 吐	bəəldʒ											
587. 咽	dʒelgi											
588. 剥	xaul											
589. 噎	xag											
590. 睡	want											
591. 穿（穿衣服）	əms											
592. 脱（脱衣服）	aila											
593. 扔	orki；gəə											
594. 拉	tat											
595. 甩	laʃ；lɑrki；sadʒ											
596. 拣	tuŋkəə											
597. 洗	waa											
598. 打；敲、编织	tark											
599. 骂	xaraa											
600. 杀	al											
601. 拔	ut											
602. 揪	is											
603. 抓	baar											
604. 救	aitoo											
605. 呼吸	ams											
606. 高兴	bais											
607. 生气	pantʃ											
608. 忘记	mart											
609. 讲解	ailaa											
610. 知道	məd											
611. 休息	amər											
612. 客气	ərəəl											

613. 劳动	wəil											
614. 放牧	adool											
615. 打猎	aolaa;beitʃ											
616. 认识	tani											
617. 思考	sanə											
618. 想念	ərgəə											
619. 后悔	gəmʃ											
620. 祭奠	tailəg											
第十五组												
621. 与、和	bolor											
622. 可不	uldəə											
623. 如果	boloosoo											
624. 于是	tigə											
625. 那么	tigəəsəə											
626. 所以	təndəə											
627. 很	aidug											
628. 马上	ədəəti											
629. 先	ətəə											
630. 后	xuain											
631. 一会儿	kiur											
632. 却	xaaree											
633. 一起	nəkənd											
634. 又	bas;daagəə											
635. 最	əken											
636. 非常	aməl;ajduu											
637. 太	əgnii											
638. 更加	əlii											
639. 好好地	sait											
640. 一点点	amkaan											
641. 差一点儿	əsəl											
642. 已经	gəəmutʃ											
643. 经常	unʃurtə											
644. 偶尔	nəktəəkən											
645. 慢慢	aadʒee											
646. 快快	amaamaa											
647. 刚才	ədukə;sant											
648. 勉强	araan											
649. 仍旧	əkəl											
650. 必须(满)	urunnaku											
651. 到底	əluuni											
第十六组												
652. 钱(满)	dʒigaa											
653. 纸	tʃas											

654. 书	bitig										
655. 饭	badaa										
656. 味道	ant										
657. 粥(满)	laali										
658. 面粉	goli										
659. 菜(饭菜)	nugaa										
660. 汤(菜汁)	sums										
661. 肉	miag										
662. 油	tos										
663. 盐	kataa										
664. 酒	argi										
665. 糖	satən										
666. 蛋(带壳)	əndug										
667. 病	əur										
668. 药(总称)	əm										
669. 歌曲	dau										
670. 故事	urgil										
671. 谜语	taoli										
672. 舞蹈	lurgel										
673. 舞春(叙事体诗)	utʃun										
674. 口弦琴	mukuleen										
675. 哈尼卡	xanika										
676. 食物	idəʃ										
677. 黄油渣	dʒəəgər										
678. 奶	suu										
679. 稷子米	aosəm										
680. 柳蒿芽	kumil										
681. 摇篮	dart										
682. 福气	dʒijat										
683. 命运	ʃobi										
684. 脾气	aaʃ										
685. 礼节	jos										
686. 办法	arəg										
687. 利益	aiʃ										
688. 坟墓	bagən										
689. 姓氏	xal										
690. 名字	nər										
691. 知识	mədəəl										
692. 历史	sudur										
693. 生命	ami										
694. 信仰	sudʒir										
695. 民族	aimən										

被调查人的背景材料：

1. 生活工作简历（尤其是生活工作环境的变化情况）；
2. 母语及其他语言的学习经历，及自我母语水平评价等；
3. 家庭语言环境调查（父母族别、母语水平、家庭母语场等）；
4. 对母语的认识及其他相关情况的介绍。

附录三　调查问卷

莫旗达斡尔族语言使用情况调查问卷　　　编号：

调查地点：　　　　　　　　调查时间：　　　　　　　　调查人

您好,本问卷是为了调查我国达斡尔族语言的使用情况,问卷内容仅供科学研究使用。答案无是非之分,请您放心填写。填写时请注意按要求完成,在您认为合适的选项上画"○"。

如:您家现在有几口人:1. 一口人　2. 两口人　3. 三口人　4. 四口人

1. 您的姓名：_____　及哈拉：_____　莫昆：_____（注意:此项您若觉得不便填可省略）

   本人情况：

性别:1.男　2.女	年龄：	职业：	文化程度：

2. 您出生在本地吗？1. 是　　　　　2. 否

   现居住地名_____

   _____

   何时迁到此地_____年

   因什么原因迁到此地_____

   原住地名_____

3. 您家有几口人_____人

	民族	年龄	职业	文化程度	您跟他们交谈时使用的语言
爷爷	1. 达族 2. 其他____				1. 达语　2. 汉语　3. 达语和汉语 4. 其他____
奶奶	1. 达族 2. 其他____				1. 达语　2. 汉语　3. 达语和汉语 4. 其他____
外公	1. 达族 2. 其他____				1. 达语　2. 汉语　3. 达语和汉语 4. 其他____
外婆	1. 达族 2. 其他____				1. 达语　2. 汉语　3. 达语和汉语 4. 其他____

爸爸	1. 达族 2. 其他_____				1. 达语 2. 汉语 3. 达语和汉语 4. 其他_____
妈妈	1. 达族 2. 其他_____				1. 达语 2. 汉语 3. 达语和汉语 4. 其他_____
岳父 (公公)	1. 达族 2. 其他_____				1. 达语 2. 汉语 3. 达语和汉语 4. 其他_____
岳母 (婆婆)	1. 达族 2. 其他_____				1. 达语 2. 汉语 3. 达语和汉语 4. 其他_____
妻子 (丈夫)	1. 达族 2. 其他_____				1. 达语 2. 汉语 3. 达语和汉语 4. 其他_____
兄弟 姐妹	1. 达族 2. 其他_____				1. 达语 2. 汉语 3. 达语和汉语 4. 其他_____
子女	1. 达族 2. 其他___				1. 达语 2. 汉语 3. 达语和汉语 4. 其他_____
孙子女	1. 达族 2. 其他_____				1. 达语 2. 汉语 3. 达语和汉语 4. 其他_____

4. 您会达语吗？1. 会   2. 完全不会(注意：选择此项的请直接回答16、17、23－26、31－32、35－39、43－46及51－60的问题)

5. 您啥时候开始学习或懂得达语的？
   1. 从小就会 2. 上小学以后 3. 上中学以后 4. 工作以后 5.其他_____

6. 您是怎样学会达语的？(本问题可以有多种选择)
   1. 长辈传授的   2. 和本族人交往时学会的   3. 在学校里学的   4.其他途径_____

7. 您认为您的达语程度如何？
   1. 非常精通   2. 比较熟练   3. 一般 4. 不太好   5. 能听懂但不会说

8. 您凭什么判断一个达族人说达语好不好？(本问题可以有多种选择)
   1. 他发音标不标准   2. 他用的词是不是达斡尔人常用的
   3. 一般达斡尔人是不是像他那么说   4. 他想表达的意思是不是确切
   5. 他说话的方式是不是达斡尔人常用的   6. 其他方面_____

9. 以下问题将调查您使用达语的情况：

	1.只使用达语	2.大多使用达语	3.经常使用达语	4.较少使用达语	5.偶尔使用达语
在家里					
在村里					

在工作单位					
在集市上					
见面打招呼时					
干活或工作时					
平时聊天时					
在和人说心里话时					
举行民族活动时					

10. 您使用达语是因为：_____（本问题可以有多种选择）

    1. 非常适合在现在的工作、生产和生活中使用　　2. 是自己的母语,有很深的感情

    3. 因为周围的人都在说　　4. 为了使达语更好的保存下来　　5. 因为不会说别的语言

11. 您经常在以下何种情况接触达语？（本问题可以有多种选择）

    1. 日常生活中的谈话　　　2. 听广播　　　　3. 看电视

    4. 看电影　　　　　　　5. 听别人讲故事　　6. 其他方面_____

12. 您认为如何才能保持达斡尔族的语言？

    1. 家庭内部必须使用达语　2. 学校应专设达语课　3. 必须创制文字形式　4. 其他方面_____

13. 您认为目前达斡尔族的语言处于何种发展状态？

    1. 保持状态很好　　2. 保持状态一般　　3. 处于弱化状态　　4. 处于濒危状态

    （请简单回答不同选择的理由）：

14. 您认为达斡尔族的语言还能保持多久？

    1. 很长时期　2. 大约三代人　3. 大约两代人　4. 大约一代人　5. 不知道

    （请简单回答不同选择的理由）：

15. 您周围有只会达语而不会汉语或其他语言（如鄂温克语、蒙古语等）的达族人吗？

    1. 有　　　　2. 没有　　　3. 不知道

    如果回答"有",请问：

    1. 他们的数量：1. 很多　　2. 较多　　3. 较少　　4. 很少　　5. 几乎没有

    2. 他们的年龄层次（可多选）：

        1. 60岁以上　2. 40岁至50岁　3. 20岁至30岁　4. 10岁至20岁　5. 10岁以下

    3. 您认为他们为什么没有学会其他语言？

        1. 因为只生活在村屯里　2. 和汉人或其他民族很少接触　3. 没有上过学

        4. 其他：_____

4. 您对只会说达语的人怎么看?
     1. 他们才算是真正的达族人 2. 是真正继承达族传统文化的人
     3. 他们的言行举止符合达族的传统习惯 4. 与自己一样
  5. 您觉得他们与既会说达语又会说其他语言的人有什么区别?
     1. 没什么区别 2. 观念不同 3. 接收信息情况不同 4. 就业、上学情况不一样
     5. 其他
  6. 假如您是这样的人,如果有机会您现在愿意学汉语或其他语言吗?

16. 您希望自己的孩子继续使用达语吗?
    1. 非常希望   2. 希望   3. 无所谓   4. 不希望   5. 反对
    (请简单回答不同选择的理由):

17. 您所掌握的多种语言的熟练程度依次是:
    1. _____语 2. _____语 3. _____语 4. _____语

18. 您所掌握的多种文字的熟练程度依次是:
    1. _____文 2. _____文 3. _____文
    4. _____文 5. 都不会_____

19. 您是怎样学会达语以外的其他语言或文字的?
    1. 从小就会   2. 在学校里   3. 通过和别的民族经常接触
    4. 其他情况_____

20. 您觉得使用两种语言:
    1. 很好,非常适应现代社会发展 2. 没什么感觉 3. 没办法,自己也不想这样
    4. 其他_____

21. 您经常在以下场合使用两种或多种语言吗?(本问题可以有多种选择)
    1. 家里   2. 村里   3. 集市里   4. 工作单位
    5. 其他场合_____

22. 您妻子(或丈夫)会哪几种语言,熟悉程度依次为:
    1. _____语 2. _____语 3. _____语 4. _____语

23. 您妻子(或丈夫)会哪几种文字,熟悉程度依次为:
    1. _____文 2. _____文 3. _____文 4. _____文

24. 您的孩子会哪几种语言,熟悉程度依次为:
    1. _____语 2. _____语 3. _____语 4. _____语

25. 您的孩子会哪几种文字,熟悉程度依次为:
    1. _____文 2. _____文 3. _____文 4. _____文

26. 您跟以下这些达族人说话时会:

辈分	爷爷辈	父辈	兄弟姐妹	儿子辈	孙子辈	亲近的人	同辈或较	的年轻人	和20岁以下	和政府人员	和同事	和卖东西的人
1. 只使用达语												
2. 只使用汉语												
3. 达语和汉语各一半												
4. 使用达语多于汉语												
5. 使用汉语多于达语												

27. 您认为自己的汉语听说能力达到以下哪种程度？
　　1. 在任何情况下都可以流利地使用汉语进行交流　2. 能听懂汉语广播和看懂汉语影视节目
　　3. 能用汉语进行简单的交流　　　　　　　4. 只能听懂一般招呼用语和一些简单的问题

28. 您认为自己的汉字使用水平达到以下哪种程度？
　　1. 能很好进行书面语的写作　　　　　　　2. 能阅读书、报纸、杂志和一般公文
　　3. 只可以用汉语填表和写信　　　　　　　4. 只能用汉字写自己的姓名和简单的词
　　5. 只能读简单的标语或商店的招牌　　　　6. 只能听说不能书写

29. 思考问题时您通常使用：
　　1. 达语　2. 汉语　3. 达语和汉语同时使用　4. 蒙古语
　　5. 其他语言_____

30. 您说的汉语和汉族人说的汉语：
　　1. 一样　2. 有些不同　3. 有很多不同　4. 完全不同
　　（请简单回答不同选择的理由）：

31. 您的汉语和汉族人说的汉语有哪些不同？（本问题可以有多种选择）
　　1. 说话时的语音不同　　2. 说话时所用的词有所不同　　3. 说话的方式不一样
　　4. 说话的语气和态度不一样　　5. 说话时的思考方法不一样　　6. 完全一样

32. 您的汉语和那些只会说汉语而不会说达语的达斡尔人有什么不同？（本问题可以有多种选择）
　　1. 说话时的语音不同　　2. 说话时所用的词有所不同　　3. 说话的方式不一样
　　4. 说话的语气和态度不一样　　5. 说话时的思考方法不一样　　6. 完全一样

33. 您说的达语和那些只会说达语的达族人说得：
　　1. 一样　2. 有些不同　3. 有很多不同　4. 完全不同
　　（请简单回答不同选择的理由）：

34. 您所居住的区域汉族多吗?

    1. 非常多   2. 较多   3. 不太多   4. 很少   5. 没有

    (请简单询问或回答不同选择的理由和汉族人口的数量、比例和居住格局及经济情况等):

35. 达族与本地汉族的民族关系怎样?

    1. 非常融洽 2. 处得不错 3. 关系一般 4. 关系紧张 5. 关系很差

    (请简单询问或回答不同选择的理由和主要表现形式、特点等):

36. 您所居住的区域内的汉族懂得达语的人多吗?

    1. 非常多   2. 较多   3. 不太多   4. 很少   5. 没有

37. 您所居住的区域都有其他哪些少数民族?

    1. 鄂温克   2. 鄂伦春   3. 蒙古   4. 朝鲜   5. 其他_____:

38. 达族与其他少数民族关系怎样?

    1. 非常融洽 2. 处得不错 3. 关系一般 4. 关系紧张 5. 关系很差

    (请简单询问或回答不同选择的理由和主要表现形式、特点等):

39. 您与懂得达语的汉人一般情况下:

    1. 使用达语   2. 使用汉语   3. 较多使用达语而较少使用汉语

    4. 较多使用汉语而较少使用达语

40. 您与懂得达语的其他少数民族一般情况下:

    1. 使用达语   2. 使用他的本民族语   3. 使用汉语   4. 较多使用达语而较少使用汉语或他的本民族语   5. 较多使用汉语而较少使用达语或他的本民族语

41. 如果碰到达语中没有的新词或句子时候您会用什么办法解决?

    1. 用达语创一个新词,如_____,2. 用相应的汉语词,如_____,3. 用达语和汉语共同组合,如_____

42. 您周围有只会汉语而不会达语的达族人吗?

    1. 有   2. 没有   3. 不知道

    请问:1. 他们的数量:1. 很多   2. 较多   3. 较少   4. 很少   5. 几乎没有

    2. 他们的年龄层次(可多选):1. 60岁以上   2. 40至50岁   3. 20至30岁   4. 10岁至20岁   5. 10岁以下

    3. 您怎样才能把他们和汉族人区别开?

        1. 通过姓名   2. 通过生活习惯   3. 通过他们说的汉语   4. 通过长相   5. 通过交谈

    4. 您觉得他们与一般汉人说的汉语一样吗? 1. 一样   2. 有些不同   3. 有很多不同   4. 完全不同

    5. 您觉得他们还可算作达族人吗? 1. 可以   2. 起码不是地道的达族   3. 不可以   4. 不知道

43. 您不会达语,但您遇到一个既会说达语又会说汉语的达族同胞,您会有什么感觉?

1．有点羡慕他　2．会说两种语言是一件很好的事情　3．很正常,因为这里这样的人很多　4．无所谓

44．如果您的家人或邻居中有在外打工或从事其他活动后回到家乡不愿意再说达语,您会觉得:
　　　1．可以理解　2．无所谓　　3．有些不习惯　　　4．反感

45．您的孩子如果不会达语,您认为:
　　　1．很不应该　2．不应该,但无奈　3．更适合社会形势的发展　4．无所谓

46．当您跟一个会说达汉两种语言的达族人说话时,他和您说汉语,您会觉得:
　　　1．可以理解　2．没什么特别的感觉　3．有些别扭,不舒服　4．很讨厌,不想继续交谈

47．当您跟一个会说达汉两种语言的人说达语时,他和您说汉语,您会:
　　　1．一直使用达语和他的汉语交谈　2．转用汉语和他交谈　3．要求他用达语交谈
　　　4．不想再继续交谈

48．您会达语,但您遇到一个只会说汉语而不会说达语的达族同胞,您会有什么感觉?
　　　1．可以理解　2．无所谓　　3．觉得不应该　4．有点瞧不起他　5．非常讨厌

49．您遇到一个会说达汉两种语言的人,您更愿意他们跟您说:
　　　1．达语．2．汉语　3．较多使用达语而较少使用汉语　4．较多使用汉语而较少使用达语

50．如有条件,您希望您的孩子学习达语吗?
　　　1．非常希望 2．希望　3．无所谓　4．不希望　5．反对

51．您觉得对您孩子今后的发展最重要的语言依次为:
　　　1．_____语　2．_____语　3．_____语　4．_____语

52．您觉得孩子的达语水平应达到:
　　　1．能流利地用达语交流　2．能进行一般的交流就行
　　　3．能听懂简单招呼用语

53．您认为孩子学会达语的途径是:
　　　1．靠家里长辈的传授　2．靠同族孩子互教 3．在学校里学习　4．其他途径

54．您觉得您的孩子上汉语学校以后达语:
　　　1．比以前进步了　2．和以前没什么不同　3．比以前退步了

55．您认为有无必要创制或使用达斡尔文字?
　　　1．非常有必要　　　　2．没必要　　　3．无所谓

　　请问:1．您认为应使用哪种文字形式?1．拼音字母　2．俄文字母　3．满文字母　4．其他形式
　　　　2．您认为目前推行的达斡尔语拼音文字
　　　　　　1．非常适合达斡尔族人的学习　2．不如满文字母更合适
　　　　　　3．不如其他文字形式合适_____
　　　　3．您认为达斡尔族的文字可以使用在以下哪种情况?(可多选)
　　　　　　1．学校教材课本　2．政府牌匾、标语等　3．主要记录民间文字故事等
　　　　　　4．其他方面_____

56. 与其他民族结婚您认为会影响夫妻感情吗？1. 不会　　　2. 可能会　　　3. 肯定会

57. 您希望您的孩子的配偶最好是什么民族？

　　1. 达族　　2. 汉族　　3. 其他民族(请注明)_____　　4. 无所谓

58. 您认为目前莫旗的民族政策落实情况如何？

　　1. 很好　　2. 比较好　　3. 一般　　4. 不太好　　5. 很不好

59. 您认为国家应该给达斡尔族落实哪些民族政策？（在以下空白处提出您的简短建议或意见）

附录四 莫力达瓦达斡尔族自治旗自治条例

莫力达瓦达斡尔族自治旗自治条例

【颁布单位】内蒙古自治区人大
【颁布日期】19970531
【实施日期】19970531
内蒙古自治区第八届人民代表大会常务委员会第二十六次会议通过

【章名】第一章 总 则

第一条 根据《中华人民共和国宪法》(以下简称宪法)、《中华人民共和国民族区域自治法》(以下简称民族区域自治)和有关法律、法规,结合莫力达瓦达斡尔族自治旗的实际,制定本条例。

第二条 莫力达瓦达斡尔族自治旗(以下简称自治旗)是内蒙古自治区(以下简称自治区)呼伦贝尔盟行政区域内达斡尔族实行民族区域自治的地方。自治旗境内还居住着汉族、蒙古族、鄂温克族、鄂伦春族、朝鲜族、满族、回族等民族。自治旗辖尼尔基镇、汉古尔河镇、西瓦尔图镇、宝山镇、红彦镇、阿尔拉镇、哈达阳镇、塔温敖宝乡、登特科乡、扎如木台乡、乌尔科乡、腾克乡、额尔和乡、兴仁乡、坤密尔堤乡、博荣乡、卧罗河乡、太平乡、库如奇乡、兴隆乡、巴彦鄂温克民族乡、杜拉尔鄂温克民族乡。

第三条 自治旗的行政区域界线受法律保护。一经确定,不得轻易变动;需要变动时,由上级国家机关有关部门和自治旗的自治机关充分协商拟定,报国务院批准。

第四条 自治旗的自治机关是自治旗的人民代表大会和人民政府。自治旗的自治机关实行民主集中制的原则。自治旗的自治机关设在尼尔基镇。

第五条 自治旗的自治机关行使县级地方国家机关的职权,同时依照宪法、民族区域自治法和其他法律、法规规定的权限,行使自治权。

第六条 自治旗的自治机关维护国家的统一,保证宪法和法律在本行政区域内的遵守和执行。自治旗的自治机关把国家的整体利益放在首位,积极完成上级国家机关交给的各项任务。

第七条　自治旗的自治机关遵循建设有中国特色的社会主义理论,以经济建设为中心,坚持四项基本原则,坚持改革,扩大开放,建立和完善社会主义市场经济体制,发展社会主义民主,健全社会主义法制,自力更生,艰苦奋斗,把自治旗建设成为经济繁荣、社会发展、人民富裕、民族团结、社会安定的民族自治地方。

第八条　自治旗的自治机关加强社会主义精神文明建设,发展社会主义教育、科学、文化、卫生、体育事业,继承和发扬民族文化的优良传统,对各民族公民进行爱国主义、社会主义、集体主义教育,不断提高各族人民的思想道德素质和科学文化水平。

第九条　自治旗的自治机关维护和发展各民族的平等、团结、互助的社会主义民族关系。禁止对任何民族的歧视,禁止破坏民族团结和制造民族分裂的行为。

第十条　自治旗的自治机关保障各民族公民享有宗教信仰的自由。自治旗的自治机关保护正常的宗教活动。任何人不得利用宗教进行破坏社会秩序、损害公民身体健康、妨碍国家教育制度的活动。宗教团体和宗教事务不受外国势力的支配。

【章名】第二章　自治机关

第十一条　自治旗人民代表大会是自治旗的地方国家权力机关。自治旗人民代表大会设立常务委员会,常务委员会是自治旗人民代表大会的常设机关,对自治旗人民代表大会负责并报告工作。自治旗人民代表大会中,除有一定名额的达斡尔族代表外,居住在本行政区域内的其他民族也应当有适当名额的代表。

自治旗人民代表大会中,达斡尔族和其他少数民族代表的名额和比例,根据法律规定的原则,报自治区人民代表大会常务委员会决定。自治旗人民代表大会常务委员会中应当有达斡尔族公民担任主任或者副主任。自治旗人民代表大会常务委员会的其他组成人员中,要有达斡尔族和其他少数民族的人员。

第十二条　自治旗人民政府是自治旗人民代表大会的执行机关,是地方国家行政机关。自治旗人民政府对自治旗人民代表大会和上一级国家行政机关负责并报告工作。在自治旗人民代表大会闭会期间,对自治旗人民代表大会常务委员会负责并报告工作。自治旗旗长由达斡尔族公民担任。自治旗人民政府的其他组成人员中,要配备达斡尔族和其他少数民族的人员。

第十三条　自治旗的自治机关所属工作部门的工作人员中,要配备达斡尔族和其他少数民族的人员。

第十四条　自治旗的自治条例、单行条例的制定和修订,由自治旗人民代表大会以全体代表的过半数通过,报自治区人民代表大会常务委员会批准后生效。

第十五条　上级国家机关的决议、决定、命令和指示,如有不适合自治旗实际情况和本条例规定的,自治旗的自治机关可以报经该上级国家机关批准,变通执行或者停止执行。自治旗的自治机关在不违背宪法和法律的原则下,有权根据本地实际,采取特殊政策和灵活措施,加快自治旗经济和社会事业的发展。

第十六条　自治旗的自治机关根据自治旗经济和社会发展的需要，制定特殊政策和措施，大力培养少数民族特别是达斡尔族各级干部，各类科学技术、经营管理等专业人才和技术工人，充分发挥他们的作用，并且注重培养达斡尔族及其他少数民族妇女干部和各种专业技术人才。自治旗的自治机关制定特殊政策和措施，优待、鼓励各种专业人员参加自治旗的各项建设事业。

第十七条　自治旗的自治机关在录用国家公务员的时候，对达斡尔族和其他少数民族的报考者，予以照顾。企业、事业单位招收人员的时候，优先录用达斡尔族和其他少数民族的人员。自治旗的自治机关对长期工作在达斡尔族聚居乡镇、鄂温克民族乡和偏远、贫困地区的国家机关工作人员与事业单位的职工，在生活条件、工资福利、进修学习和子女就业等方面给予照顾。

第十八条　自治旗的自治机关在不违背宪法和法律的原则下，制定特殊政策，在资金、物资、人才、技术等方面，重点扶持达斡尔族聚居乡镇，鼓励支持达斡尔族群众发展农牧业生产和多种经营。

第十九条　自治旗的自治机关统一管理自治旗行政区域内的社会治安。社会治安管理坚持"条块结合，以块为主"的属地管理原则。

【章名】第三章　人民法院和人民检察院

第二十条　自治旗的人民法院和人民检察院的组织、职能和工作，依照宪法、民族区域自治法和其他有关法律的规定执行。

第二十一条　自治旗人民法院和人民检察院的领导成员和工作人员中，应当有达斡尔族的人员。

第二十二条　自治旗人民法院和人民检察院保障各民族公民都有使用本民族语言文字进行诉讼的权利。对于需要翻译的诉讼参与人，应当为他们翻译。

【章名】第四章　经济建设

第二十三条　自治旗的自治机关适应社会主义市场经济的要求，自主地安排和管理自治旗的经济建设和社会发展事业。根据自治旗的特点和需要，制定经济建设方针、政策和计划，加快改革开放，促进自治旗的国民经济和社会各项事业持续、快速、健康发展。自治旗的自治机关制定经济和社会发展规划，根据自治旗的财力、物力，自主地安排地方基本建设项目。

第二十四条　自治旗的自治机关依照法律规定，管理、保护和合理利用本行政区域内的土地、草原、山林、矿藏、沼泽、水域和野生动植物等自然资源。严禁毁林、毁草开荒，严禁乱占、滥用土地，严禁非法采矿，严禁非法猎捕。自治旗的自治机关根据自治旗经济发展的需要，对可以由本地方开发的自然资源优先合理开发利用。

第二十五条　自治旗的自治机关依法统一管理本行政区域内的土地。开发利用国有荒山、荒地、滩涂、沼泽等,应当按照国家和自治区规定的权限,经自治旗人民政府批准。

第二十六条 自治旗的自治机关在上级国家机关的扶持下,充分开发利用水资源,兴修水利,加快江河治理,依法保护水利基础设施。上级国家机关和有关部门开发利用自治旗行政区域内的水资源,必须与自治旗的自治机关充分协商,经同意后方可开发利用。

第二十七条 自治旗的自治机关在上级国家机关的扶持下,大力发展农业,合理调整农业结构,不断改善农业生产条件,巩固和发展国家商品粮生产基地。自治旗的自治机关在农村稳定和完善以家庭联产承包为主的责任制,健全统分结合的双层经营体制,发展多种形式的社会化服务体系,逐步壮大集体经济的实力。自治旗的自治机关在上级国家机关的扶持下,建立农业发展基金,逐年增加对农业的投入。自治旗的自治机关在上级国家机关的扶持下,建立农业科学研究机构,推广农业科学适用技术,鼓励农业科学技术人员深入农业生产第一线。

第二十八条 自治旗的农牧民自主地支配国家合同定购以外的农业产品和其他土特产品。

第二十九条 自治旗的自治机关在上级国家机关的扶持下,充分利用资源优势,因地制宜地发展符合国家及自治区产业政策的地方工业,逐年增加工业发展资金和工业技术改造资金的投入。

第三十条 自治旗的自治机关在上级国家机关的扶持下,积极发展商品畜牧业,鼓励和发展以集体或者家庭为主的养殖业。做好畜禽改良、繁育、疫病防治工作。

第三十一条 自治旗的自治机关依法加强林政监督和管理。开展植树造林,营造农田防护林带,扩大森林覆盖面积。自治旗的自治机关鼓励集体所有制单位和个人在规划区内承包宜林地植树造林,营造的林木所有权和使用权归该单位或者个人,其所有权和使用权可以继承,受法律保护。

第三十二条 自治旗的自治机关在上级国家机关的扶持下,积极发展能源、交通、邮电通讯事业,加强基础设施建设。

第三十三条 自治旗的自治机关根据国家法律、法规和有关政策的规定,统一规划、建设和管理城镇。自治旗城市建设和环境保护部门征收的各项费用,按自治区的规定上交后,由上级主管部门全额返还给自治旗,用于自治旗的城镇建设和环境保护。

第三十四条 自治旗的自治机关制定优惠政策,积极引进资金、技术、人才,以独资、合资、合作或者补偿贸易等形式,兴办企业,开发资源。

第三十五条 自治旗的自治机关积极开展对外经济技术合作和贸易活动,努力发展出口商品生产,增强出口创汇能力。

第三十六条 自治旗的民族贸易企业和民族用品生产企业享受国家规定的有关优惠政策。

第二十七条 自治旗的自治机关在上级国家机关的扶持下,鼓励和支持集体、个体、私营等多种经济的发展。对少数民族特别是对达斡尔族集体和个体经济,给予照顾。自治旗的自治机关大力发展乡镇企业,鼓励和引导乡镇企业立足本地资源健康发展,形成具有地方优势的产业。自治旗的自治机关按照国家有关规定,制定特殊政策,在税收、信贷、管理、技术等方面对乡镇企业给予扶持和照顾。

第三十八条　自治旗的自治机关依法管理自治旗的企业、事业单位。非经自治旗的自治机关同意,不得改变自治旗所属企业、事业的隶属关系。

第三十九条　上级国家机关在自治旗开发资源,进行建设的时候,要照顾自治旗的利益,作出有利于自治旗经济建设的安排,照顾当地少数民族群众的生产和生活。在招收人员的时候,要优先照顾达斡尔族和其他少数民族的人员。上级国家机关隶属的在自治旗的企业、事业单位,要尊重自治机关的自治权,接受自治机关的监督。自治旗外的单位和个人、自治旗行政区域内的国有农场、部队农场以及其驻旗单位,开发利用旗内土地等自然资源,必须经自治旗的自治机关批准,并依法缴纳税费和国家、自治区、自治旗规定的其他费用。

第四十条　自治旗的自治机关在上级国家机关的帮助下,发展具有地方特点和民族特色的旅游业。

第四十一条　自治旗的自治机关积极培育和建设各类市场,逐步建立统一、开放、竞争、有序的市场体系,切实搞活流通。

第四十二条　自治旗的自治机关根据《中华人民共和国自然保护区条例》规定,经申请批准,可以在本行政区域内设立自然保护区。自治旗设立专门机构保护和管理自然保护区。

第四十三条　自治旗的自治机关依法保护和改善生活环境和生态环境,防治污染和其他公害,坚持谁开发谁保护、谁污染谁治理的原则。

【章名】第五章　财政金融

第四十四条　自治旗的财政是一级地方财政,是自治区财政的组成部分。自治旗的自治机关有管理地方财政的自治权。凡是依照国家财政体制属于自治旗的财政收入,都要由自治旗的自治机关自主安排使用。

自治旗的自治机关在财政预算过程中,自行安排使用收入的超收和支出的节余资金。自治旗的财政预算支出,根据民族区域自治法,设民族机动资金,预备费在预算中所占比例高于一般旗县。

第四十五条　自治旗的国家机关和事业单位的行政经费标准,可以高于一般旗县。在自治旗的国家机关和事业单位工作的职工,享受民族地区的生活补贴。

第四十六条　自治旗的自治机关根据自治旗的实际情况,可以对国家规定的各项开支标准、定额,制定补充规定。

第四十七条　自治旗贯彻执行分税制的财政管理体制,在税收返还和财政转移支付等方面,享受优惠政策。对在地方税收上应加以照顾和鼓励的项目,报自治区人民政府批准后,实行减税或免税。

第四十八条　自治旗享受的上级国家机关在财政包干经费之外拨给的各种补助费、专项资金和支援款项,要专款专用,任何部门和单位不得扣减、截留、挪用,不得用以顶替正常的预算投入。

第四十九条　自治旗内各级金融机构,对自治旗内符合国家产业政策的固定资产投资项目贷款和流动资金的需求,在保证效益的前提下,应当优先给予支持。

【章名】第六章　社会事业

第五十条　自治旗的自治机关根据法律法规和国家的教育方针,制定自治旗的教育发展规划,确定各级各类学校的办学形式、教学内容、教学用语和招生办法。积极实施九年制义务教育,发展基础教育、职业技术教育和成人教育。自治旗的教育,必须为社会主义现代化建设服务,必须与生产劳动相结合,培养德育、智育、体育等方面全面发展的社会主义事业的建设者和接班人。自治旗的自治机关建立人民教育基金会和人民助学金制度。

第五十一条　自治旗的自治机关根据国务院和自治区的规定,改革教育体制,逐步实行分级管理分级办学。

自治旗的自治机关坚持国家办学为主,提倡社会团体、企业、事业单位及个人资助办学。自治旗的自治机关监督企业依法实施九年制义务教育。自治旗的自治机关支持勤工俭学,对校办企业在税收等方面给予优惠待遇。

第五十二条　自治旗的自治机关在少数民族聚居的乡镇,设立以寄宿为主、助学金为主的公办民族中小学。

达斡尔族聚居的乡镇学校教师的编制应当高于其他学校。偏远、贫困的乡村中小学的经费核拨标准和基本建设投入应当高于其他学校。

第五十三条　自治旗的自治机关对达斡尔族学生,在招生、助学金等方面给予照顾,对接受义务教育的达斡尔族学生免收杂费。自治旗内各中学,对达斡尔族初中毕业生应当放宽录取分数线,使达斡尔族学生基本接受高中教育。自治旗的自治机关依照国家民族政策,报经自治区有关部门批准,根据统考分数,有计划地选送达斡尔族高中毕业生到区内外大专院校预科班学习。

第五十四条　自治旗的自治机关加强师范教育和师资培训,大力培养达斡尔族和其他少数民族教师。自治旗的自治机关努力改善教师的生活待遇和工作环境。对达斡尔族聚居的乡村中小学和民族中学的教职工给予优惠待遇。自治旗的自治机关鼓励教师到达斡尔族聚居乡村和偏远、贫困地区的中小学工作。工作期间,在工资、住房、医疗和子女入学、就业等方面享受优惠待遇,子女就学享受与达斡尔族学生同等待遇。

第五十五条　自治旗的自治机关制定科学技术发展规划,逐年增加对科学技术的投入,优先发展科学技术,依靠科学技术推动经济建设和社会发展。搞好科学普及、技术培训和实用技术的推广应用。依法保护知识产权。自治旗的自治机关设立科学技术发展基金,促进科学技术事业的发展。自治旗的自治机关制定优惠政策,积极引进先进科学技术和人才,参加自治旗的建设事业。对在科学技术方面做出突出贡献的人员,给予表彰和奖励。

第五十六条　自治旗的自治机关发展具有民族特色的文化事业。自治旗的自治机关依法保护文物古迹,抢救、挖掘、保护和弘扬达斡尔族优秀的文化遗产。自治旗设立达斡尔民族研究机构。自治旗的自治机关在上级国家机关的扶持下,建立健全各级各类综合文化设施,积极扶持专业和业余文艺团体,培养达斡尔族和其他少数民族文艺人才。

第五十七条　自治旗的自治机关在上级国家机关的扶持下,发展卫生事业,逐年增加对卫生事业的投入。自治旗的自治机关发展卫生保健事业,做好计划免疫和妇幼保健工作,建立健全三级医疗预防、保健网络,改善卫生条件。加强地方病、流行病、多发病的研究和防治,加强对医药市场的监督检查和管理工作。自治旗的自治机关广泛开展群众性爱国卫生运动,加强城乡卫生基础设施建设、卫生宣传教育和监督管理。自治旗的自治机关对达斡尔族聚居乡镇卫生院(所)的医务人员给予优惠待遇。

第五十八条　自治旗的自治机关重视计划生育工作,控制人口增长,提高人口素质。对达斡尔族、鄂温克族、鄂伦春族公民提倡优生优育,适当少生。对要求节育的,给予技术服务。

第五十九条　自治旗的自治机关在上级国家机关的扶持下,加强体育设施建设和体育人才的培养。继承和发展达斡尔族传统的体育项目,开展全民健身运动,增强各族人民体质。

【章名】第七章　　民族关系

第六十条　自治旗的自治机关保障自治旗内各民族都享有平等权利。自治旗的自治机关团结各民族的干部和群众,充分调动各民族公民建设社会主义的积极性,共同建设自治旗。

第六十一条　自治旗的自治机关对各民族公民进行马克思主义民族理论和党的民族政策的教育,使各民族的干部和群众互相信任、互相学习、互相帮助,互相尊重语言文字、风俗习惯和宗教信仰,共同维护国家的统一和各民族的团结。

第六十二条　自治旗的自治机关保障自治旗内各民族都有使用和发展自己语言文字的自由,都有保持或者改革自己风俗习惯的自由。自治旗的自治机关提倡和鼓励各民族干部互相学习语言文字。

第六十三条　自治旗的自治机关保障自治旗内其他少数民族,特别是鄂温克族和鄂伦春族公民在政治、经济、教育和文化等方面的合法权益,促进各民族共同进步和繁荣。

【章名】第八章　　附　　则

第六十四条　每年公历八月十五日为自治旗成立纪念日。

第六十五条　自治旗行政区域内的一切单位和个人都必须遵守和执行本条例。自治旗人民代表大会常务委员会监督本条例的实施。

第六十六条　本条例由自治旗人民代表大会常务委员会负责解释。

第六十七条　自治旗人民政府根据本条例制定属于政府职权范围内的实施办法。

第六十八条　本条例自自治区人大常委会批准之日起施行。

附录五　莫力达瓦达斡尔族自治旗民族教育条例

莫力达瓦达斡尔族自治旗民族教育条例

【颁布单位】内蒙古自治区人大
【颁布日期】20001015
【实施日期】20001015
内蒙古自治区第九届人民代表大会常务委员会第十九次会议批准

第一条　为了发展莫力达瓦达斡尔族自治旗的民教育事业,保障少数民族公民接受教育的权利,根据《中华人民共和国区域自治法》、《中华人民共和国教育法》等有关法律、法规和《莫力达瓦达斡尔族自治旗自治条例》,结合自治旗实际,制定本条例。

第二条　本条例所称民族教育是指在自治旗行政区域内,对各少数民族公民所实施的各级各类教育。

第三条　民族教育是自治旗教育事业的重要组成部分。自治旗人民政府要把民族教育放在优先发展,重点扶持的地位,积极采取特殊政策和措施,推进九年制义务教育,努力使基础教育、职业技术教育、成人教育和师范教育协调发展。

第四条　少数民族适龄儿童、少年的父母或者其他监护人,应当积极配合学校及其他教育机构对其未成年子女或者其他被监护人进行教育,保证他们接受并完成九年制义务教育。

第五条　自治旗人民政府教育行政部门主管本行政区域内的民族教育工作,并组织实施本条例。

第六条　自治旗人民政府应当统筹规划、合理确定和调整各类民族教育的学校布局、发展规模、教育结构和办学形式,提高教育质量和办学效益。

第七条　自治旗加强对民族教育工作的领导,在自治旗教育工作机构中,适当安排专职人员,负责民族教育工作。

第八条　自治旗民族学校的设置,应当经自治旗人民政府批准,并报自治区和盟行政公署教育行政部门备案。

第九条　自治旗和乡(镇)人民政府为居住分散、学生走读困难的边远地区的少数民族村屯,举办以寄宿和助学金为主的民族中小学。

第十条　民族中小学可以用民族语言辅助教学。用民族语言辅助教学的民族中小学,提倡利用活动课学习本民族语言会话。

民族中小学应当推广全国通用的普通话和规范汉字。

第十一条　义务教育后阶段的各级各类学校,在录取达斡尔族、鄂温克族、鄂伦春族考生时,应当放宽录取分数线,并保证一定的录取比例,使达斡尔族、鄂温克族、鄂伦春族学生基本接受高中阶段教育。

自治旗依照国家民族政策和实际需要,报经自治区部门批准,根据统考分数线,适当降线,有计划地选送达斡尔族、鄂温克族、鄂伦春族高中毕业生,到区内外大专院校学习。

自治区属师范院校面向自治旗招生时,自治旗教育行政部门应当保证定额定向选送达斡尔族、鄂温克族、鄂伦春族考生,并定向分配。

第十二条　自治旗重视和加强民族教育科学研究工作,积极推广各类民族教育的科研成果和改革试验成果。

第十三条　对边远地区的少数民族村屯的民族学校的教职工编制应当放宽。

第十四条　自治旗人民政府及其有关部门应当采取具体措施,改善少数民族教师的工作条件和生活条件,稳定少数民族教师队伍。

鼓励大、中专毕业生到少数民族聚居的乡村中小学工作。在职教师在民族学校任教期间,在工资、住房、医疗、子女入学和就业等方面享受优惠待遇。

第十五条　自治旗的人事、教育等有关部门在评聘教师职务时,根据国家有关规定,对民族学校适当增加教师职务数额。

第十六条　自治旗教育行政部门应当加强少数民族在职教师继续教育和少数民族中小学校长培训工作,自治旗有关部门在经费上给予保证。

第十七条　自治旗各级人民政府在安排教育经费时,对民族学校给予优先安排和适当照顾。

第十八条　自治旗人民政府每年拨出专项经费,用于发展民族教育事业。

民族学校较多,民族教育任务较重的乡(镇),应当设立民族教育专项补助资金,重点扶持民族教育。

第十九条　自治旗各级人民政府及其有关部门应当适当提高少数民族学生助学金标准,并纳入当地财政预算。

第二十条　自治旗各级人民政府对民族教育经费应当专款专用,严禁克扣、挪用或者抵顶正常经费。

第二十一条　自治旗教育行政部门对民族学校教育教学所需教材、辅助教材、教学挂图、图书、仪器和现代化教学设备等,应当优先安排,给予保证。

第二十二条　自治旗大量发展各种形式的少数民族职业技术教育和以扫盲、岗位培训及继续教育为重点的成人教育。

自治旗有计划地选送少数民族学生到区内外高等职业技术院校学习,培养专业技术教师和各类技术人才。

第二十三条　民族学校校办企业享受国家减免税收待遇。

第二十四条　自治旗各级人民政府应当划拨一定数量的耕地,作为民族学校的劳动实习基地,并免收税费。

第二十五条　自治旗鼓励和支持社会力量并举办各种形式的民族学校。

鼓励自治旗内外组织及个人对少数民族教育捐资助学和集资办学。

第二十六条　民族学校应当重视对学生进行少数民族优秀文化传统教育,开展具有少数民族特色的文化和体育等各种活动,促进少数民族语言、文化、艺术和体育事业的发展。

第二十七条　民族学校要对学生进行爱国主义、集体主义、社会主义的教育,进行理想、道德、纪律、法制、国防和民族团结的教育。

第二十八条　自治旗人民政府教育督导部门应当加强对民族教育的督导工作。

第二十九条　违反本条例的单位和个人,依照《中华人民共和国教育法》和有关法律、法规承担法律责任。

第三十条　自治旗人民政府根据本条例制定实施细则。

第三十一条　本条例自公布之日起施行。

参 考 文 献

[1]《达斡尔族简史》编写组《达斡尔族简史》[M],内蒙古人民出版社,1986年。

[2] 莫力达瓦达斡尔族自治旗史志编撰委员会《莫力达瓦达斡尔族自治旗志》[M],内蒙古人民出版社,1998年。

[3] 内蒙古自治区编写组《达斡尔族社会历史调查》[M],内蒙古人民出版社,1985年。

[4]《与时俱进的莫力达瓦》编纂委员会《与时俱进的莫力达瓦》[M],中共莫旗委宣传部发行,2003年。

[5] 莫力达瓦达斡尔族自治旗政协文史资料委员会编《达斡尔族自治旗文史》第七辑[M],1997年7月。

[6] 沈斌华、高建纲《中国达斡尔族人口》[M],内蒙古大学出版社,1998年。

[7] 恩和巴图等编《达斡尔语词汇》[M],内蒙古人民出版社,1984年。

[8] 恩和巴图等编《达斡尔语话语材料》[M],内蒙古人民出版社,1985年。

[9] 恩和巴图《达斡尔语与蒙古语》[M],内蒙古人民出版社,1988年。

[10] 丁石庆《达斡尔语言与社会文化》[M],中央民族大学出版社,1998年。

[11] 丁石庆《双语文化论纲》[M],中央民族大学出版社,1999年。

[12] 丁石庆《双语族群语言文化的调试与重构——达斡尔族个案研究》[M],中央民族大学出版社,2006年5月。

[13] 毛艳、毅松等《达斡尔族——内蒙古莫力达瓦哈力村调查》[M],云南大学出版社,2004年。

[14] 陶玉坤《达斡尔族村的人口现状——以哈力村的调查为例》[A],载内蒙古自治区达斡尔学会编:《达斡尔族研究》(第八辑)[C],内蒙古大学出版社,2005年。

[15] 戴庆厦主编《汉语与少数民族语言关系概论》[M],中央民族学院出版社,1992年。

[16] 于善江《从奥克兰华人日常对话看语码转换和母语保持》[J],《语言教学与研究》,2006年第4期。

后　记

　　本项目得以纳入中央民族大学"985工程"中国少数民族语言文化教育与边疆史地研究创新基地"新时期中国少数民族语言使用情况"专题研究系列中立项并顺利展开，首先要感谢中央民族大学语言文学院教授、博士生导师戴庆厦先生的信任和厚爱。戴先生也曾亲赴莫旗进行过实地调研，并一直关注莫旗达斡尔族语言使用现状及发展趋势，此次立项率先得到了他的积极支持和热情鼓励。项目实施以来，他也十分关注并经常过问本课题的进展情况，同时在多方面给予启发和引导，课题组全体成员从中得到了很大的激励和鼓舞。在实地调查期间，课题组得到了时任莫旗旗长的艳东先生的大力支持，他在整个调查期间协调多方关系，在人力、物力等方面给予了直接帮助。政府办公室敖晨光主任等始终关心课题组成员的日常生活和工作状态，并给予了最热情的关爱。旅游局的杜明燕局长和政府办公室的孟丽英女士更是全程陪同，为调查组顺利开展工作多方协调关系，并积极参与具体调查工作，她们那种对工作全力以赴，尽职尽责，以及高超的工作效率和敬业精神，给全体课题组成员留下了极其深刻的印象。另外，在调查期间还得到了莫旗达斡尔族学会、古籍办、民族宗教与事务局、文联等多个单位领导及相关人士的支持和帮助，尤其在各调查点实施具体调研任务时，得到了各乡镇和村落领导及众多达斡尔族同胞的大力协助和积极配合。我们的工作得以顺利进行并大获成功，也有他们不可抹杀的功劳。在我们的成果中也体现了他们的关注、支持与帮助。在此，我们真挚地对上述各方人士表示深深的谢意，并愿同他们共享此次调研的阶段性成果。

　　参加本次调查的主要有中央民族大学语言学及应用语言学人类语言学和文化语言学方向的研究生，他们分别是博士生井兰柱、刘宏宇、雷蕾、谭清；硕士生陈华琴、李智勇、梁婕、白艳飞、王秀娟等。所有赴莫旗的调查人员都参加了语言调查材料的整理和各乡镇村落的语言调查数据的统计分析及调查报告的撰写工作。后期，博士生李少虹、李素秋、孔艳，硕士生李敬、罗兰、邢海伶等也参加了部分调查材料的整理工作和报告的撰写工作。在此谨代表族人向他们付出的辛劳和贡献表示真诚的感谢。此外，博士生雷蕾以此次调查材料为基础撰写了莫旗达斡尔族母语保持现状的博士学位论文；博士生刘宏宇则以城市化进程与莫旗达斡尔族语言发展为选题撰写了博士学位论文；硕士生王秀娟以腾克镇怪勒村调查材料为基础，撰写了以该村为个案研究的硕士学位论文；白艳飞则以杜拉尔鄂温克民族乡杜克塔尔村的多语现象为例，撰写了以该村为个案研究的硕士学位论文。他们对此次调查材料的深度挖掘和后续研究无疑会补充本书某些方面的不足。我期待着他们的研究成果问世。

　　我们以万分感激之情对本丛书总主编戴庆厦教授在百忙中对书稿提出修改建议并赐序表

示真挚的谢意。在从事语言学研究的生涯中,无疑,戴老师是我的启蒙师长。作为学生,毕业以来,始终有幸得到戴老师指点和关照,在此也想借机表示我个人的感激之情。

最后,感谢商务印书馆长期以来对语言学研究的支持。本书付梓期间,副总编辑周洪波先生给予了极大关注和支持,本书责任编辑乔永博士也付出了辛劳,使我们领略了商务印书馆工作人员的精品意识和敬业精神,在此深表钦佩与谢意。

本书是一次集体攻关的尝试,由于各种原因,在调查过程中也存在许多问题,本书虽三易其稿,但仍存在诸多问题。真诚欢迎学界及读者提出宝贵意见。

丁 石 庆

2008 年 3 月 10 日